渡邉義浩・伊藤 涼 編

全譯王弼注老子

汲古書院

はじめに

『老子』は、近年、多くの出土資料が発見されることにより、本来的な文章のあり方や、多くの人の手を経て、その思想の成立をみたことが明らかになった。本書は、そうした近年の『老子』の研究成果をあえて取り入れず、三國時代の曹魏を生きた王弼という思想家の理解した『老子』の解釈を翻訳したものである。

それは、王弼が自らもその構築に大きな役割を果たした「玄學」の学問体系に基づいて、統一的に『老子』を解釈したことを尊重するためである。長い期間に複数の著者により改変が続けられた現行の『老子』は、必ずしも体系的な著述を持つものではない。王弼よりも少し前の鄭玄が、様々な起源を持ち、相互に矛盾した内容をも含む儒教經典について、『周禮』を頂点とする「三禮體系」によって、すべての經典を統一的に把握しようとしたのと同じように、王弼は、複雑な『老子』の全体像を自らの哲学体系の中で解釈することに努めた。そのため、王弼を見い出し、高く評価した何晏の『論語集解』と同じように、王弼の注釋は本文から逸脱することも辞さず、あくまでも自らの哲学体系により、自らの理想とする『老子』を表現しようとした。

したがって、『老子』そのものを理解するためには、王弼注と共に二大注釋となっている河上公注『老子』の方が、読み易い場合が多い。それでも、王弼の『老子』注に基づき『老子』を読むことは、中国の三世紀における哲学、具体的には「玄學」の到達点を明らかにするために重要な意義を持つ。こうした意味において、本書はあくまで王弼注『老子』の翻訳であり、その他の『老子』の解釈や、より相応しい『老子』の解釈を知ろうとするものではない。王弼の『老子』解釈を端的に示す『老子指略』を合わせて翻訳した理由である。

王弼・何晏が仕えた曹魏の基礎を築いた曹操は、漢を「聖漢」と正統化する儒教に反発し、新たな価値基準として「文學」を宣揚して、儒教の価値を相対化した。王弼や何晏の『老子』への接近は、こうした儒教の相対化を背景とする。しかしながら、後漢「儒教國家」で正統化され、時代の価値基準のすべてとなっていた儒教、就中、その政治思想の中核にある「聖人統治」は、王弼・何晏には抜きがたいものであった。このため、かれらの「玄學」の中心には、「聖人統治」があり、『老子』はそれを正統化するための新たな思想として解釈された。王弼の注だけによって『老子』を解釈する必要性は、そうした独自性にもある。こうした後漢末から三國にかけての政治動向と思想については、渡邉義浩『三國政權の構造と「名士」』（汲古書院、二〇〇四年、増補版は二〇二〇年）、何晏の『論語集解』については、渡邉義浩〔主編〕『全譯論語集解』上巻・下巻（汲古書院、二〇二〇年）がある。合わせて参照されたい。

題字は、關俊史君にお願いした。刊行に至るまでの一切の出版業務は、汲古書院の柴田聡子氏のお世話になった。社長の三井久人氏からは、いつも温かい励ましをいただいている。記して感謝するものである。

渡邉　義浩

二〇二三年冬

目　次

凡　例

一、本書は、曹魏の王弼の『老子』注および『老子指略』を訓読し、補注を附して、日本語訳したものである。

二、『老子』注は、道藏本を底本として、『經典釋文』・道藏集注本・孫鑛本・道德玄書本・享保本・明和本・永樂大典本・武英殿本・二十二子本・古逸叢書本およびその他の諸本と対校し、紀昀・易順鼎・劉師培・陶鴻慶・兪樾・馬敍倫・陳柱・蔣錫昌・樓宇烈・邊家珍・服部南郭・宇佐美灊水・古屋昔陽・屋代輪池・大槻如電本・桃井白鹿・冢田大峰本・東條一堂・石田東陵・波多野太郎の校記を参照して正文を定めた。また、『老子指略』は、『正統道藏』所収の『老子微旨例略』を底本として、『雲笈七籤』所収の『老君指歸略例』と対校し、王維誠・樓宇烈・邊家珍の校記を参照して正文を定めた。なお、道藏本など簡称を用いた底本・対校資料および校記の典拠については次頁以降に掲げた。

三、底本である道藏本には、篇題（「老子道德經上篇」・「老子道德經下篇」）および章名（「第一章」・「第二章」…）がないが、本書は、武英殿本に従って補った。

四、底本である道藏本は、王弼注が本文の間に小字で記されるが、本書は、王弼注を本文の後に一括して掲げ、〔一〕付きの漢数字を附して本来の箇所を示した。

五、底本である道藏本の文字を改めた場合は、底本の文字を（）、改めた文字を〔〕により表し、基づくところを〔校勘〕に記した。

六、本書はかかる操作を経た上で、句読点を施した原文を掲げ、書き下し文に（）付きの漢数字をつけて補注を附したのち、現代語訳を行った。現代語訳は、日本語として流麗であることよりも、訓読にあわせた訳につとめた。

七、訓読・現代語訳・補注では、引用文に「」、書名に『』を附した。また、現代語訳中の（）は本文の理解のため訳者が補ったものであり、〔〕はその直前の語の簡単な説明である。

〈簡称を用いた底本・対校資料〉

・道藏本　王弼『道德眞經註』（SN690，一九八八年、文物出版社、上海書店、天津古籍出版社聯合影印『正統道藏』所収）
・道藏集注本　梁迥『道德眞經集註』（SN706，同『正統道藏』所収）
・道藏取善集本　李霖・宗傅・饒陽『道德眞經取善集』（SN718，同『正統道藏』所収）
・道藏集義本　劉惟永・丁易東『道德眞經集義』（SN724，同『正統道藏』所収）
・道藏集解董本　董思靖『道德眞經集解』（SN705，同『正統道藏』所収）
・孫鑛本　孫鑛評閲『老子道德經』（民國五十四年、臺北藝文印書館影印『無求備齋老子集成初編』所収）
・道德玄書本　金堡校閲、范方評次『老子道德眞經』（同『無求備齋老子集成初編』所収）
・享保本　東贇先生考訂『道德經王弼註』（享保十七年、東都書林　野田太兵衞藏版）
・明和本　瀟水宇先生考訂『王注老子道德經』（明和七年、東都書林　須原屋茂兵衞・須原屋茂平助版）
・永樂大典本　武英殿本に記された紀昀の校語に基づく。
・武英殿本　紀昀校訂『老子道德經』（同治十三年、江西書局修版重印『武英殿珍聚版叢書』所収）
・二十二子本　王詒壽總校、許誦禾・周善溥分校『老子道德經』（光諸元年、浙江書局校刻『二十二子』所収）
・古逸叢書本　遵義黎氏校刊『集唐字老子道德經注』（光緒十年、日本東京使署刊『古逸叢書』所収）

〈校記の典拠〉

・紀昀　紀昀校訂『老子道德經』（同治十三年、江西書局修版重印『武英殿珍聚版叢書』所収）
・易順鼎　易順鼎『讀老札記』（同『無求備齊老子集成續編』所収）
・劉師培　劉師培『老子斠補』（同『無求備齊老子集成續編』所収）
・陶鴻慶　陶鴻慶『讀老子札記』（同『無求備齊老子集成續編』所収）
・俞樾　俞樾『老子平議』（同『無求備齊老子集成續編』所収）
・馬敍倫　馬夷初『老子覈詁』（同『無求備齊老子集成續編』所収）
・陳柱　陳柱『老子集訓』（同『無求備齊老子集成續編』所収）
・蔣錫昌　蔣錫昌『老子校詁』（同『無求備齊老子集成續編』所収）
・王維誠　王維誠「魏王弼撰〈老子指略〉佚文之發現」（『國學季刊』第七巻第三期、一九五一年）
・樓宇烈　王弼（著）樓宇烈（校釋）『王弼集校釋』（一九八九年、中華書局）
・邊家珍　王弼（注）邊家珍（點校）『王弼道德經注』（唐子恆・邊家珍点校『子海精華編　老子道德經　王弼道德經注』鳳凰出版社、二〇一七年所収）
・服部南郭　享保本への書き入れ。早稲田大学蔵東贇先生考訂『道德經王弼註』（享保十七年、東都書林　野田太兵衛蔵版）
・宇佐美灊水　灊水宇先生考訂『王注老子道德經』（明和七年、東都書林　須原屋茂兵衛・須原屋茂平助版）
・古屋昔陽　享保本への書き入れ。波多野太郎『老子道徳経研究』の引用による。
・屋代輪池　享保本への書き入れ。波多野太郎『老子道徳経研究』の引用による。
・大槻如電本　安永三年刊本『老子道德經』への書き入れ。波多野太郎『老子道徳経研究』の引用による。

・桃井白鹿　　明和本への書き入れ。波多野太郎『老子道徳経研究』の引用による。
・冢田大峰本　稿本『冢田虎註老子道德經』への書き入れ。波多野太郎『老子道徳経研究』の引用による。
・東條一堂　　東條弘『老子王注標識』（民國五十九年、臺北藝文印書館影印『無求備齊老子集成續編』所収）
・石田東陵　　石田羊一郎刊誤『老子王弼注』（文求堂書店、一九三四年）
・波多野太郎　波多野太郎「老子王注校正一」（『横浜市立大学紀要　A　人文科学』一、一九五二年）
　　　　　　　波多野太郎「老子王注校正二」（『横浜市立大学紀要　A　人文科学』三、一九五三年）
　　　　　　　波多野太郎「老子王注校正三」（『横浜市立大学紀要　A　人文科学』八、一九五四年）
　　　　　　　※すべて波多野太郎『老子道徳経研究』（国書刊行会、一九七九年）に所収

解題

伊藤　涼

本書は、王弼『老子』注および『老子指略（老子微指例略）』の翻訳である。王弼『老子』注は、三國・魏の時代に生きた王弼の手による『老子』の注釈であり、古来、河上公『老子』注と共に『老子』の代表的な注釈とされてきた。王弼は、魏晉南北朝時代に流行した「玄學」という学問の代表的な人物であり、『老子』注では、彼自身の哲学が打ち立てられつつ、さらにその哲学に基づいて『老子』全体が体系的に解釈されている。王弼の思想については、たとえば西晉の王衍が、「魏の正始中、何晏・王弼ら老荘を祖述し、論を立てて以爲《おも》へらく、天地万物 皆 無を以て本と爲す。無なる者は、物を開き務めを成し、往きて存せざる者無きなり」（『晉書』巻四十三 王戎傳附王衍傳）と述べている。ここで言われるように、王弼『老子』注における大きな特色は、『老子』の思想のなかの「無」を強調している点であり、端的に言うならば、無である「道」が有である「萬物」の存在活動を支えている、という形而上学的構想がその『老子』解釈の根幹をなしている。

『老子指略』は、そうした王弼の『老子』解釈の大要が示された書であり、とくに最初の一段は彼の思想体系の全容が窺える。他にも、『老子指略』には、『老子』注と同じ方向性を有しながら『老子』注には見られない思想が窺える箇所もあり、王弼の思想を探究するうえでは必読の書と言える。ただし、現在残っている『正統道藏』や『雲笈七籤』所収の文章が、『老子指略』の全文であるのか、あるいはまた現行の文章が王弼の『老子指略』であるのかについては疑義がない訳ではない（一）（『正統道藏』・『雲笈七籤』には著者名が記されていない）。しかし、たとえば樓宇烈の『王弼集校釋』がこの文章を『老子指略』

とみなすように、『老子』注との思想内容の一致から、現行の文章は、王弼『老子指略』であるとする見方が大半であり、本書もこの立場をとる。いずれにせよ『老子指略』は、王弼『老子』注を解釈するうえで、大いに参考になり得る書物であるため、合わせて本書に収録した。

一、王弼の生涯と学問的背景

王弼は、字を輔嗣といい、山陽郡高平縣（現在の安徽省盱眙県）の人である。黄初七（二二六）年に生まれ、嘉平元（二四九）年に二十四歳で夭折したが、幼いころから頭脳明晰で十歳あまりで『老子』を愛好していたという。その著作は、現在にも『老子』注・『老子指略』のほか、『周易』注・『周易略例』および『論語釋疑』の一部が伝わっており、彼の神童ぶりを窺わせる。とくに『周易』注は、唐初にはすでに鄭玄注を退けて最も代表的な注釈となっており（『隋書』巻三十二 經籍志一 經）、孔穎達の『五經正義』にも採用されている。現在は、塘耕次により王弼『周易』注の日本語訳を読むことも可能になったため、合わせて参照されたい[二]。

王弼の事績については、『三國志』に専伝はないものの、『三國志』巻二十八 鍾會傳の裴松之注に引かれる何劭『王弼傳』・張華『博物記』・孫盛『魏氏春秋』にまとまった記述が残る。それらによれば、兄は王宏、父は王業、祖父は王凱で、王凱は「建安の七子」として名高い王粲の族兄に当たる。

そして、『博物記』には、後漢の動乱で王粲が王凱とともに荊州に避難した際、王粲の容姿が醜く王凱の容姿が美しかったことによって、荊州刺史の劉表が王凱の方に娘を嫁がせたという話が載せられている（『三國志』巻二十八 鍾會傳注引『博物記』）。荊州には、当時彼らのように中原の動乱を避けて移動してきた知識人が多数おり、そうした知識人達によって「荊州學」とよばれる学問が形成されていた。「荊州學」の全貌は、資料の制約から十分には解明されていないが、先行研究によって宋忠や司馬徽といった人物が中心であったこと、章句の学に止まらず『春秋左氏傳』を中心とした実践的な学問が志されたことなどが明らかにされている。(三)王粲や王凱と血縁関係にある王弼の学問には、こうした「荊州學」からの影響があったと考えられる。また、同じく『博物記』には、後漢の大学者蔡邕の一万巻にも及ぶ蔵書が王粲に贈られ、王粲の死後に王弼の父である王業に渡ったという話も伝えられる(『三國志』巻二十八　鍾會傳注引『博物記』)。この蔡邕の蔵書もまた、若くして才覚を発揮した王弼の学問形成に大きく資するものであっただろう。

これらに加え、王弼の学問形成に最も影響があったのは、曹魏の都洛陽での論壇、いわゆる「正始の論壇」である。正始年間(二四〇年~二四九年)の少し前から、都の洛陽では名家の子弟や宗室の縁者を中心に知識人サークルが形成され、王弼もそれに加わって議論を交わしていた。たとえば、裴徽が王弼に対して、「そもそも「無」が萬物の基づくところであるならば、聖人がそれに言及せずに、老子がくり返し説いているのはなぜなのか」と尋ねたところ、王弼は、「聖人は「無」を体得していますが、「無」は説明できるものではないから説明しなかったのです。老子は「有」に止まっているので、自分が足りていないところ(の「無」)について言及するのです」と答えたという(『三國志』巻二十八　鍾會傳注引『博物記』および『世說新語』文學篇)。この発言は、儒教的聖人が老子以上に「無」を体認する存在であるとするもので、あくまで儒教のなかで思想を展開する王弼の思想的立場が見て取れることにも注意しておく必要があるだろう。いずれにせよ、こうした思弁的な思考を洗練する場があったことは、王弼の学問形成にとって最も大きな要件であったと考えられる。

王弼が知識人と交流する様子は、この他にも何劭の『王弼傳』や『世說新語』などに見えているが、王弼も活躍したこの「正始の論壇」の主導的立場にあったのが、『論語集解』(四)の著者として知られる何晏(?年~二四九年)である。何晏は、王弼より三十歳以上も年長であったが、王弼を高く評価して、「仲尼は後生畏るべしと言ったが、このような人物こそともに「天人の際〔天と人との関係性に関する哲理〕」を語り合うことができる」と感嘆したという(『三國志』巻二十八　鍾會傳注引何劭『王弼傳』）。何晏は、当時曹魏の権力を握っていた曹爽政権[五]の吏部尚書として様々な知識人を起用しており、王弼も何晏によって尚書郎に任じられたが、正始十（二四九）年一月、曹爽が政敵司馬懿のクーデターに敗れ曹爽一派が粛清されると、何晏は三族ともども棄市に処せられた。そして、曹爽政権の中枢になかったことで免職だけで済んだ王弼も、同じ年の秋、流行病にかかってその短い生涯を終える。時に二十四歳、あまりにも早い死であった。

二、「玄學」

政治的には司馬懿に敗れたものの、何晏や王弼の学問は、魏晉南北朝時代を通じて継承され、時代を特徴づける学問の一つとなった。これを「玄學」という[六]。

「玄學」とは、『周易』・『老子』・『莊子』の「三玄」に基づく形而上学的な概念や理論を中心に取り扱う学問であり、その代表的な人物としては、何晏・王弼、そして西晉の惠帝期に活躍した郭象（二五二～三一二年）が挙げられる。この三者の思想には、①『周易』・『老子』・『莊子』を援用した形而上学的理論、とりわけ世界のあり方に関する形而上学的構想をもつ、②あくまで儒教思想のなかで展開しており、その形而上学的構想も「聖人統治」という儒教の世界観に組み込まれている、③現実の政治・社会状況に対応した思想である、という共通の思想的特徴が認められる。以下、具体的に見ていこう。

何晏は、〝聖人が無爲によって萬物を治める〟という「無爲の治」の思想を有しており、実際政治の場においても「無爲の治」に基づいた上奏（『三國志』巻四 斉王紀「奏請大臣侍従游幸」）を行っている[七]。「無爲の治」の思想それ自体は、『論語』本文にもすでに見られるが、何晏は『論語集解』において、それ以前の儒家の「無爲の治」の理論を踏襲しつつ[八]、さらにその背後に〝「聖人」（および「天地」）は「道」に基づいて萬物をはたらかせている〟という『周易』の理論を用意して注釈を施した。そして、「道」が萬物の根源として機能していることについては、「有が有であるのは無を恃んで生ずるからである。事が事であるのは無に基づいて成るからである」(『列子』天瑞篇張湛注引何晏「道論」)という、『老子』から着想を得た「無」の哲学によっても説明している。つまり何晏は、〝理想的な君主としての聖人が万民を治めている(「聖人統治」)〟という儒教が本来有していた世界観を、『周易』が有していた「道」―「萬物」の理論および『老子』を援用した「無」の哲学によって理論的に補強したのである。

王弼の思想[九]も、基本的には何晏の思想と同じ方向性を有しており、それをさらに洗練させたものと言える。その詳しい内容は後述するが、何晏・王弼ともに「聖人統治」の議論を多く含む『論語』と、形而上の「道」と形而下の「萬物」の関係性に関する哲学を持つ『周易』・『老子』の三書を重視していることによっても、彼らの学問の共通性を窺えるだろう。何晏・王弼の思想は、どちらも「聖人統治」という儒教の世界観を、『周易』や『老子』に基づく概念・理論によって根拠づけるのである。

そして、『莊子』に注釈をつけた西晉の郭象[一〇]は、何晏・王弼の思想を批判的に継承した。郭象は、「聖人統治」という儒教の世界観を保持したまま、〝萬物を支える根源は存在せず、物は各々それ自身で存在・活動している〟という、何晏や王弼とは異なった物のあり方を提示したのである[一一]。これにより、〝萬物がひとりでに治まることで「無爲の治」が成り立つ〟という新しい「無爲の治」の理論も形成されることになった[一二]。

郭象は、何晏や王弼とは異なる物のあり方を提示するために『莊子』という新たなテキストを持ち出し、新しく「理」などの概念を強調したが、注意すべきは、彼らは三人とも「聖人統治」を根拠づける世界のあり方を構想していることである。同じく「聖人統治」を根拠づける理論でありながら、郭象に至って異なった理論が表れたのは、理論の整合性という問題だけではなく、彼らの生きた時代状況も反映されている。すなわち、曹爽政権のもとに生きた何晏や王弼は、専制政治の強化を目指す曹爽政権のもとで、唯一絶対の「道」が萬物すべてを支えるという支配の一元化と極めて相性の良い思想を構想した。これに対して、貴族の立場が向上していた西晉期の郭象は、そうした時代背景を引き受けて、聖人の存在は認めつつも萬物がそれ自身を根拠として活動するという君主以外の自立性を認める思想を構想したのである。

このように、何晏・王弼・郭象の思想というのは、①『周易』・『老子』・『莊子』を援用した形而上学的理論を取り込むことで、②儒教思想の内的拡充を図り、③現実の状況に対応する理論を提出した思想であり、種々の違いはあれど一貫して君主による統治を認める理念的な統治理論をもっている。もちろん、こうした「聖人統治」を補強する理論は、天人相關に代表されるように、漢代の思想でもすでにいくつか見られる。ただし、君主一尊が揺るがなかった漢代から三人の君主が鼎立する三國時代に突入したという歴史的背景も相俟って、魏晉期にはその理論の必要性が増していたのだろう。彼らは『老子』や『莊子』という儒教の外部の思想をも取り込み、新しい「聖人統治」の理論を形成したのである。

しかしながら、彼らや彼らの思想に対する後世の評価はすこぶる低い。なかでも過激であるのは東晉の范寧で、当時の人々が浮虚に流れ儒學が衰退しているのは何晏・王弼に始まっており、「二人の罪は桀・紂よりも深い」と批判した（『晉書』巻七十五　范寧傳）。儒學を衰退させた原因を彼らの思想に求めるこうした論調のほか、正始年間から流行した清談を西晉の滅亡原因と考える「清談亡國論」[13]もあり、彼らに対する後世からの風当たりは強い。現在にも残る彼らへの否定的な評価は、この流れを受けたものと言える。しかし、一方で魏晉期には彼らの思想を継承する知識人も多く、劉宋のころになると何尚之によって「玄學」の学官が立てられた（『宋書』巻六十六、何尚之傳）。惜しむらくは、学官に立てられたころやそれ以降の「玄學」の内容を伝える資料は乏しいことであるが[14]、いずれにせよ、「玄學」は劉宋以降、儒・玄・史・文の「四學」のうちの一つとして数えられるに至ったのである。

なお、これと合わせて述べておきたいことは、歴史書や後世の知識人が〝魏晉南北朝期は儒教の廃れた時代である〟という時代認識を述べることから[15]、従来、〝何晏・王弼・郭象の思想というのは老莊思想に根ざしていて、『論語』や『易』などの儒教の書物さえも老莊思想によって解釈している〟という理解もなされてきたことである。彼らの思想・生活態度に対するこうした評価は、それを叙述する者の歴史意識・問題意識によって変容させられた思想理解を継承したものと言え[一六]、彼らの著作を見れば、少なくとも〝老荘思想によって解釈している〟とみなすことには慎重になるべきである。このことは現在の「玄學」研究では一般的な理解となっているが[一七]、「玄學」研究以外の分野には未だ十分に周知されていない。

三、「老子」について

それでは、本書が対象とする『老子』および王弼『老子』注について概観していこう。

『老子』は、『老子道德經』ともいわれ、通行本では全八十一章、上篇（第一章～第三十七章）と下篇（第三十八章～第八十一章）の上下二篇に分かれる。著者については不明で、通常は「子（先生）」を伴った書名の場合、たとえば『墨子』（墨翟）・『孟子』（孟軻）・『荀子』（荀況）・『荘子』（荘周）など、著者とされる人物の名前となっているのが常であるが、『老子』の場合はそれが誰を指しているのかすら分からない。『史記』老子列傳は、その著者の候補として李耳（老聃）・老萊子・周の太史儋という三人の名前を挙げているが、これは逆にいえば、はじめて「老子」に関する伝記を著した司馬遷であっても「老子」を特定できなかったということであり、実際のところ、彼ら三人はその実在性からして疑わしい。現在は、「老子」という呼び名は誰か特定の名前を指すのではなく、「社会の一隅で密かに世相を憂えていた某思想家の匿名（或は弟子たちからの尊称）[一八]」、あるいは「道家系の理想的な人物という意味の一種の集合名詞[一九]」などと考えられている。

一方で、『老子』の形成過程については、出土資料の出現によってその状況が明らかになりつつある。『老子』に限らず、中国古典は通行本の内容・形式となるまでに複数の編纂の手が加わっていると考えられているが、『老子』については、馬王堆漢墓帛書『老子』甲本・乙本、郭店楚墓竹簡『老子』甲本・乙本・丙本、北京大學藏西漢竹書『老子』の三つの出土資料が出現したことで、その形成過程の具体的な状況が窺えるようになったのである。

各出土資料の『老子』は、通行本と内容・テキストの分章・各章の配列にそれぞれ異なった点があり、たとえば最も大きな違いとしては、すべての出土資料で上篇と下篇の順序が通行本と逆転している。そして、それらの出土資料を詳細に比較・分析した池田知久[二〇]によれば、『老子』は「戰國末期～前漢初期の数十年間をかけて成書・編纂し、一まずその原形を作り上げた（馬王堆甲本）」が、「しかしながら、これで編纂が完了したわけではなく、さらに前漢後期～末期（北京大學簡）、およびそれ以後も編纂の作業は進められ、通行本（王弼本・河上公本など）の形成に向かって進んでいった」という。

そして、『老子』本文の思想内容については、これも池田知久が『老子』の根幹をなす主要な思想として①哲学・②倫理思想・③政治思想・④養生思想・⑤自然思想の五つの領域を挙げ、綿密な解説を行っているのが参考になる。具体的な内容は多岐にわたっておりここですべてには言及できないが、王弼思想との関連で言えば、戰國後期以来の『老子』『莊子』などの道家には、オリジナルな①哲学として、世界が形而上の「道」と形而下の「萬物」（または「器」）との二つから成るとする見方があり、さらにそれが前漢初期になると儒家文献である『周易』に取り入れられた、との指摘は重要である。もともと『老子』は、〝この世にある「萬物」はそれ自身の力で存在しているのではなく「道」によって主宰・支配されている〟という「道―萬物」関係を論ずる哲学を有しており、哲学領域を不得意としていた儒家は、それまで単なる占いの書であった『易』を媒介にして、そうした「道」―「萬物」の哲学を取り入れたというのである。

これを踏まえると、『老子』と『周易』にはもともと「道」―「萬物」の哲学に関する類似の思想があり、何晏や王弼はそうした思想の類似性から両書を合わせて重視したものと考えられる。そして、ここまでもたびたび述べてきたように、王弼においてもこの「道―萬物」関係は継承されており、その思想のなかで重要な位置を占めているのである。

四、王弼『老子』注とその思想

王弼『老子』注は、『老子』を体系的に解釈していることに特徴があるが、その注釈は『老子』本文よりも王弼自身の思想に即して解釈される傾向が強く、『老子』注のなかには王弼自身の哲学が打ち立てられていると言える。そもそも中国古典の注釈は、原典を明らかにするという態度を取りながらも、往々にして注釈者自身の思想が反映されるものだが(二二)、王弼による『老子』注は、なかでも王弼自身の思想が色濃く反映している。たとえば、南宋の朱熹に至っては、「晉より以来、經を解する者は卻て改變し、得て同じからず。王弼・郭象の輩の如きは是れなり。漢儒は經を解するに、經に依りて演繹す。晉人は則ち然らず。經を捨てて自ら文を作る」(『朱子語類』巻六十七)と言っており、王弼・郭象の文章を「經を捨てて自ら文を作る」とまで述べるのである。

では、王弼『老子』注に見られる王弼の思想とはいかなるものか。これについて、「「道」の概念規定」・「「道」――「萬物」の理論」・「「聖人」――「萬民」の政治思想」の三点に分けて解説していくことにしたい。

・「道」の概念規定

「道」という概念は、『老子』の思想のなかで最も重要な概念であるが、王弼はそれを「無形無名」と規定する。「道」を「無名」とするのは『老子』本文にもいくつかの例が見出せるが、「無形」については第四十一章に、「大音は希聲、大象は無形なり」と見えるのみである。王弼は、その「無形」という語も採用して「道」の概念を規定し、『老子』全体を解釈したのである。たとえば、『老子』第二十五章の「吾 其の名を知らざるも、之を字して道と曰ふ」に対しては、「名とは形を定めるものであって、混成無形(「道」)に対してはそれを定めることができない。そのため「其の名を知らず」という」と注釈を施している。〃無形には名を与えることはできない〃という王弼の思想は、さらに「「字」というのは言うことのできる機能や特徴に言葉を釣り合わせたもの（「字は以て言ふ可きを稱す」）」、「道」というのは「それに対して言うことのできる稱の最大のもの（「其の言ふ可きの稱の最大」）」という独自の解釈を生み出している（『老子』第二十五章注）。

また、宮聲でなければ商聲、あるいは熱ければ冷たくないというように、物にはふつう他者との区別（「分」）があって、それによってそれぞれが別々の聲《おと》や形を有しているのであるが、上掲第四十一章で「希聲」・「無形」と言われるように、「道」は聲《おと》や形をもたず、そもそも他者との境目が想定されない存在であった（『老子』第四十一章注）。これによって、第十四章注に、「無狀無象、無聲無響なり。故に能く通ぜざる所無く、往かざる所無し」といわれるように、「道」はすべてのものに通達することのできる存在であるともされる。こうした「道」の性質は、それが萬物すべてと関係性をもつための必要条件であって、このことから同じく第十四章注には「無形無名なる者は、萬物の宗なり」、すなわち無形無名は萬物の宗《おおもと》である、と述べられている。

この「萬物の宗」という語は、『老子』第四章本文に、「道は沖にして之を用ふるも或《つね》に盈《み》たず。淵として萬物の宗に似たり」というように、すでに「道」に対して述べられていたものである。「無形」・「無名」という語も、先に述べたように『老子』本文にすでに見られる語彙であったが、このように王弼の「道」に対する規定は基本的には『老子』本文の延長線上にある。すなわち、『老子』本文には、たとえば〃「道」とは名付けられないものである〃（『老子』第一章）、〃「道」とは可感的に把捉できないものである〃（『老子』第十四章）、〃「道」とは萬物の根源である〃（『老子』第四章）などといった「道」に対する説明をすでに見ることができるのであって、王弼の「道」に対する規定・説明はそれを引き受けて、とくに「無」の概念的性質を用いながら、説明・補完、さらにはそれらの論理的な結合を図り、『老子』の書全体で一貫した理論となるようにしているのである。

しかしながら、〃「道」は萬物を生み出すものである〃という『老子』本文の萬物生成論については、王弼はそれを拒否する注釈を施している。その最も顕著な例は、『老子』第四十章に対する次のような注釈である。

〔本　文〕天下萬物は有より生じ、有は無より生ず。

〔王弼注〕天下の物は、皆 有を以て生と爲し、有の始まる所は、無を以て本と爲す。（『老子』第四十章）

本文をそのまま解釈した場合、「萬物は有から生まれ、有は無から生まれる」という萬物生成論になるが、王弼注を見てみると前半の「生」字は「生まれる」ではなくて「存在・活動」の意味として解釈され、後半の「生」字については「始まる所は、無を以て本と爲す」と言い換えられている。訳すのであれば、「天下の物は、すべて有として活動を行い、有が始まるところは、無を根本とする」となるだろう。このように、王弼は『老子』本文の「道」に関する萬物生成論を回避するのである。他にも、たとえば第四十二章の「道は一を生じ、一は二を生じ、二は三を生じ、三は萬物を生ず」という本文は、言語と対象を巡る議論として解釈し直されている。

つまり、王弼は『老子』本文の生じるという表現を回避しようとしていると考えられるが、その代わりとして『老子』注では〝物を始める〟や〝物に由る〟などという表現が用いられている。こうした『老子』本文の読み換えが、王弼『老子』注が王弼の思想に沿って解釈された注釈と考えられる大きな理由である。そして、このようにして『老子』の「道」概念から本来有していた萬物を生み出す始源としての性格がそぎ落とされると、王弼『老子』注の「道」概念には根源としての側面のみが残ることになるのである。

・「道」――「萬物」の理論

さて、王弼は『老子』第一章注において、そうした根源としての性格をもつ「道」が、具体的にどのように「萬物」を支えているのかについて、次のように説明している。

〔本　文〕無名には、天地の始め、有名には、萬物の母なり。

〔王弼注〕凡そ有は皆 無に始まる。故に未形無名の時は、則ち萬物の始めと爲る。其の有形有名の時に及べば、則ち之を長じ、之を育し、之を亭《さだ》め、之を毒《な》して、其の母と爲るなり。言ふこころは道は無形無名を以て萬物を始成す。以て始まり以て成るも、其の所以を知らざるは、玄の又 玄なればなり。（『老子』第一章）

これによれば、道というのは、萬物がまだ形をもたず名をもたない段階（「未形無名の時」）では、萬物の存在を始めるもの（「萬物（天地）の始め」）であり、萬物が形をもち名をもつ段階（「有形有名の時」）では、萬物の成長を支えるもの（「萬物の母」）であるという。つまり、「道」は萬物に対して〝存在を始める〟・〝成長を支える〟という、大きく二つの作用を施しているとされるのである。

そして、ここに見える「始め」と「母」という語は、実は第五十二章本文にも見える語であり、そこでは「天下に始め有れば、以て天下の母と爲る」、すなわち萬物の存在を始めるものはそのまま萬物の成長を支えるものでもある、という規定がなされている。つまり、王弼の理論を追っていけば、ⅰ「そもそも有はすべて無に始まる（「凡そ有は皆 無に始まる」）」ために、無である「道」は有である「萬物」の存在を始めているのであり、ⅱ萬物の存在を始めるものというのは、そのまま萬物の成長を支えるものにもなる、ということになる。

しかし、注意すべきは、「そもそも有はすべて無に始まる」というこの理論の出発点は、『老子』本文、およびそれ以外の書物にも基づくものがないということである。つまり、これは王弼自身の哲学とみなせるものであり、それが唯一の根拠となって「道」が萬物に対して二つの作用を施すことが説明されるのである。要するに、『老子』第一章注というのは、王弼自身の哲学から出発した理論によって、〝有である「物」は無である「道」に基づいて存在・活動している〟という世界のあり方が説明・提示された注釈となっているのである。

・「聖人」―「萬民」の政治思想

こうした「道」―「萬物」の関係性は、さらに政治思想へと接続していく。たとえば、第十四章注には「無形無名なる者は、萬物の宗なり」とあったが、これに引き続いて、「今古は同じからず、時は移り俗は易はると雖も、故《もと》より此に由らずして以て其の治を成す者莫きなり」として、「道」に基づいた政治を行う必要があることが説かれるのである。

その理論は、『老子』第二十三章注の説明が要を得ていて、「道」は「無形」・「無爲」によって萬物を成り立たせ治めているため、「道」に従う者はそれと性質を同じくして「無爲」・「不言」によって萬物を治めている、というものである。そして、「道」に従う者というのは、具体的には「聖人」のことであり、たとえばこの箇所でも、「無爲」・「不言」という語は、『老子』第二章本文の「聖人は無爲の事に処り、不言の教へを行ふ」を受けている。つまり、〝「聖人」が「道」に基づくことで「無爲の治」が果たされる〟というのが王弼が提示する世界観なのである。そして、さらに附言すれば、王弼『老子』注に見える聖人は、しばしば『周易』の語句を用いた説明がなされており、（二二）また、その性格にも儒家的な側面があって、あくまで儒教的な聖人としてそれが想定されていることが分かる。すなわち、王弼『老子』注は、『老子』の解釈でありながら、「聖人統治」という儒教の世界観を理論的に補強する注釈となっているのである。

では、そうした王弼の統治理論には、他にどのようなものがあるのだろうか。結論的に言えば、『老子』本文の理論を引き受けたものがほとんどである。たとえば、『老子』第三十八章注では、理想的な統治状態について次のように述べられている。

〔王弼注〕夫れ之を載するに大道を以てし、之を鎭むるに無名を以てすれば、則ち物は尙ぶ所無く、志は營む所無し。各〻其の貞に任じ、事には其の誠を用ふれば、則ち仁德は厚く、行義は正しく、禮敬は淸し。……之を載するに道を以てし、之を統ぶるに母を以てす。故に之を顯らかにして尙ぶ所無く、之を彰はして競ふ所無し。（『老子』第三十八章）

これによれば、萬物を治めるのに「大道」・「無名」を用いるのであれば、（それは価値のないものであるため）物は欲望をなくして、それぞれで「仁徳」・「行義」・「禮敬」のある正しい状態になる、という。〃「道」に基づくことで天下がひとりでに治まる〃、〃価値あるものを示さないことで民の欲望が打ち消されて正しい状態になる〃、というのは『老子』第三章・第三十二章・第三十七章などの本文にすでに見られる理論であり、王弼はそれを引き受けて、理想的な統治状態のあり方を説明しているのである。ただ、注意すべきは、その民の正しい状態について、「仁徳」・「行義」・「禮敬」という儒教的な徳目を使って説明していることである。これによっても、王弼が儒教思想の影響下でその思想を形成していたことが分かる。

・『老子』注と『周易』注・『論語』注

ここまで述べてきたことをまとめると、王弼『老子』注では、〃すべての「有」は「無」に始まる〃という王弼自身の「無」―「有」の哲学を根拠として、〃有である「物」は無である「道」に基づき存在・活動している〃という「道」―「萬物」の世界のあり方が説明されており、さらにそうした世界のあり方を根拠として、〃「民」は「聖人」の無爲によって治められている〃という「聖人」―「万民」の儒教的世界観が補強されている。そして、王弼の他の著作である『周易』注や『論語釋疑』には、そうした王弼『老子』注で提示された形而上学・世界観・政治思想に共通する思想を見い出すことができる。たとえば、「道なる者は、之を稱する無く、通ぜざる無く、由らざる無きなり」（『論語注疏』述而所引王弼『論語釋疑』）、あるいは「神は則ち无形の者なり。天の四時を使ふを見ざるも、四時は忒《たが》はず。聖人の百姓を使ふを見ざるも、百姓は自ら服するなり」（『周易』觀卦彖傳注）などといったものがそれである。

しかし、その注釈態度には大きな違いがある。『老子』注が先に見たように『老子』本文からの読み換えを行っていたり、あるいは、「疑ふらくは此れ老子の作に非ざるなり」（『老子』第三十一章注）として『老子』本文そのものを疑う箇所もあるのに対して、『周易』注にはそうした傾向が見られないのである。そして、そもそも『老子』注が『老子』の書全体を体系的に解釈して王弼自身の哲学を打ち立てようとしているのに対し、『周易』注は正しい本文の解釈が第一義にあり、（二三）王弼自身の形而上学・世界観・政治思想は、いわば解釈をその背後から支えるものとなっている。

ここで『周易』・『論語』が聖人の著した書物であることに思いをいたすならば、王弼が『老子』・『周易』・『論語』という三書に注釈をつけたのは、『老子』の注釈において「道」の理論とそれに基づく新しい形式の「聖人統治」の世界を構想し、『周易』や『論語』の注釈において、その「無爲の治」を提示するためであったと考えられる。もちろん、その際に『周易』・『論語』という典籍が選ばれたのは偶然ではないだろう。『周易』に形而上の「道」概念があり、『論語』に「無爲の治」の議論があったこと、そして、それらがいずれも理論的な補完を行う余地があったことが、王弼が自身の構想をそこに埋め込みながら注釈を行った理由と考え得る。王弼は、『老子』注において『老子』の議論を援用した「聖人統治」の理論を完成させ、『周易』・『論語』の注釈において、その新たな儒教的世界観の提示を行ったのである。

五、王弼『老子』注の伝本

最後に王弼『老子』注の伝本について確認しておきたい。（二四）

『老子』注には、王弼『老子』注と並んで尊重される河上公『老子』注があり、魏晉南北朝時代にはすでに成立していたが、唐初までは、王弼注が『老子』解釈の主流であった。そのため、陸德明（?～六三〇年）の『經典釋文』には王弼注が採用されている。しかし、河上公注は徐々にその地位を高め、李善（?～六九〇年）の『文選』注や李賢（六五五～六八四年）の『後漢書』注では、王弼注と河上公注が並記されるようになる。また、劉知幾（六六一～七二一年）は、王弼注を用いるべしと上奏したが、司馬貞（?～?）が王弼注と河上公注の並用を求めたため、上奏は退けられたという（『新唐書』巻一百三十二劉子玄傳）。

そして、宋代になると、王弼注は河上公注に圧倒される。乾道六（一一七〇）年に刊行された王弼注本の熊克の跋文には、「（熊）克 此れより弼の注する所を求むること甚だ力《つと》むるも、近世 有ること希なり」とあって、そのころ王弼注本はすでに稀覯本となっていたことが分かる。この状況は清代に「四庫全書」が編纂されるまで続き、たとえば清代の大蔵書家である銭曾も、「惜しきかな輔嗣の注 傳はらず」（『讀書敏求記』巻三）と述べている。つまり、王弼『老子』注は、今でこそ『老子』の代表的な注釈であるが、宋代以降はそれほど流布していなかったのである。

このため、王弼『老子』注の版本は、多くの系統を残さない。現在まで伝わる版本には、大きく八種類あるが、いずれもその源流は、政和五（一一一五）年に晁説之が校写し、乾道六（一一七〇）年に熊克が刊行した本である。それが明代になると、道藏本と張之象本という少なくとも二つの系統に分かれ、八種類の版本はすべてそのどちらかの系統に属しているのである。具体的に掲げよう（36頁に、王弼『老子』注版本の系譜図を掲げた。以下の①～⑨の通し番号は図に対応する）。

①道藏本[二五]は、明・正統年間（一四三六～一四四九年）に刊行された「正統道藏」に収録された『道德眞經註』のことで、現在に伝わる版本のなかで最も古い。そして、嚴靈峯「無求備齊老子集成初編」には、同じく明代の孫鑛（一五四三～一六一三年）が評閲した『老子道德經』（②孫鑛本[二六]）と、金堡（一六一四～一六八〇年）が校閲し、范方（?～一六四四年）が評次した『老子道德眞經』（③道德玄書本[二七]）が収められるが、これらはどちらも文字の異同出入の状況から見て、道藏本に基づくものと考えられる。

このうち孫鑛本は日本に伝来し、それに基づき岡田阜谷と宇佐美灊水がそれぞれ考訂を行った。岡田阜谷が考訂した『道德經王弼註』は、享保十七（一七三二）年に出版され（④享保本[二八]）、宇佐美灊水が考訂した『王注老子道德經』は明和七（一七七〇）年に出版されている（⑤明和本[二九]）。また、清の光緒八（一八八二）年に黎庶昌が影印した「古逸叢書」には『集唐字老子道德經注』が収録されるが（⑥古逸叢書本）[二〇]、これはその序文によれば、明和本をもとに張之象本を合したものだという。以上の版本が道藏本系統の版本である。

また、明代には、萬曆年間（一五七〇～一六二〇年）に張之象の刻本があった。これは、張之象『三經晉註』のなかに入れられていたもので、紀昀は家藏する張之象本をもとに校勘をして「四庫全書」に収録し（四庫全書本）、それが乾隆四十八（一七八三）年に成立した「武英殿聚珍版全書」にも収録されている（⑦武英殿本）[二一]。なお、武英殿本の第一章～第三十七章までは『永樂大典』の字句との校勘が示されているため、『永樂大典』にも王弼『老子』注の上篇が示された箇所があったことが分かる。そして、武英殿本に基づき、王詒壽らが校勘を行ったものが、清の光緒元（一八七五）年に浙江書局が刊刻した「二十二子」に収録された（⑧二十二子本）[二二]。これはさらに、民國二十四（一九三五）年に上海世界書局が排印して「諸子集成」に収録され（諸子集成本）、また、民國二十五（一九三六）年に中華書局が排印縮印して「四部備要」に収録されている（四部備要本）。以上は、張之象本系統である。

そして、これら以外にも、「正統道藏」に収録される『道德眞經集註』のなかに、まとまったかたちで王弼『老子』注が確認できる（⑨道藏集注本）。『道德眞經集註』は、唐明皇（玄宗）・河上公・王弼・王雱の四人の注釈を合わせたもので、その王弼注は、他の版本と異なった字句が比較的多い。その中には、道藏集注本と紀昀や王詒壽らが校勘に使用したという永樂大典本にだけ一致する字句や、道藏集注本と他の王弼注の逸文にだけ残る王弼注があり、上記の二系統の版本とは異なった流れを窺わせる。王弼『老子』注の正文を定める際には、道藏集注本もまた重要な版本といえる。

こうした版本の推移を踏まえ、本書は、道藏本を底本とし、他の版本を用いて校勘をした。また、王弼『老子』注には、日本・中国を問わず、これまで多くの校記がつけられており、文意が通りづらい箇所については、それらの校記に拠って正文を定めた。校記の主なものは、易順鼎『讀老札記』、陶鴻慶『讀老子札記』、東條一堂『老子王注標識』、石田東陵『老子王弼注』、波多野太郎『老子王注校正』などである。そして、日本には書き入れによる優れた校勘もあり、なかでも宇佐美灊水に影響を与えた服部南郭による書き入れは、早稲田大学図書館所蔵の服部南郭舊藏本（36頁）により詳細に検討した。そのほか波多野太郎がまとめた諸本の書き入れを参照している。また、近年の校勘には、二十二子本を底本とした樓宇烈『王弼集校釋』[三三]と、道藏本を底本とした邊家珍『王弼道德經注』[三四]があり、本書の校勘に際しても参考にした。訓読・日本語訳については、近年、河上公注・王弼注に訓読・注釈・日本語訳を行った谷中信一『『老子』河注・王注全訳解』[三五]が刊行されており、そのほかにも第一章から第二十五章については小林信明の訓読・注釈・日本語訳、[三六]第三十八章・「老子指略」については内村嘉秀の訓読・注釈がある。[三七]これら先達の訓読・注釈・日本語訳も参考にした。

《注》

（一）『老子指略』の作者をめぐる問題については、藍日昌「論《老子指略》與王弼的關係」（『成大中文學報』一四、二〇〇六年）、劉榮賢「有關〈老子指略〉作者問題的一些考察」（『彰化師大國文學誌』二二、二〇一一年）を参照。

（二）塘耕次『王弼の易注』（明徳出版社、二〇一八年）。また、野間文史『周易正義訓読』（明徳出版社、二〇二一年）は、『周易』注の訓読に加えて、孔穎達『正義』の訓読も行っている。

（三）「荊州學」については、加賀栄治『中国古典解釈史　魏晋篇』（勁草書房、一九六四年）、野沢達昌「後漢末荊州学派の研究」（『立正大学文学部論叢』四一、一九七二年）、王曉毅『王弼評伝』（南京大学出版社、一九九六年）、瞿安全・王奎「荆州学派及其影响研究」（湖北人民出版社、二〇一三年）、吉川忠夫「後漢末における荊州の学術」（『六朝隋唐文史哲論集　Ⅰ』、法藏館、二〇二〇年）などを参照。

（四）何晏『論語集解』については、渡邉義浩編『全譯論語集解』上下（汲古書院、二〇二〇年）および渡邉義浩『論語集解―魏・何晏（集解）』（早稲田大学出版部、二〇二一年）に全訳がある。

（五）曹爽政権については、葭森健介「魏晋革命前夜の政界――曹爽政権と州大中正設置問題――」（『史學雜誌』九五―一、一九八六年）、伊藤敏雄「正始の政変をめぐって」（野口鐵郎編『中国史における乱の構図』雄山閣出版、一九八六年）、葭森健介「六朝貴族形成期の吏部官僚――漢魏革命から魏晋革命に至る政治動向と吏部人事――」（『中国中世史研究　続編』中国中世史研究会編、一九九五年）を参照。

（六）ただし、実際に「玄學」という学問が確立するのは、劉宋・元嘉十三（四三六）年に何尚之が「玄學」を置き、儒・玄・史・文の四學館のなかに玄學館が設立された時である（『宋書』巻六十六、何尚之傳）。そして、「玄學」という語が魏晉の文献にほぼ見られないことを考えると、「玄學」と名を冠した学問としてそれが定着したのもそこから遠くない時期であったと考えられる。なお、「玄學」についての研究は、日本では個々の思想家への研究に傾斜しており、「玄學」自体を対象とする研究としては、わずかに加賀栄治「魏晋玄学の推移と実相（一）・（二）」（『人文論究』一八・一九、一九五八年・一九五九年）があるのみである。ただ、溝口雄三・丸山松幸・池田知久編『中国思想文化事典』（東京大学出版会、二〇〇一年）に、堀池信夫が担当した「玄学」の項目があり参考になる。一方、中国においては「玄學」研究が非常に盛んであり、専著に限っても湯用彤『魏晋玄学論稿』（人民出版社、一九五七年）、湯一介『郭象与魏晋玄学』（湖北人民出版社、一九八三年）、許抗生（等）『魏晋玄学史』（陝西師範大学出版社、一九八九年）、王葆玹『玄学通論』（台湾五南出版社、一九九六年）、康中乾『有無之辨――魏晋玄学本体思想再解読――』（人民出版社、二〇〇三年）、同『魏晋玄学』（人民出版社、二〇〇八年）、余敦康『魏晋玄学史』（北京大学出版社、二〇〇四年）などがある。

（七）何晏の思想については、前掲注（六）論文のほか、板野長八「何晏王弼の思想」（『東方学報　東京』一四、一九四三年）、福永光司「何晏の立場――その学問と政治理念――」（『愛知学芸大学研究報告　人文科学』七、一九五八年、『魏晋思想史研究』岩波書店、二〇〇五年）、王葆玹『正始玄学』（斉魯書社、一九八七年）、堀池信夫「何晏の思想」（『漢魏思想史研究』明治書院、一九八八年）、王暁毅『王弼評伝』（南京大学出版社、一九九六年）渡邉義浩「浮き草の貴公子　何晏」（『漢意とは何か』大久保俊郎教授退官記念論集刊行、東方書店、二〇〇一年、『三国政権の構造と「名士」』汲古書院、二〇〇四年に所収）、余敦康『何晏王弼玄学新探』（方志出版社、二〇〇七年）、渡邉義浩「何晏『論語集解』の特徴」（『東洋の思想と宗教』三三、二〇一六年、『『論語』の形成と王莽』汲古書院、二〇二一年に所収）、伊藤涼「何晏の政治観――玄学萌芽を考えるために――」（『國學院雑誌』一一八（九）、二〇一七年）などを参照。

（八）たとえば、〝直接的には臣下が治めることで万民が治まる〟（『論語集解』衛靈公五章何晏注）や〝聖人の徳が感化することによって萬民が治まる〟（『論語集解』爲政一章包咸注・顔淵十九章孔安國注）といった理論がこれに相当する。楠山春樹「儒家における無為の思想」（『フィロソフィア』七九、一九九一年、『道家思想と道教』平河出版社、一九九二年に所収）、前掲注（七）伊藤論文も参照。

（九）王弼の思想については、前掲注（六）論文のほか、前掲注（七）板野論文、關正郎「王弼の無について」（『日本中国学会報』一〇、一九五八年）、前掲注（三）加賀著書、澤田多喜男「『老子』王弼注考察一斑」（『東洋文化』六二、一九八二年）、前掲注（七）王葆玹著書、堀池信夫「王弼の思想Ⅰ・Ⅱ」（『漢魏思想史研究』明治書院、一九八八年）、同「王弼再考――「亡」と「非存」――」（『狩野直禎先生米寿記念 三国志論集』汲古書院、二〇一六年、『老子注釈史の研究：桜邑文稿1』明治書院、二〇一九年に所収）、前掲注（七）王暁毅著書、前掲注（七）余敦康著書、中島隆博『残響の中国哲学』（東京大学出版会、二〇〇七年）、同「王弼再考――否定神学を超えて――」（『中国文化の統一性と多様性』汲古書院、二〇二二年）、和久希「言尽意・言不尽意論考」（『中国文化』六六、二〇〇八年、『六朝言語思想史研究』汲古書院、二〇一七年に所収）、伊藤涼「王弼における「物」と「道」――『老子』に対する注釈態度に触れて――」（『東洋の思想と宗教』三七、二〇二〇年）、同「王弼における「道」と理想的統治」（『日本中国学会報』七三、二〇二一年）などを参照。

（一〇）郭象の思想については、前掲注（六）論文のほか、福永光司「郭象の荘子解釈一・二」（『哲学研究』三七（二）・（三）、一九五四年／『魏晋思想史研究』岩波書店、二〇〇五年）、中嶋隆蔵「郭象の思想について」（『集刊東洋学』二四、一九七〇年）、内村嘉秀「郭象「荘子注」の世界観―自生・独化論をめぐって―」（『倫理思想研究』四、一九七九年）、堀池信夫「郭象思想の研究」（『漢魏思想史研究』明治書院、一九八八年）、戸川芳郎「郭象の政治思想とその「荘子注」」（『日本中國學會報』一八、一九六六年）、王暁毅『郭象評伝』（南京大学出版社、二〇〇六年）、楊立華『郭象《庄子注》研究』（北京大学出版社、二〇一〇年）、渡邉義浩「郭象の『莊子注』と貴族制――魏晋期における玄學の展開と君主權力――」（『六朝學術學會報』一三、二〇一二年）、伊藤涼「郭象の思想における聖人統治――魏晋玄学史を理解する一助として――」（『文学研究科紀要』六八、二〇二三年）などを参照。

（一一）たとえば、『莊子』齊物論郭象注に、「造物者は主たること無くして、物は各〻自造す。物 各〻自造して待つ所無し（造物者無主、而物各自造、物各自造而無所待焉）」とある。

（一二）たとえば、『莊子』在宥郭象注に、「聖王を貴ぶ所の者は、其の能く治むるを貴ぶに非ざるなり、其の無爲にして物の自爲に任すを貴ぶなり（所貴聖王者、非貴其能治也、貴其無爲而任物之自爲也）」とある。

（一三）「清談亡國論」の代表的なものは、顧炎武『日知錄』十三 正始風俗、趙翼『二十二史箚記』八 六朝清談之習など。なお、渡邉義浩「『世説新語』における貴族的価値観の確立」（『中国文化―研究と教育』七四、二〇一六年、『「古典中国」における小説と儒教』汲古書院、二〇一七年に所収）も参照。

（一四）学官に立てられたあとの「玄學」の様子を伝える資料としては、たとえば『南史』巻四十八 陸澄傳に、「王弼の易を注するは、玄學の宗ぶ所なり（王弼注易、玄學之所宗）」とある。

（一五）たとえば、『梁書』巻三十七 何敬容傳に、「陳の吏部尚書 姚察曰く、「魏の正始より晉の中朝に及ぶまで、時俗は玄虚を尚び、放誕を爲すを貴ぶ」と（陳吏部尚書姚察曰、魏正始及晉之中朝、時俗尚於玄虛、貴爲放誕）」とあり、『梁書』巻四十八 儒林列傳序に、「漢末の喪亂に、其の道は遂に衰ふ。魏の正始より以後、仍ほ玄虚の學を尚び、儒を爲《をさ》むる者は蓋し寡し（漢末喪亂、其道遂衰。魏正始以後、仍尚玄虛之學、爲儒者蓋寡）」とあり、『南史』巻七十一 儒林列傳序に、「兩漢より賢を登すは、咸 經術に資る。魏の正始以後に洎び、更に玄虚を尚び、公卿士庶も、經業に通ずるは罕なり。（自兩漢登賢、咸資經術。洎魏正始以後、更尚玄虛、公卿士庶、罕通經業）」とある。

（一六）こうした実際の思想と後世に伝わる思想の内容の乖離については、土田健次郎『道学の形成』（創文社、二〇〇二年）序章を参照。

（一七）たとえば、前掲注（七）福永論文、小林昇「魏晋の政治と老荘家の生活態度」（『フィロソフィア』三十七、一九五九年、『中国・日本における歴史観と隠逸思想』早稲田大学出版部、一九八三年に所収）、前掲注（三）加賀著書、村上嘉実『六朝思想史研究』（平楽寺書店、一九七四年）、石川徹「魏晋時代の聖人観」（『人文論究』二九（二）、一九七九年）、堀池信夫『漢魏思想史研究』（明治書院、一九八八年）、溝口雄三・小島毅・池田知久『中国思想史』（東京大学出版会、二〇〇七年）に言及がある。

（一八）楠山春樹『老子の人と思想』（汲古書院、二〇〇二年）。

（一九）池田知久『老子 その思想を読み尽くす』（講談社学術文庫、二〇一七年）。

（二〇）前掲注（一九）池田著書。

（二一）池田秀三「中国古典における訓詁注釈の思想」（『哲学研究』五五〇、一九八四年、『中国古典学のかたち』、研文出版、二〇一四年に所収）を参照。

(二二)『老子』第五章注・第七章注・第七十七章注に、『周易』乾卦文言傳の「夫れ大人なる者は、天地と其の德を合す（夫大人者、與天地合其德）」という言を踏まえた注釈がなされている。また、第四十九章では、『周易』繫辭下傳の「天地は位を設け、聖人は能を成し、人謀鬼謀なれば、百姓は能を與る（天地設位、聖人成能、人謀鬼謀、百姓與能）」という語が引用される。

(二三)このことは、とくに前掲注（三）加賀著書に詳しい。

(二四)王弼『老子』注の版本の研究としては、島邦男『老子校正』（汲古書院、一九七三年）、波多野太郎『老子道徳経研究』（国書刊行会、一九七九年）、Rudolf G. Wagner, *A Chinese Reading of the Daodejing:Wang Bi's Commentary on the Laozi with Critical Text and Translation*, (New York, State University of New York Press, 2003)、王弼（注）邊家珍（點校）『王弼道德經注』（唐子恆・邊家珍点校『子海精華編 老子道德經 王弼道德經注』鳳凰出版社、二〇一七年所収）があり、以下の解説もこれらに拠るところが大きい。

(二五)道藏本の形式は、四巻本で上下篇に分かれず、章名がない。經文の間に単行の注文が記され、末尾に晁説之・熊克の跋がある。

(二六)孫鑛本の形式は、冒頭に「道德經序」として熊克の跋があるがこれだけ字の大きさが異なっている。次に「老子道德經序（河上公序）」が附され、続けて晁説之の跋、『老子道德經音義』の一部が附される。次に目次が附されるが、「河上公章句」の語があり、「體道第一」・「養身第二」…と続く。上篇・下篇に分かれていて、章名がある（一章・二章…）。また章名の下には小字で「體道」・「養身」などの河上公注の章名が注記されている。經文と注文は分かれ、注文は經文から一字下げて単行の注文で記されている。なお、『無求備掩老子集成初編』には、「無求備齊老據日本尊經閣文庫藏鈔本景印」という判があって、日本の尊經閣文庫に鈔本が所蔵されていたことがわかる。

(二七)道德玄書本の形式は、冒頭に晁説之の跋がある（熊克のものはない）。上篇・下篇に分かれ、章名がある（一章・二章……）。また章名の下には小字で「體道」・「養身」などの河上公注の章名が注記される。經文の間に双行の注文が記される。上篇は、「老子道德眞經」と始まって「老子道德眞經奇賞巻一終」と終わり、下篇は、「老子道德眞經奇賞巻之二」と始まって「老子道德眞經奇賞巻之二終」と終わる。

(二八)享保本の形式は、冒頭に「老子道德經序（河上公序）」が附される。上篇・下篇に分かれ、章名がある（一章・二章……）。經文の間に双行の注文が記され、欄外に岡田阜谷の考異が記される。末尾に晁説之の跋がある（熊克のものはない）。孫鑛「古今本攷正」・岡田皐谷選「道徳經附錄」が附される。

（二九）明和本の形式は、冒頭に「經典釋文序錄」が附される。上篇・下篇に分かれ、章名がある（一章・二章……）。經文の間に双行の注文が記され、欄外に宇佐美灊水の考異が記される。末尾に晁說之・熊克の跋がある。

（三〇）古逸叢書本の形式は、冒頭に晁說之・熊克の跋がある。上篇・下篇に分かれ、章名がある（一章・二章……）。經文と注文が分かれ、注文は經文から一字下げる形で記されている。

（三一）武英殿本の形式は、上篇・下篇に分かれ、章名がある（一章・二章……）。經文と注文が分かれ、注文は經文から一字下げる形で記される。經文・注文には永樂大典本との校勘と紀昀の按語が附されている。末尾に晁說之・熊克の跋がある。

（三二）二十二子本の形式は、上篇・下篇に分かれ、章名がある（一章・二章……）。經文の間に双行の注文が記される。末尾に晁說之・熊克の跋があり、陸德明の『經典釋文』老子道經音義が附される。さらに『經典釋文 附識』があり、末尾には「聚珍本據永樂大典校改」とある。なお、「華亭張氏原本」の語があるが、邊家珍のいうように武英殿聚珍版本に基づいたものと考えられる。

（三三）王弼（著）樓宇烈（校釋）『王弼集校釋』（一九八九年、中華書局）

（三四）王弼（注）邊家珍（點校）『王弼道德經注』（唐子恆・邊家珍点校『子海精華編 老子道德經 王弼道德經注』鳳凰出版社、二〇一七年所收）

（三五）谷中信一『『老子』河注・王注全訳解』（汲古書院、二〇二二年）

（三六）小林信明「王注老子道徳経講義（上篇）」（『漢文教室』四十二―五十九、一九五九年五月―一九六二年三月）

（三七）内村嘉秀「訓釈・王弼『老子道徳経注』第三十八章」（『哲学・思想論叢』四、一九八六年）、同「訓釈・王弼「老子指略」（一）・（二）」（『国士舘大学文学部人文学会紀要』二三・二四、一九九〇・一九九一年）

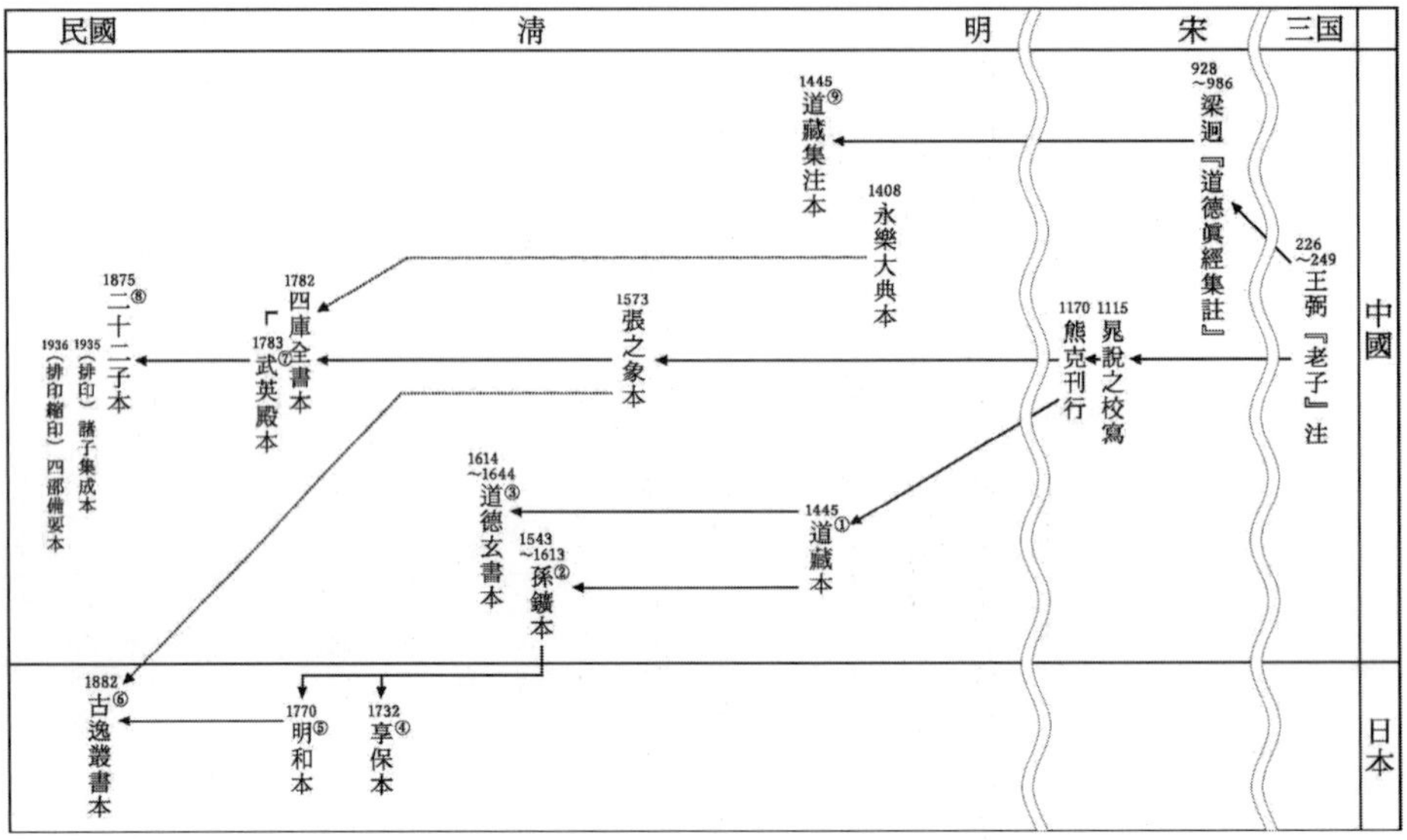

王弼『老子』注版本の系譜図

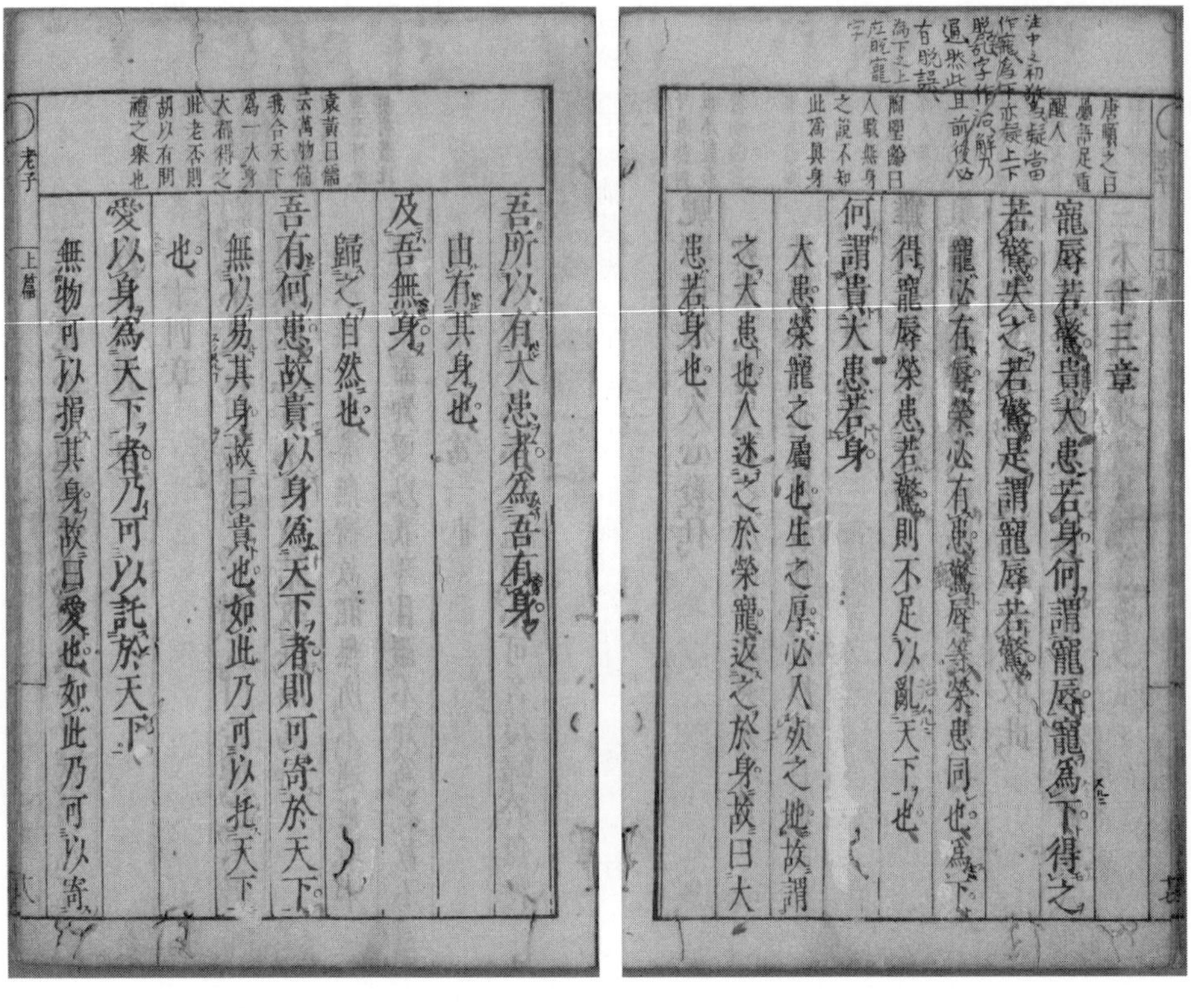

十三章

寵辱若驚貴大患若身何謂寵辱寵為下得之若驚失之若驚是謂寵辱若驚

寵必有辱榮必有患驚辱等榮患同也為下得寵辱榮患若驚則不足以亂天下也

何謂貴大患若身

大患榮寵之屬也生之厚必入死之地故謂之大患也人迷之於榮寵返之於身故曰大患若身也

吾所以有大患者為吾有身

由有其身也

及吾無身

歸之自然也

吾有何患故貴以身為天下者則可寄於天下

無以易其身故曰貴也如此乃可以託天下也

愛以身為天下者乃可以託於天下

無物可以損其身故曰愛也如此乃可以寄

服部南郭の書き入れ本（享保本、早稲田大学図書館所蔵本）

全譯王弼註老子

【原文】

老子道德經上篇

第一章

道可道、非常道。名可名、非常名［一］。無名、天地之始、有名、萬物之母［二］。故常無欲、以觀其妙［三］。常有欲、以觀其徼［四］。此兩者同出而異名。同謂之玄。玄之又玄、衆妙之門［五］。

［王注］

［一］可道之道、可名之名、指事造形、非其常也。故不可道、不可名也。

［二］凡有皆始於無。故未形無名之時、則爲萬物之始。及其有形有名之時、則長之、育之、亭之、毒之、爲其母也。言道以無形無名始成萬物。以始以成、而不知其所以、玄之又玄也。

［三］妙者、微之極也。萬物始於微而後成、始於無而後生。故常無欲空虛、可以觀其始物之妙。

［四］徼、歸終也。凡有之爲利、必以無爲用。欲之所本、適道而後濟。故常有欲、可以觀其終物之徼也。

［五］兩者、始與[1]〔無〕〔母〕也。同出者、同出於玄也。異名、所施不可同也。在首則謂之始、在終則謂之[2]〔毋〕〔母〕。玄者、冥也。默然無有也。始・母之所出也。不可得而名、故不可言。同名曰玄、而言謂之玄者、取於不可得而謂之然也。[3]〔不可〕謂之然、則不可以定乎一玄。[4]〔若定乎一玄〕而已[5]〔則〕〔制〕是名、則失之遠矣。故曰玄之又玄也。衆妙皆從同玄而出。故曰衆妙之門也。

〔校勘〕

1．道藏集注本・武英殿本・二十二子本・古逸叢書本により、「無」を「母」に改める。

2．孫鑛本・道德玄書本・享保本・明和本・武英殿本・二十二子本・古逸叢書本により、「毋」を「母」に改める。

3．服部南郭・波多野太郎に従い、「不可」を補う。

4．道藏集注本により、「若定乎一玄」を補う。

5．波多野太郎に従い、「則」を「制」に改める。

《訓読》

老子道德經上篇

第一章

道《みち》の道《い》ふ可き(一)は、常道に非ず。名の名づく可きは、常名に非ず［一］。無名には、天地の始め、有名には、萬物の母なり［二］。故に常に無欲にして、以て其の妙を觀る［三］。常に有欲にして、以て其の徼を觀る［四］。此の兩者は同じく出づるも名を異にす。同じく之を玄(二)と謂ふ。玄の又 玄は、衆妙(三)の門なり［五］。

［王注］

［一］道《い》ふ可きの道、名づく可きの名は、事を指し形を造《な》せば(四)、其の常に(五)非ざるなり。故に道ふ可からず(六)、名づく可からざるなり。

［二］凡そ有は皆 無に始まる。故に未形無名(七)の時は、則ち萬物の始めと爲る(八)。其の有形有名の時に及べば、則ち之を長じ、之を育し、之を亭《さだ》め、之を毒《な》して(九)、其の母と爲るなり(一〇)。言ふこころは道は無形無名を以て萬物を始成(一一)す。以て始まり以て成るも、其の所

以を知らざるは、(一二)玄の又 玄なればなり。

[三]「妙」なる者は、微(一三)の極なり。萬物は微に始まりて而る後に成り、無に始まりて而る後に生ず。故に常に無欲空虛にして、以て其の始物の妙を觀る可し。

[四]「徼」は、終に歸するなり。(一四)凡そ有の利を爲すは、必ず無を以て用と爲す。(一五)欲の本づく所は、道に適《かな》ひて而る後に濟《な》る。故に常に有欲にして、以て其の終物の徼を觀る可きなり。

[五]「兩」なる者は、始と母なり。「同じく出づる」者《とは》、同じく玄に出づるなり。名を異にするは、施す所の同じかる可からざればなり。首に在れば則ち之を始と謂ひ、終に在れば則ち之を母と謂ふ。「玄」なる者は、冥なり。(一六)默然として無有なり。(一七)始・母の出づる所なり。得て名づく可からず、(一八)故に言ふ可からず。同じく名づけて玄と曰ふも、「之を玄と謂ふ」と言ふ者は、(一九)得て之を然りと謂ふ可からざるに取るなり。之を然りと謂ふ可からざれば、則ち以て一玄に定む可からず。若し一玄に定めて已に是の名を制すれば、則ち之を失ふこと遠し。故に「玄の又 玄」と曰ふなり。(二〇)衆妙は皆 同玄に從《よ》りて出づ。故に「衆妙の門」と曰ふなり。

(補注)

(一)「道可道」には、伝統的に「道《みち》の道《みち》とす可き」「道《みち》の道《い》ふ可き」という二通りの訓じ方がある。王弼の場合は後者がふさわしい。「道《みち》の道《みち》とす可き」と訓じた場合、それが道だと確定できる道は、恒久不変の道ではないという意味になり、たとえば、『韓非子』解老篇に、「凡理者、方圓・短長・麤靡・堅脆之分也。故理定而後可得道也。故定理有存亡、有死生、有盛衰。夫物之一存一亡、乍死乍生、初盛而後衰者、不可謂常。唯夫與天地之剖判也俱生、至天地之消散也不死不衰者謂常。而常者、無攸易、無定理。無定理、非在於常所。是以不可道也。聖人觀其玄虛、用其周行、強字之曰道。然而可論。故曰、道之可道、非常道也」とあるのは、「道《みち》の道《みち》とす可き」と訓じる方が相応しい。一方、「道《みち》の道《い》ふ可き」と訓じた場合は、言葉にできる道は、恒久不変の道ではないという意味になり、たとえば、『淮南子』道應訓に、「桓公讀書於堂。輪扁斲輪於堂下。釋其椎鑿而問桓公曰、君之所讀者、何書也。桓公曰、聖人之書。輪扁曰、其人在焉。桓公曰、已死矣。輪扁曰、是直聖人之糟粕耳。桓公悖然作色而怒曰、寡人讀書、工人焉得而譏之哉。有說則可、無說則死。輪扁曰、然、有說。臣試以臣之斲輪語之。大疾、則苦而不入。大徐、則甘而不固。不甘不苦、應於手、厭於心、而可以至妙者、臣不能以教臣之子、而臣之子亦不能得之於臣。是以行年七十、老而爲輪。今聖人之所言者、亦以懷其實、窮而死、獨其糟粕在耳。故老子曰、道可道、非常道。名可名、非常名」とあるのは、「道《みち》の道《い》ふ可き」と訓じる方がふさわしい。堀池信夫「可道と常道——『老子』第一章「道可道非常道」をめぐって——」(『六朝学術学会報』一二、二〇一一年、『老子注釈史の研究』桜邑文稿1、明治書院、二〇一九年に所収)を参照。

(二)「玄」は、王注に、「玄者、冥也。默然無有也」とあるように、幽冥のこと、ひっそりとして何もないこと。『設文解字』玄部には、「玄、幽遠也。黑而有赤色者爲玄」とあり、幽遠を意味して色で言えば赤黒い色を指すことが説かれる。なお、王弼は道についてそれを玄と言う場合には、道の作用がどこから出ているか分からない、すなわち幽冥なるところからその作用が出てくることを指して玄というとする。このことは、王弼『老子指略』

に、「玄也者、取乎幽冥之所出也」とある。

（三）「衆妙」は、すべての物の妙〔存在が萌芽したところ〕。王弼『老子指略』には、「故涉之乎無物而不由、則稱之曰道。求之乎無妙而不出、則謂之曰玄。妙出乎玄、衆由乎道」とあり、すべての物が基づくという点に結びつければ、それを稱して道といい、妙がそこから出てくるという点から尋ねれば、それを謂って玄というのであって、妙は玄から出て、衆は道に基づくと説明される。

（四）「指事造形」について、王弼は、形から名が生ずるため、逆に名があればその形が定まると考える。第二十五章注に、「夫名以定形」とあり、王弼『老子指略』に、「凡名生於形、未有形生於名者也。故有此名必有此形、有此形必有其分」とある。この箇所もそうであるように、王弼において名と形は不可分なものと言えるほどに密接に関係する。

（五）「常」は、恒久不変なるもの。王弼は、とくにそのものとしての本来的なあり方を恒久不変なるものと考える。たとえば、第十六章注には、「復命則得性命之常、故曰常也」とあり、第二十五章注には、「返化終始、不失其常。故曰不改也」とある。また、言葉として言い表せる道がその常ではないことは、第三十二章注に、「道、無形不繫、常不可名、以無名爲常」とあり、道は無名を常としていると述べられることからも確認できる。

（六）「凡有皆始於無」は、有が無に基づいて始まることをいう。この無と有の関係から、無である「道」が有である「万物」を開始するという王弼の「道」理解が導かれる。同様の表現は、第二十一章注に、「言吾何以知萬物之始於無哉、以此知之也」とある。なお、これに近い表現として、『老子』本文には第四十章に、「天下萬物生於有、有生於無」とあるが、「始於無」と「生於無」の違いがあり、有を始める無という概念規定については王弼独自のものと言える。とくに王弼は、『老子』本文に、無から生まれる、あるいは道から生まれるという表現があっても王注でそれを回避しており、たとえば、第四十章の王注では、「天下之物、皆以有爲生、有之所始、以無爲本」として、『老子』本文の「有は無に生ず」を「有の始まる所は、無を以て本と爲す」と言い換えている。本書の解題および堀池信夫『漢魏思想史研究』（明治書院、一九八八年）、伊藤涼「王弼における「物」と「道」――『老子』に対する注釈態度に触れて――」（『東洋の思想と宗教』三七、二〇二〇年）を参照。

（七）「未形無名」は、物が形をもつ以前の無名の段階。第五十一章注には、「物、生而後畜、畜而後形、形而後成」として、物が発生→長育→形成→完成という過程を辿って生成変化することが説かれており、王弼が物に形成以前の段階を認めていたことを確認できる。また、物が無名と言われる例として、たとえば第三十二章注には、「樸之爲物、以無爲心也、亦無名」とあり、器物となる以前の樸が無名と言われる。

（八）「萬物之始」は、道の機能のうちで、万物の原初的段階に対する作用を指して言われた呼び名。道が万物の存在を始める根源的存在であることをいう。これに関連して、第四十章注には、「天下之物、皆以有爲生、有之所始、以無爲本」とあり、有が始まるところは無を根本とすると述べられる。

（九）「長之、育之、亭之、毒之」は、第五十一章に、「長之、育之、亭之、毒之、養之、覆之」とあるのを踏まえる。その王注には、「亭、謂品其形。毒、謂成其質。各得其庇蔭、不傷其體矣」

とある。

(一〇)「其母」、すなわち「萬物之母」は、道の機能のうちで、万物の形成以後の段階に対する作用を指して言われた呼び名。道が万物の成長を支える根源的存在であることをいう。「母」については、第五十二章の「既知其母、復知其子、既知其子、復守其母、沒身不殆」に対する王注に、「母、本也、子、末也」とあり、本〔根源〕と説明される。なお、萬物の始めが萬物の母でもあることについては、第五十二章に、「天下有始、以爲天下母」とあり、『老子』本文に基づけば直接的に両者が結びつく。その王注には、「善始之、則善養畜之矣。故天下有始、則可以爲天下母矣」とある。

(一一)「道以無形無名始成萬物」と同様の表現は、第二十三章注に、「道以無形無爲成濟萬物」とある。また、第二十一章注には、「以無形始物、不繫成物」とある。「無形無名」は、道の様相。道が形をもたず名をもたないことをいう。「無形無名」という語は、他にも第十四章注に、「無形無名者、萬物之宗也」と見え、第三十八章注に、「用夫無名、故名以篤焉、用夫無形、故形以成焉」と見え、王弼『老子指略』に、「夫物之所以生、功之所以成、必生乎無形、由乎無名。無形無名者、萬物之宗也」と見える。

(一二)「以始以成、而不知其所以」と同様の表現は、第二十一章注に、「萬物以始以成、而不知其所以然」とある。また、第十七章注には、聖人の無爲の治について、「功成事遂、而百姓不知其所以然也」とある。なお、これに関連して、『周易』繫辭上傳には、「一陰一陽之謂道、繼之者善也、成之者性也。仁者見之謂之仁、知者見之謂之知、百姓日用而不知」とある。

(一三)「微」は、かすかで見えないさま。第六十四章の「其脆易泮、其微易散」に対する王注に、「雖失無入有、以其微脆之故、未足以興大功。故易也」とあるように、王弼は、とくに無を失って有に入ったばかりの状態に対して微という。

(一四)「歸終」は、物が十全な活動を行う状態へと復帰すること。物は、存在を開始した時に十全な状態であり、名や形をもった後にはそうした本来の状態を逸脱するが、終わりの段階においてまた十全な状態へと復帰する。こうした復帰については、第十六章の「夫物芸芸、各復歸其根」に対する王注に、「各反其所始也」とあり、第四十章注に、「天下之物、皆以有爲生、有之所始、以無爲本。將欲全有、必反於無也」とある。また、同様の表現は、第二十八章注に、「此三者、言常反終、後乃德全其所處」とあり、物は常に終わりの段階に反ることで、その後にようやく德がその物にとって十全となると言われる。

(一五)「凡有之爲利、必以無爲用」は、第十一章に、「故有之以爲利、無之以爲用」とあるのを踏まえる。その王注には、「木・埴・壁所以成三者、而皆以無爲用也。言無者、有之所以爲利、皆賴無以爲用也」とある。同様の表現は、第三十八章注に、「何以盡德。以無爲用。以無爲用則莫不載也」とあり、同じく第三十八章注に、「萬物雖貴、以無爲用、不能捨無以爲體也。不能捨無以爲體、則失其爲大矣。所謂失道而後德也。以無爲用、則德其母」とあり、第四十章注に、「高以下爲基、貴以賤爲本、有以無爲用、此其反也」とある。

(一六)「冥」は、暗く奥深いこと。幽冥。『設文解字』冥部に、「冥、幽也」とある。

(一七)「無有」という語は、第四十三章に、「無有入無間」と見え、また、第三十二章注に、「樸之爲物、隤然不偏、近於無有」と見え、第五十五章注に、「心宜無有」と見える。

(一八)「不可得而名」と同文が、第二十五章注に、「言道則有所由、有所由然後謂之爲道。然則是道、稱中之大也、不若無稱之大也。無稱不可得而名」とある。

(一九)「同名曰玄、而言謂之玄者」について、王弼は、本文に「之を玄と謂ふ」という表現が用いられるのは、それを玄と名づけないためと考える。すなわち、道は無名であり、玄などの名を与えることができないため、「名づく」ではなく「謂ふ」という表現が用いられると考えるのである。このことは、王弼『老子指略』に、「是以篇云、字之曰道、謂之曰玄、而不名也」とあり、またそこでは、第二十五章に、「吾不知其名、字之曰道」として、「之を字して道と曰ふ」と言われるのも、同様に名づけることを回避するものと言われる。

(二〇)「若定乎一玄而已制是名、則失之遠矣。故曰玄之又玄也」に関連して、王弼『老子指略』には、「故名號則大失其旨、稱謂則未盡其極。是以謂玄則玄之又玄、稱道則域中有四大也」とあり、名はその本旨を失うもので、稱はその本質を尽くさないものであるから、『老子』本文で玄という時には、「玄之又玄(玄よりもさらに奥深いもの)」と言われると説明される。

〔現代語訳〕

老子道德經上篇

第一章

道で言葉として言い表せるものは、恒久不変の道ではない。名で呼び名として言い表せるものは、恒久不変の名ではない〔一〕。(道は、万物がまだ形をもたず)名をもたない段階では、天地の始め〔万物の存在を始めるもの〕であり、(万物が形をもち)名をもつ段階では、萬物の母〔万物の成長を支えるもの〕である〔二〕。そのため常に無欲の状態であると、物の(始まりの段階である)妙〔存在の萌芽的状態〕を見る〔三〕。常に有欲の状態であると、物の(終わりの段階である)徼〔十全な状態への復帰〕を見る〔四〕。この(始めと母という)両者は同一のところから出て名を異にしたものである。(その出てくるところは)同じくそれを玄と謂う。玄とされるものよりもさらに奥深いところが、すべての物の妙(が出てくる)門なのである〔五〕。

〔王注〕

〔一〕言葉として言い表せる道、呼び名として言い表せる名というのは、(特定の)物事を指し形を持ったものであるから、恒久不変のものではない。そのため(道について)言うことができず、名づけることができないのである。

〔二〕そもそも有はすべて無に始まる。そのため(万物が)まだ形をもたず名をもたない段階には、(道は)萬物の始めとなる。万物が形をもち名をもつ段階となれば、(道は)万物を生長させ、養育し、規定し、完成して、萬物の母となる。言いたことは道は無形無名であることによって万物を開始し完成させているということである。(万物が)開始し完成しても、その原因を知らないのは、(その根拠であるところの道が)玄とされるものよりもさらに奥深いものだからである。

〔三〕「妙」とは、微〔存在が始まったばかりのかすかな状態〕の究極である。万物は微に始まってその後に完成し、無に始まってその後に発生する。そのため常に無欲空虚な状態であると、物の始まりの発端のところを見るのである。

〔四〕「徼」は、（物が十全な活動を発揮する）終わりの段階に復帰することである。そもそも有が（その機能を）十全に発揮する場合、必ず無をはたらきとしている。（その場合の）欲の基づくところは、道に適合してその後に完成する。そのため常に有欲な状態であると、物の終わりの復帰するところを見るのである。

〔五〕「兩」とは、始めと母のことである。「同じく出づる」とは、（始めと母が）ともに玄から出てくることである。（始めと母が）名を異にするのは、作用するところが同じでないからである。（物の）最初の段階に作用していればそれを始めといい、（物の）最後の段階に作用していればそれを母という。「玄」とは、冥〔幽冥〕である。ひっそりとしていて何もない。（しかしそこは）始めと母の出てくるところである。名づけることはできないため、（それについて）説明することはできない。（始めが出てくるところも母が出てくるところも）同じく名づけて玄とするのに、（本文で「名づく」ではなく）「之を玄と謂ふ」という表現をするのは、玄と名づけることを正しいとできないためである。それを正しいと言えないならば、ある一つの玄というものに定めることもできない。もしある一つの玄というものに定めてその名を与えるのであれば、その本質を失うことは甚大である。そのため「玄の又玄」というのである。（しかしあくまで）すべての物の妙〔存在の萌芽的状態〕は同じ玄から出てくる。そのため（それについて）「衆妙の門」というのである。

【原文】

第二章

天下皆知美之爲美、斯惡已。皆知善之爲善、斯不善已。故有無相生、難易相成、長短相較、高下相傾、音聲相和、前後相隨[一]。是以聖人處無爲之事[二]、行不言之教。萬物作焉而不辭、生而不有、爲而不恃[三]、功成而弗居[四]。夫唯弗居、是以不去[五]。

〔王注〕

[一] 美者、人心之所進樂也。惡者、人心之所惡疾也。美惡猶喜怒也、善不善猶是非也。喜怒同根、是非同門。故不可得[1]（偏）〔偏〕擧也。此六者、皆陳自然不可[2]（偏）〔偏〕擧之明數也。

[二] 自然已足。爲則敗也。

[三] 智慧自備。爲則僞也。

[四] 因物而用、功自彼成。故不居也。

[五] 使功在己、則功不可久也。

〔校勘〕

1．道藏集注本・武英殿本・二十二子本・古逸叢書本により、「偏」を「偏」に改める。

《訓読》

第二章

天下 皆 美の美爲《た》るを知るも、斯れ惡のみ。皆 善の善爲るを知るも、斯れ不善のみ。故に有無 相 生じ、難易 相 成り、長短 相 較べ、高下 相 傾き、音聲 相 和し、前後 相 隨ふ(一)[一]。是を以て聖人は無爲の事に處り[二]、不言の教へを行ふ(二)。萬物 作《おこ》るも辭せず(三)、生ずるも有せず(四)、爲るも恃《たも》たず(五)[三]、功 成るも居らず(六)[四]。夫れ唯だ居らず、是を以て去らず[五]。

〔王注〕

[一]「美」なる者は、人心の進樂する所なり。「惡」なる者は、人心の惡《を》疾《しつ》する所なり。美惡は猶ほ喜怒のごときなり、善不善は猶ほ是非のごときなり。喜怒は根を同じくし(七)、是非は門を同じくす(八)。故に偏擧するを得可からざるなり。此の六者は、皆 自然にして偏擧す可からざるの明數を陳ぬるなり。

[二] 自然にして已に足れり(一〇)。爲せば則ち敗《やぶ》るるなり。

[三] 智慧 自づから備はれり。爲せば則ち僞りなり。

[四] 物に因りて用ふれば、功は自づから彼に成る。故に居らざるなり。

[五] 功を己に在らしむれば、則ち功 久しくす可からざるなり。

（補注）

（一）有無・難易などの相対的な概念が、互いに相手に依存して生ずることは、『論語義疏』泰伯篇の義疏に引く王弼『論語釋疑』にも、「夫名所名者、生於善有所章、而惠有所存。善惡相傾、而名分形焉。若夫大愛無私、惠將安在。至美無偏、名將何生」と見える。

（二）「聖人處無爲之事、行不言之教」は、聖人が作為を加えず教化を施さず、しかしそのことによって万物が治まる、いわゆる「無爲の治」について述べたものである。『老子』本文にも多くの言及があり、第六十四章には、「聖人無爲、故無敗。無執、故無失……聖人欲不欲、不貴難得之貨、學不學、復衆人之所過、以輔萬物之自然而不敢爲」として、無爲であることによって万物のあるがままの状態を助けることになる、という理論が述べられる。王弼も、『老子』本文のこうした議論を多く継承し、注釈に反映する。さらに加えて、第三十八章注に、「是以上德之人、唯道是用、不德其德、無執無用。故能有德而無不爲。不求而得、不爲而成。故雖有德而無德名也」とあり、第二十三章注に、「道以無形無爲成濟萬物。故從事於道者、以無爲爲君、不言爲教、緜緜若存、而物得其眞」とあるように、万物の根源である道を聖人が用いることで万物が治まるという理論も展開する。

（三）「作」は、動作生長すること。第十六章の「萬物並作」に対する王注に、「動作生長」とある。

（四）「萬物作焉而不辭」と同様の表現は、第三十四章に、「萬物恃之而生而不辭、功成不名有」とある。その王注には、「萬物皆由道而生、既生而不知所由」とある。

（五）「生而不有、爲而不恃」と同文が、第十章に、「生而不有、爲而不恃、長而不宰。是謂玄德」とあり、第五十一章に、「生而不有、爲而不恃、長而不宰。是謂玄德」とある。第五十一章の「爲而不恃」に対する王注に、「爲而不有」とあるため、「爲して恃《たも》たず」と訓じて、「万物が行っても自分のものとしない」という意味で解した。また、第十章の王注には、「不塞其原、則物自生。何功之有。不禁其性、則物自濟。何爲之恃。物自長足、不吾宰成。有德無主、非玄而何。凡言玄德、皆有德而不知其主、出乎幽冥」とある。

（六）「爲而不恃、功成而弗居」と同様の表現は、第七十七章に、「是以聖人爲而不恃、功成而不處、其不欲見賢」とある。

（七）「根」は、ここでは有無・難易などの相対的な概念が生ずる以前の本源となるところ。「根」という語は、『老子』や王注にしばしば見られ、たとえば、第六章に、「玄牝之門、是謂天地根」とあり、第十六章に、「夫物芸芸、各復歸其根」とある。また、第二十二章注に、「自然之道、亦猶樹也。轉多轉遠其根、轉少轉得其本」とあり、第五十四章注に、「固其根、而後營其末」とある。

（八）「門」は、ここでは有無・難易などの相対的な概念が出てくるところ。

（九）「喜怒同根、是非同門」と同様の表現は、第十八章注に、「甚美之名、生於大惡。所謂美惡同門」とある。

（一〇）「自然已足」と同文が、第二十章注に、「夫燕雀有匹、鳩鴿有仇。寒鄕之民、必知旃裘。自然已足。益之則憂」とある。

［現代語訳］

第二章

天下の人々はみな美が美であることを知っているが、（しかしその）美は惡《お》そのものである。（同じように）みな善が善であることを知っているが、（しかしその）善は不善そのものである。そのために有無は互いに（相手に依存して）生まれ、難易は互いに（相手に依存して）成り立ち、長短は互いに（相手に依存して）比べられ、高低は互いに（相手に依存して）そちらへと偏り、音声は互いに（相手に依存して）響き合い、前後は互いに（相手に依存して）付き従う［一］。こういう訳で聖人は無爲の立場に居り［二］、不言の教えを行う。万物が生育しても何も言わず、誕生しても私有せず、行っても自分のものとせず[三]、成果がでても（そこには）いない[四]。そもそもいないから、（成果が）なくならないのである[五]。

［王注］

［一］「美」とは、人の心が進んで好むものである。「惡」とは、人の心が憎く思うものである。美惡は喜怒のようなものであり、善不善は是非のようなものである。喜怒は本源を同じくしており、是非は（出てくる）門を同じくしている。そのため一方だけを取り上げることはできないのである。この（有無・難易・長短・高低・音聲・前後という）六者は、すべて本来的には一方だけを取り上げることができないものの類例を並べたものである。

［二］（万物は）ありのままの状態ですでに十全である。作為を加えると（その状態が）損なわれるのである。

［三］（万物は）智慧が本来的に備わっている。作為を加えると（それが）偽りのものとなるのである。

［四］（聖人は）万物に依拠してはたらくので、成果はおのずと万物のものとして成り立つ。そのため（聖人は）いないのである。

［五］成果を自分のものにすると、成果は長続きさせることができないのである。

【原文】

第三章

不尚賢、使民不爭。不貴難得之貨、使民不爲盜。不見可欲、使心不亂[一]。是以聖人之治、虛其心、實其腹[二]、弱其志、強其骨[三]。常使民無知無欲[四]、使夫知者不敢爲也[五]。爲無爲、則無不治。

[王注]

[一] 賢、猶能也。尙者、嘉之名也。貴者、隆之稱也。唯能是任、尙也曷爲。唯用是施、貴之何爲。尙賢顯名、榮過其任、爲而常校能相射。貴貨過用、貪者競趣、穿窬探篋、沒命而盜。故可欲不見、則心無所亂也。

[二] 心懷智而腹懷食。虛有智而實無知也。

[三] 骨無知以幹、志生事以亂。[1]〔心虛則志弱也。〕

[四] 守其眞也。

[五] 知者、謂知爲也。

〔校勘〕

1. 『經典釋文』・武英殿本・二十二子本・古逸叢書本により、「心虛則志弱也」を補う。

《訓讀》

第三章

賢を尙《たふと》ばざれば(一)、民をして爭はざらしむ。得難きの貨を貴ばざれば(二)、民をして盜みを爲さざらしむ。欲すべきを見《しめ》さざれば、心をして亂れざらしむ[一]。是を以て聖人の治は、其の心を虛しくし、其の腹を實たし[二]、其の志を弱くし、其の骨を強くす[三]。常に民をして無知無欲ならしめ[四]、夫の知者をして敢て爲さざらしむるなり[五]。無爲を爲さば、則ち治まらざる無し。

[王注]

[一]「賢」は、猶ほ能のごときなり。「尙」なる者は、嘉の名なり。「貴」なる者は、隆の稱なり。唯だ能のみ是れ任ずれば、尙や曷ぞ爲さん。唯だ用のみ是れ施せば、貴 之れ何ぞ爲さん。賢を尙び名を顯し、榮 其の任を過ぐれば、爲して常に能を校《くら》べ相 射《いと》ふ。貨を貴ぶこと用を過ぐれば、貪者は競ひ趨《はし》り、穿窬《せんゆ》して篋《はこ》を探し、命を沒するとも盜まんとす(三)。故に欲す可きも見《しめ》さざれば、則ち心の亂るる所無きなり。

[二] 心は智を懷ひて(四)腹は食を懷ふ。有智を虛しくして無知を實たす(五)なり。

[三] 骨は知無くして以て幹に、志は事を生じて以て亂る。心 虛しければ則ち志 弱きなり。

[四] 其の眞(六)を守るなり。

[五]「知者」とは、爲すを知るを謂ふなり。

〔訳注〕

(一) 尙賢思想は『墨子』に端を発し、儒家典籍にも継承されるが、『老子』においては否定される。片倉望「『老子』の尙賢思想——「道」と「天」の考察を通して——」(『東方学』七一、一九八六年)を参照。

(二)「不貴難得之貨」と同文が、第六十四章に、「是以聖人欲不欲、不貴難得之貨、學不學、復衆人之所過、以輔萬物之自然、而不敢爲」とある。その王注には、「好欲雖微、爭尚爲之興。難得之貨雖細、貪盗爲之起也」とある。

（三）「貧者競趣、穿窬探篋、沒命而盗」は、いわゆる「穿窬之盗」に基づく。「穿窬之盗」は、壁に穴を開け垣を越えて盗みを働くこと。『論語』陽貨篇に、「子曰、色厲而内荏、譬諸小人、其猶穿窬之盗也與」とあり、『禮記』表記篇に、「子曰、君子不以色親人、情疏而貌親、在小人則穿窬之盗也與」とある。

（四）「智」は、巧僞を生ずるもので、人々は智があることによって自然の状態から逸脱する。「智」については、第十八章に、「智慧出、有大僞」とあり、第五十七章注には、「民多智慧則巧僞生。巧僞生則邪事起」とある。また、民が智をもつと治めづらいことは、第六十五章にも、「民之難治、以其智多」とあり、その注には、「多智巧詐、故難治也」とある。

（五）「無知」は、理知のないこと。第二十五章注には、「用智不及無知」とあり、「用智」に対する「無知」の優位が説かれる。

（六）「眞」は、事物の本質であり、あるがままで本来的なもの。物の本来の状態を指す場合もある。「眞」については、『莊子』漁父篇に、「眞者、所以受於天也、自然不可易也」とある。また、王弼は第二十八章注で、「樸、眞也」と述べており、物の原初的状態である樸を眞という。

［現代語訳］

第三章

優れた人材を尊重しなければ、民に競わせることはない。珍しい財貨を珍重しなければ、民に盗みをさせることはない。（すなわち）必要なことを示さなければ、心を惑わせることがないのである［一］。こういう訳で聖人の統治は、民の心を空虚にして、民の腹を満たし［二］、民の志を弱めて、民の骨を強くする［三］。常に民を無知無欲にさせて［四］、かの（ことさらに行為することを）知る者には決して行動させない［五］。無爲をなせば、治まらないことがないのである。

［王注］

［一］「賢」は、能というようなものである。「尙」とは、嘉《よみ》することの名である。「貴」とは、価値を高くすることの称である。ただ才能のある者を任用するだけであれば、どうして尊重することがあろうか。ただ機能を発揮するだけであれば、どうして珍重することがあろうか。優秀な人材を尊重してその名を顕彰し、栄寵がその任務を越えていると、（民は）ことさらにいつも能力を競って比べ合うことになる。珍しい財貨を珍重して（本来の）機能を越えると、貧者は競って（富者の家へ）足を運び、壁に穴を開け垣を越えて篋《はこ》を探し、命を失おうとも（珍しい財貨を）盗もうとする。そのため必要であっても示さなければ、（民の）心に乱れるところがないのである。

［二］心は智を求め腹は食物を求める。（本文は）有智（である心）を空虚にして無知（である腹）を充たすということである。

［三］骨は理知を持たず根幹をなし、志は様々な事態を引き起こし乱れる。心が虚しくなれば志は弱くなるのである。

［四］民の眞［本質］を守るのである。

［五］「知者」とは、ことさらに行為することを知る者をいう。

【原文】

第四章

道沖而用之或不盈。淵兮似萬物之宗。挫其鋭、解其紛、和其光、同其塵。湛兮似或存。吾不知誰之子。象帝之先[一]。

[王注]

[一] 夫執一家之量者、不能全家。執一國之量者、不能成國。窮力擧重、不能爲用。故人雖知萬物治也、治而不以二儀之道、則不能贍也。地雖形魄、不法於天則不能全其寧。天雖精象、不法於道則不能保其[1]（精）〔清〕。沖而用之、用乃不能窮。滿以造實、實來則溢。故沖而用之又復不盈、其爲無窮亦已極矣。形雖大、不能累其體。事雖殷、不能充其量。萬物舍此而求主、主其安在乎。不亦淵兮似萬物之宗乎。鋭挫而無損、紛解而不勞、和光而不汙其體、同塵而不渝其眞。不亦湛兮似或存乎。地守其形、德不能過其載。天慊其象、德不能過其覆。天地莫能及之。不亦似帝之先乎。帝、天帝也。

[校勘]

1. 樓宇烈は、第三十九章に「天得一以清、地得一以寧」とあり、「清」と「寧」が対文になっていることから、ここでは「清」に作る方がよいと指摘する。これに従い、「精」を「清」に改める。

《訓読》

第四章

道は沖（一）にして之を用ふるも或《つね》に盈《み》たず。淵として萬物の宗に似たり。其の鋭を挫《くじ》き、其の紛を解き、其の光を和らげ、其の塵を同じくす。（二）湛として或に存するに似たり。吾 誰の子なるかを知らず。帝の先に象《に》たり[一]。

[王注]

[一] 夫れ一家の量を執る者は、家を全くする能はず。一國の量を執る者は、國を成す能はず。力を窮《つ》くして重きを擧ぐれば、用を爲す能はず。故に人は萬物の治を知ると雖も、治むるに二儀（三）の道を以てせざれば、則ち贍《た》る能はざるなり。地は形魄と雖も、天に法らざれば則ち其の寧を全くする能はず。天は精象と雖も、道に法らざれば則ち其の清を保つ能はず。（四）沖にして之を用ふるも、用は乃ち窮くる能はず。（五）滿つるは實に造《いた》るを以てし、實 來れば則ち溢《み》つ。故に沖にして之を用ひて又 復た盈たず。其の無窮爲《た》るは亦た已に極まれり。形は大なりと雖も、其の體を累《かさ》ぬる能はず。事は殷《おほ》しと雖も、其の量を充たす能はず。萬物 此を舍てて主を求むとも、主 其れ安くにか在るや。亦た淵として萬物の宗に似ずや。鋭は挫して損する無く、紛は解して勞せず、光を和らげて其の體を汙《よご》さず、塵を同じくして其の眞を渝《か》へず。（六）亦た湛として或《つね》に存するに似ずや。地は其の形を守るも、德は其の載するを過ぐる能はず。天は其の象に慊《た》るも、德は其の覆ふを過ぐる能はず。（七）天地も能く之に及ぶ莫し。亦た帝の先に似ずや。帝は、天帝なり。（八）

（補注）

（一）「沖」は、空虚であること。『説文解字』巻十一上 水部の沖に対する段玉裁注に、「凡用沖虚字者、皆盅之假借。老子、道盅而用之」とあり、沖は盅の仮借字であると説明される。盅は、『説文解字』巻五上 皿部に、「盅、器虚也。……老子曰、道盅而用之」とあるように、器のからっぽの部分。なお、馬王堆甲本では、本文を「盅」に作っている。

（二）「挫其鋭、解其紛、和其光、同其塵」と同文が、第五十六章に、「塞其兌、閉其門、挫其鋭、解其紛、和其光、同其塵」とある。「挫其鋭」に対する王注に、「含守質也」とあり、「解其紛」に対する王注には、「除争原也」とあり、「和其光」に対する王注には、「無所特顯、則物無偏爭也」とあり、「同其塵」に対する王注には、「無所特賤、則物無偏恥也」とある。

（三）「二儀」は、天地あるいは陰陽のこと。『周易』繋辭上傳に、「易有太極、是生兩儀、兩儀生四象、四象生八卦」とある。

（四）「地雖形魄、不法於天則不能全其寧。天雖精象、不法於道則不能保其精」は、第二十五章に、「人法地、地法天、天法道、道法自然」とあるのを踏まえる。その王注には、「法、謂法則也。人不違地、乃得全安、法地也。地不違天、乃得全載、法天也。天不違道、乃得全覆、法道也。……用智不及無知、而形魄不及精象、精象不及無形、有儀不及無儀。故轉相法也。道順自然、天故資焉。天法於道、地故則焉。地法於天、人故象焉。所以爲主、其一者主也」とある。また、「地」について「其の寧を全くする能はず」、「天」について「其の清を保つ能はず」と言われるのは、第三十九章に、「天得一以清、地得一以寧」とあるのを踏まえる。

（五）「沖而用之、用乃不能窮」に関連することとして、第四十五章に、「大盈若沖、其用不窮」とある。その王注には、「大盈充足、隨物而與、無所愛矜。故若沖也」とある。

（六）「渝其眞」と同様の表現は、第五十章注に、「故物、苟不以求離其本、不以欲渝其眞、雖入軍而不害、陸行而不可犯也」とあり、第五十五章注に、「言含德之厚者、無物可以損其德、渝其眞」とある。なお、「眞」については、第三章の補注を参看。

（七）「地守其形、徳不能過其載。天慊其象、徳不能過其覆」に関連して、『莊子』天下篇には、「天能覆之而不能載之、地能載之而不能覆之、大道能包之而不能辯之」とある。

（八）王弼が「帝」を「天帝」と解釈するのは、第二十五章に、「人法地、地法天、天法道、道法自然」とあることから、道→天→地→人の順に展開すると考えるためである。なお、天地よりも先に道が位置づくことは、同じく第二十五章に、「有物混成、先天地生」とある。その王注には、「混然不可得而知、而萬物由之以成。故曰混成也。不知其誰之子。故先天地生」とあり、「其の誰の子なるかを知らず」という本章と同様の表現が見られる。

［現代語訳］

第四章

道は空虚であってはたらいてもつねに（そのはたらきが）一杯になることがない。奥深くて万物の根源のようである。（道は）万物の鋭さを弱め、万物の乱れを解き、万物の光を和らげ、万物の塵を同じくする。深く湛えて常に存在しているかのようである。わたしは（道が）誰の子であるか分からない。天帝の先に存在するかのようである［一］。

［王注］

［一］そもそも一家をきりもりする者は、家を完全なものとすることができない。一国のきりもりをする者は、国を完成させることができない。力を尽くして重いものを持ち上げると、はたらきを（十全に）発揮することができないのである。そのため人は万物の統治を知っていても、治める際に天地の道を用いなければ、十分なものとはなりえない。地は（形のもとである）形魄を有しているが、天に則らなければその（本質であるところの）寧〔安定性〕を十全にすることができない。天は（象のもとである）精象を有しているが、道に則らなければ天の（本質であるところの）清〔清静さ〕を保つことができない。（そして道について言えば）空虚であってはたらいていても、そのはたらきが尽きることはない。満ちるということは実態があるということで、実態があれば一杯になる。そのため空虚であってはたらくのであればまったく（そのはたらきが）一杯になることがないのである。道のはたらきが無尽蔵であることはすでに極まっている。形がどれだけ大きかったとしても、道の本体に重なることはできない。物事がどれだけ多かったとしても、道の容量を満たすことはできない。万物が道をおいて（その他に）主を求めたとしても、主はどこに存在するのだろうか。まことに奥深くて万物の根源のようではないか。（万物の）鋭さが弱まることで損なわず、（万物の）乱れが解けることで疲弊せず、（万物の）光を和らげてその本体を汚さず、（万物の）塵を同じくしてその眞を変えない。まことに深く湛えて常に存在しているかのようではないか。地はその形を守ってはいるものの、（地の）徳はそれが載せるものであるということを超えられない。天はその象を満たしてはいるものの、（天の）徳はそれが覆うものであるということを超えられない。天地も道に及ばないのである。（道は）なんと帝に先立つもののようではないか。帝は、天帝のことである。

【原文】

第五章

天地不仁、以萬物爲芻狗[一]。聖人不仁、以百姓爲芻狗[二]。天地之間、其猶槖籥乎。虛而不屈、動而愈出[三]。多言數窮、不如守中[四]。

[王注]

[一] 天地任自然、無爲無造、萬物自相治理。故不仁也。仁者必造立施化、有恩有爲。造立施化、則物失其眞。有恩有爲、則物不具存。物不具存、則不足以備載。[1]（矣）〔天〕地不爲獸生芻、而獸食芻。不爲人生狗、而人食狗。無爲於萬物而萬物各適其所用、則莫不贍矣。若慧由己樹、未足任也。

[二] 聖人與天地合其德、以百姓比芻狗也。

[三] 槖、排槖也。籥、樂籥也。槖籥之中空洞、無情無爲。故虛而不得窮屈、動而不可竭盡也。天地之中、蕩然任自然。故不可得而窮、猶若槖籥也。

[四] 愈爲之則愈失之矣。物樹其[2]（惡）〔慧〕、事錯其言、[3]〔其慧〕不濟、[4]（不）〔其〕言不理、必窮之數也。槖籥而守[5]（數）中、則無窮盡。棄己任物、則莫不理。若槖籥有意於爲聲也、則不足以共吹者之求也。

〔校勘〕

1．道藏集注本により、「矣」を「天」に改める。

2．陶鴻慶・服部南郭・波多野太郎に従い、「惡」を「慧」に改める。

3．服部南郭・桃井白鹿・波多野太郎に従い、「其慧」を補う。なお、陶鴻慶・樓宇烈は、同箇所に「不慧」を補い、「不慧不濟、不言不理」に作るべきとする。

4．宇佐美灊水・波多野太郎に従い、「不」を「其」に改める。

5．服部南郭・波多野太郎に従い、「數」を省く。

《訓読》

第五章

天地は仁ならず、萬物を以て芻狗《すうく》(一)と爲す[一]。聖人は仁ならず、百姓を以て芻狗と爲す[二]。天地の間は、其れ猶ほ槖籥《たくやく》のごときか。虛しくして屈《つ》きず、動きて愈《いよ》〻出づ[三]。多く言へば數〻窮す、中を守るに如かず[四]。

[王注]

[一] 天地は自然に任せ、無爲無造なるも、萬物 自づから相 治理す。故に仁ならざるなり。仁なる者は必ず造立施化(二)し、有恩有爲なり(三)。造立施化すれば、則ち物 其の眞を失ふ。有恩有爲なれば、則ち物 具存せず(四)。物 具存せざれば、則ち以て備載(五)するに足らず。天地は獸の爲に芻を生ぜざるも、獸は芻を食《くら》ふ。人の爲に狗を生ぜざるも、人は狗を食ふ。萬物に爲す無くして萬物 各〻其の用ふる所に適《かな》へば、則ち贍《た》らざるは莫し。若し慧(六) 己に由りて樹《た》てば、未だ任すに足らざるなり。

[二] 聖人は天地と其の德を合し(七)、百姓を以て芻狗に比ぶるなり。

[三] 「槖」は、排槖(八)なり。「籥」は、樂籥(九)なり。槖籥の中は空洞にして、無情無爲なり。故に虛しくして窮屈するを得ず、動きて竭盡す可からざるなり。天地の中は、蕩然として自然に任す。故に得

て窮す可からず、猶ほ橐籥の若きなり。

[四] 愈〻之を爲せば則ち愈〻之を失ふ。物 其の慧を樹て、事 其の言を錯《お》くも、其の慧は濟《な》さず、其の言は理《をさ》めず、必ず窮するの數なり。橐籥にして中を守れば、則ち窮盡する無し。己を棄て物に任すれば(一〇)、則ち理まらざるは莫し。若し橐籥 聲を爲すに意有れば、則ち以て吹者の求めに共するに足らざるなり。

(補注)

(一)「芻狗」は、ここでは芻草(まぐさ)と犬。河上公注の解釈も同様で、河上公注には、「聖人視百姓如芻草狗畜、不貴望其禮意」とある。なお、『莊子』天運篇に、「夫芻狗之未陳也、盛以篋衍、巾以文繡、尸祝齊戒以將之。及其已陳也、行者踐其首脊、蘇者取而爨之而已」とあるように、藁で作った祭祀用の犬人形を指すこともある。

(二)「造立施化」に関連して、第十七章注には、大人の次に優れた人について、「不能以無爲居事、不言爲教、立善行施、使下得親而譽之也」とあり、無爲の立場におり、不言の教えを行うことはできないが、「立善行施」すると述べられる。

(三)「有恩有爲」に関連して、第十七章注には、大人の次の次に優れた人について、「不能復以恩仁令物、而賴威權也」とあり、大人の次に優れた人が「恩仁」によって人々に政令を出すと考えられている。

(四)「具存」は、十全に存立すること。同様の表現は、『周易』復卦象傳の王注に、「復者、反本之謂也。天地以本爲心者也。凡動息則靜、靜非對動者也。語息則默、默非對語者也。然則天地雖大、富有万物、雷動風行、運化萬變、寂然至无是其本矣。故動息地中、乃天地之心見也。若其以有爲心、則異類未獲具存矣」とあり、天地が「有」を根幹に据えると、異類は十全に存立することがないと述べられる。

(五)「備載」は、ことごとく治めること。第三十八章注に、「以無爲用、則莫不載也。故物、無焉則無物不經」とあるように、載は治めることに通じる。

(六)「慧」は、惠に通用するため、惠の意味で解した。なお、宇佐美灊水は、当該箇所の「慧」を「惠」に作るべきだとする。

(七)「聖人與天地合其德」は、『周易』乾卦文言傳に、「夫大人者、與天地合其德」とあるのを踏まえる。同様の表現は、第十六章注に、「與天合德、體道大通、則乃至於窮極虛無也」とあり、第七十七章注に、「與天地合德、乃能包之、如天之道。如人之量、則各有其身、不得相均。如唯無身無私乎。自然、然後乃能與天地合德」とある。

(八)「排橐」は、火に風を送る器具。なお、易順鼎『讀老札記』は、「據此則王注作囊橐、今本作排橐誤也」という。

(九)「樂籥」は、笛のような気流によって音を出す楽器。なお、易順鼎『讀老札記』は、「據此則王注作樂器、今本作樂籥亦誤也」という。図は『三才圖會』器用四(舞器)所収の「籥」。

籥

(一〇)「棄己任物」と同様の表現は、第三十八章注に「舍己任物、則無爲而泰」とある。

[現代語訳]

第五章

天地は仁でなく、万物をまぐさや犬のように考えている[一]。聖人は仁でなく、百姓をまぐさや犬のように考えている[二]。天地の間は、さながら橐籥《たくやく》のようなものであろうか。空虚であって尽き果てることがなく、動いても行き詰まることがない[三]。多く言えばしばしば行き詰まり、(橐籥のように空っぽの)中を守るのに及ばない[四]。

[王注]

[一]天地はあるがままの状態に任せ、何かをなしたり何かを打ち立てることをしないが、万物はおのずと相互の関係のうちで治まっている。そのため(天地は)仁でないのである。仁というものは必ず(作為的に)打ち立てて(他者に)はたらきかけ、恩愛があって人為がある。(作為的に)打ち立てて(他者に)はたらきかけるのであれば、物はその眞を失う。恩愛があり人為があるのであれば、物は十全に存立しない。物が十全に存立しないのであれば、すべてを治めるのには足りていないのである。天地は獣のためにまぐさを生やしている訳ではないが、獣はまぐさを食べる。人のために犬を生んでいる訳ではないが、人は犬を食べる。(このように)万物にはたらきかけていないのに万物がそれぞれそれ自身のはたらくところに適っていれば、それで十分でないことがない。(逆に)もし恩恵が自身に基づいて立てられていれば、まだ(物のあるがままの状態に)任せていないのである。

[二]聖人は天地とその徳を合致させており、百姓をまぐさや犬のように考えている。

[三]「橐」は、火に風を送る器具である。「籥」は、気流によって音を出す楽器である。橐籥の中は空洞で、情もなく行為することもない。そのため空虚であって行き詰まることがなく、動いても尽き果てることがない。天地の中は、空しくあるがままの状態に任せている。そのため行き詰まることがなく、さながら橐籥のようなのである。

[四]ことさらな行為をすればするほど失うことになる。物がその恩恵を立て、事がその言葉を並べても、その恩恵では救えず、その言葉では治められず、必ず行き詰まる定めにある。(一方で)橐籥のようにして(空っぽの)中を守っていれば、窮まり尽き果てることがない。自分を棄てて万物に任せているのであれば、治まらないことがないのである。もし橐籥が音を出すのに意志をもっていれば、吹く者の求めに応じることには足りていない。

【原文】

第六章

谷神不死、是謂玄牝。玄牝之門、是謂天地根。緜緜若存、用之不勤［一］。

[王注]

［一］谷神、谷中央無[1]（谷）〔者〕也。無形無影、無逆無違、處卑不動、守靜不衰、谷以之成、而不見其形。此至物也。處卑而不可得名。故謂[2]（天地根。緜緜若存、用之不勤）〔之玄牝〕。門、玄牝之所由也。本其所由、與[3]〔太〕極同體。故謂之天地之根也。欲言存邪、則不見其形。欲言亡邪、萬物以之生。故緜緜若存也。無物不成[4]（用）而不勞也。故曰用而不勤也。

〔校勘〕

1．『經典釋文』および易順鼎・樓宇烈に従い、「谷」を「者」に改める。

2．『列子』天瑞篇の張湛注に、「老子有此一章。王弼注曰、無形無影、無逆無違、處卑不動、守靜不衰、谷以之成、而不見其形。此至物也。處卑而不可得名。故謂之玄牝」とある。易順鼎・服部南郭・宇佐美灊水・大槻如電本・波多野太郎に従い、「天地根。緜緜若存、用之不勤」を「之玄牝」に改める。

3．『列子』天瑞篇の張湛注に、「王弼曰、門、玄牝之所由也。本其所由、與太極同體。故謂之天地之根也。欲言存邪、則不見其形。欲言亡邪、萬物以生。故曰緜緜若存。無物不成而不勞也。故曰不勤」とある。樓宇烈・服部南郭・宇佐美灊水・大槻如電本・波多野太郎に従い、「太」を補う。

4．易順鼎・樓宇烈・波多野太郎に従い、「用」を省く。

《訓読》

第六章

谷神（一）は死せず、是れを玄牝（二）と謂ふ。玄牝の門、是れを天地の根と謂ふ。緜緜として存するが若く、之を用ふるも勤《つ》きず［一］。

[王注]

［一］「谷神」は、谷の中央の無なる者なり。無形無影、無逆無違にして、卑きに處り（三）て動かず、靜を守り（四）て衰へず、谷は之を以て成るも、其の形を見ず（五）。此れ至物なり。卑きに處りて名を得可からず。故に之を「玄牝」と謂ふ。「門」は、玄牝の由る所なり。其の由る所に本づけば、太極（六）と體を同じくす。故に之を「天地の根」と謂ふなり。存すると言はんと欲するや、則ち其の形を見ず。亡すると言はんと欲するや、萬物 之を以て生ず（七）。故に緜緜として存するが若きなり。物として成らざる無きも勞れざるなり（八）。故に「用ふるも勤きず」と曰ふなり。

（補注）

（一）「谷神」は、谷の神。王弼は、「谷の中央の無なる者」といい、以下の補注でも確認するように、その形容は「道」に対する形容と同様である。なお、「谷」は、第十五章に、「古之善爲士者、……曠兮其若谷」と見え、第二十八章に、「爲天下谿、常德不離、復歸於嬰兒」、「爲天下谷、常德乃足、復歸於樸」と見え、第四十一章に、「上德若谷」と見えており、第二十八章注には、

「谿不求物、而物自歸之」と説明される。

(二)「玄牝」は、玄妙なる牝《めす》。万物がそれによって生み出されることを牝が子どもを産むさまにたとえたもの。「玄」は、王注に、「名を得可からず」とあるように、ここではそれが名を与えられないほどに奥深いことを形容したもの。なお、「牝」に関連して、第十章には、「天門開闔、能爲雌乎」とあり、その王注には、「天門、謂天下之所由從也。開闔、治亂之際也。或開或闔、經通於天下。故曰天門開闔也。雌、應而不唱、因而不爲。言天門開闔、能爲雌乎。則物自賓而處自安矣」とある。また、第六十一章に、「大國者下流、天下之交、天下之牝。牝常以靜勝牡、以靜爲下」とあり、その王注には、「以其靜、故能爲下也。牝、雌也。雄躁動貪欲、雌常以靜。故能勝雄也。以其靜復能爲下。故物歸之也」とある。

(三)「處卑」に関連して、第八章には、「上善若水。水善利萬物而不爭、處衆人之所惡。故幾於道」とあり、その王注には、「人惡卑也」とあって、「道」に近似する「水」が、人々の嫌う低いところにとどまることが述べられる。

(四)「不動」、「守靜」に関連して、第二十六章に、「重爲輕根、靜爲躁君」とあり、その王注には、「凡物、輕不能載重、小不能鎭大。不行者使行、不動者制動。是以重必爲輕根、靜必爲躁君也」とあって、動かない者が動く者を統御することが述べられる。また、第十六章注に、「凡有起於虚、動起於靜。故萬物雖並動作、卒復歸於虚・靜」とあるように、静は万物が復帰する根源の性質である。

(五)「谷以之成、而不見其形」と同様の表現は、第十四章の「無狀之狀・無物之象」についての王注に、「欲言無邪、而物由以成。欲言有邪、而不見其形。故曰無狀之狀・無物之象」とあり、また、第四十一章の「道隱無名」についての王注に、「物以之成、而不見其成形。故隱而無名也」とある。いずれも「道」について述べたものである。

(六)「太極」は、天地を生成した根源。『周易』繫辭上傳に、「易有太極、是生兩儀、兩儀生四象、四象生八卦」とある。王弼が「太極」という語を用いる例は、『周易』繫辭上傳の「大衍之數五十、其用四十有九」に対する韓康伯注に、「王弼曰、演天地之數、所賴者五十也。其用四十有九、則其一不用也。不用而用以之通、非數而數以之成、斯易之太極也。四十有九、數之極也。夫无不可以无明、必因於有。故常於有物之極、而必明其所由之宗也」と見えるのみである。

(七)「欲言存邪、則不見其形。欲言亡邪、萬物以之生」と同様の表現は、第十四章注に、「欲言無邪、而物由以成。欲言有邪、而不見其形」とある。

(八)「無物不成而不勞也」に関連して、第三十八章注には、「以無爲用、則德其母。故能己不勞焉而物無不理」とあり、無をはたらきとしていればその母を得ており、それ自身は疲弊せずに物が治まると述べられる。

[現代語訳]

第六章

谷神は死なない、これを玄妙なる牝《めす》という。玄妙なる牝の門、これを天地の本源という。(谷神は)綿綿と存在しているかのようであり、はたらいても尽きることがない[一]。

［王注］

［一］「谷神」は、谷の中央の無である。形が無く影が無く、向かうことが無く離れることが無く、低いところにあって動かず、静かさを守って衰えず、谷はこれによって成り立っているが、その形を見ることがない。つまりは究極の物である。（それは）低いところにあって名を与えることができない。そのためこれを「玄牝」という。「門」は、玄牝の基づくところである。その基づくところから言えば、太極と本質を同じくしている。そのためこれを「天地の根」というのである。（谷神について）存在していると言おうとすれば、その形を見ることがない。存在しないと言おうとすれば、万物はそれに依拠して生まれている。したがって（はっきりと存在しているとも存在していないともできないものであって）綿綿と存在しているかのようなのである。物で（それに依拠して）成り立たないものはないが、（谷神が）疲弊することはない。そのため「用ふるも勤《つ》きず」というのである。

【原文】

第七章

天長地久。天地所以能長且久者、以其不自生[一]。故能長生。是以聖人後其身而身先、外其身而身存。非以其無私邪。故能成其私[二]。

[王注]

[一] 自生則與物爭、不自生則物歸也。

[二] 無私者、無爲於身也。身先身存、故曰能成其私也。

《訓読》

第七章

天は長く地は久し。天地の能く長く且つ久しき所以の者は、其の自ら生きざるを以て[一]、故に能く長生す。是を以て聖人は其の身を後にして身は先んじ、其の身を外にして身は存す。其の無私なるを以てに非ざるか。故に能く其の私を成す[二]。

[王注]

[一] 自ら生くれば則ち物と爭ひ、自ら生きざれば則ち物は歸するなり（一）。

[二] 無私なる者は、身に爲す無きなり。身は先んじ身は存す、故に「能く其の私を成す」と曰ふなり。

（補注）

（一）「歸」は、王注では、（万物の）帰服を意味する場合と、（本来的な状態への）復帰を意味する場合がある。第二十八章注に本章を引いて、「知爲天下之先者、必後也。是以聖人後其身而身先也。谿不求物、而物自歸之」と述べられることから、ここでは前者の意味にとる。「不自生則物歸也」に関連して、第六十七章注に、「唯後外其身、爲物所歸」とあり、第八十一章の「既以與人、己愈多」に対する王注に、「物所歸也」とある。

[現代語訳]

第七章

天は永遠であり地は恒久である。天地が永遠恒久であり得る理由は、天地が自分から生きようとしないからである[一]。それゆえに（天地は）永遠に生きる。こういう訳で聖人は自分の身を後らすことによってかえってその身が先立ち、自分の身をおろそかにすることによってかえってその身が保たれる。（聖人が先立ち保たれるのは）自己がないからでないことがあろうか。それゆえに（聖人は）自己を確立することができるのである[二]。

[王注]

[一] 自分から生きようとすれば（他の）物と争うことになり、自分から生きようとしなければ（他の）物が帰服してくる。

[二] 自己の無い者は、自身に対して何かをすることがない。（しかし結果的に）その身が先立ち保たれているので、「能く其の私を成す」というのである。

【原文】

第八章

上善若水。水善利萬物而不爭、處衆人之所惡[一]。故幾於道[二]。居善地、心善淵、與善仁、言善信、正善治、事善能、動善時。夫唯不爭、故無尤[三]。

[王注]
[一] 人惡卑也。
[二] 道無、水有。故曰幾也。
[三] 言[1]（人）〔水〕皆應於[2]（治）〔此〕道也。

〔校勘〕
1. 道藏集注本・道藏集義本により、「人」を「水」に改める。
2. 道藏集注本・道藏集義本により、「治」を「此」に改める。

《訓讀》

第八章

上善は水の若し。水は善く萬物を利して爭はず、衆人の惡《にく》む所に處る[一]。故に道に幾《ちか》し[二]。居は地を善しとし、心は淵を善しとし、與《まじわ》るは仁を善しとし、言は信を善しとし、正は治を善しとし、事は能を善しとし、動は時を善しとす（一）。夫れ唯だ爭はず、故に尤無し[三]。

[王注]
[一] 人は卑を惡むなり。
[二] 道は無にして、水は有なり（二）。故に「幾し」と曰ふなり。
[三] 言ふこころは水 皆 此の道に應ずるなり。

〔補注〕
（一）「居善地、心善淵、與善仁、言善信、正善治、事善能、動善時」の七句は、武内義雄『老子の研究』（改造文庫、一九四〇年、『武内義雄全集』第五巻老子篇、角川書店、一九七〇年所収）・福永光司『中国古典選 老子』（朝日新聞社、一九七八年）が、文意が通じにくく、後次的に付加されたものであると推測する。しかしながら、馬王堆甲本・乙本には既にこの七句があり、現状では除外できない。
（二）「道無水有」について、第一章注に、「道以無形無名始成萬物」とあり、第三十二章注に、「道、無形不繫、常不可名、以無名爲常」とあるように、王弼は道を形のないものと考える。これに対し、水は形をもつため、道は無であり、水は有であるとされる。

［現代語訳］

第八章

至上の善は水のようである。水は万物によく恵みをもたらして争うことがなく、人々の嫌うところにとどまる[一]。そのため道に近い[二]。すみかは地が善く、心は奥深いのが善く、交遊は仁であるのが善く、言葉は信であるのが善く、政治は治まるのが善く、事業は能力があるのが善く、行動は時宜に適うのが善い。（水も道も）そもそも争わないから、過失がないのである[三]。

［王注］

［一］人は低くいやしいことを嫌う。

［二］道は（形が）無く、水は（形が）有る。そのため（同じではなく）「幾《ちか》し」というのである。

［三］言いたいことは水（の性質）はすべてこの道（の性質）に対応するということである。

【原文】

第九章

持而盈之、不如其已[一]。揣而鋭之、不可長保[二]。金玉滿堂、莫之能守[三]。富貴而驕、自遺其咎[四]。功遂身退、天之道[五]。

[王注]

[一] 持、謂不失德也。既不失其德、又盈之、勢必傾危。故不如其已者。謂乃更不如無德無功者也。

[二] 既揣末令尖、又鋭之令利、勢必摧衂。故不可長保也。

[三] 不若其已。

[四] 不可長保也。

[五] 四時更運。功成則移。

《訓読》

第九章

持して之を盈たすは、其の已むるに如かず[一]。揣《う》ちて之を鋭くするは、長く保つ可からず[二]。金玉 堂に滿つるは、之を能く守る莫し(一)[三]。富貴にして驕るは、自ら其の咎を遺す[四]。功 遂げて身 退くは、天の道(二)なり[五]。

[王注]

[一]「持」とは、德を失はざるを謂ふなり。既に其の德を失はず、又 之を盈たせば、勢として必ず傾危す。故に其の已むるに如かざる者なり。乃ち更に無德無功に如かずと謂ふ者なり(三)。

[二] 既に末を揣ちて尖らしめ、又 之を鋭くして利《と》くせしむれば、勢として必ず摧衂《すいぢく》す。故に長く保つ可からざるなり。

[三] 其の已むるに若かず。

[四] 長く保つ可からざるなり。

[五] 四時 更〻運る。功 成れば則ち移る(四)。

(補注)

(一)「功遂身退」と同様の表現は、第二章に、「爲而不恃、功成而弗居」とあり、第七十七章に、「是以聖人爲而不恃、功成而不處、其不欲見賢」とある。いずれも聖人のあり方をいう表現である。

(二)「天之道」という語は、他にも第七十三章に、「天之道、不爭而善勝」と見え、第七十七章に、「天之道、其猶張弓與。高者抑之、下者擧之。有餘者損之、不足者補之。天之道、損有餘而補不足。人之道則不然」と見え、第八十一章に、「天之道、利而不害」と見える。

(三)「不失德」よりも「無德」をよしとすることは、第三十八章に、「上德不德、是以有德。下德不失德、是以無德」とある。その王注には、「上德之人、唯道是用、不德其德、無執無用。故能有德而無不爲。不求而得、不爲而成。故雖有德而無德名也」とある。

(四)「四時更運、功成則移」は、『周易』繫辭下傳に、「寒往則暑來、暑往則寒來、寒暑相推而歲成焉」とあるように、寒さが極まれば暑くなり、暑さが極まれば寒くなるということ。四時の運行と本章を関連づける例は、『漢書』卷七十七 蓋寬饒傳の上奏に、「若四時之運、功成者去、不得其人則不居其位」とあり、また『後漢書』列傳二十四 梁統傳の袁著の上奏に、「夫四時之運、功成則退」とあるように、王弼以前にもしばしば見られる。

［現代語訳］

第九章

（徳を）持ちそれを満たすのは、そのことをやめるのに及ばない［一］。（切っ先を）打ち鋭利にすれば、長く保つことができない［二］。貴重な宝物で部屋を一杯にすれば、それを守ることができない［三］。地位や財産があって傲慢であれば、自分から罪咎をのこす［四］。功績が果たされて身を退けることが、天の道なのである［五］。

［王注］

［一］「持」とは、徳を失わないことをいう。その徳を失わずに、それを満たすと、必ず傾き危うくなる。そのため（徳をもってそれを満たすのを）やめることに及ばない。（徳を持ちそれを満たすことが）徳が無く功がないのに及ばないことをいうのである。

［二］切っ先を打って尖らせ、それを鋭利にすると、必ず砕ける。そのため長く保つことができない。

［三］（貴重な宝物で部屋を一杯にするのは、それを）やめるのに及ばない。

［四］（地位や財産があって傲慢であれば、その地位や財産を）長く保つことができない。

［五］四時は代わる代わるめぐる。（そのように）功績は果たされると移り変わっていくものなのである。

【原文】

第十章

載營魄抱一、能無離乎〔一〕。專氣致柔、能嬰兒乎〔二〕。滌除玄覽、能無疵乎〔三〕。愛民治國、能無知乎〔四〕。天門開闔、能[1]（無）〔爲〕雌乎〔五〕。明白四達、能無[2]（知）〔爲〕乎〔六〕。生之〔七〕、畜之〔八〕、生而不有、爲而不恃、長而不宰。是謂玄德〔九〕。

〔王注〕

〔一〕載、猶處也。營魄、人之常居處也。一、人之眞也。言人能處常居之宅、抱一清神、能常無離乎。則萬物自賓也。

〔二〕專、任也。致、極也。言任自然之氣、致至柔之和、能若嬰兒之無所欲乎。則物全而性得矣。

〔三〕玄、物之極也。言能滌除邪飾、至於極覽、能不以物介其明疵[3]（之）其神乎。則終與玄同也。

〔四〕任術以求成、運數以求匿者、智也。玄覽無疵、猶絶聖也。治國無以智、猶棄智也。能無以智乎。則民不辟而國治之也。

〔五〕天門、謂天下之所由從也。開闔、治亂之際也。或開或闔、經通於天下。故曰天門開闔也。雌、應而不[4]（昌）〔唱〕、因而不爲。言天門開闔、能爲雌乎。則物自賓而處自安矣。

〔六〕言至明四達、無迷無惑、能無以爲乎。則物化矣。所謂道常無爲、侯王若能守、則萬物自化。

〔七〕不塞其原也。

〔八〕不禁其性也。

〔九〕不塞其原、則物自生。何功之有。不禁其性、則物自濟。何爲之恃。物自長足、不吾宰成。有德無主、非玄如何。凡言玄德、皆有德而不知其主、出乎幽冥。

〔校勘〕

1．紀昀・兪樾・蔣錫昌・服部南郭・大槻如電本・東條一堂・波多野太郎に從い、「無」を「爲」に改める。

2．道德玄書本・明和本・武英殿本・二十二子本・古逸叢書本により、「知」を「爲」に改める。

3．道藏集義本により、「之」を欠く。

4．道藏集注本・道藏集義本により、「昌」を「唱」に改める。

《訓讀》

第十章

營魄に載《を》りて（一）一を抱き（二）、能く離るる無からんか〔一〕。氣に專《まか》せ柔を致《きは》め、能く嬰（三）兒たらんか〔二〕。滌除《てきじょ》して玄覽し、能く疵《そこ》なふ無からんか〔三〕。民を愛して國を治め（四）、能く知無からんか〔四〕。天門 開闔《かいこう》し、能く雌（五）爲らんか〔五〕。明白 四達し（六）、能く爲す無からんか〔六〕。之を生じ〔七〕、之を畜《やしな》ふも（七）〔八〕、生じて有せず、爲して恃《たも》たず、長じて宰せず。是れを玄德と謂ふ（八）〔九〕。

〔王注〕

〔一〕「載」は、猶ほ處のごときなり。「營魄」は、人の常居する處なり。「一」は、人の眞（九）なり。言ふこころは人 能く常居の宅に處り、一を抱き神（一〇）を清めて、能く常に離るる無からんや。さすれば則ち萬物 自づから賓《したが》ふなり（一一）。

〔二〕「專」は、任なり。「致」は、極なり。言ふこころは自然の氣（一二）

に任せ、至柔の和(一三)を致して、能く嬰兒の欲する所無きが若くならんや。さすれば則ち物 全くして性 得たり。

[三]「玄」は、物の極(一四)なり。言ふこころは能く邪飾を滌除し、極覽するに至りて、能く物を以て其の明を介《さまた》げ其の神を疵《そこ》なはざらんや。さすれば則ち終に玄と同じきなり(一五)。

[四] 術に任せて以て成を求め、數を運らして以て匿を求むる者は、智なり。玄覽して疵無きは、猶ほ聖を絶つるがごときなり。國を治むるに智を以てする無きは、猶ほ智を棄つるがごときなり(一六)。能く智を以てする無からんや。さすれば則ち民 辟せず(一七)國 之を治むるなり。

[五]「天門」とは、天下の由り從ふ所を謂ふなり。「開闔」は、治亂の際なり。或いは開き或いは闔《と》ぢ(一八)、天下に經通す。故に「天門開闔す」と曰ふなり。「雌」は、應じて唱へず(一九)、因りて爲さず(二〇)。言ふこころは天門 開闔して、能く雌爲らんや。さすれば則ち物 自づから賓ひて處 自づから安し。

[六] 言ふこころは至明四達、無迷無惑にして、能く以て爲す無からんや。さすれば則ち物 化す。所謂る道の常は無爲にして、侯王若し能く守れば、則ち萬物 自づから化す(二一)。

[七] 其の原を塞がざるなり(二二)。

[八] 其の性を禁ぜざるなり。

[九] 其の原を塞がざれば、則ち物 自ら生ず。何の功か之れ有らん。其の性を禁ぜざれば、則ち物 自ら濟る。何の爲か之れ恃まれん。物 自ら長足し、吾が宰成にあらず。德有りて主無きは、玄に非ずして如何。凡そ「玄德」と言ふは、皆 德有るも其の主を知らず、幽冥より出づ(二三)。

(補注)

(一)「載營魄」は、諸家で解釈が一定しない。たとえば、想爾注には、「魄、白也。故精白、與元〔氣〕同色。身爲精車、精落故常載營之。神成氣來、載營人身、欲全此功无離一」とあり、人身を営むこと(魄を載營す)とする。河上公注には、「營魄、魂魄也。人載魂魄之上得以生、當愛養之」とあり、魂と肉体を安んじることとする。また、『楚辭』遠遊にも、「營魄を載せて登霞す(載營魄而登霞兮)」という句があり、その王逸注には、「抱我靈魂而上升也」とあって、靈魂を抱くこととする。なお、『朱子語類』巻一百三十七 戰國漢唐諸子には、「河上公固是胡說、如王弼也全解錯了。王弼解載作處、魄作所居、言常處於所居也、更是胡說」とあり、王弼の解釈が説明され、否定される。日本においても様々な解釈がなされているが、それらについては〔参校〕に掲げた。

(二)「抱一」と同文が、第二十二章に、「是以聖人抱一、爲天下式」とある。その王注には、「一、少之極也」とある。

(三)「嬰兒」は、赤子。人の本来的なすがた。他にも、第二十章に、「我獨怕兮其未兆、如嬰兒之未孩」と見え、第二十八章に、「常德不離、復歸於嬰兒」と見え、第五十五章に、「含德之厚、比於赤子」と見える。王弼は、第四十九章注に、「皆使和而無欲、如嬰兒也」、第五十五章注に、「赤子、無求無欲、不犯衆物」とあるように、赤子について無求無欲という。

(四)「愛民治國、能無知乎」に関連して、第六十五章に、「故以智治國、國之賊」とある。その王注には、「智、猶治也。以智而治國、所以謂之賊者、故謂之智也。民之難治、以其多智也」とある。

（五）「雖」は、他にも第六章に、「谷神不死、是謂玄牝。玄牝之門、是謂天地根」と見え、第六十一章に、「大國者下流、天下之交、天下之牝。牝常以靜勝牡。以靜爲下」と見える。

（六）「明白四達」は、究極の叡智があまねく行き渡ること。明は、通常の知性を越えた叡智を指すことがある。第三十三章に、「知人者智、自知者明」とあり、その王注には、「知人者、智而已矣。未若自知者超智之上也」とある。また、第十六章の「知常曰明」に対する王注に、「常之爲物、不偏不彰、無皦昧之狀、溫涼之象。故曰知常曰明也」とあり、第五十五章の「知常曰明」に対する王注に、「不皦不昧、不溫不涼、此常也。無形不可得而見。故曰知常曰明也」とあるように、可感的に捉えることのできない常を知ることが明とされる。他に、第五十二章の「復歸其明」に対する王注には、「不明察也」とあり、明は明察しないこと、すなわち通常の知性で判断しないこととされる。

（七）「生之、畜之」と同様の表現は、第五十一章に、「道生之、德畜之、物形之、勢成之」とある。その王注には、「物、生而後畜、畜而後形、形而後成。何由而生。……有所由焉、則莫不由乎道也。故推而極之、亦至道也。隨其所因、故各有稱焉」とある。

（八）「生而不有、爲而不恃、長而不宰、是謂玄德」と同文が、第五十一章に、「生而不有、爲而不恃、長而不宰。是謂玄德」とある。また、第二章に「生而不有、爲而不恃」とある。第五十一章の「爲而不恃」に対する王注に、「爲而不有」とあるため、「爲して恃《たも》たず」と訓じて、「万物が行っても自分のものとしない」という意味で解した。

（九）「眞」は、事物の本質。第三章補注を参照。

（一〇）「神」は、予測できない妙用。物の本来的なはたらきを意味する。『周易』繫辭上傳に、「陰陽不測之謂神」とある。また、『莊子』在宥篇には、「無視無聽、抱神以靜、形將自正」として、見ることなく聞くことなく、神を抱いて静であれば、形はおのずと正しくなるとある。なお、王弼は、第二十九章の「天下神器」に対する王注に、「神、無形無方也」といい、『周易』觀卦彖傳の「觀天之神道、而四時不忒。聖人以神道設教、而天下服矣」に対する王注に、「神則无形者也」といい、神が無形であると述べる。

（一一）「抱一清神、……則萬物自賓也」と同様の表現は、第三十二章注に、「抱樸無爲、不以物累其眞、不以欲害其神。則物自賓而道自得也」とある。

（一二）「任自然之氣」と同様の表現は、第五章注に、「天地任自然、無爲無造、萬物自相治理」とある。

（一三）「至柔」という語は、第四十三章に、「天下之至柔馳騁天下之至堅」と見える。また、第五十五章には、「含德之厚、比於赤子。……骨弱筋柔而握固」とあり、赤子が柔弱であることが述べられ、その王注には、「以柔弱之故、故握能周固」とある。なお、柔の優位性については、他にも第三十六章に、「柔弱勝剛強」とあり、第五十二章に、「守柔曰強」とある。

（一四）「物之極」という語は、他にも第十六章注に、「言致虛物之極篤、守靜物之眞正也」と見え、第三十九章注に、「一、數之始而物之極也。各是一物之生所以爲主也。物皆各得此一以成」と見える。

（一五）「與玄同」と同様の表現は、第五十六章に、「塞其兌、閉其門、挫其銳、解其紛、和其光、同其塵。是謂玄同」とある。

（一六）「絕聖」、「棄智」は、第十九章に、「絕聖棄智、民利百倍」とあるのを踏まえる。

(一七)「辟」は、よこしまになること。僻に通じる。「僻」は、第五十八章注に、「以直導物、令去其僻、而不以直激拂於物也」と見え、第七十二章注に、「離其淸靜、行其躁欲、棄其謙後、任其威權、則物擾而民僻。威不能復制民」と見え、第七十五章注に、「言民之所以僻、治之所以亂、皆由上、不由其下也」と見える。

(一八)「或開或闔」は、開いたり閉じたりすること。これに関連して、『周易』繫辭上傳には、「是故、闔戶謂之坤。闢戶謂之乾。一闔一闢謂之變」とある。

(一九)「應而不唱」と同文が、第六十八章の「善戰者不怒」に対する王注に、「後而不先、應而不唱。故不在怒」とある。また、同様の表現は、『周易』訟卦初六爻辭の王注に、「凡陽唱而陰和、陰非先唱者也」とあり、『周易』革卦六二爻辭の王注に、「陰之爲物、不能先唱、順從者也」とある。

(二〇)「因而不爲」と同文が、第二十九章注に、「聖人達自然之至、暢萬物之情。故因而不爲、順而不施、除其所以迷、去其所以惑」とあり、王弼『老子指略』に、「因而不爲、損而不施」とある。

(二一)「所謂道常無爲、侯王若能守、則萬物自化」は、第三十七章の「道常無爲、而無不爲。侯王若能守之、萬物將自化」をいう。

(二二)「不塞其原也」と同様の表現は、第五十二章の「開其兌、濟其事、終身不救」に対する王注に、「不閉其原、而濟其事。故雖終身不救」とある。

(二三)「凡言玄德、皆有德而不知其主、出乎幽冥」と同様の表現は、第五十一章の「是謂玄德」に対する王注に、「有德而不知其主也、出乎幽冥。故謂之玄德也」とあり、王弼『老子指略』に、「生而不有、爲而不恃、長而不宰、有德而無主、玄之德也」とある。幽冥は、可換的に捉えられず理解できないところをいう。『淮南子』說山訓に、「視之無形、聽之無聲、謂之幽冥。幽冥者、所以喩道、而非道也」とある。

[現代語訳]

第十章

いつものところにいて(人の本質である)一を抱き、離れることなくできようか[一]。(あるがままの)氣に任せ柔和を極め、赤子のようであれようか[二]。(邪飾を)取り除き究極の洞察を行い、(神を)損なうことなくできようか[三]。民を愛し国を治める際に、無知であれようか[四]。天門が開いたり閉じたり(して治乱が変化)する際に、(それに応じる)雌のようであれようか[五]。叡智があまねく行き渡り、無爲であれようか[六]。万物を生じ[七]、万物を養うが[八]、(万物が)生じても私有せず、(万物が)行っても自分のものとせず、(万物が)成長してもつかさどらない。これを玄德というのである[九]。

[王注]

[一]「載」は、處のようなものである。「營魄」は、人が常にいるところである。「一」は、人の眞である。言いたいことは人がいつもいる場所におり、一を守り神を清めることができて、常に(そこから)離れることなくできるだろうかということである。それができれば万物はおのずと従う。

[二]「專」は、任である。「致」は、極である。言いたいことはあるがままの氣に任せ、至上の柔和を極めて、赤子が何も欲しないようにできるだろうかということである。それができれば物は十

全となり性〔そのものとしての本来性〕を得る。

〔三〕「玄」は、物の究極である。言いたいことは邪飾を取り除いて、究極の洞察を行うことに到達し、何かでその明智を妨げたりその神を損なったりすることなくできるだろうかということである。それができれば最終的に玄と一致する。

〔四〕技術に任せて成果を求めたり、権謀を駆使して隠し事をしようとするのは、智である。究極の洞察を行って損なうことがないのは、（第十九章にいう）聖を絶つようなものである。国を治めるのに智を用いないのは、（第十九章にいう）智を棄てるようなものである。智を用いないようにすることができるだろうか。それができれば民がよこしまにならず國は治まる。

〔五〕「天門」とは、天下が基づき従うところをいう。「開闔」は、治乱の分かれ目である。（天門は）開いたり閉じたりして、天下全体にその効果が及ぶ。そのため「天門 開闔す」というのである。「雌」は、応じるだけで（自らは）唱導せず、従うだけで（自らは）行わない。言いたいことは天門が開いたり閉じたりしても、（それに応じる）雌のようであれようかということである。それができれば物はおのずと従い居場所はおのずと安んじる。

〔六〕言いたいことは究極の叡智があまねく行き渡り、迷うことなく惑うことなく、何もなさなずにできようかということである。それができれば物は（ひとりでに）変化する。いわゆる（第三十七章の）道の常〔恒久不変なる本来のあり方〕は無爲であり、侯王がもしそれを守ることができれば、万物はひとりでに変化するということである。

〔七〕（「之を生ず」は）万物の原《みなもと》を塞がないことである。

〔八〕（「之を畜《やしな》ふ」は）万物の性を押さえつけないことである。

〔九〕万物の原《みなもと》を塞がなければ、物はひとりでに生じる。（そうであれば万物を生じるとはいっても何をしている訳でもないから）何の功績があるのだろうか。万物の性を押さえつけなければ、物はひとりでに成り立つ。（そうであれば万物を養うとはいっても何をしている訳でもないから）何のはたらきかけが頼みとされるのだろうか。物はひとりでに成長し、わたしが主宰して成り立たせているのではない。（万物を生成化育するという）徳があっても（その作用の）大もとがないのは、玄でなければ何だろうか。「玄徳」と言うのは、すべて徳はあるがその大もとが分からず、幽冥なるところから（作用が）出ているのである。

〔参校〕

○「載營魄」の諸解釈

「載營魄」について、王弼はさほどのこだわりを持っているとは思えないが、日本では多くの解釈や工夫した訳が試みられているのでここに整理しておく。

1．武内義雄『老子の研究』（改造文庫、一九四〇年、『武内義雄全集』第五巻老子篇、角川書店、一九七〇年所収）

解説：魂魄の二字は古代の用例をあつめて考えると、魂が精神を表わし魄は形体を示しているから、この章の魄も形体を意味するのであろう。営の字は熒または栄と通用される字で、素問で栄あるいは営の字が水穀の精気あるいは主血の陰気、あるいは血色のよいことを示されている。これ等によって営の字は人の精気を意味するものたることが想像される。……そこで載営魄は人の精気を消し尽くさぬようにし形体を労せぬようにつとめることで載の字は安んずる意味であろう。すなわちこの一条の意味は人はその身体を過労せずその精を消耗しないようにして、静かに神を守って神明をしてその形体から離れぬようにせよというのである。

2．木村英一『老子の新研究』（創文社、一九五九年）

現代語訳：（人がもし）「生きて動いてゐる肉体に乗り」ながら「一《みち》を体得して」、「離れない」ことが出来たならば、

3．福永光司『中国古典選 老子』（朝日新聞社、一九七八年）

訓読：営魄《えいはく》に載《の》りて一《いっ》を抱き、能《よ》く離るること無からんか。

現代語訳：生命の車に乗りて、無為の道しっかと抱き、離るることしばしだになし。

解説：「熒《けい》」は栄、営と同義で、明るく輝いているさま、もしくは生き生きとして血色のいいこと。したがって「熒魄」もしくは「営魄」は、活発な生命活動を営んでいる人間の肉体、生きている体《からだ》をいう（「魄」は「魂」に対する言葉で、人間の生命を成り立たせる肉体的な要素）。「載」は乗ると訓む（『説文解字』）。ただし、置く、安んずると訓む説もある。要するに「営魄に載る」とは、生きている体をふまえる、肉体の生理に忠実に従うの意であろう。

4．金谷治『老子』（講談社学術文庫、一九七九年）

訓読：営《まど》（熒）える魄《うつしみ》を載《やす》（安）んじ、一《いっ》を抱きて、能《よ》く離るること無からんか。

現代語訳：迷える肉体をおちつけて唯一の「道」をしっかりと守り、それから離れないでいることができようか。

解説：「営魄を載んじ」の「営」は「熒」と通用して惑いの意味。「魄」は人の身体にかかわる精気、魂が精神にかかわるたましいであるのと対照する。「載」は安んずる意味。「魄」は魂に比べて粗雑とされ、したがって惑いのなかにある。それを安らかに静めること。

5．小川環樹『老子』（中央公論社、一九九七年）

訓読：営《まよ》える魄を載《やす》んじ、一を抱いて、能く離れしむる無からんか。

現代語訳：おちつきをなくした魄《たましい》を迷わぬように維持して、統一をしっかり抱《たも》ち、それから離れないようにできるか。

6．諸橋轍次『老子の講義』（大修館書店、一九八九年）

訓読：営魄《えいはく》に載《み》つ。一《いっ》を抱《いだ》いて、能《よ》く離《はな》るること無《な》からんか。

現代語訳：人間は元来、迷える魄《たましい》に満ちたものである。であるから、ただ一つの道をしっかり抱きかかえて、その道から離れないでおったらどんなものであろうか。それが一番よいのではないか。

解説：營魄は、熒魄で、まよえる魂をいう。載は、みつ、或はおさむと訓ずる。營魄に載つは、独立した一句であって、人生が迷える魂にみちたものとの意味である。

7．蜂屋邦夫『老子』（岩波文庫、二〇〇八年）

訓読：営魄《えいはく》を載《の》せ抱一《ほういつ》させ、能《よ》く離すこと無からん乎《か》。

現代語訳：心と身体とをしっかり持って合一させ、分離させないままでいられるか。

解説：「営《えい》」は元来、ぐるりと柵をめぐらした建物群、あるいは柵をめぐらした陣地（つまり陣営）の意味であり、「営《えい》」には「めぐる」という意味が含まれる。『黄帝内経素問《こうていないけいそもん》』「調経論《ちょうけいろん》」に「血を営《えい》より取り、気を衛より取る」という表現があるが、「営」「衛」は身中を気血がめぐる際の道のことである。気血が乱れると針を刺して乱れを治すが、「営」は脈中の深いところ、「衛」

は脈外の浅いところを言う。「営」はまた、水分や穀物の精気が身中で変化してできるもの、つまり営養(栄養)の「営」でもある。つまり「営」とは、身体の深いところで生命活動を行なっているものに他ならない。それゆえ、「営魄」は「魂魄」の意味となる。

8．池田知久『老子 その思想を読み尽くす』(講談社学術文庫、二〇一七年)※馬王堆本の現代語訳

訓読：営袙《えいはく》(魄)に戴《の》(載)り一《いち》を抱《いだ》きて、能《よ》く离《はな》(離)るること毋《な》からんか。

現代語訳：生命を営む我が身体に宿《やど》り、全一なる道を抱きしめて、それらから離れないでいることができないものだろうか。

9．井筒俊彦著、古勝隆一訳『井筒俊彦英文著作翻訳コレクション 老子』(慶應義塾大学出版会、二〇一七年)

訓読：営《まよ》える魄《はく》を載《やす》んじ一《いっ》を抱きて、能《よ》く離るる無からんか。

現代語訳：お前の不安定で物質的なたましいを掌握する時、〈一〉を腕のなかに抱擁し、そこから決して離れずにいられるか。

10．谷中信一『『老子』河注・王注全訳解』(汲古書院、二〇二二年)

訓読：熒魄《えいはく》を載《の》せ、一《いっ》を抱《いだ》けば、能《よ》く離《はな》るること毋《な》からんか。

現代語訳：己の肉体と精神の一切をしっかり離さず守ってそのうえであの「一」を抱いていれば、そこから離れずにいられるだろう。

解説：「熒」は現行本の「營」なお、帛書乙本は、「戴営袙」に作る。「戴」は「載」に通じ、「袙」は「魄」の仮借字と見なせるから、これも意味は同じである。……これに続く「抱一」と対比的に解釈すると、「載」と「抱」、「熒魄」と「一」とは、同じニュアンスの表現として見ることができるから、己の肉体と精神の一切を離さずにしっかり持つの意に解しておく。

【原文】

第十一章

三十輻共一轂。當其無、有車之用[一]。埏埴以爲器。當其無、有器之用。鑿戸牖以爲室。當其無、有室之用。故有之以爲利、無之以爲用[二]。

〔王注〕

[一] 轂所以能統三十輻者、無也。以其無能受物之故、故能以[1]〈實〉〔寔〕統衆也。

[二] 木・埴・壁所以成三者、而皆以無爲用也。言無者、有之所以爲利、皆頼無以爲用也。

〔校勘〕

1．東條一堂に従い、「實」を「寔」に改める。なお、陶鴻慶・樓宇烈・邊家珍は、「寡」に作るべきとし、波多野太郎は、「至」に作るべきとする。

《訓読》

第十一章

三十輻《ふく》は一轂《こく》を共にす(一)。其の無に當たりて、車の用有り(二)[一]。埴《しょく》を埏《こ》ねて以て器を爲《つく》る(三)。其の無に當たりて、器の用有り。戸牖《こゆう》を鑿《うが》ちて以て室を爲る。其の無に當たりて、室の用有り。故に有の以て利を爲すは、無の以て用を爲せばなり[二]。

〔王注〕

[一] 轂の能く三十輻を統ぶる所以の者は、無なればなり。其の無の能く物を受くるの故を以て、故に能く寔《これ》を以て衆を統ぶるなり。

[二] 木・埴《しょく》・壁は三者を成す所以にして、皆 無を以て用と爲すなり。言ふこころは無なる者は、有の利を爲す所以なり、皆 無に頼りて以て用を爲すなり(四)。

（補注）

(一)「輻」は、車輪の中心部と外輪部をつなぐ木のスポーク。「轂《こく》」は、車輪の中央の車軸を通す部分。『説文解字』車部に、「轂、輻所湊也」とある。図は『三才圖會』器用五（車輿）所収の「車制之圖」。

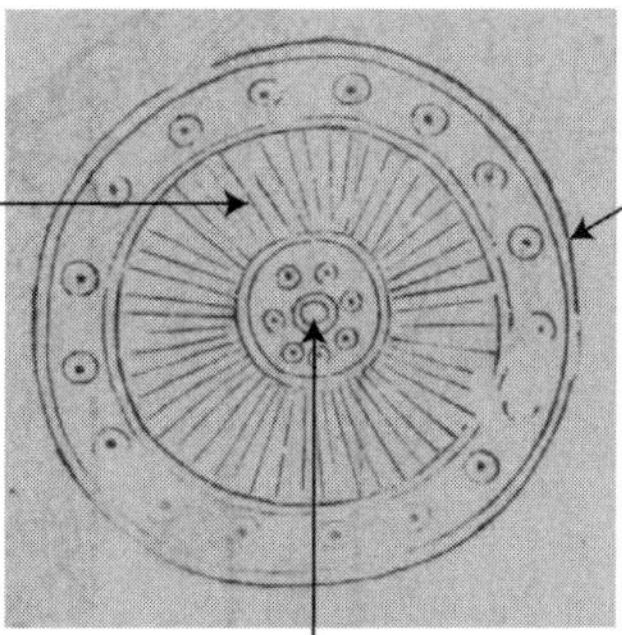

(二)「當其無、有車之用」は、『周禮』輪人の鄭玄注に、「轂以無有爲用」とあるように、「當其無有」で区切る場合もあるが（「其の有る無きに當たりて、車を之れ用ふ」と訓む）、王注に従えば、「當其無」で区切られる。この後の文章も同じ。

(三)「埴《しょく》」は、粘土。「埏埴以爲器」と同様の表現は、『荀子』性惡篇に、「陶人埏埴而爲器」とあり、同じく性惡篇の「陶人埏埴而生瓦」に対する楊倞注には、「埏、擊也。埴、黏土也」とある。

(四) 有がその機能を十全に発揮する際に無をはたらきとしているこ

とは、第一章注に本章を引用して、「凡有之爲利、必以無爲用」と引かれる以外にも、第三十八章注に、「何以盡德。以無爲用。以無爲用、則莫不載也」とあり、第四十章注に、「高以下爲基、貴以賤爲本、有以無爲用。此其反也」とある。

[現代語訳]

第十一章

三十本の輻《や》は一つの轂《こしき》を共有している。轂の何もない部分にこそ、車としてのはたらきがある[一]。粘土をこねて器《うつわ》を作る。器の何もない部分にこそ、器としてのはたらきがある。戸や牖《まど》をくりぬいて部屋を作る。部屋の何もない部分にこそ、部屋としてのはたらきがある。したがって有が（その機能を）十全に発揮するのは、無がはたらくからである[二]。

[王注]

[一] 轂が三十本の輻をまとめることのできる理由は、（轂の中心部が）無だからある。その無が物を引き受けることができるため、轂により多くのものを統御することができる。

[二] 木・粘土・壁は三者（車・器・部屋）を成り立たせるもとであり、（その三者は）すべて無をはたらきとしている。言いたいことは無とは、有が（その機能を）十全に発揮する原因であり、すべて無を頼ってはたらくということである。

【原文】

第十二章

五色令人目盲、五音令人耳聾、五味令人口爽、馳騁田獵令人心發狂[一]、難得之貨令人行妨[二]。是以聖人爲腹不爲目。故去彼取此[三]。

[王注]

[一] 爽、差失也。失口之用、故謂之爽。夫耳・目・口・心、皆順其性也。不以順性命、反以傷自然。故曰盲・聾・爽・狂也。

[二] 難得之貨、塞人正路。故令人行妨也。

[三] 爲腹者、以物養己。爲目者、以物役己。故聖人不爲目也。

《訓読》

第十二章

五色(一)は人の目をして盲《もう》せしめ、五音(二)は人の耳をして聾《ろう》せしめ、五味(三)は人の口をして爽《たが》はしめ、馳騁田獵《ちていでんりょう》(四)は人の心をして發狂せしめ(五)[一]、得難きの貨は人の行ひをして妨げしむ(六)[二]。是を以て聖人は腹の爲にして目の爲にせず。故《もと》より彼を去りて此れを取る(七)[三]。

[王注]

[一]「爽」は、差失なり。口の用を失ふ、故に之を爽と謂ふ。夫れ耳・目・口・心は、皆 其の性に順ふなり。以て性命に順はざれば(八)、反りて以て自然を傷《そこな》ふ。故に「盲・聾・爽・狂」と曰ふなり。

[二] 得難きの貨は、人の正路を塞ぐ。故に人の行ひをして妨げしむるなり。

[三] 腹の爲にす者《とは》、物を以て己を養ふ。目の爲にす者《とは》、物を以て己を役す。故に聖人は目の爲にせざるなり。

(補注)

(一)「五色」は、青・黄・赤・白・黑。ここでは美しい装飾を指す。

(二)「五音」は、宮・商・角・徵《ち》・羽《う》。ここでは美しい音律を指す。

(三)「五味」は、酸(すっぱさ)・苦・甘・辛・鹹《かん》(しょっぱさ)。ここでは贅沢な料理を指す。

(四)「馳騁田獵」は、馬を走らせ狩りをすること。支配階級の娯楽であった。

(五)「五色令人目盲、五音令人耳聾、五味令人口爽、馳騁畋獵令人心發狂」に関連して、『莊子』天地篇には、「且夫失性有五。一曰五色亂目、使目不明。二曰五聲亂耳、使耳不聰。三曰五臭薫鼻、困惾中顙。四曰五味濁口、使口厲爽。五曰趣舍滑心、使性飛揚。此五者、皆生之害也」とあり、『淮南子』精神訓には、「五色亂目、使目不明。五聲譁耳、使耳不聰。五味亂口、使口爽傷。趣舍滑心、使行飛揚。此四者、天下之所養性也」とある。

(六)「難得之貨、令人行妨」に関連して、第三章には、「不貴難得之貨、使民不爲盜」とあり、第六十四章には、「是以聖人欲不欲、不貴難得之貨」とある。

(七)「去彼取此」と同文が、第三十八章に、「是以大丈夫處其厚、不居其薄、處其實、不居其華。故去彼取此」とあり、第七十二章に、「是以聖人自知、不自見。自愛、不自貴。故去彼取此」とある。

（八）「不以順性命」と同様の表現は、『周易』説卦傳に、「昔者聖人之作易也、將以順性命之理」とある。

［現代語訳］

第十二章

五色（からなる美しい装飾）は人の目を見えなくさせ、五音（からなる美しい音楽）は人の耳を聞こえなくさせ、五味（からなる贅沢な料理）は人の口を間違わせ、馬を走らせて狩りをするのは人の心を狂わせ［一］、珍しい財貨は人の行いを妨げる［二］。こういう訳で聖人は腹のためにして目のためにはしない。もとよりあちらを捨ててこちらを取るのである［三］。

［王注］

［一］「爽」は、間違うことである。口のはたらきを失うので、これを間違うというのである。そもそも耳・目・口・心は、人の性に順うものである。性命に順わなければ、かえってあるがままの状態を損なうことになる。そのため「盲（見えなくなる）・聾（聞こえなくなる）・爽（間違わせる）・狂（狂わせる）」というのである。

［二］珍しい財貨は、人の正しい路《みち》を塞ぐ。そのため人の行いを妨げる。

［三］腹のためにするとは、物によって自身を養うことである。目のためにするとは、物によって自身を使役することである。そのため聖人は目のためにはしない。

【原文】

第十三章

寵辱若驚、貴大患若身。何謂寵辱若驚。寵爲下、得之若驚、失之若驚。是謂寵辱若驚［一］。何謂貴大患若身［二］。吾所以有大患者、爲吾有身［三］。及吾無身［四］、吾有何患。故貴以身爲天下、若可寄天下［五］。愛以身爲天下、若可託天下［六］。

〔王注〕

［一］寵必有辱、榮必有患。[1]〔驚〕〔寵〕辱等、榮患同也。爲下、得寵辱・榮患若驚、則不足以亂天下也。

［二］大患、榮寵之屬也。生之厚必入死之地。故謂之大患也。人迷之於榮寵、返之於身。故曰大患若身也。

［三］由有其身也。

［四］歸之自然也。

［五］無[2]〔物可〕以易其身。故曰貴也。如此乃可以託天下也。

［六］無物可以損其身。故曰愛也。如此乃可以寄天下也。不以寵辱・榮患損易其身、然後乃可以天下付之也。

〔校勘〕

1．樓宇烈・服部南郭・宇佐美灊水・屋代輪池・大槻如電本・東條一堂・波多野太郎に從い、「驚」を「寵」に改める。

2．陶鴻慶・樓宇烈・大槻如電本・東條一堂・波多野太郎に從い、「可物」を補う。

《訓読》

第十三章

寵辱に驚くが若くし、大患を貴ぶこと身の若くす。何をか寵辱に驚くが若くすと謂ふ。寵は下爲《た》るも、之を得ても驚くが若く、之を失ひても驚くが若し。是れを寵辱に驚くが若くすと謂ふ［一］。何をか大患を貴ぶこと身の若くすと謂ふ［二］。吾に大患有る所以の者は、吾に身有るが爲なり［三］。吾に身無きに及べば［四］、吾 何の患か有らん。故に貴ぶことは身を以て天下の爲にして、(一)若《すなは》ち天下を寄す可し［五］。愛することは身を以て天下の爲にして、若ち天下を託す可し［六］。

〔王注〕

［一］寵は必ず辱有り、榮は必ず患有り。寵辱は等しく、榮患は同じきなり。下爲るも、寵辱・榮患を得て驚くが若くすれば、則ち以て天下を亂《をさ》(二)むるに足らざるなり。

［二］大患は、榮寵の屬なり。生の厚きは必ず死の地に入る(三)。故に之を大患と謂ふなり。人は之を榮寵に迷ひ、之を身に返す。故に「大患 身の若くす」と曰ふなり。

［三］其の身有るに由るなり(四)。

［四］之を自然に歸するなり(五)。

［五］物として以て其の身を易《かろ》んず可き無し(六)。故に「貴ぶ」と曰ふなり。此の如くして乃ち以て天下を託す可きなり。

［六］物として以て其の身を損なふ可き無し(七)。故に「愛す」と曰ふなり。此の如くして乃ち以て天下を寄す可きなり。寵辱・榮患を以て其の身を損易せずして、然る後に乃ち天下を以て之に付す可きなり。

(補注)

(一)「貴以身爲天下」は、王注の文意に合わせて「貴ぶことは身を以て天下の爲にす」と訓じた。統治者と万物の関係としてこうした表現が用いられる例は、第二十六章にも、「奈何萬乘之主、而以身輕天下」と見える。なお、馬王堆甲本には、「故貴爲身於爲天下、若可以(迈)〔託〕天下矣。愛以身爲天下、(女)〔如〕何以寄天下」(馬王堆乙本もほぼ同文)とあり、『莊子』在宥篇には、「貴以身於爲天下、則可以託天下。愛以身於爲天下、則可以寄天下」とあり、いずれも「於」字を含むため、この場合は「身を以《をさ》むるを天下を爲《をさ》むるよりも貴ぶ」となる。

(二)「亂」は、ここでは治めるの意味。服部南郭は、「亂字作治解乃通」といい、宇佐美灊水は、「亂字亦可疑、作治乃通」という。

(三)「生之厚必入死之地」は、第五十章に、「人之生動之死地、十有三。夫何故。以其生生之厚」とあるのを踏まえる。

(四)「由有其身也」に関連して、第三十八章注には、「滅其私而無其身、則四海莫不瞻、遠近莫不至。殊其己而有其心、則一體不能自全、肌骨不能相容」とある。

(五)「歸之自然也」について、「歸」は、ここでは本来の状態に復帰すること。第二十八章に、「復歸於嬰兒」、「復歸於無極」、「復歸於樸」とある。また、第二十九章注には、「萬物以自然爲性」とあり、万物が自然を性としていると述べられる。

(六)「無物可以易其身」と同様の表現は、第十七章の「悠兮其貴言」に対する王注に、「無物可以易其言、言必有應。故曰悠兮其貴言也」とある。

(七)「無物可以損其身」と同様の表現は、第五十五章の「未知牝牡之合而全作」に対する王注に、「作、長也。無物以損其身。故能全長也」とある。

[現代語訳]

第十三章

(世の中の人々は)寵愛と恥辱に驚くようであり、(繁栄や寵愛のなかまである)大きな災禍を貴ぶことは自分のもののようである。寵愛と恥辱に驚くようであるとはどういうことか。寵愛は取るに足らないものであるのに、寵愛を得ても驚き、寵愛を失っても驚くようである。このことを寵愛と恥辱に驚くようというのである[一]。大きな災禍を貴ぶことは自分のもののようであるとはどういうことか[二]。わたしに大きな災禍が降りかかる原因は、わたしに自分というものがあるためである[三]。わたしに自分がないということになれば[四]、わたしに何の災禍があるのだろうか。(人々が)貴ぶのはその身を(自分のものとせずに)天下のためにすることであり、(そのようにする人がいて)はじめて天下を任せることができる[五]。(万物が)愛するのはその身を(自分のものとせずに)天下のためにすることであり、(そのようにする人がいて)はじめて天下を託すことができる[六]。

[王注]

[一]寵愛には必ず恥辱があり、繁栄には必ず災禍がある。寵愛と恥辱は等しく、繁栄と災禍は同じなのである。(寵愛も恥辱も繁栄も災禍も)取るに足らないものであるのに、寵愛や恥辱あるいは繁栄や災禍を得て驚くようであれば、天下を治めるには足りていない。

［二］大きな災禍は、繁栄や寵愛のなかまである。生を豊かにすると必ず死地に入る。そのため繁栄や寵愛を大きな災禍というのである。（しかしながら）人々は繁栄や寵愛に惑い、それを自分のものとする。そのため「大患 身の若くす」というのである。

［三］（「吾に身有るが爲なり」は）その身があることによるということである。

［四］（「吾に身無きに及ぶ」は）その身を（本来の）あるがままの状態に戻すということである。

［五］どんなものでもその身を軽んずることはできない。そのため「貴ぶ」という。そのように（万物がその人を軽んじないように）なってはじめて（その人に）天下を託すことができるのである。

［六］どんなものでもその身を損なうことはできない。そのため「愛す」という。そのように（万物がその人を損なわないように）なってはじめて（その人に）天下を任せることができるのである。（すなわち）寵愛や恥辱あるいは繁栄や災禍のせいでその身を損なわれたり軽んじられたりしなければ、その後にはじめて天下をその人に預けることができるのである。

【原文】

第十四章

視之不見、名曰夷。聽之不聞、名曰希。搏之不得、名曰微。此三者不可致詰。故混而爲一[一]。其上不皦、其下不昧、繩繩不可名、復歸於無物。是謂無狀之狀・無物之象[二]。是謂惚恍[三]。迎之不見其首、隨之不見其後。執古之道、以御今之有[四]、能知古始。是謂道紀[五]。

[王注]

[一] 無狀無象、無聲無響。故能無所不通、無所不往。不得而知、更以我耳・目・體不知爲名。故不可致詰、混而爲一也。

[二] 欲言無邪、而物由以成。欲言有邪、而不見其形。故曰無狀之狀・無物之象也。

[三] 不可得而定也。

[四] 有、有其事。

[五] 無形無名者、萬物之宗也。雖今古不同、時移俗易、故莫不由乎此以成其治者也。故可執古之道以御今之有。上古雖遠、其道存焉。故雖在今可以知古始也。

《訓讀》

第十四章

之を視れども見えず(一)、名づけて夷と曰ふ。之を聽けども聞こえず、名づけて希と曰ふ(二)。之を搏《と》らふれども得ず、名づけて微と曰ふ。此の三者は致詰す(三)可からず。故に混じて一と爲す[一]。其の上は皦《あき》らかならず、其の下は昧《くら》からず、繩繩として名づく可からず、無物に復歸す(四)。是れを無狀の狀・無物の象と謂ふ[二]。是れを惚恍(五)と謂ふ[三]。之を迎ふれども其の首《かうべ》を見ず、之に隨へども其の後《しりへ》を見ず。古の道を執りて、以て今の有を御し[四]、能く古始を知る。是れを道紀(六)と謂ふ[五]。

[王注]

[一] 無狀無象、無聲無響なり。故に能く通ぜざる所無く(七)、往かざる所無し(八)。得て知らず(九)、更に我が耳・目・體を以てするも爲に名づくるを知らず。故に致詰す可からず、混じて一と爲すなり。

[二] 無しと言はんと欲するや、而《すなは》ち物由りて以て成る(一〇)。有ると言はんと欲するや、而ち其の形を見ず(一一)。故に「無狀の狀・無物の象」と曰ふなり。

[三] 得て定む可からざるなり(一二)。

[四] 「有」(一三)は、其の事有るなり。

[五] 無形無名なる者は、萬物の宗なり(一四)。今古は同じからず、時は移り俗は易はると雖も、故《もと》より此に由らずして以て其の治を成す者莫きなり(一五)。故に古の道を執りて以て今の有を御す可し。上古は遠しと雖も、其の道は存す。故に今に在りと雖も以て古始を知る可きなり。

(補注)

(一) 本章は、道について述べたものである。このことは本章に關連する第二十一章に、「道之爲物、惟恍惟惚」として、「惚恍」の語が見え、第三十五章に、「道之出口、淡乎其無味。視之不足見、聽之不足聞」として、道について見ることができず聞くことができないと言われることから明らかであるが、さらに王注においても、第四十七章注に、「道視之不可見、聽之不可聞、搏之不可得」として、道を主語にして本章が引用される。

(二)「希」は、第二十三章にも、「希言自然」とあり、第四十一章にも、「大音希聲」とある。

(三)「致詰」は、突きつめて究明すること。「致詰」という語は、『周易』恆卦九三爻辭の王注にも、「德行无恆、自相違錯、不可致詰」と見える。

(四)「復歸」は、本来の状態にかえること。第二十八章に、「復歸於嬰兒」、「復歸於無極」、「復歸於樸」とある。

(五)「惚恍」は、ぼんやりとしているさま。王弼は、本章の注では定められないことをいうとするが、第二十一章の「道之爲物、惟恍惟惚」に対する王注には、「恍惚、無形不繫之歎」とあり、そこでは形をもたず他者との関係を結べないことへの嘆辞とする。

(六)「執古之道、以御今之有、能知古始。是謂道紀」について、この句は、「古の道を取れば今の事柄を統御する。そうした古の始原を理解できること、これを道紀という」と解釈することも可能である。ただし、第四十七章注には、「事有宗而物有主。途雖殊而其歸同也、慮雖百而其致一也。道有大常、理有大致。執古之道可以御今、雖處於今可以知古始」とあり、本章が、古の道を取って今の事柄を統御し、今にあっても古の始原を知ることができると言い換えられているため、王弼は、この句を古の始原について言ったものではなく、古にも今にも通貫する理法・法則について言ったものと解釈している。

(七)「無所不通」と同文が、第四十三章注に、「虛無・柔弱、無所不通」とある。

(八)「無狀無象……無所不往」について、王弼は、たとえば特定の音をもつものでは、他の音が想定され、すべてに通じていない。そうであれば、逆に音をもたないものこそがすべてに通ずる、と考える。このことは、第四十一章注に、「聽之不聞、名曰希。不可得聞之音也。有聲則有分、有分則不宮而商矣。分則不能統衆。故有聲者非大音也」、「有形則有分。有分者、不溫則涼、不炎則寒。故象而形者、非大象」とある。なお、この箇所と同様の議論は、王弼『老子指略』にも、「不溫不涼、不宮不商。聽之不可得而聞、視之不可得而彰、體之不可得而知、味之不可得而嘗。故其爲物也則混成、爲象也則無形、爲音也則希聲、爲味也則無呈。故能爲品物之宗主、苞通天地、靡使不經也」とある。

(九)「不可得而知」と同文が、第二十五章の「有物混成」に対する王注に、「混然不可得而知、而萬物由之以成。故曰混成也」とある。

(一〇)「物由以成」と同様の表現は、第四十一章の「道隱無名」に対する王注に、「物以之成、而不見其成形。故隱而無名也」とあり、第六章注に、「谷以之成、而不見其形」とある。また、第二十一章注に、「自古及今、無不由此而成」とあり、第二十五章注に、「混然不可得而知、而萬物由之以成」とある。

(一一)「欲言無邪、而物由以成。欲言有邪、而不見其形」に関連して、第二十一章注には、「深遠不可得而見、然而萬物由之」とあり、第四十一章注には、「物以之成、而不見其成形。故隱而無名也」とある。また、同様の表現は、第六章注に、「欲言存邪、則不見其形。欲言亡邪、萬物以之生」とある。

(一二)「不可得而定也」と同文が、第二十五章の「吾不知其名」に対する王注に、「名以定形。混成無形、不可得而定。故曰不知其名也」とある。

（一三）「無形無名」は、道の様相。道が形をもたず名をもたないことをいう。第一章注に、「道以無形無名始成萬物」とあり、第三十八章注に、「用夫無名、故名以篤焉、用夫無形、故形以成焉」とあり、王弼『老子指略』に、「夫物之所以生、功之所以成、必生乎無形、由乎無名。無形無名者、萬物之宗也」とある。形と名に対する王弼の理解については、第一章補注を参看。

（一四）「萬物之宗」は、第四章に、「道沖而用之或不盈。淵兮似萬物之宗」とある。その王注には、「萬物舍此而求主、主其安在乎。不亦淵兮似萬物之宗乎」とある。

（一五）「故莫不由乎此以成其治者也」に関連して、第二十三章注には、「道以無形無爲成濟萬物。故從事於道者、以無爲爲君、不言爲教、綿綿若存、而物得其眞。與道同體」とあり、道に従事する者が無爲の統治を行い、物の眞を得させることが述べられる。

［現代語訳］

第十四章

視ても見えない、（このことを）名づけて夷〔平らかで何も見えない〕という。聴いても聞こえない、（このことを）名づけて希〔音が無く何も聞こえない〕という。捕らえても手に入らない、（このことを）名づけて微〔かすかで触《さわ》れない〕という。この三者は究明することができない。そのため混ぜて一つ（の道）とするのである［一］。その上は明るくなく、その下は暗くなく、果てしないもので名づけることができず、物でないものに立ち戻っている。これを無状の状〔かたちなきかたち〕・無物の象〔物でない象〕という［二］。このことを惚恍〔ぼんやりとして形がない〕という［三］。それを出迎えようとしてもその頭を見ることがなく、それに付き随おうとしてもその尻を見ることがない。（そのうえ）古の道を取って今の事柄を統御し［四］、（今にあっても）古の始原を知ることができるのである。このことを道紀〔道の大綱〕という［五］。

［王注］

［一］（道は）形も無く象もなく、音もなく響きもない。そのため通じないところがなく、行きつかないところがない存在となれるのである。知ることのできないものであり、しかもわたしの耳・目・体《からだ》を用いて名づける方法が分からない。そのため究明することができず、混ぜて一つとするのである。

［二］無いと言おうとすれば、万物はそれに基づいて成り立っている。有ると言おうとすれば、その形を見ることがない。そのため「無状の状・無物の象」というのである。

［三］（名や形を）定めることができないのである。

［四］「有」は、具体的な事象があることである。

［五］無形無名は、万物の根源である。今と古《いにしえ》は同じではなく、時代は移ろい風俗は変わるといっても、そもそもこれに基づかずに統治を果たさなかったものはない。そのため古の道を執って今の事柄を統御することができるのである。太古は遠い昔といっても、その道は続いている。そのため今にあっても、古の始原を知ることができるのである。

【原文】

第十五章

古之善爲士者、微妙玄通、深不可識。夫唯不可識、故強爲之容。豫兮若冬渉川[一]、猶兮若畏四鄰[二]、儼兮其若容、渙兮若冰之將釋、敦兮其若樸、曠兮其若谷、混兮其若濁[三]。孰能濁以靜之、徐清。孰能安以久動之、徐生[四]。保此道者不欲盈[五]。夫唯不盈、故能蔽不新成[六]。

〔王注〕

[一] 冬之渉川豫然、[1]（者）〔若〕欲度、若不欲度、其情不可得見之貌也。

[二] 四鄰合攻、中央之主、猶然不知所趣向者也。上德之人、其端兆不可覩、[2]（德）〔意〕趣不可見、亦猶此也。

[三] 凡此諸若、皆言其容象不可得而形名也。

[四] 夫晦以理、物則得明。濁以靜、物則得清。安以動、物則得生。此自然之道也。孰能者、言其難也。徐者、詳愼也。

[五] 盈必溢也。

[六] 蔽、覆蓋也。

〔校勘〕

1．道藏集注本・永樂大典本・武英殿本・二十二子本・古逸叢書本により、「者」を「若」に改める。

2．陶鴻慶・樓宇烈・波多野太郎に従い、「德」を「意」に改める。

《訓讀》

第十五章

古の善く士爲《た》る者(一)は、微妙玄通(二)にして、深きこと識る可からず。夫れ唯だ識る可からず、故に強ひて之が容を爲す。豫として冬に川を渉るが若く[一]、猶として四鄰を畏るるが若く[二]、儼として其れ容の若く、渙として冰の將に釋《と》けんとするが若く、敦として其れ樸(三)の若く、曠として其れ谷(四)の若く、混として其れ濁の若し[三]。孰か能く濁りて以て之を靜め、徐に清《す》まさんや。孰か能く安らかにして以て久しく之を動かし、徐《おもむろ》に生ぜんや[四]。此の道を保つ者は盈つるを欲せず[五]。夫れ唯だ盈たず、故に能く蔽ひて新たには成さず[六]。

〔王注〕

[一] 冬の川を渉るに豫然たりは、若《ある》いは(五)度《わた》らんと欲し、若《ある》いは度《わた》らんと欲せず、其の情の見るを得可からざるの貌なり(六)。

[二] 四鄰 合攻するに、中央の主は、猶然として趣向する所を知らざる者なり。上德の人(七)、其の端兆の覩る可からず、意趣の見る可からざるも(八)、亦た猶ほ此くのごときなり。

[三] 凡そ此の諸〻の「若」は、皆 其の容象の得て形名す可からざるを言ふなり(九)。

[四] 夫れ晦にして以て理《をさ》むれば、物は則ち明を得たり(一〇)。濁りて以て靜むれば、物は則ち清むを得たり。安らかにして以て動かせば、物は則ち生を得たり。此れ自然の道なり(一一)。「孰能」なる者は、其の難きを言ふなり。「徐」なる者は、詳愼なるなり。

[五] 盈つれば必ず溢るるなり。

[六] 「蔽」は、覆蓋なり。

（補注）

（一）「善爲士者」という語は、第六十八章にも、「善爲士者不武」とある。その王注には、「士、卒之帥也」とある。

（二）「微妙玄通」について、「微妙」は、幽玄微妙で理解できないさま。直接的には、見ることができないほどかすかなことを言う。「微」については、道の形容として、第十四章に、「搏之不得、名曰微」とあり、王弼『老子指略』に、「微也者、取乎幽微而不可覩也」とある。また、「妙」についても、第一章の「以觀其妙」に対する王注に、「妙者、微之極也」とある。「玄通」は、あらゆることに通達すること、究極の通達。ここでの玄は、第十章の「滌除玄覽」について、王注で、「玄、物之極也。言能滌除邪飾、至於極覽」と説明されるのと同様である。

（三）「樸」は、山から伐り出したばかりの荒木。本来的な状態の喩えとして、第十九章に、「見素抱樸」とあり、第二十八章に、「復歸於樸」とあり、第三十二章に、「樸雖小、天下莫能臣也。侯王若能守之、萬物將自賓」とあり、第三十七章に、「化而欲作、吾將鎭之以無名之樸」とあり、第五十七章に、「我無欲而民自樸」とある。

（四）「谷」は、天下のものが流れ込むことの喩え。他にも、第二十八章に、「知其雄、守其雌、爲天下谿。爲天下谿、常德不離、復歸於嬰兒」、「知其榮、守其辱、爲天下谷。爲天下谷、常德乃足、復歸於樸」とあり、第四十一章に、「上德若谷」とある。

（五）「若」は、ここでは「あるいは」の意味。波多野太郎は、「若猶或也」という。同様の例は、『春秋左氏傳』定公 傳元年に、「若從踐士、若從宋亦唯命」とある。

（六）「其情不可得見之貌也」と同様の表現は、第二十章注に、「絶愚之人、心無所別析、意無所美惡、猶然其情不可覩」とある。

（七）「上德之人」は、第三十八章に、「上德不德、是以有德」、「上德無爲而無以爲」とある。その王注には、「是以上德之人、唯道是用、不德其德、無執無用。故能有德而無不爲。不求而得、不爲而成。故雖有德而無德名也」とある。

（八）「端兆不可覩、意趣不可見」と同様の表現は、第十七章注に、「自然、其端兆不可得而見也、其意趣不可得而覩也」とある。

（九）優れた指導者に形や名を与えられないことは、第五十八章注にも、「言善治政者、無形無名、無事無可正擧」とある。

（一〇）「夫晦以理、物則得明」に関連して、第四十一章に、「明道若昧」とある。その王注には、「光而不耀」とある。

（一一）「自然之道」という語は、第十七章注に、「夫御體失性、則疾病生。輔物失眞、則疵釁作。信不足焉、則有不信。此自然之道也」と見え、第二十二章注に、「自然之道、亦猶樹也。轉多轉遠其根、轉少轉得其本」と見える。

［現代語訳］

第十五章

古の優れた指揮官は、幽妙であらゆることに通達し、その奥深さは測り知れない。そもそもまったく測り知れないので、無理にその容貌を述べることにする。ためらって冬に川を渡るかのようであり［一］、動揺して四方の隣国を懼れているかのようであり［二］、厳かですべてに通じているかのようであり、ときほぐれていて氷が溶けていくかのようであり、質朴で樸のようであり、広く空虚で谷のようであり、混ざっていて濁水のようである［三］。いったい誰が濁っていながらそれを静め、徐々に澄ますことができるのか。いったい誰が安らかでありながらそれを動かし、徐々に生じさせることができるのか（それは古の優れた指導者だけである）［四］。この道を保つ者は満ちることを望まない［五］。そもそも満ち足りていないから、覆い隠して新たに成すことをしないのである［六］。

［王注］

［一］冬に川を渡る際にためらうというのは、渡ろうとするのか、渡るまいとするのか、その意志を見定めることのできない様子である。

［二］四方の隣国が合従して攻めてくる際に、中央の君主は、動揺して進みゆくところが分からない。上徳の人について、わずかな兆候を見ることができず、意向を知ることができないことも、またこのようである。

［三］このもろもろの「若」は、すべてその容貌が形や名を与えられないものであることを言う。

［四］そもそも暗いまま治めれば、物は明となることができる。濁ったまま静めれば、物は澄むことができる。安らかなまま動かせば、物は生ずることができる。これらは自然の道理である。「孰能」とは、それが難しいことをいう。「徐」とは、慎重なことである。

［五］満ち足りると必ず溢れ出す。

［六］「蔽」は、覆い隠すことである。

【原文】

第十六章

致虛極、守靜篤[一]。萬物並作[二]、吾以觀復[三]。大物芸芸、各復歸其根[四]。歸根曰靜、是謂復命。復命曰常[五]、知常曰明。不知常、妄作凶[六]。知常容[七]。容乃公[八]。公乃王[九]。王乃天[一〇]。天乃道[一一]。道乃久[一二]、沒身不殆[一三]。

[王注]

[一] [1]言致虛物之極篤、守靜物之眞正也。

[二] 動作生長。

[三] 以虛・靜觀其反復。凡有起於虛、動起於靜。故萬物雖並動作、卒復歸於虛・靜。是物之極篤也。

[四] 各反其所始也。

[五] 歸根則靜、故曰靜。靜則復命、故曰復命也。復命則得性命之常、故曰常也。

[六] 常之爲物、不偏不彰、無[2]（皦）〔皦〕昧之狀、溫涼之象。故曰知常曰明也。唯此復、乃能包通萬物、無所不容。失此以往、則邪入乎分、則物離其分。故曰不知常則妄作凶也。

[七] 無所不包通也。

[八] 無所不包通、則乃至於蕩然公平也。

[九] 蕩然公平、則乃至於無所不周普也。

[一〇] 無所不周普、則乃至於同乎天也。

[一一] 與天合德、體道大通、則乃至於窮極虛無也。

[一二] 窮極虛無、得道之常、則乃至於不[3]（有）〔窮〕極也。

[一三] 無之爲物、水火不能害、金石不能殘。用之於心、則虎兕無所投其[4]（齒）〔爪〕角、兵戈無所容其鋒刃。何危殆之有乎。

〔校勘〕

1．この注は、本文の「致虛極、守靜篤」を対句と見た場合、このままでは文意が通らず、諸家が錯誤を指摘する。陶鴻慶は、「言致虛守靜、物之眞正也」に作るべきとし、樓宇烈は、「言至虛之極、守靜之眞也」に作るべきとし、服部南郭は、「言致虛物之極、守靜物之篤也」に作るべきとし、桃井白鹿は、「言致虛物之極至、守靜物之眞正也」に作るべきとし、東条一堂は、「言致虛物之正極、守靜物之眞篤也」に作るべきとし、石田東陵は、「言致虛物之正極、守靜物之眞篤也」に作るべきとする。

2．道藏集注本・永樂大典本・武英殿本・二十二子本・古逸叢書本により、「皦」を「皦」に改める。

3．道藏集注本・永樂大典本・武英殿本・二十二子本により、「有」を「窮」に改める。

4．道藏集注本・永樂大典本により、「齒」を「爪」に改める。

《訓読》

第十六章

虛(一)を極に致し、靜を守れば篤なり[一]。萬物 並びに作《おこ》るも[二]、吾は以て復するを觀る[三]。夫れ物は芸芸《うんうん》(二)たるも、各〻其の根に復歸す[四]。根に歸るを靜と曰ひ、是(三)れを命に復《かへ》るを謂ふ。命に復るを常(四)と曰ひ[五]、常を知るを明と曰ふ。常を知らざれば、妄りに作《おこ》りて凶なり[六]。常を知るは容[七]。容なれば乃ち公[八]。公なれば乃ち王[九]。王なれば乃ち天[一〇]。天なれば乃ち道[一一]。道なれば乃ち久しく[一二]、身を没するまで殆ふからず(六)[一三]。

[王注]

[一] 言ふこころは虚を物の極(七)に致せば篤く、静を物の眞に守れば正し(八)。

[二] 動作し生長す。

[三] 虚・静を以て其の反復するを觀る(九)。凡そ有は虚に起こり(一〇)、動は静に起こる(一一)。故に萬物 並びに動作すと雖も、卒に虚・静に復歸す。是れ物の極の篤きなり。

[四] 各〻其の始まる所に返るなり(一二)。

[五] 根に歸れば則ち静なり、故に静と曰ふ。静なれば則ち命に復る、故に命に復ると曰ふなり。命に復れば則ち性命の常を得たり、故に常と曰ふなり。

[六] 「常」の物爲《た》る、偏ならず彰ならず、皦昧の狀、溫涼の象無し。故に「常を知るを明と曰ふ」と曰ふなり(一三)。唯だ此れ復るのみにして、乃ち能く萬物に包通し(一四)、容れざる所無し。此れを失ひてより以往は、則ち邪 分に入り、則ち物 其の分を離る(一五)。故に「常を知らざれば則ち妄りに作りて凶なり」と曰ふなり。

[七] 包通せざる所無きなり。

[八] 包通せざる所無ければ、則乃《すなは》ち蕩然公平に至るなり。

[九] 蕩然公平なれば、則乃ち周普せざる所無きに至るなり。

[一〇] 周普せざる所無ければ、則乃ち天に同じきに至るなり。

[一一] 天と德を合し(一六)、道を體して大通すれば(一七)、則乃ち虚無に窮極するに至る。

[一二] 虚無に窮極し、道の常(一八)を得れば、則乃ち窮極せざるに至るなり(一九)。

[一三] 「無」の物爲る、水火も害する能はず、金石も殘《そこな》ふ能はず。之を心に用ふれば、則ち虎兕も其の爪角を投ずる所無く、兵戈も其の鋒刃を容るる所無し。何の危殆か之れ有らん(二〇)。

(補注)

(一) 「虚」は、何もないこと、無。第十六章注・第四十三章注・第四十八章注に、「虚無」という語が見え、第三十八章注に、「天地雖廣、以無爲心、聖王雖大、以虚爲主」、第七十七章注に、「誰能處盈而全虚、損有以補無」とあって、虚・無が並列的に用いられるように、王弼は、虚と無に明確な区別を与えていない。

(二) 「芸芸」は、河上公注に「芸芸者、華葉盛也」とあるように、草木が繁茂する様で、転じて万物が活動生育すること。なお、『莊子』在宥は「云云」に作り、馬王堆甲本は「雲雲」に作り、馬王堆乙本は「袪袪」に作り、諸本で字が異なる。

(三) 「命」は、天が万物に命じたあり方。ここでは、とくに性命、すなわち物の本来的な性質を指す。

(四) 「常」は、永遠に変わらないこと、恒久不変。とくに王弼は、そのものとしての本来的なあり方を恒久不変なるものと考える。第一章の補注も参照。

(五) 「知常曰明」と同文が、第五十五章に、「知和曰常、知常曰明」とある。明は、通常の知性を越える絶対的な叡智。第三十三章には、「知人者智、自知者明」とあり、その王注には、「知人者、智而已矣。未若自知者超智之上也」とある。第十章補注も参照。

(六) 「沒身不殆」と同文が、第五十二章に、「天下有始、以爲天下母。既知其母、復知其子、既知其子、復守其母、沒身不殆」とある。

（七）「物之極」という語は、他にも第十章注に、「玄、物之極也」と見え、第三十九章注に、「一、數之始而物之極也。各是一物之生所以爲主也。物皆各得此一以成」と見える。

（八）「守靜物之眞正」に関連して、第四十五章の「躁勝寒、靜勝熱。清靜爲天下正」に対する王注に、「躁罷然後勝寒、靜無爲以勝熱。以此推之、則清靜爲天下正也。靜則全物之眞、躁則犯物之性」とある。また、第六十章注にも、「躁則多害、靜則全眞」とある。

（九）「以虛・靜觀其反復」について、王弼は、天地や聖人あるいはそれに準ずる究極的存在を虛・靜の状態にあると考える。たとえば、第六章の「谷神」についての王注には、「無形無影、無逆無違、處卑不動、守靜不衰、谷以之成、而不見其形」とあり、第三十八章注には、「天地雖廣、以無爲心、聖王雖大、以虛爲主」とある。また、『周易』復卦彖傳の王注には、「復者、反本之謂也。天地以本爲心者也。凡動息則靜、靜非對動者也。語息則默、默非對語者也。然則天地雖大、富有萬物、雷動風行、運化萬變、寂然至无是其本矣。故動息地中、乃天地之心見也。若其以有爲心、則異類未獲具存矣」とある。

（一〇）「有起於虛」に関連して、第一章注に、「凡有皆始於無」とあり、第二十一章注に、「言吾何以知萬物之始於無哉、以此知之也」とあり、有が無から始まることが説かれる。

（一一）「動起於靜」について、靜が動の根源であることは、第二十六章に、「重爲輕根、靜爲躁君」とある。その王注には、「凡物、輕不能載重、小不能鎭大。不行者使行、不動者制動。是以重必爲輕根、靜必爲躁君也」とある。なお、『周易』復卦彖傳の王注には、「凡動息則靜、靜非對動者也」とあり、動が止めば靜であるが、靜は動と対をなすものではないとして、動に対する靜の優位が説かれる。

（一二）「各反其所始也」に関連して、第四十章注には、「天下之物、皆以有爲生、有之所始、以無爲本。將欲全有、必反於無也」とあり、有の始まるところは無を根本としており、有を十全にしようとすれば無に反ると述べられる。また始まりに反るとは異なった表現として、第二十八章の「知其雄、守其雌、爲天下谿。爲天下谿、常德不離、復歸於嬰兒。知其白、守其黑、爲天下式。爲天下式、常德不忒、復歸於無極。知其榮、守其辱、爲天下谷。爲天下谷、常德乃足、復歸於樸」に対する王注には、「此三者、言常反終、後乃德全其所處也」とあり、終わりに反ると述べられる。始まりに反ると終わりに反るという二つの言い方があるのは、物が存在を開始する時（物の始まり）と物が十全な活動を行う時（物の終わり）のどちらにも道が働くためであり、根源としての道に復帰するという点ではいずれも同様の意味である。道が物の始まりと物の終わりに働くことについては、第一章注に、「異名、所施不可同也。在首則謂之始、在終則謂之母」とある。

（一三）「常之爲物、……故曰知常曰明也」と同様の表現は、第五十五章の「知常曰明」に対する王注に、「不曒不昧、不溫不涼、此常也。無形不可得而見。故曰知常曰明也」とあり、王弼『老子指略』に、「此所謂常者也。無曒昧之狀、溫涼之象。故知常曰明也」とある。また、「不偏不彰」と同文が、第三十五章の「大象」についての王注に、「無形無識、不偏不彰」とある。道に曒《あか》るさや昧《くら》さがないことは、第十四章に、「其上不曒、其下不昧、繩繩不可名、復歸於無物」とあるのを踏まえる。道に温かさや涼しさがないことは、第三十五章の「大象」についての王注に、

「不炎不寒、不溫不涼」とある。いずれも道について述べたものである。

（一四）「包通萬物」と同様の表現は、第三十五章の「執大象、天下往」に対する王注に、「大象、天象之母也。不炎不寒、不溫不涼。故能包統萬物、無所犯傷。主若執之、則天下往也」とあり、王弼『老子指略』に、「能爲品物之宗主、苞通天地、靡使不經也」とある。

（一五）「分」は、ここではそのもの本来のあり方。第四十一章注に、「有聲則有分」や「有形則有分」とあるように、分はもともと他の物とは分節されたそのものを指す。ただ、第二十八章の「樸散則爲器。聖人用之則爲官長」に対する王注に、「樸、眞也。眞散則百行出、殊類生、若器也。聖人因其分散。故爲之立官長」とあるように、物は、樸から器物となって分をもつ瞬間だけは本来の姿であり、聖人もその分に従って統治する。本章の「失此以往、則邪入乎分、則物離其分」は、物がそうした本来の状態から離れていくことを述べたものであり、このことは第三十二章の「始制有名。名亦既有、夫亦將知止」に対する王注にも、「始制、謂樸散始爲官長之時也。始制、官長不可不立名分以定尊卑。故始制有名也。過此以往、將爭錐刀之末。故曰名亦既有、夫亦將知止也」とある。また、これに関連して、第四十二章の「道生一、一生二、二生三、三生萬物」に対する王注には、「有一有二、遂生乎三。從無之有、數盡乎斯。過此以往、非道之流」とある。

（一六）「與天合德」は、『周易』乾卦文言傳に、「夫大人者、與天地合其德」とあるのを踏まえる。同様の表現は、第五章注に、「聖人與天地合其德、以百姓比芻狗也」とあり、第七十七章注に、「與天地合德、乃能包之、如天之道。如人之量、則各有其身、不得相均。如唯無身無私乎。自然、然後乃能與天地合德」とある。

（一七）「體道大通」について、體道に関連して、第二十三章の「故從事於道者、道者同於道」に対する王注に、「從事、謂擧動從事於道者也。道以無形無爲成濟萬物。故從事於道者、以無爲爲君、不言爲教、緜緜若存、而物得其眞。與道同體。故曰同於道」とある。また、大通という語は、『周易』泰卦象傳の王注にも、「泰者、物大通之時也」と見える。『莊子』大宗師篇には、「墮肢體、黜聰明、離形去知、同於大通。此謂坐忘」とある。

（一八）「道之常」という語は、第五十二章の「無遺身殃。是謂習常」に対する王注に、「道之常也」とある。

（一九）「至於不窮極也」について、道が突き詰められないものであることは、第三十五章注に、「視之不足見、則不足以悅其目。聽之不足聞、則不足以娛其耳。若無所中然、乃用之不可窮極也」とあり、第四十章の「弱者、道之用」に対する王注に、「柔弱同通、不可窮極」とある。なお、同様の表現は、第五章に、「天地之間、其猶橐籥乎。虛而不屈、動而愈出」とあり、第四十五章に、「大盈若沖、其用不窮」とあり、また、第二十八章の「復歸於無極」に対する王注に、「不可窮也」とあり、第四十三章注に、「虛無・柔弱、無所不通。無有不可窮、至柔不可折」とある。

（二〇）「虎兕無所投其爪角、兵戈無所容其鋒刃」は、第五十章に、「蓋聞、善攝生者、陸行不遇兕虎、入軍不被甲兵。兕無所投其角、虎無所措其爪、兵無所容其刃」とあるのを踏まえる。その王注には、「器之害者、莫甚乎兵戈、獸之害者、莫甚乎兕虎。而令兵戈無所容其鋒刃、虎兕無所措其爪角、斯誠不以欲累其身者也。何死地之有乎」とある。

［現代語訳］

第十六章

虚を（物の）究極に致し、静を（物の眞に）守れば（そのものとして）正しい状態になる［一］。（そのため）万物はそれぞれ運動し生長しているが［二］、わたしは（それらが虚や静に）帰っていくのを見るのである［三］。そもそも物は様々に活動するが、それぞれその根源に復帰する［四］。根源に帰ることを静といい、それを命に復《かえ》るという。命に復ることを常〔恒久不変の本質〕といい［五］、常を知ることを明〔究極の叡智〕という。常を知らなければ、（物は）妄りに活動することになりよくない［六］。常を知ることは容〔すべてを包んで通貫する〕である［七］。容であれば公〔無私公平〕である［八］。公であれば王〔あまねく行き渡る〕である［九］。王であれば天〔天とその徳を一致させる〕である［一〇］。天であれば道〔道を体現して無に接近する〕である［一一］。道であれば永遠なるものとなり［一二］、身を終えるまで危険がない［一三］。

［王注］

［一］言いたいことは虚を物の究極に致せば（そのものとして）適切な状態になり、静を物の眞に守れば（そのものとして）正しい状態になるということである。

［二］（万物は）運動し生長する。

［三］（わたしは）虚・静の状態を保持して万物が（本来の状態に）戻っていくのを見る。そもそも有は虚から起こり、動は静から起こるものである。そのため万物がそれぞれ運動し生長しても、最終的には虚・静に復帰するのである。これが物の究極の正しい状態である。

［四］（万物は）それぞれその始まりのところに帰るのである。

［五］根源に帰れば（物は）静の状態となるため、（根源に帰ることを）静という。静の状態であれば（物は）命に復《かえ》るため、（静の状態を）命に復るという。命に復れば（物は）性命の常を得るため、（命に復ることを）常という。

［六］「常」というものは、偏りがなく定かにならず、明暗のかたちや、温涼のすがたがない。そのため（ふつうは理解できないものであるから）「常を知るを明と曰ふ」というのである。ただ（本来の状態に）戻ることによってのみ、万物を包容し、受け入れないものがなくなる。（しかし）その状態を喪失してからは、よこしまなものが分〔そのもの本来のあり方〕に入り込み、物はそれ自身の分を離れる。そのため「常を知らざれば則ち妄りに作りて凶なり」というのである。

［七］（常を知ることで）すべてを包んで通貫しないものがない。

［八］すべてを包んで通貫しないものがないのであれば、無私公平になる。

［九］無私公平であれば、あまねく行き渡らないところがなくなる。

［一〇］あまねく行き渡らないところがなければ、天と同じになる。

［一一］天と徳を一致させ、道を体現して大いに通達すれば、虚無に極限まで接近する。

［一二］虚無に極限まで接近し、道の常を得れば、それについて突き詰められなくなる。

［一三］「無」というものは、水火であっても損なうことができず、金石であっても傷つけられない。これを心に用いたならば、虎や犀もその爪や角を打ちかけるところがなく、武器もその刃を振るうところがない。いったいどんな危険があるというのだろうか。

【原文】

第十七章

太上、下知有之[一]。其次、親而譽之[二]。其次、畏之[三]。其次、侮之[四]。信不足焉、有不信焉[五]。悠兮其貴言。功成事遂、百姓皆謂我自然[六]。

[王注]

[一] 太上、謂大人也。大人在上、故曰太上。大人在上、居無爲之事、行不言之教、萬物作焉而不爲始。故下知有之而已。

[二] 不能以無爲居事、不言爲教、立善行施、使下得親而譽之也。

[三] 不能復以恩仁令物、而賴威權也。

[四] 不能法以正齊民、而以智治國、下知避之、其令不從。故曰侮之也。

[五] 言從上也。夫御體失性、則疾病生。輔物失眞、則疵釁作。信不足焉、則有不信。此自然之道也。已處不足、非智之所濟也。

[六] 自然、其端兆不可得而見也、其意趣不可得而覩也。無物可以易其言、言必有應。故曰悠兮其貴言也。居無爲之事、行不言之教、不以形立物。故功成事遂、而百姓不知其所以然也。

《訓読》

第十七章

太上は、下 之れ有るを知る[一]。其の次は、親しみて之を譽む[二]。其の次は、之を畏る[三]。其の次は、之を侮る[四]。信 足らざれば、不信有り(一)[五]。悠として其れ言を貴ぶ。功は成り事は遂ぐるも、百姓は皆 我は自然なりと謂ふ(二)[六]。

[王注]

[一] 「太上」とは、大人(三)を謂ふなり。大人 上に在り、故に太上と曰ふ。大人は上に在り、無爲の事に居り、不言の教へを行ひ(四)、萬物は焉《ここ》に作《おこ》るも始まりを爲さず(五)。故に下 之れ有るを知るのみ。

[二] 無爲を以て事に居り、不言を教へと爲す能はざるも、善を立て施を行ひ(六)、下をして親しみて之を譽むるを得しむるなり。

[三] 復た恩仁を以て物に令する能はずして、威權に賴るなり。

[四] 法もて正を以て民を齊《ととの》ふる能はずして(七)、智を以て國を治むれば(八)、下 之を避くるを知り(九)、其の令は從はれず。故に「之を侮る」と曰ふなり。

[五] 言ふこころは上に從ふなり。夫れ體を御するも性を失へば、則ち疾病 生ず。物を輔くるも眞を失へば(一〇)、則ち疵釁 作《おこ》る。信 足らざれば、則ち不信有り。此れ自然の道なり(一一)。已に不足に處れば、智の濟す所に非ざるなり。

[六] 「自然」は、其の端兆 得て見る可からざるなり、其の意趣 得て覩る可からざるなり(一二)。物として以て其の言を易《かろ》んず可き無く(一三)、言は必ず應有り。故に「悠として其れ言を貴ぶ」と曰ふなり(一四)。無爲の事に居り、不言の教へを行ひ、形を以て物を立てず。故に功は成り事は遂ぐるも、百姓は其の然る所以を知らざるなり(一五)。

(補注)

(一) 「信不足焉、有不信焉」と同文が、第二十三章に、「同於道者、道亦樂得之。同於得者、得亦樂得之。同於失者、失亦樂得之。信不足焉、有不信焉」とある。その王注には、「忠信不足於下焉、有不信焉」とある。

（二）「功成事遂、百姓皆謂我自然」に関連して、第二章に、「萬物作焉而不辭、生而不有、爲而不恃、功成而弗居」とあり、第三十四章に、「萬物恃之而生而不辭、功成不名有」とあり、第七十七章に、「是以聖人爲而不恃、功成而不處、其不欲見賢」とある。

（三）「大人」は、聖人。『周易』乾卦文言傳に、「夫大人者、與天地合其德、與日月合其明、與四時合其序、與鬼神合其吉凶」とあるように、『周易』に見られる語彙である。また、『論語集解』季氏篇の何晏注には、「大人、卽聖人。與天地合其德者也」とあり、ここでも聖人を指すと述べられる。

（四）「居無爲之事、行不言之教」は、第二章に、「是以聖人處無爲之事、行不言之教」とあるのを踏まえる。

（五）「萬物作焉而不爲始」と同様の表現は、第二十七章注に、「輔萬物之自然而不爲始」とある。

（六）「立善行施」に関連して、第五章注には、「仁者必造立施化、有恩有爲。造立施化、則物失其眞。有恩有爲、則物不具存」とあり、仁者はかならず「造立施化」すると述べられる。また、「立善」は、第三十八章注に、「下德求而得之、爲而成之。則立善以治物」とあり、第五十八章注に、「立善以和萬物、則便復有妖之患也」とある。

（七）「以正齊民」と同様の表現は、第五十七章に、「以正治國、以奇用兵」とある。その王注には、「以道治國則國平、以正治國則奇兵起也。……以正治國、立辟以攻末、本不立而末淺、民無所及。故必至於以奇用兵也」とある。また、第五十八章注には、「以正治國、則便復以奇用兵矣」とある。

（八）「以智治國」は、第六十五章に、「故以智治國、國之賊。不以智治國、國之福」とあるのを踏まえる。その王注には、「智、猶治也。以智而治國、所以謂之賊者、故謂之智也。民之難治、以其多智也。當務塞兌閉門、令無知無欲。而以智術動民、邪心既動、復以巧術防民之僞、民知其術防、隨而避之。思惟密巧、姦僞益滋。故曰以智治國、國之賊也」とある。また、第十章注には、「治國無以智、猶棄智也」とある。

（九）「以智治國、下知避之」に関連して、第十八章の「智慧出、有大僞」に対する王注に、「行術用明、以察姦僞、趣覩形見、物知避之。故智慧出則大僞生也」とある。

（一〇）「眞」は、物の本質。第三章補注を参看。

（一一）「自然之道」という語は、第十五章注に、「夫晦以理、物則得明。濁以靜、物則得淸。安以動、物則得生。此自然之道也」と見え、第二十二章注に、「自然之道、亦猶樹也。轉多轉遠其根、轉少轉得其本」と見える。

（一二）「其端兆不可得而見也、其意趣不可得而覩也」と同様の表現は、第十五章注に、「上德之人、其端兆不可覩、意趣不可見」とある。

（一三）「無物可以易其言」と同様の表現は、第十三章の「故貴以身爲天下、若可寄天下」に対する王注に、「無物可以易其身。故曰貴也。如此乃可以託天下也」とある。

（一四）「不以形立物」は、物の形からその物のあり方を定めないこと。たとえば王弼『老子指略』に、「凡物之所以存、乃反其形」とあるように、物の形は物の本質と隔たりがあり、形に依拠して物を定めるとその物は十全な活動を行えない。同様の表現は、第二十七章注に、「此五者、皆言不造不施、因物之性、不以形制物也」とあり、第三十六章注に、「唯因物之性、不假形以理物」とある。

(一五)「功成事遂、而百姓不知其所以然也」と同様の表現は、第一章注に、「以始以成、而不知其所以」とあり、第二十一章注に、「萬物以始以成、而不知其所以然」とあり、いずれも道のこととして述べられる。また、これに関連して、『周易』繫辭上傳に、「一陰一陽之謂道、繼之者善也、成之者性也。仁者見之謂之仁、知者見之謂之知、百姓日用而不知」とある。

［現代語訳］

第十七章

大人は、下の者がその存在を知るだけである[一]。その次（に優れた人）は、（下の者が）親しんでその人を賞賛する[二]。その次（に優れた人）は、（下の者が）その人を畏れる[三]。その次（に優れた人）は、（下の者が）その人を軽んじる[四]。（上の者に）信が足りなければ、（下の者に）不信が残るのである[五]。（大人は下の者が）ゆったりとしてその言葉を重く受け入れ、（実際のところは大人によって）功績が果たされ物事が成し遂げられても、人々はみな自分自身でそれを行ったと考えるのである[六]。

［王注］

[一]「太上」とは、大人をいう。大人は上にいるので、太上という。大人は上にいて、無爲の立場におり、不言の教えを行い、万物はそれによって成長するが（実際の）手助けをしていない。そのため下の者はその存在を知るだけなのである。

[二] 無爲の立場で政事を行い、不言を教えとすることはできないが、善を打ち立て施しを行っており、下の者に親しませ賞賛させるのである。

[三] 情愛や思いやりによって人々に命令することができず、圧力や権勢に頼る。

[四] 法を用い正しさによって民を整えることができず、智謀によって国を治めるならば、下の者はそれを避ける方法を考え、その命令は聞き入れられない。そのため「之を侮る」というのである。

[五] 言いたいことは上の者に従うということである。そもそも身体を整えていても性［本来のあり方］を失えば、病気になる。物を助けてもその本質を失えば、過失が起こる。（上の者に）信が足りなければ、（下の者に）不信が残る。これらは自然の道理である。すでに（信が）不足しているならば、智謀で治められるというものではない。

[六]「自然」は、（それがそのようになる）わずかな兆候も見ることができず、（それがその先どのようになるかという）意向も知ることができない。物で大人の言葉を軽んじられるものはなく、その言葉には必ず反応がある。そのため「悠として其れ言を貴ぶ」というのである。（大人は）無爲の立場におり、不言の教えを行い、形を用いて物を定めない。そのため（大人によって）功績は果たされ物事は成し遂げられるが、人々はそのようになった原因を知らないのである。

【原文】

第十八章

大道廢、有仁義［一］。智慧出、有大僞［二］。六親不和、有孝慈。國家昏亂、有忠臣［三］。

［王注］

［一］失無爲之事、更以[1]（於）〔施〕慧立善道、進物也。

［二］行術用明、以察姦僞、趣覩形見、物知避之。故智慧出則大僞生也。

［三］甚美之名、生於大惡。所謂美惡同門。六親、父子・兄弟・夫婦也。若六親自和、國家自治、則孝慈・忠臣不知其所在矣。魚相忘於江湖之道、則相濡之德生也。

〔校勘〕

1．道藏集注本・永樂大典本・武英殿本・二十二子本・古逸叢書本により、「於」を「施」に改める。

《訓読》

第十八章

大道 廢れて、仁義有り［一］。智慧 出でて、大僞有り［二］。六親和せずして、孝慈有り。國家 昏亂して、忠臣有り［三］。

［王注］

［一］無爲の事を失へば(一)、更に施慧を以て善道を立て(二)、物を進むるなり(三)。

［二］術を行ひ明を用ひて、以て姦僞を察すれば(四)、趣は覩え形は見え、物は之を避くるを知る(五)。故に智慧 出づれば則ち大僞 生ずるなり。

［三］美の名を甚しくすれば、大惡を生ず。所謂る美惡は門を同じくするなり(六)。六親は、父子・兄弟・夫婦なり。若し六親 自づから和し、國家 自づから治まれば、則ち孝慈・忠臣 其の在る所を知らず。魚は相 江湖の道を忘るれば、則ち相 濡の德 生ずるなり(七)。

〔補注〕

（一）「失無爲之事」は、第二章に、「是以聖人處無爲之事、行不言之教」とあるのを踏まえる。

（二）「立善道」と同様の表現は、第十七章注に、「不能以無爲居事、不言爲教、立善行施、使下得親而譽之也」とあり、第三十八章注に、「下德求而得之、爲而成之。則立善以治物」とあり、第五十八章注に、「立善以和萬物、則便復有妖之患也」とある。

（三）「進物」と同様の表現は、『周易』乾卦文言傳の王注に、「夫進物之速者、義不若利。存物之終者、利不及義」とある。

（四）「以察姦僞」に関連して、第五十八章の「其政察察」に対する王注に、「立刑名、明賞罰、以檢姦僞。故曰其政察察也」とある。

（五）「物知避之」に関連して、第十七章注に、「以智治國、下知避之、其令不從」とある。

（六）「甚美之名、生於大惡。所謂美惡同門」に関連して、第二章に、「天下皆知美之爲美、斯惡已」とある。その王注には、「美者、人心之所進樂也。惡者、人心之所惡疾也。美惡猶喜怒也、善不善猶是非也。喜怒同根、是非同門」とある。

(七)「魚相忘於江湖之道、則相濡之徳生也」は、本来のあり方がなくなったところにそれを補う徳が生まれることをいう。『莊子』天運篇に、「孔子見老聃而語仁義。老聃曰、夫播糠眯目、則天地四方易位矣。蚊虻噆膚、則通昔不寐矣。夫仁義憯然、乃憤吾心、亂莫大焉。吾子使天下無失其朴。……泉涸、魚相與處於陸、相呴以濕、相濡以沫、不如相忘於江湖」とあるのを踏まえており、ここでは、泉の水が涸れ、魚たちが陸の上で互いに息を吹きかけて潤し合い、互いにあぶくで身体を濡らし合うことは、大きな川や湖で生活することに及ばないと説かれる。また、他にも『莊子』大宗師篇には、「泉涸、魚相與處於陸、相呴以濕、相濡以沫、不如相忘於江湖。與其譽堯而非桀、不如兩忘而化其道」とあり、同じく『莊子』大宗師篇には、「魚相造乎水、人相造乎道。相造乎水者、穿池而養給。相造乎道者、無事而生定。故曰、魚相忘乎江湖、人相忘乎道術」とある。

[現代語訳]

第十八章

大いなる道が廃れると、仁義が現れる[一]。智慧が出ると、大いなる人為が現れる[二]。六親が不和になると、孝慈が現れる。国家が乱れると、忠臣が現れる[三]。

[王注]

[一] 無爲の立場を失うと、代わりに恩施や智慧によって善い方法を打ち立て、物を導くようになる。

[二] 技術を駆使し聡明さを働かせて、悪事を監視すれば、行く末が分かり様子が分かるので、物はそれを避ける方法が分かる。そのため智慧が出ると、大いなる人為が現れるのである。

[三] 美というものを過度に尊重すると、大いなる惡《お》を生じる。いわゆる美惡は(出てくる)門を同じくするというものである。六親は、父子・兄弟・夫婦である。もし六親がおのずと仲睦まじく、国家がおのずと治まれば、孝慈や忠臣はその居場所がない。魚が(本来の)大きな川や湖での生き方を忘れるようになると、そこでお互いに身体を濡らし合うなどという徳が生まれるのである。

【原文】

第十九章

絶聖棄智、民利百倍。絶仁棄義、民復孝慈。絶巧棄利、盗賊無有。此三者、以爲文不足。故令有所屬。見素抱樸、少私寡欲[一]。

[王注]

[一] 聖・智、才之善也。仁・義、1(人)〔行〕之善也。巧・利、用之善也。而直云絶、文甚不足。不令之有所屬、無以見其指。故曰此三者以爲文而未足、故令人有所屬、屬之於素樸寡欲。

〔校勘〕

1.『經典釋文』により、「人」を「行」に改める。

《訓読》

第十九章

聖を絶ち智を棄つれば、民の利 百倍す。仁を絶ち義を棄つれば、民 孝慈に復す。巧を絶ち利を棄つれば、盗賊 有ること無し。此の三者は、以て文を爲すも足らず。故に屬《つづ》く所有らしめん。素を見《あらは》し樸を抱き（一）、私を少なくし欲を寡《すく》なくす[一]。

[王注]

[一]「聖・智」は、才の善なり。「仁・義」は、行の善なり。「巧・利」は、用の善なり（二）。而るに直だ「絶つ」と云ふのみなれば、文甚だ足らず。之をして屬く所有らしめざれば、以て其の指を見る無し。故に「此の三者は以て文を爲すも未だ足らず。故に人をして屬く所有らしめん」と曰ひ、之を素樸寡欲に屬く。

（補注）

（一）「見素抱樸」について、「素」は、着色されていない白繒《しろぎぬ》。手の加わっていない本来的なままのものの喩え。『説文解字』素部に、「素、白緻繒也」とあり、その段玉裁注には、「凡物之質曰素」とある。「樸」は、山から伐り出したばかりの荒木。これも手の加わっていない本来的なままのものの喩え。第十五章補注も参看。素・樸が併用される例として、第三十八章注に、「舍己任物、則無爲而泰、守夫素樸、則不割而制」とある。なお、『莊子』馬蹄篇には、「夫至德之世、同與禽獸居、族與万物並。惡乎知君子小人哉。同乎無知、其德不離、同乎無欲、是謂素樸。素樸而民性得矣」とあり、素樸であると民の性が全うされると述べられる。

（二）「聖・智」、「仁・義」、「巧・利」について、王弼『老子指略』に、「夫聖・智、才之傑也。仁・義、行之大者也。巧・利、用之善也。本苟不存、而興此三美、害猶如之、況術之有利、斯以忽素樸乎」とあり、表現が異なる。

[現代語訳]

第十九章

聖を絶ち智を棄てれば、民の利得は百倍にもなる。仁を絶ち義を棄てれば、民は孝慈（のある状態）へと立ち戻る。技術を絶ち利益を棄てれば、盗賊が現われることはない。（しかし）この三者だけでは、文章として足りないところがある。それゆえ続く文章を付け加えさせよう。（つまりは）素〔本来のあり方〕をさらけ出し樸〔原初の状態〕を保持し、私心を抑え欲望を少なくするのである［一］。

〔王注〕

［一］「聖・智」は、才能の優れたものである。「仁・義」は、行いの優れたものである。「巧・利」は、はたらきの優れたものである。そうであるのにただ「絶つ」と言うだけでは、文章としてまったく足りていない。これに続く文章を付け加えさせなければ、その本旨を理解することができないのである。そのため「此の三者は以て文を爲すも未だ足らず。故に人をして屬《つ》く所有らしめん」と言い、この文章を素樸（を守ること）や欲望を少なくすることへと続けたのである。

【原文】

第二十章

絶學無憂。唯之與阿、相去幾何。[1]（善）〔美〕之與惡、相去若何。人之所畏、不可不畏[一]。荒兮其未央哉[二]。衆人熙熙、如享太牢、如春登臺[三]。我獨怕兮其未兆、如嬰兒之未孩[四]。儽儽兮若無所歸[五]。衆人皆有餘、而我獨若遺[六]。我愚人之心也哉[七]、沌沌兮[八]。俗人昭昭[九]、我獨[2]（若）〔昏〕昏。俗人察察[一〇]、我獨悶悶。澹兮其若海[一一]、飂兮若無止[一二]。衆人皆有以[一三]、而我獨頑[3]（似）〔且〕鄙[一四]。我獨[4]〔欲〕異於人、而貴食母[一五]。

〔王注〕

[一] 下篇[5]〔云〕、爲學者日益、爲道者日損。然則學求益所能、而進其智者也。若將無欲而足、何求於益。不知而中、何求於進。夫[6]（鷰）〔燕〕雀有匹、鳩鴿有仇。寒鄉之民、必知旃裘。自然已足、益之則憂。故續鳧之足、何異截鶴之脛。畏譽而進、何異畏刑。唯阿・美惡、相去何若。故人之所畏、吾亦畏焉。未敢恃之以爲用也。

[二] 歎與俗相[7]（返）〔反〕之遠也。

[三] 衆人迷於美進、惑於榮利、欲進心競。故熙熙、若享太牢、如春登臺也。

[四] 言我廓然、無形之可名、無兆之可擧、如嬰兒之未能孩也。

[五] 若無所宅。

[六] 衆人無不有懷有志、盈溢胸心。故曰皆有餘也。我獨廓然無爲無欲、若遺失之也。

[七] 絶愚之人、心無所別析、意無所好欲、猶然其情不可覩。我頽然若此也。

[八] 無所別析、不可爲名。

[九] 耀其光也。

[一〇] 分別別析也。

[一一] 情不可覩。

[一二] 無所繫縶。

[一三] 以、用也。皆欲有所施用也。

[一四] 無所欲爲、悶悶・昏昏、若無所識。故曰頑且鄙也。

[一五] 食母、生之本也。人[8]（者）皆棄生民之本、貴末飾之華。故曰我獨欲異於人。

〔校勘〕

1. 易順鼎・蔣錫昌・古屋昔陽・東條一堂・石田東陵・波多野太郎に従い、「善」を「美」に改める。
2. 武英殿本・二十二子本により、「若」を「昏」に改める。
3. 陳柱・蔣錫昌・冢田大峰本・東條一堂・波多野太郎に従い、「似」を「且」に改める。
4. 東條一堂・陶鴻慶・易順鼎・石田東陵に従い、「欲」を補う。
5. 道藏集注本により、「云」を補う。
6. 道藏集注本・武英殿本・二十二子本・古逸叢書本により、「鷰」を「燕」に改める。なお、孫鑛本・道德玄書本・享保本・明和本・永樂大典本は、「鷙」に作る。
7. 樓宇烈・宇佐美灊水・古屋昔陽・大槻如電本・波多野太郎に従い、「返」を「反」に改める。

8．易順鼎・樓宇烈・邊家珍・波多野太郎に従い、「者」を省く。

《訓読》

第二十章

學を絶てば憂ひ無し。唯と阿と(一)、相 去ること幾何《いくばく》ぞ。美と惡と、相 去ること若何《いかん》。人の畏るる所は、畏れざる可からず[一]。荒として其れ未だ央《つ》きざるかな[二]。衆人は熙熙《きき》として、太牢を享《う》くるが如く、春 臺に登るが如し[三]。我 獨り怕《はく》として其れ未だ兆さず、嬰児の未だ孩《わら》はざるが如し[四]。儽儽《るいるい》として(二)歸する所無きが若し[五]。衆人は皆 餘り有るも、我 獨り遺《うしな》ふが若し[六]。我は愚人の心なるかな[七]、沌沌たり[八]。俗人は昭昭たるも[九]、我は獨り昏昏たり。俗人は察察たるも(三)[一〇]、我は獨り悶悶たり(四)。澹《たん》として其れ海の若く[一一]、飂《りゅう》として止まる無きが若し[一二]。衆人は皆 以《もち》ふること有るも[一三]、我 獨り頑にして且つ鄙なり[一四]。我 獨り人に異ならんと欲して、食母を貴ぶ[一五]。

[王注]

[一] 下篇に云ふ、「學を爲す者は日〻に益し、道を爲す者は日〻に損す」と(五)。然らば則ち學は能くする所を益して、其の智を進むることを求むる者なり。若《も》將し無欲にして足れば、何ぞ益することを求めん。知らずして中《あ》つれば、何ぞ進むることを求めん。夫れ燕雀も匹有り、鳩鴿も仇有り。寒鄉の民は、必ず旃裘を知る。自然にして已に足り、之に益せば則ち憂へん。故に鳧《かも》の足を續《つ》ぐは、何ぞ鶴の脛を截《た》つに異ならん(六)。譽められて進むることを畏るるは、何ぞ刑を畏るるに異ならん。唯阿・美惡は、相 去ること何若(七)。故に人の畏るる所は、吾も亦た焉を畏る。未だ敢へて之を恃みて以て用と爲さざるなり。

[二] 俗と相 反するの遠きを歎くなり。

[三] 衆人は美進に迷ひ、榮利に惑ひ、進まんと欲して心は競ふ。故に熙熙として、太牢を享くるが若く、春 臺に登るが如きなり。

[四] 言ふこころは我 廓然として、形の名づく可き無く(八)、兆の擧ぐ可き無く、嬰児の未だ孩ふ能はざるが如きなり。

[五] 宅する所無きが若し。

[六] 衆人は懷有り志有りて、胸心に盈溢せざる無し。故に「皆 餘り有り」と曰ふなり。我 獨り廓然として無爲無欲にして、之を遺失するが若きなり(九)。

[七] 絶愚の人は、心 別析する所無く(一〇)、意 好欲する所無く、猶然として其の情 觀る可からず(一一)。我 頽然として此くの若きなり。

[八] 別析する所無く、名を爲す可からず(一二)。

[九] 其の光を耀かすなり(一三)。

[一〇] 分別し別析するなり。

[一一] 情は觀る可からず。

[一二] 繫縶する所無し。

[一三] 「以」は、用なり。皆 施用する所有らんと欲するなり。

[一四] 爲さんと欲する所無く、悶悶・昏昏として、識る所無きが若し。故に「頑にして且つ鄙なり」と曰ふなり。

[一五] 「食母」は、生の本なり。人は皆 生民の本を棄て、末飾の華を貴ぶ。故に「我 獨り人に異ならんと欲す」と曰ふ。

(補注)

(一)「唯」・「阿」について、「唯」は、ハイという返事。「阿」は、コラという怒鳴り声。阿は、訶に通じる。なお、馬王堆甲本は、

「訶」に作る。

(二)「儽儽兮」について、『經典釋文』には、「力追反。一本曰損益也、敗也、欺也」とある。本訳注は、敗の意味にとる。

(三)「察察」は、明敏なさま。「察察」という語は、第五十八章にも、「其政察察、其民缺缺」とある。その王注には、「立刑名、明賞罰、以檢姦僞。故曰其政察察也。殊類分析、民懷爭競。故曰其民缺缺」とある。

(四)「悶悶」は、ぼんやりとしたさま。「悶悶」という語は、第五十八章にも、「其政悶悶、其民淳淳」とある。その王注には、「言善治政者、無形無名、無事無可正擧。悶悶然、卒至於大治。故曰其政悶悶也。其民無所爭競、寛大淳淳。故曰其民淳淳也」とある。

(五)「下篇云、爲學者日益、爲道者日損」は、第四十八章に、「爲學日益、爲道日損」とあるのを引用する。「爲學日益」に対する王注には、「務欲進其所能、益其所習」とあり、「爲道日損」に対する王注には、「務欲反虚無也」とある。

(六)「故續鳧之足、何異截鶴之脛」は、『莊子』駢拇篇に、「彼正正者、不失其性命之情。故合者不爲駢、而枝者不爲跂。長者不爲有餘、短者不爲不足。是故鳧脛雖短、續之則憂。鶴脛雖長、斷之則悲。故性長非所斷、性短非所續、無所去憂也」とあるのを踏まえる。また、同様の内容は、『周易』損卦彖傳の王注に、「自然之質、各定其分、短者不爲不足、長者不爲有餘、損益將何加焉」とある。

(七)「唯阿・美惡、相去何若」に関連して、第二章の「天下皆知美之爲美、斯惡已。皆知善之爲善、斯不善已」に対する王注に、「美者、人心之所進樂也。惡者、人心之所惡疾也。美惡猶喜怒也、善不善猶是非也。喜怒同根、是非同門。故不可得而偏擧也」とあり、美と惡はどちらか片一方だけが出てくることはない相対的な概念であり、同じ根源から出てくることが述べられる。

(八)「廓然無形之可名」と同様の表現は、第四十一章の「廣德若不足」に対する王注に、「廣德不盈、廓然無形、不可滿也」とある。

(九)「我獨廓然無爲無欲、若遺失之也」に関連して、第四十一章の「上德若谷」に対する王注に、「不德其德、無所懷也」とある。

(一〇)「無所別析」と同様の表現は、第二十七章の「善言無瑕讁」に対する王注に、「順物之性、不別不析。故無瑕讁可得其門也」とある。

(一一)「其情不可覩」と同様の表現は、第十五章の「古之善爲士者、……豫兮若冬涉川」に対する王注に、「冬之涉川豫然、若欲度、若不欲度、其情不可得見之貌也」とある。

(一二)「無所別析、不可爲名」は、分節されておらず他のものとの境界がないことで、名づけられないこと。王弼『老子指略』に、「有此名必有此形、有此形必有其分」とあるように、王弼は名がある場合は形があり、形がある場合は分があると考える。

(一三)「燿其光也」は、才知を発揮すること。「光」は、才知のたとえ。第五十八章に、「是以聖人方而不割、廉而不劌、直而不肆、光而不燿」とあるのを踏まえる。その王注には、「以光鑑其所以迷、不以光照求其隱慝也。所謂明道若昧也」とある。「燿其光也」と同様の表現は、第七十二章の「是以聖人自知、不自見」に対する王注に、「不自見其所知、以燿光行威也」とある。

[現代語訳]

第二十章

(あるがままの状態ですでに充足しているので)学問を捨てれば憂いがない。ハイという返事とコラという怒鳴り声には一体どれほどの差があるのだろうか。美と悪《お》には、一体どれほどの差があるのだろうか。(どちらにしても変わらないのだから)人々が畏れるものは、畏れる方がよい[一]。(わたしと俗世間のあいだは)こんなにも遠く離れていて果てしないのか[二]。多くの人は(誉れや出世、栄華や利得に)浮き浮きとしていて、最上級のご馳走を受けるかのようであり、また春に高台に登ったかのようである[三]。(一方の)わたしはただ一人ひっそりとしていて(心を動かす)気配もなく、赤子がまだ笑うことのできないかのようである[四]。(あるいは戦《いくさ》に)敗れて帰るところがないかのようである[五]。多くの人はみな(思いや望みが溢れていて)余りがあるが、一方のわたしはただ一人それらを喪失しているかのようである[六]。わたしは愚かな人の心を持っているのだろう[七]、(だからこそわたしは)渾然としているのである[八]。俗人は才知を用いるが[九]、わたしだけは暗愚である。俗人ははっきりとしているが[一〇]、わたしだけはぼんやりとしている。(わたしは)静寂であって海のようであり[一一]、吹き流れていて止まることがないかのようである[一二]。多くの人はみな何かを行おうとするが[一三]、わたしだけは頑迷で野卑である[一四]。わたしだけが人と異なろうとして、生きるための大もとを貴ぶのである[一五]。

[王注]

[一]下篇(第四十八章)には、「学問を修めれば日に日に(学識を)増やし、道を修めれば日に日に(学識を)損なう」という。そうであれば学問は優れたところを増やし、知識を進めることを求めるものということになる。もし欲することなく充足するならば、どうして増やすことを求めるのか。知らなくとも適切であれば、どうして進めることを求めるのか。そもそも燕や雀にも仲間がおり、鳩鴿《はと》にも仲間がいる。寒さが厳しい里の住人は、必ず毛織物と皮衣を知っている。(このように物は)あるがままの状態ですでに充足しており、その状態に何かを加えると憂いが生まれるのである。そうであるから鳧《かも》の(短い)足を継ぎ足して長くすることは、どうして鶴の(長い)足を切断して短くすることに異なるのだろうか。栄達して進むことを畏れるのは、どうして刑罰を畏れることに異なるのだろうか。返事と怒鳴り声や美と悪にはどれほどの差があるのだろうか。そのため人々が畏れるものは、わたしも同様にそれを畏れる。(それらは取るに足らないものであるから)それを頼んで用いることをしないのである。

[二](「荒として其れ未だ央《つ》きざるかな」は、わたしが)俗世間と遠く相反することを嘆いている。

[三]多くの人は誉れや出世に振り回され、栄華や利得に目がくらみ、先に進もうとして競争心にかられている。そのため浮き浮きとして、最上級のご馳走を受けるかのようであり、また春に高台に登ったかのようなのである。

[四]言いたいことはわたしはむなしくて、その形は名づけることができず、その兆しは取り上げることができず、赤子がまだ笑うことのできないかのようであるということである。

[五](「帰する所無きが若し」は)住むところがないかのようであるということである。

[六]多くの人は思うところがあり望むものがあり、(それらが)胸中に溢れていないことがない。そのため「皆 餘り有り」という

のである。（一方）わたしはただ一人うつろでなにもせず欲もなく、思いや望みを喪失しているかのようである。

［七］この上なく愚かな者は、心で判断することがなく、意志で好み求めることがなく、ゆったりとしていてその感情は見ることができない。わたしがくたくたであるのはこのようである。

［八］分節することができ（ず他のものとの境界が）ないため、名を与えることができないのである。

［九］（俗人は）自身の才知を発揮する。

［一〇］（俗人はあらゆる事態を）切り分けて別々のものとする。

［一一］（わたしの）感情は見ることができない。

［一二］（わたしを）繋ぎ止めるものがない。

［一三］「以」は、用である。（多くの人は）みな行おうとするものがある。

［一四］何かをしようとすることがなく、ぼんやりとして暗愚であり、知識がないかのようである。そのため「頑にして且つ鄙なり」というのである。

［一五］「食母」は、生の大もとである。人々はみな生きるための大もとを棄て、うわべの華やかさを貴ぶ。そのため「我 獨り人に異ならんと欲す」というのである。

【原文】

第二十一章

孔德之容、唯道是從[一]。道之爲物、唯恍唯惚[二]。[1](忽)〔惚〕兮恍兮、其中有象、恍兮[2](忽)〔惚〕兮、其中有物[三]。窈兮冥兮、其中有精[四]。其精甚眞、其中有信[五]。自古及今、其名不去[六]、以閲衆甫[七]。吾何以知衆甫之狀哉、以此[八]。

［王注］

[一] 孔、空也。唯以空爲德、然後乃能動作從道。

[二] 恍惚、無形不繫之歎。

[三] 以無形始物、不繫成物。萬物以始以成、而不知其所以然。故曰恍兮惚兮、[3]〔其中有物〕、惚兮恍兮、其中有象也。

[四] 窈冥、深遠之歎。深遠不可得而見、然而萬物由之。[4](其)〔不〕可得見、以定其眞。故曰窈兮冥兮、其中有精也。

[五] 信、信驗也。物反窈冥、則眞精之極得、萬物之性定。故曰其精甚眞、其中有信也。

[六] 至眞之極、不可得名。無名、則是其名也。自古及今、無不由此而成。故曰自古及今、其名不去也。

[七] 衆甫、物之始也。以無名[5](說)〔閲〕萬物始也。

[八] 此、上之所云也。言吾何以知萬物之始於無哉、以此知之也。

〔校勘〕

1．孫鑛本・道德玄書本・享保本・明和本・武英殿本・二十二子本・古逸叢書本により、「忽」を「惚」に改める。

2．右に同じ。

3．兪樾・樓宇烈・邊家珍・波多野太郎に従い、「其中有物」を補う。

4．易順鼎・樓宇烈に従い、「其」を「不」に改める。なお、『文選』巻二十二 沈約「鍾山詩應西陽王教」の李善注にも、「王弼曰、窈冥、深遠貌。深遠不可得而見、然而萬物由之。不可得見、以定其眞。故曰窈兮冥兮、其中有精」とあり、「不」に作る。

5．樓宇烈・服部南郭・宇佐美灊水・大槻如電本に従い、「說」を「閲」に改める。

《訓読》

第二十一章

孔德の容は、唯だ道のみ是れ從ふ[一]。道の物爲るや、唯だ恍たり唯だ惚たり[二]。惚たり恍たり、其の中に象有り、恍たり惚たり、其の中に物有り[三]。窈たり冥たり、其の中に精有り[四]。其の精 甚だ眞なり、其の中に信有り[五]。古より今に及ぶまで、其の名 去らず[六]、以て衆甫を閲《す》ぶ[七]。吾は何を以て衆甫の狀を知るか、此を以てす[八]。

［王注］

[一] 「孔」は、空なり。唯だ空を以て德と爲して、然る後に乃ち能く動作して道に從ふ。

[二] 「恍惚」は、形無く繫《か》からざるの歎なり。

[三] 無形を以て物を始め、不繫もて物を成す。萬物は以て始まり以て成るも、其の然る所以を知らず。故に「惚たり恍たり、其の中

に象有り、怳たり惚たり、其の中に物有り」と曰ふなり。

[四]「窈冥」は、深遠の歎なり。深遠にして得て見る可からず、然り而して萬物は之に由る。(四)見るを得可からずして、以て其の眞を定む。故に「窈たり冥たり、其の中に精有り」と曰ふなり。

[五]「信」は、信驗なり。物は窈冥に反れば、則ち眞精の極は得られ、萬物の性は定まる。故に「其の精 甚だ眞なり、其の中に信有り」と曰ふなり。

[六]至眞の極は、名を得可からず。無名は、則ち是れ其の名なり。(五)古より今に及ぶまで、此に由りて成らざるは無し。(六)故に「古より今に及ぶまで、其の名 去らず」と曰ふなり。

[七]「衆甫」は、物の始めなり。無名を以て萬物の始まりを閲ぶるなり。

[八]「此」は、上の云ふ所なり。言ふこころは吾 何を以て萬物の無に始まるを知るか、此を以て之を知るなり。(七)

(補注)

(一)「惟怳惟惚」と同様の表現は、第十四章に、「是謂惚怳」とある。その王注には、「不可得而定也」とある。

(二)「不繫」は、他のものと関係を結んでいないこと。それが独立したものであることをいう。「無形不繫」と同文が、第三十二章の「道常無名」に対する王注に、「道、無形不繫、常不可名、以無名爲常。故曰道常無名也」とある。

(三)「萬物以始以成、而不知其所以然」と同様の表現は、第一章注に、「以始以成、而不知其所以」とある。また、第十七章注には、聖人の無爲の治について、「功成事遂、而百姓不知其所以然也」とある。なお、これに関連して、『周易』繋辭上傳には、「一陰一陽之謂道、繼之者善也、成之者性也。仁者見之謂之仁、知者見之謂之知、百姓日用而不知」とある。

(四)「深遠不可得而見、然而萬物由之」と同様の表現は、第十四章注に、「欲言無邪、而物由以成。欲言有邪、而不見其形」とあり、第四十一章注に、「物以之成、而不見其成形。故隱而無名也」とある。また、第二十五章注に、「混然不可得而知、而萬物由之以成」とある。

(五)「無名、則是其名也」に関連して、第三十二章には、「道常無名」とあり、道が無名であると述べられる。その王注には、「道、無形不繫、常不可名、以無名爲常。故曰道常無名也」とある。

(六)「無不由此而成」に関連して、万物が道に基づいて完成することは、第十四章注にも、「欲言無邪、而物由以成」と見え、第二十五章注にも、「混然不可得而知、而萬物由之以成」と見え、第四十一章注にも、「物以之成、而不見其成形」と見える。

(七)「吾何以知萬物之始於無哉、以此知之也」と同様の表現は、第一章注に、「凡有皆始於無」とある。無に始まるについては、第一章補注を参看。

[現代語訳]

第二十一章

空虚な徳(をもつもの)のありようは、ただ道に従っている[一]。道というものは、ぼんやりとしておぼろげである[二]。おぼろげでぼんやりとしていながら、そのうちには(確かに何らかの)象があり、ぼんやりとしておぼろげでありながら、そのうちには(確かに何らかの)物がある[三]。暗くて何も見えないが、そのうちには(確かに)

精髄がある[四]。その精髄こそが（道の）本質であり、そのうちに（道のはたらきが）真実である証がある[五]。古から今に至るまで、その名が消失したことはなく[六]、それによって万物の始まりが統御されている[七]。わたしがどうして万物の始まりの状況を理解しているかと言えば、以上のことによるのである[八]。

[王注]

[一]「孔」は、空〔空虚〕である。ただ空を徳としているだけで、その後にようやくその活動が道に従うのである。

[二]「恍惚」は、（道が）形をもたず（他のものと）関係を結んでいないことへの嘆辞である。

[三] 形をもたないものが物を開始し、（他のものと）関係を結ばないものが物を完成させるのである。万物はそれによって開始し完成するが、なぜそのように（開始し完成することに）なったのかという原因を知ることはない。そのため「惚たり恍たり、其の中に象有り、恍たり惚たり、其の中に物有り」というのである。

[四]「窈冥」は、（道が）深遠であることへの嘆辞である。（道は）深遠であって見ることはできないが、しかし万物はそれに依拠している。見ることはできないが、その本質を定められるのである。そのため「窈たり冥たり、其の中に精有り」という。

[五]「信」は、（道のはたらきが）真実である証である。物が窈冥に帰れば、（道の）本質の究極のところが得られ、万物の性は安定する。そのため「其の精 甚だ眞なり、其の中に信有り」というのである。

[六]（道の）本質の究極のところは、名をもつことができない。無名というのが、すなわちその名なのである。古から今に至るまで、道に基づいて成り立たないものはなかった。そのため「古より今に及ぶまで、其の名 去らず」というのである。

[七]「衆甫」は、物の始まりである。無名なるものによって万物の始まりが統御されるのである。

[八]「此」は、上で言われたことである。言いたいことはわたしがどうして万物が無に始まることを理解しているかと言えば、以上のことによってそれを理解しているということである。

【原文】

第二十二章

曲則全[一]、枉則直[二]、窪則盈[三]、弊則新[四]。少則得、多則惑[五]。是以聖人抱一、爲天下式[六]。不自見故明、不自是故彰、不自伐故有功、不自矜故長。夫唯不爭、故天下莫能與之爭。古之所謂曲則全者、豈虛言哉。誠全而歸之。

[王注]
[一] [1](不自見、〔則〕其明〔則〕全也。)
[二] [2](不自是、則其是彰也。)
[三] [3](不自伐、則其功有也。)
[四] [4](不自矜、則其德長也。)
[五] 自然之道、亦猶樹也。轉多轉遠其根、轉少轉得其本。多則遠其眞、故曰惑也。少則得其本、故曰得也。
[六] 一、少之極也。式、猶則之也。

〔校勘〕

1. 易順鼎・陶鴻慶・樓宇烈・宇佐美灊水・波多野太郎に従い、「其明則全」を「則其明全」に改める。また、易順鼎・樓宇烈・邊家珍・波多野太郎に従い、本章の王注である「不自見、〔則〕其明〔則〕全也」を第二十四章の「自見者不明」に対する王注として校移する。
2. 易順鼎・樓宇烈・邊家珍・波多野太郎に従い、本章の王注である「不自是、則其是彰也」を第二十四章の「自是者不彰」に対する王注として校移する。
3. 易順鼎・樓宇烈・邊家珍・波多野太郎に従い、本章の王注である「不自伐、則其功有也」を第二十四章の「自伐者無功」に対する王注として校移する。
4. 易順鼎・樓宇烈・邊家珍・波多野太郎に従い、本章の王注である「不自矜、則其德長也」を第二十四章の「自矜者不長」に対する王注として校移する。

《訓読》

第二十二章

曲なれば則ち全く(一)[一]、枉なれば則ち直く(二)[二]、窪なれば則ち盈ち(三)[三]、弊なれば則ち新たなり(四)[四]。少なければ則ち得て、多ければ則ち惑ふ[五]。是を以て聖人は一を抱き(五)、天下の式《のり》と爲る(六)[六]。自ら見ざるが故に明らかに、自ら是とせざるが故に彰《あら》はれ、自ら伐《ほこ》らざるが故に功有り、自ら矜《ほこ》らざるが故に長し(七)。夫れ唯だ争はず、故に天下は能く之と争ふ莫し(八)。古の所謂る曲なれば則ち全しとは、豈に虚言ならんや。誠に全くして之に歸す。

[王注]
[一] なし
[二] なし
[三] なし
[四] なし
[五] 自然の道は(九)、亦た猶ほ樹のごときなり。轉た多ければ轉た其の根に遠く、轉た少なければ轉た其の本を得たり(一〇)。多ければ則ち其

の眞に遠し、故に「惑ふ」と曰ふなり。少なければ則ち其の本を得たり、故に「得たり」と曰ふなり。

[六]「一」は、少の極なり。「式」は、猶ほ則のごときなり。

(補注)

(一)「曲則全」は、役立たずの木のように曲がっていれば寿命を全うするということ。『莊子』人間世篇には、「南伯子綦遊乎商之丘、見大木焉有異。……仰而視其細枝、則拳曲而不可以爲棟梁。……子綦曰、此果不材之木也。以至於此其大也」として、素晴らしい大木の枝が曲がっていて柱や梁《はり》にならず、そのために天寿を全うしたという説話がある。

(二)「枉則直」は、屈むことにより真っ直ぐに伸びることができるということ。『周易』繫辭下傳には、「尺蠖之屈、以求信也」として、尺取り虫が屈むのは身体を伸ばして前に進もうとするためと説明される。

(三)「窪則盈」は、地面が窪んでいれば水がそこに流れこみ満ち足りるということ。河上公注に、「地窪下、水流之」とある。なお、第三十九章には、「谷得一以盈」とあり、谷はその本質を得て満ち足りているとある。

(四)「弊則新」は、破れていれば新しいものに取って代わるということ。敝は、衣服が破れること。

(五)「抱一」と同文が、第十章に、「載營魄抱一、能無離乎」とある。その王注には、「一、人之眞也」とある。

(六)「爲天下式」と同文が、第二十八章に、「知其白、守其黑、爲天下式」とある。その王注には、「式、模則也」とある。

(七)「不自見故明、不自是故彰、不自伐故有功、不自矜故長」に関連して、第二十四章に、「自見者不明、自是者不彰、自伐者無功、自矜者不長」とある。

(八)「夫唯不爭、故天下莫能與之爭」と同様の表現は、第六十六章に、「以其不爭、故天下莫能與之爭」とある。

(九)「自然之道」という語は、第十五章注に、「夫晦以理、物則得明。濁以靜、物則得清。安以動、物則得生。此自然之道也」と見え、第十七章注に、「夫御體失性、則疾病生。輔物失眞、則疵釁作。信不足焉、則有不信。此自然之道也」と見える。

(一〇)「轉多轉遠其根、轉少轉得其本」に関連して、第四十二章注には、「以一爲主、一何可舍。愈多愈遠、損則近之。損之至盡、乃得其極」とある。

[現代語訳]

第二十二章

(役立たずの木のように)曲がっていれば(寿命を)全うし[一]、(尺取り虫のように)屈《かが》んでいれば真っ直ぐになり[二]、(谷のように)窪《くぼ》んでいれば満ち足りることになり[三]、(衣服のように)弊《やぶ》れていれば新しくなる[四]。(自然の道理として)少なければ(その本質を)得て、多ければ(その本質から離れて)惑うのである[五]。こういう訳で聖人は(少ないものの極限である)一を抱き、天下の規範となる[六]。(聖人は)自分から見ようとしないために聡明であり、自分から正しいとしないために(その正しさが)表れ、自分から誇示しないために功績があり、自分からおごらないために長く保たれる。そもそも絶対に争わないので、天下に争うことのできるものがいない。古来からのいわゆる曲がっていれば(寿命を)全うするという言説は、どうしてでたらめであろうか。(この言説は)まことに完全でありすべてこれに帰結するのである。

［王注］

［一］なし

［二］なし

［三］なし

［四］なし

［五］自然の道理というのは、樹木のようである。（すなわち枝葉が）多ければ多いほどその根本から遠くなり、（枝葉が）少なければ少ないほどその根本を得るのである。多ければその本質から遠ざかるので、「惑ふ」という。少なければその根幹を得るので、「得たり」という。

［六］「一」は、少ないものの極限である。「式」は、規範のようなものである。

【原文】

第二十三章

希言自然[一]。故飄風不終朝、驟雨不終日。孰爲此者。天地。天地尚不能久、而況於人乎[二]。故從事於道者、道者同於道[三]、[1]（德）〔得〕者同於[2]（德）〔得〕[四]、失者同於失[五]。同於道者、道亦樂得之。同於[3]（德）〔得〕者、[4]（德）〔得〕亦樂得之。同於失者、失亦樂得之[六]。信不足焉、有不信焉[七]。

[王注]

[一] 聽之不聞、名曰希。下章言、道之出言、淡兮其無味也。視之不足見、聽之不足聞。然則無味不足聽之言、乃是自然之至言也。

[二] 言暴疾・美興不長也。

[三] 從事、謂擧動從事於道者也。道以無形無爲成濟萬物。故從事於道者、以無爲爲[5]（君）〔居〕、不言爲教、緜緜若存、而物得其眞。與道同體。故曰同於道。

[四] 得、少也。少則得。故曰得也。行得則與得同體。故曰同於得也。

[五] 失、累多也。累多則失。故曰失也。行失則與失同體。故曰同於失也。

[六] 言隨行其所、故同而應之。

[七] 忠信不足於下焉、有不信也。

〔校勘〕

1．易順鼎・劉師培・古屋昔陽・大槻如電本・波多野太郎に従い、「德」を「得」に改める。

2．右に同じ。

3．右に同じ。

4．右に同じ。

5．蔣錫昌・樓宇烈・波多野太郎に従い、「君」を「居」に改める。

《訓読》

第二十三章

希言は自然なり[一]。故に飄風は朝を終へず、驟雨は日を終へず。孰《たれ》か此を爲す者ぞ。天地なり。天地すら尚ほ久しきこと能はず、而るを況んや人に於いてをや[二]。故に道に從事する者は、道者なれば道に同じくし[三]、得者なれば得に同じくし[四]、失者なれば失に同じくす[五]。道に同じくする者なれば、道も亦た之を得るを樂しむ。得に同じくする者なれば、得も亦た之を得るを樂しむ。失に同じくする者なれば、失も亦た之を得るを樂しむ[六]。信 足らざれば、不信有り(一)[七]。

[王注]

[一] 之を聽けども聞こえず、名づけて「希」と曰ふ(二)。下章に言ふ、「道の言を出だすや、淡として其れ無味なり。之を視れども見るに足らず、之を聽けども聞くに足らず」と(三)。然らば則ち無味にして聽くに足らざるの言にして、乃ち是れ自然の至言なり。

[二] 言ふこころは暴疾・美興は長からざるなり。

[三] 「從事」とは、擧動 道に從事する者を謂ふなり。道は無形無爲を以て萬物を成濟す(四)。故に道に從事する者は、無爲を以て居と爲し、不言を教へと爲し(五)、緜緜として存するが若くして(六)、物 其

の眞を得たり(七)。道と體を同じくす。故に「道に同じくす」と曰ふ。

[四]「得」は、少なり。少なければ則ち得(八)。故に「得」と曰ふなり。得を行へば則ち得と體を同じくす。故に「得に同じくす」と曰ふなり。

[五]「失」は、累多なり。累多なれば則ち失ふ。故に「失」と曰ふなり。失を行へば則ち失と體を同じくす。故に「失に同じくす」と曰ふなり。

[六]言ふこころは其の所に隨行す、故に同じくして之に應ず。

[七]忠信 下に足らざれば、不信有るなり。

(補注)

(一)「信不足焉、有不信焉」と同文が、第十七章に、「太上、下知有之。其次、親而譽之。其次、畏之。其次、侮之。信不足焉、有不信焉」とある。その王注には、「夫御體失性、則疾病生。輔物失眞、則疵釁作。信不足焉、則有不信。此自然之道也。已處不足、非智之所濟也」とある。

(二)「聽之不聞、名曰希」は、第十四章に、「聽之不聞、名曰希」とあるのを踏まえる。

(三)「下章言、道之出言、淡兮其無味也。視之不足見、聽之不足聞」は、第三十五章に、「樂與餌、過客止、道之出口、淡乎其無味。視之不足見、聽之不足聞。用之不可既」とあるのを引用する。その王注には、「言道之深大。人聞道之言、乃更不如樂與餌應時感悅人心也。樂與餌則能令過客止、而道之出言淡然無味。視之不足見、則不足以悅其目。聽之不足聞、則不足以娛其耳。若無所中然、乃用之不可窮極也」とある。

(四)「道以無形無爲成濟萬物」と同様の表現は、第一章注に、「道以無形無名始成萬物」とある。

(五)「以無爲爲居、不言爲教」は、第二章に、「是以聖人處無爲之事、行不言之教」とあるのを踏まえる。また、同様の表現は、第六十三章注に、「以無爲爲居、以不言爲教、以恬淡爲味、治之極也」とある。

(六)「緜緜若存」は、第六章に、「谷神不死、是謂玄牝。玄牝之門、是謂天地根。緜緜若存、用之不勤」とあるのを踏まえる。その王注には、「欲言存邪、則不見其形。欲言亡邪、萬物以之生。故緜緜若存也」とある。

(七)「眞」は、事物の本質。本来的な自然なるもの。第三章補注を参照。

(八)「少則得」は、第二十二章に、「少則得、多則惑」とあるのを踏まえる。その王注には、「自然之道、亦猶樹也。轉多轉遠其根、轉少轉得其本。多則遠其眞、故曰惑也。少則得其本、故曰得也」とある。

[現代語訳]

第二十三章

希言〔聞こえない言葉〕は自然(の至言)である[一]。そのためつむじ風は朝中吹くことがなく、にわか雨は一日中降ることがない。誰がこれらのことを行っているのか。(それは)天地である。天地ですら(このように)永遠であることが適わないのだから、人においてはなおさらである[二]。そのため道に従う者は、(永遠であることは適わないので相手が)道であれば道と(性質を)同じくし[三]、(相手が)得であれば得と(性質を)同じくし[四]、(相手が)失であれば失と（性質を）同じくする[五]。（そして）道と同じくする者に対しては、道もまたその人を得て悦ぶ。得と同じである者に対しては、得もまたその人を得て悦ぶ。失と同じである者に対しては、失もまたその人を得て悦ぶ[六]。（逆に性質を同じにしようとする）真心が足りなければ、（相手も）不信をもつのである[七]。

[王注]

[一] 聴いても聞こえない、（このことを）名づけて「希」という。下章（第三十五章）には、「道についての言葉は、淡泊で味がない。それを視ようとしても見るのに十分でなく、それを聴こうとしても聞くのに十分でない」とある。そうであれば味がなく聴くに十分でない言葉であると、それが自然の至言なのである。

[二] 言いたいことは（天地の動きの）速さも（人の）栄達も長くは続かないということである。

[三] 「従事」とは、行動が道に従うことをいう。道は（それが）無形無爲であることによって万物を成り立たせ治めている。そのため道に従う者は、無爲を立場とし、不言を教えとし、綿綿と存在しているかのようであって、（それによって）物がその眞〔本質〕を得るのである。（道に従う者は）道と性質を同じくする。そのため「道に同じくす」というのである。

[四] 「得」は、少である。少なければ（根本を）得る。そのため「得」というのである。得ることを行えば得ることと性質を同じくする。そのため「得に同じくす」というのである。

[五] 「失」は、積み重なって多くなることである。積み重なって多くなれば、（根本を）失う。そのため「失」というのである。失うことを行えば失うことと性質を同じくする。そのため「失に同じくす」というのである。

[六] 言いたいことは（道に従う者は）その対象に付き従って行うので、（対象も性質を）同じくして付き従う者に応じるということである。

[七] 忠信〔真心〕が下の（付き従う）相手に足りなければ、（その相手も）不信をもつのである。

【原文】

第二十四章

企者不立〔一〕、跨者不行、自見者不明〔二〕、自是者不彰〔三〕、自伐者無功〔四〕、自矜者不長〔五〕。其在道也、曰餘食贅行〔六〕。物或惡之、故有道者不處。

〔王注〕

〔一〕物尙進則失安。故曰企者不立。

〔二〕1〔不自見、〔則〕其明（則）全也。〕

〔三〕2〔不自是、則其是彰也。〕

〔四〕3〔不自伐、則其功有也。〕

〔五〕4〔不自矜、則其德長也。〕

〔六〕其唯於道而論之、若郤至之行、盛饌之餘也。本雖美、更可薉也。本雖有功而自伐之、故更爲肬贅者也。

〔校勘〕

1. 易順鼎・陶鴻慶・樓宇烈・宇佐美灊水・波多野太郎に従い、「其明則全」を「則其明全」に改める。また、易順鼎・樓宇烈・邊家珍・波多野太郎に従い、第二十二章の「曲則全」に対する「不自見、〔則〕其明（則）全也」という王注を本章に校移する。
2. 易順鼎・樓宇烈・邊家珍・波多野太郎に従い、第二十二章の「枉則直」に対する「不自是、則其是彰也」という王注を本章に校移する。
3. 易順鼎・樓宇烈・邊家珍・波多野太郎に従い、第二十二章の「窪則盈」に対する「不自伐、則其功有也」という王注を本章に校移する。
4. 易順鼎・樓宇烈・邊家珍・波多野太郎に従い、第二十二章の「敝則新」に対する「不自矜、則其德長也」という王注を本章に校移する。

《訓讀》

第二十四章

企《つまだ》つ者は立たず（一）〔一〕、跨《また》ぐ者は行かず、自ら見る者は明らかならず〔二〕、自ら是とする者は彰《あら》はれず〔三〕、自ら伐《ほこ》る者は功無く〔四〕、自ら矜《ほこ》る者は長からず（二）〔五〕。其の道に在りては、餘食贅行と曰ふ〔六〕。物は或《つね》に之を惡む、故に有道者は處らず（三）。

〔王注〕

〔一〕物は進むを尙《たふと》べば則ち安きを失ふ。故に「企つ者は立たず」と曰ふ。

〔二〕自ら見ざれば、則ち其の明 全きなり。

〔三〕自ら是とせざれば、則ち其の是 彰はるるなり。

〔四〕自ら伐らざれば、則ち其の功 有るなり。

〔五〕自ら矜らざれば、則ち其の德 長きなり。

〔六〕其れ唯だ道に於て之を論ずれば、郤至《げきし》の行（四）、盛饌の餘の若きなり。本は美と雖も、更に薉とす可きなり。本は功有りと雖も而れども自ら之を伐る、故に更に肬贅（五）なる者と爲るなり。

（補注）

（一）「企」は、つま先立ちすること。ここでは、つま先立ちして進もうとすること。陸徳明『經典釋文』に、「河上作跂」とあるように、「跂」につくる本もある。

(二)「自見者不明、自是者不彰、自伐者無功、自矜者不長」に関連して、第二十二章に、「不自見故明、不自是故彰、不自伐故有功、不自矜故長」とある。

(三)「物或惡之。故有道者不處」と同文が、第三十一章に、「夫佳兵者、不祥之器。物或惡之、故有道者不處」とある。

(四)「郤至之行」は、春秋時代に晉の郤至が楚を伐って手柄を立てながら、後にそれを自慢して人々の怨みをかったことをいう。『春秋左氏傳』成公 傳十六年に、「晉侯使郤至獻楚捷于周。與單襄公語、驟稱其伐。單子語諸大夫曰、溫季其亡乎。位於七人之下、而求掩其上。怨之所聚、亂之本也。多怨而階亂、何以在位」とある。

(五)「肬贅」は、いぼとこぶ。ここでは、嫌われるものの喩え。

[現代語訳]

第二十四章

つま先立ちして進もうとする者は立っていられず[一]、乗り越えていこうとする者は行くことができず、自分から見ようとする者は聡明でなく[二]、自分から正しいとする者は(その正しさが)表れず[三]、自分から誇示する者は功績がなく[四]、自分からおごる者は長く続かない[五]。(これらは)道の立場からすれば、食べ残した余り物や余計な振る舞いのようである[六]。人々は常にこれらを嫌っており、そのため有道者は(そのような所に)いないのである。

[王注]

[一] 物は進んでいくことを重視すれば安定を失う。そのため「企《つまだ》つ者は立たず」という。

[二] 自分から見ようとしなければ、その聡明さは完全である。

[三] 自分から正しいとしなければ、その正しさは表れる。

[四] 自分から誇示しなければ、その功績がある。

[五] 自分からおごらなければ、その徳が長く保たれる。

[六] 道の立場から以上の行いについて論ずれば、(晉の)郤至《げきし》の振る舞い、豪華な食事の余り物のようである。(豪華な食事は)もともと美味であったが、(その余りは)かえって生ごみとなる。(郤至《げきし》は)もともと功績があったが自分からそれを誇ったので、かえって嫌われ者となった。

【原文】

第二十五章

有物混成、先天地生［一］。寂兮寥兮、獨立不改［二］。周行而不殆、可以爲天下母［三］。吾不知其名［四］、字之曰道［五］、強爲之名曰大［六］。大曰逝［七］、逝曰遠、遠曰反［八］。故道大、天大、地大、王亦大［九］。域中有四大［一〇］、而王居其一焉［一一］。人法地、地法天、天法道、道法自然［一二］。

［王注］

［一］混然不可得而知、而萬物由之以成。故曰混成也。不知其誰之子。故先天地生。

［二］寂寥、無形體也。無物之匹。故曰獨立也。返化終始、不失其常。故曰不改也。

［三］周行無所不至而免殆、能[1]（生）全大形也。故可以爲天下母也。

［四］名以定形。混成無形、不可得而定。故曰不知其名也。

［五］夫名以定形、字以稱可言。道取於無物而不由也。是混成之中、可言之稱最大也。

［六］吾所以字之曰道者、取其可言之稱最大也。責其字定之所由、則繫於大。[2]（大）〔夫〕有繫則必有分、有分則失其極矣。故曰強爲之名曰大。

［七］逝、行也。不守一大體而已、周行無所不至。故曰逝也。

［八］遠、極也。周[3]〔行〕無所不窮極、不偏於一逝。故曰遠也。不隨於所適、其體獨立。故曰反也。

［九］天地之性人爲貴、而王是人之主也。雖不職大、亦復爲大、與三匹。故曰王亦大也。

［一〇］四大、道・天・地・王也。凡物有稱有名、則非其極也。言道則有所由、有所由然後謂之爲道。然則是道、稱中之大也、不若無稱之大也。無稱不可得而名。[4]（曰域也）、道・天・地・王皆在乎無稱之內。故曰域中有四大者也。

［一一］處人主之大也。

［一二］法、謂法則也。人不違地、乃得全安、法地也。地不違天、乃得全載、法天也。天不違道、乃得全覆、法道也。道不違自然、乃得其性、[5]〔法自然也〕。法自然者、在方而法方、在圓而法圓、於自然無所違也。自然者、無稱之言、窮極之辭也。用智不及無知、而形魄不及精象、精象不及無形、有儀不及無儀。故轉相法也。道順自然、天故資焉。天法於道、地故則焉。地法於天、人故象焉。[6]所以爲主、其一（之）者主也。

〔校勘〕

1．波多野太郎に従い、「生」を省く。
2．陶鴻慶・樓宇烈・波多野太郎に従い、「大」を「夫」に改める。
3．陶鴻慶・樓宇烈・波多野太郎に従い、「行」を補う。
4．波多野太郎に従い、「曰域也」を省く。
5．陶鴻慶・樓宇烈・大槻如電本・波多野太郎に従い、「法自然也」を補う。
6．道藏集注本により、「之」を省く。ただ、これでも文意が通りづらく、陶鴻慶・樓宇烈は、「王所以爲主、其主之者一也」に作るべきとし、波多野太郎は、「所以其法之者一也」に作るべきとする。

《訓読》

第二十五章

物有り混成し、天地に先んじて生ず[一]。寂たり寥たり(一)、獨立して改まらず[二]。周行して殆《つか》れず、以て天下の母(二)と爲す可し[三]。吾其の名を知らざるも[四]、之を字して道と曰ひ(三)[五]、強ひて之が名を爲して大と曰ふ[六]。大を逝と曰ひ[七]、逝を遠と曰ひ、遠を反と曰ふ[八]。故《もと》より道は大、天は大、地は大、王も亦た大なり[九]。域中に四大有り[一〇]、而して王は其の一に居る[一一]。人は地に法《のっと》り、地は天に法り、天は道に法り、道は自然に法る(四)[一二]。

[王注]

[一] 混然として得て知る可からず、而して萬物は之に由りて以て成る(五)。故に「混成」と曰ふなり。其の誰の子なるかを知らず(六)。故に天地に先んじて生ず。

[二] 寂寥として、形體無きなり。物の匹《なら》ぶ無し。故に「獨立す」と曰ふなり。終始に返化し、其の常(七)を失はず。故に「改まらず」と曰ふなり。

[三] 周行して至らざる所無きも殆《つか》(八)るるを免れ(九)、能く大形(一〇)を全くするなり。故に以て天下の母と爲す可きなり。

[四] 名は以て形を定む(一一)。混成無形は、得て定む可からず(一二)。故に「其の名を知らず」と曰ふなり。

[五] 夫れ名は以て形を定め、字は以て言ふ可きを稱す(一三)。道は物として由らざる無きに取るなり(一四)。是れ混成の中、言ふ可きの稱の最大なるなり(一五)。

[六] 吾 之を字して道と曰ふ所以の者は、其の言ふ可きの稱の最大なるを取ればなり。其の字を責《もと》めて之が由る所を定めれば、則ち大に繫《か》かる。夫れ繫有れば則ち必ず分(一六)有り、分有れば則ち其の極を失ふ。故に「強ひて之が名を爲して大と曰ふ」と曰ふなり。

[七] 「逝」は、行なり。一の大の體を守らざるのみ、周行して至らざる所無し。故に「逝」と曰ふなり。

[八] 「遠」は、極なり。周行して窮極する所無く、一の逝に偏らず。故に「遠」と曰ふなり。適く所に隨はず、其の體は獨立す。故に「反」と曰ふなり。

[九] 天地の性は人を貴と爲して(一七)、而も王は是れ人の主なり。大を職《つとめ》とせずと雖も、亦た復た大爲《た》りて、三と匹《なら》ぶ。故に「王も亦た大なり」と曰ふなり。

[一〇] 「四大」は、道・天・地・王なり。凡そ物 稱有り名有れば、則ち其の極に非ざるなり。言ふこころは道なれば則ち由る所有り、由る所有りて然る後に之を謂ひて道と爲す。然らば則ち是れ道は、稱中の大なり、無稱の大に若かざるなり。無稱は得て名づく可からず(一八)、道・天・地・王は皆 無稱の內に在り。故に「域中に四大なる者有り」と曰ふなり。

[一一] 人主の大に處るなり。

[一二] 「法」は、法則を謂ふなり。人は地に違はずして、乃ち全安を得れば、地に法るなり。地は天に違はずして、乃ち全載を得れば、天に法るなり。天は道に違はずして、乃ち全覆を得れば、道に法るなり。道は自然に違はずして、乃ち其の性を得れば、自然に法るなり。自然に法る者《とは》、方に在りては方に法り、圓に在りては圓に法り、自然に於いて違ふ所無きなり。自然なる者は、無稱の言、窮極の辭なり。用智は無知に及ばずして、形魄は精象に及ばず(一九)、精象は無形に及ばず、有儀は無儀に及ばず(二〇)。故に轉た相法るなり。道 自然に順へば(二一)、天は故より焉に資《のっと》る。天 道に法れ

ば、地は故より焉に則る。地 天に法れば、人は故より焉に象る。主と爲る所以は、其の一なる者 主たればなり(二三)。

（補注）

（一）「寂兮寥兮」について、「寂」は、何も聞こえないこと。「寥」は、何も見えないこと。なお、河上公注には、「寂者、無音聲。寥者、空無形」とある。

（二）「天下母」について、「母」は、根源。第五十二章の「既知其母、復知其子、既知其子、復守其母、沒身不殆」に対する王注に、「母、本也。子、末也」とある。「天下母」という語は、第五十二章に、「天下有始、以爲天下母」とあり、また近い表現として、第一章に、「無名、天地之始、有名、萬物之母」とある。

（三）「字之曰道」について、王弼は、ここでの「字《あざな》する」という行為を「名づく」とは異なったものと考える。このことは本章の王注からも確認できるが、さらに王弼『老子指略』にも、「是以篇云、字之曰道、謂之曰玄、而不名也」とある。

（四）「法自然」は、王注に、「法自然者、在方而法方、在圓而法圓、於自然無所違也」とあるように、あるがままであって違うところがないこと。『老子』本文では、道の上位の概念として自然があるが、王注においては、本章あるいは他の章でも、道の上位の概念としての自然を立てることをしていない。

（五）「萬物由之以成」と同様の表現は、第十四章注に、「欲言無邪、而物由以成」とあり、第二十一章注に、「自古及今、無不由此而成」とあり、第四十一章注に、「物以之成、而不見其成形」とある。

（六）「不知其誰之子」は、第四章に、「道沖而用之或不盈。淵兮似萬物之宗。……吾不知誰之子。象帝之先」とあるのを踏まえる。その王注には、「地守其形、德不能過其載。天慊其象、德不能過其覆。天地莫能及之。不亦似帝之先乎。帝、天帝也」とあり、德に制限のある天地は道に及ばないものであり、それゆえに道は天の先に存在するようであると述べられる。

（七）「常」は、恒久不変なるもの。王弼は、そのものとしての本来的なあり方を恒久不変なるものと考える。第一章の補注も参照。

（八）「無所不至」と同文が、第三十四章の「大道汎兮、其可左右」に対する王注に、「言道汎濫無所不適、可左右上下。周旋而用、則無所不至也」とある。

（九）「周行無所不至而免殆」に関連して、第六章の「谷神不死、是謂玄牝。……緜緜若存、用之不勤」に対する王注には、「無物不成而不勞也。故曰用而不勤也」とあり、谷神は物でそれに依拠して成り立たないものはないが、疲弊することはないと述べられる。

（一〇）「大形」は、形を超絶した、形をもたない形。第四十一章に、「大象無形」という時の大象と同様。その王注には、「有形則有分。有分者、不溫則涼、不炎則寒。故象而形者、非大象」とあって、形があれば分があり、象で形を有するものは大象ではないと述べられる。なお、第三十五章注には、「大象、天象之母也」とあり、ここで大形を十全に保つものが天下の母とされるのと通じるところがある。

（一一）「名以定形」に関連して、王弼『老子指略』には、「凡名生於形、未有形生於名者也。故有此名必有此形、有此形必有其分」とあり、すべて名というのは形から生じたもので、形が名から生じるということはない。そのため特定の名があれば必ず特定の形があり、特定の形があれば必ず特定の分がある、と述べられる。名があれば形もあると考えるのは、王弼の特徴的な概念規定の一つであり、これにより、王弼において形と名は不可分なものとなっている。

(一二)「不可得而定」と同文が、第十四章の「是謂惚恍」に対する王注に、「不可得而定也」とある。

(一三)「稱」は、ここで「言ふ可きを稱す」と述べられるように、対象について言える機能・特徴などを稱《はか》って、すなわちそれに釣り合わせて言うこと、言ったもの。これも王弼に特徴的な概念規定と言える。名は、対象の形を言うもので、それゆえに対象の形を定めるが、一方の稱は、対象の形を指したものではない。なお、名と稱について、王弼『老子指略』には、「名必有所分、稱必有所由。有分則有不兼、有由則有不盡。不兼則大殊其眞、不盡則不可以名」とあり、名には必ずその名の指す範囲に限定するところがあり、稱には必ずその稱となる根拠がある。限定したところがあれば兼ねていないところがあり、根拠があれば尽くしていないところがある。兼ねていなければ大いにその本質と異なり、尽くしていなければ名づけることができない、と述べられる。また、同じく王弼『老子指略』に、「名也者、定彼者也。稱也者、従謂者也。名生乎彼、稱出乎我」とあり、名というのは、対象を規定するものであり、稱というのは、言い方に従ってつけられるものである。そうであれば名はつけられる相手に依拠して生じるもので、稱はつける自分に依拠して出るものである、と述べられる。

(一四)「道取於無物而不由也」と同様の表現は、王弼『老子指略』に、「夫道也者、取乎萬物之所由也」とあり、また、同じく王弼『老子指略』に、「涉之乎無物而不由、則稱之曰道」とある。

(一五)「可言之稱最大也」と同様の表現は、王弼『老子指略』に、「道、稱之大者也」とある。

(一六)「分」は、ここではそのものとしての分限。第十六章の補注も参照。

(一七)「天地之性人爲貴」は、『孝經』聖治章に、「天地之性人爲貴」とあるのを踏まえる。

(一八)「不可得而名」と同文が、第一章注に、「玄者、冥也。黙然無有也。始・母之所出也。不可得而名、故不可言」とある。

(一九)「形魄不及精象、精象不及無形」について、「形魄」は、具体的な形姿をもつもの。ここではとくに地を指す。「精象」は、具体的な形姿をもたないが、有の領域に存在するもの。ここではとくに天を指す。「無形」は、形姿をもたず、有の領域にないもの。ここではとくに道を指す。「形魄不及精象、精象不及無形」に関連して、第四章注には、「地雖形魄、不法於天則不能全其寧。天雖精象、不法於道則不能保其清」とあり、地は形魄を有しているが、天に則らなければその安定性を十全にすることができない。天は精象を有しているが、道に則らなければ天の清静さを保つことができない、と述べられる。

(二〇)「有儀不及無儀」について、「有儀」は法則をもつもの。ここではとくに天地を指す。第四章注にも、「治而不以二儀之道、則不能贍也」とあり、天地陰陽の両儀を指す言が見えている。「無儀」は、法則をもたないもの。ここではとくに道を指す。

(二一)「道順自然」に関連して、第三十七章の「道常無爲」に対する王注には、「順自然也」とある。また、「順自然」と同文は、第二十七章の「善行無轍迹」に対する王注にも、「順自然而行、不造不始。故物得至、而無轍迹也」とあり、第六十五章注にも、

「愚、謂無知守眞、順自然也」とある。他にも、「順自然」と同様の表現として、第五章注に、「天地任自然、無爲無造」とあり、第二十七章注に、「因物自然、不設不施」とあり、第四十一章注に、「建德者、因物自然、不立不施」とあり、第四十五章注に、「大巧因自然以成器、不造爲異端」とあり、第五十六章の「知者不言」に対する王注に、「因自然也」とある。

［三］「所以爲主、其一者主也」について、この文章は、前の文章との接続が悪く、王注［二］の「處人主之大也」の後につく方が文の通りがよい。また、この箇所と関連する表現として、第三十九章に、「昔之得一者、天得一以清、地得一以寧、神得一以靈、谷得一以盈、萬物得一以生、侯王得一以爲天下貞」とあり、また、第四十二章注にも、「而得一者、王侯主焉」とあり、いずれも「一」の前に「得」字がある。

［現代語訳］

第二十五章

混然として（万物を）成り立たせているものが、天地よりも前から存在している［一］。（それは）ひっそりとしていて（形がなく）、それ自体だけで成り立っていて（その本質は）変わることがない［二］。あまねく行き渡っていて疲弊することなく、天下の母といえるものである［三］。わたしはその名を知らないが［四］、それに字《あざな》をつけて道といい［五］、無理にそれに名を与えて大と呼んでいる［六］。その大は逝［あまねく行き渡るもの］であり［七］、その逝は遠［永遠に行き詰まらないもの］であり、その遠は反［他者からの影響を受けないもの］である［八］。（また）そもそも道も大であり、天も大であり、地も大であり、王もまた大である［九］。（称することのできる）領域の中に四つの大があり［一〇］、王はそのうちの一つを占めるのである［一一］。人（の主である王）は地に則り、地は天に則り、天は道に則り、道は自然に則っている［一二］。

［王注］

［一］（それは）混然としていて理解することのできないが、万物はそれに基づいて成り立っている。そのため「混成」という。それは誰の子であるか分からない。そのため天地よりも前から存在しているのである。

［二］（混然として万物を成り立たせているものは）ひっそりとしており、形をもたない。（他の）物でそれに並び立つものはない。そのため「獨立す」というのである。永遠に変化しているが、その常［恒久不変なる本来のあり方］を失わない。そのため「改まらず」というのである。

［三］（混然として万物を成り立たせているものは）あまねく行き渡っているが疲弊することはなく、その大形［形を超絶する形］を十分に（保つことが）できている。そのため天下の母といえるのである。

［四］名は（対象の）形を定める。（しかし）混然としていて形のないものは、（形を）定めることができない。そのため「其の名を知らず」というのである。

［五］そもそも名は（対象の）形を定めるもので、字《あざな》は（対象について）言うことのできる（機能や特徴に）言葉を釣り合わせたものである。道（という字《あざな》）は物でそれに基づかないものがないという意味から取っている。これは混然とした（名づけられない）ものに対して、言うことのできる稱［機能や特徴に言葉を釣り合わ

せたもの」の最大のものである。

[六] わたしがそれに字《あざな》をつけて道という理由は、それについて言うことのできる稱の最大のものを取ったためである。（つまり）その字《あざな》（となる理由）を考えてそれが基づくところを定めれば、大に関係がある。そもそも（何かと）関係があるならば必ず分［そのものとしての分限］があり、分があればその究極のところを失う。そのため「強ひて之が名を爲して大と曰ふ」というのである。

[七]「逝」は、行である。（混然とした万物を成り立たせているものは）ある一つの大である本体を守るのではなく、あまねく行き渡って及ばないところがない。そのため「逝」というのである。

[八]「遠」は、極である。あまねく行き渡って行き詰まることがなく、ある一つの逝に偏っていない。そのため「遠」というのである。行き着いたものに影響されることなく、その本体はそれ自体だけで成り立っている。そのため「反」というのである。

[九] 天地の性は人を貴いものとしており、しかも王は人の主である。（王は）大をその本分としている訳ではないが、これもまた大であり、（他の）三つと並んでいる。そのため「王も亦た大なり」というのである。

[一〇]「四大」は、道・天・地・王である。すべての物は稱や名があれば、その究極ではない。言いたいことは道（と呼称される）ならば基づくところがあり、基づくところがあってその後にそれを道と呼んでいる。そうであれば道は、稱のうちの大であって、無稱の大には及ばない。無稱は名づけられないもので、（名をもつ）道・天・地・王はすべて無稱のうちにあるということである。そのため「域中に四大なる者有り」というのである。

[一一]（王は）人の主という大にいる。

[一二]「法」は、法則［のっとること］をいう。人は地に違わないことによって、ようやく十全に安んじることができるので、地に則る。地は天に違わないことによって、ようやく十全に（物を）載せることができるので、天に則る。天は道に違わないことによって、ようやく十全に（物を）覆うことができるので、道に則る。道は自然に違わないことによって、ようやくその性［本来のあり方］を得るので、自然に則る。自然に法るとは、四角であれば四角であることに則り、丸であれば丸であることに則り、あるがままであって違うところがないことである。自然とは、（それについて言及することのできない）無稱の言《ことば》であり、（それについてそれ以上突き詰められない）窮極の辞《ことば》である。智謀を用いることは無知に及ばず、形魄は精象に及ばず、精象は無形に及ばず、儀をもつものは儀をもたないものに及ばない。（このように人・地・天・道には序列があり）それゆえにより一層それらが則る（関係性となっている）のである。道が自然に従っていれば、天はそもそも道に則る。天が道に則っていれば、地はそもそも天に則る。地が天に則っていれば、人はそもそも地に則る。主である理由は、その一である者が主だからである。

【原文】

第二十六章

重爲輕根、靜爲躁君[一]。是以聖人、終日行、不離輜重[二]、雖有榮觀、燕處超然[三]。奈何萬乘之主、而以身輕天下。輕則失本、躁則失君[四]。

[王注]

[一] 凡物、輕不能載重、小不能鎭大。不行者使行、不動者制動。是以重必爲輕根、靜必爲躁君也。

[二] 以重爲本。故不離。

[三] 不以經心也。

[四] 輕不鎭重也。失本、爲喪身也。失君、爲失君位也。

《訓読》

第二十六章

重は輕の根爲《た》り、靜は躁の君爲り(一)[一]。是を以て聖人は、終日行くも、輜重(二)を離れず[二]、榮觀(三)有りと雖も、燕處(四)して超然たり[三]。奈何《いかん》ぞ萬乘(五)の主にして、身を以て天下に輕とせんや。輕なれば則ち本を失ひ、躁なれば則ち君を失ふ[四]。

[王注]

[一] 凡そ物は、輕は重を載する能はず、小は大を鎭《しづ》むる能はず。行はざる者は行ふを使ひ、動かざる者は動くを制す。是を以て重は必ず輕の根爲り、靜は必ず躁の君爲るなり。

[二] 重を以て本と爲す。故に離れず。

[三] 以て心に經《よ》らざるなり。

[四] 輕は重を鎭めざるなり。本を失へば、爲に身を喪《ほろ》ぼすなり。君を失へば、爲に君の位を失ふなり。

(補注)

(一)「靜爲躁君」は、『周易』恆卦上六爻辭の王注にも、「夫靜爲躁君、安爲動主。故安者上之所處也、靜者可久之道也。處卦之上、居動之極、以此爲恆、无施而得也」と引かれる。また、これに関連して、第十六章注には、「凡有起於虛、動起於靜」とあり、動は靜から起こると述べられる。第十六章の補注も參照。

(二)「輜重」は、輜重車、軍隊の補給物資を運ぶ荷物車。なお、河上公注は、「輜、靜也。聖人終日行道、不離其靜與重也」として、輜重を靜と重の意味で解する。

(三)「榮觀」は、立派な宮殿のこと。なお、河上公注には、「榮觀、謂宮闕」とある。

(四)「燕處」は、燕《くつろ》ぎ處《を》ること、私室で静かにくつろぐこと。『論語』述而篇に、「子之燕居、申申如也、夭夭如也」とあり、『論語集解』の馬融注には、「申申・夭夭、和舒之貌也」とある。

(五)「萬乘之主」は、戦車一万輛を有する大国の王。『莊子』徐無鬼篇に、「君獨爲萬乘之主、以苦一國之民、以養耳目鼻口、夫神者不自許也」とある。

[現代語訳]

第二十六章

重いものは軽いものの根〔根源〕であり、静かなものは慌ただしく動くものの君〔主君〕である[一]。こういう訳で聖人は一日中行軍しても、輜重車から離れず[二]、立派な宮殿があっても、私室で静かにくつろぎ超然としている[三]。大国の君主であるのに、その身を天下に対して軽く（振る舞うことが）できるものだろうか。軽ければ本〔根本〕を失い、慌ただしく動けば、君を失うのである[四]。

［王注］

［一］すべての物は、軽いものが重いものを載せられず、小さなものが大きなものを抑えられない。行動しない者が行動する者を使役し、動かない者が動く者を制御する。こういう訳で重いものが必ず軽いものの根であり、静かなものが必ず慌ただしく動くものの君なのである。

［二］（輜重車は）重を根本とする。そのため（聖人は輜重車から）離れないのである。

［三］（聖人は立派な宮殿があっても）気にかけない。

［四］軽いものは重いものを抑えられない。（そのため大国の君主は）本を失えば、それによって身を滅ぼすのである。君を失えば、それによって君主の位を失うのである。

【原文】

第二十七章

善行無轍迹[一]、善言無瑕讁[二]、善數不用籌策[三]。善閉無關楗而不可開、善結無繩約而不可解[四]。是以聖人常善救人、故無棄人[五]。常善救物、故無棄物。是謂襲明。故善人者、不善人之師[六]、不善人者、善人之資[七]。不貴其師、不愛其資、雖智大迷[八]。是謂要妙。

〔王注〕

[一] 順自然而行、不造不始。故物得至、而無轍迹也。

[二] 順物之性、不別不析。故無瑕讁可得其門也。

[三] 因物之數、不假形也。

[四] [1]（自物因然）（因物自然）、不設不施。故不用關楗・繩約、而不可開解也。此五者、皆言不造不施、因物之性、不以形制物也。

[五] 聖人不立形名以檢於物、不造進向以殊棄不肖、輔萬物之自然而不爲始。故曰無棄人也。不尚賢能、則民不爭。不貴難得之貨、則民不爲盜。不見可欲、則民心不亂。常使民心無欲無惑、則無棄人矣。

[六] 擧善以師不善。故謂之師矣。

[七] 資、取也。善人以善齊不善、[2]（不）以善棄不善也。故不善人、善人之所取也。

[八] 雖有其智、自任其智、不因物、於其道必失。故曰雖智大迷。

〔校勘〕

1. 道藏集注本・永樂大典本・武英殿本・二十二子本・古逸叢書本により、「自物因然」を「因物自然」に改める。
2. 易順鼎・陶鴻慶・樓宇烈・屋代輪池・桃井白鹿・東條一堂・波多野太郎に従い、「不」を補う。

《訓読》

第二十七章

善行は轍迹無く[一]、善言は瑕讁無く[二]、善數は籌策を用ひず[三]。善閉は關楗無くして而も開く可からず、善結は繩約無くして而も解く可からず[四]。是を以て聖人は常善にして人を救ふ、故に人を棄つる無し[五]。常善にして物を救ふ、故に物を棄つる無し。是れを襲明(一)と謂ふ。故に善人なる者は、不善人の師[六]、不善人なる者は、善人の資なり[七]。其の師を貴ばず、其の資を愛せざれば、智ありと雖も大いに迷ふ[八]。是れを要妙と謂ふ。

〔王注〕

[一] 自然に順ひて(二)行き、造《な》さず始めず。故に物は至るを得るも、轍迹無きなり。

[二] 物の性に順ひ、別けず析《わ》けず(三)。故に瑕讁は其の門を得る可き無きなり。

[三] 物の數に因りて(四)、形に假《よ》らざるなり。

[四] 物の自然に因りて(五)、設けず施さず。故に關楗・繩約を用ひざるも、而も開解す可からざるなり。此の五者は、皆 造さず施さず、物の性に因りて(六)、形を以て物を制せざる(七)を言ふなり。

[五] 聖人は形名を立てて以て物を檢《けみ》せず、進向を造して以て不肖を殊棄せず、萬物の自然を輔けて始まりを爲さず(八)。故に「人を棄つ

る無し」と曰ふなり。賢能を尙《たふと》ばざれば、則ち民 爭はず。得難きの貨を貴ばざれば、則ち民 盜を爲さず。欲す可きを見《しめ》さざれば、則ち民の心 亂れず。(九)常に民の心をして無欲無惑ならしむれば、則ち人を棄つる無きなり。

［六］善を擧げて以て不善に師とす。故に之を師と謂ふ。

［七］「資」は、取なり。善人は善を以て不善を齊《ととの》へ、善を以て不善を棄てざるなり。故に不善人は、善人の取る所なり。

［八］其の智有りと雖も、自ら其の智に任せて、物に因らざれば、其の道に於て必ず失ふ。故に「智ありと雖も大いに迷ふ」と曰ふ。

(補注)

(一)「襲明」について、「襲」は、重ねる。「明」は、たとえば第十六章に、「知常曰明」とあるのと同じく、究極の叡智を指す。

(二)「順自然」と同文が、第二十五章注に、「道順自然、天故資焉」とあり、第三十七章の「道常無爲」に対する王注に、「順自然也」とあり、第六十五章注に、「愚、謂無知守眞、順自然也」とある。また、「順自然」と同様の表現として、第五章注に、「天地任自然、無爲無造」とあり、第四十一章注に、「建德者、因物自然、不立不施」とあり、第四十五章注に、「大巧因自然以成器、不造爲異端」とあり、第五十六章の「知者不言」に対する王注に、「因自然也」とある。

(三)「不別不析」と同様の表現は、第二十章注に、「絕愚之人、心無所別析、意無所好欲、猶然其情不可覩」とある。

(四)「因」は、対象に因循すること、従うこと。順とほぼ同義。
　「因」字は、『老子』本文に見られないが、王注には多く用いられている。なお、同じく「よる」と訓じる「由」字も、『老子』本文になく、王注にのみ見られるが、用いられ方は大きく異なる。「因」は、たとえば第二十九章注に、「聖人達自然之至、暢萬物之情。故因而不爲、順而不施」とあるように、聖人などが行う理想的な行動として、万物のあり方をそのまま肯定し受容することをいう。「由」は、たとえば第三十四章注に、「萬物皆由道而生」とあるように、多くの場合、万物が根源者としての道に基づくことをいう。

(五)「因物自然」と同文が、第四十一章注に、「建德者、因物自然、不立不施」とある。

(六)「因物之性」と同文が、第三十六章注に、「將欲除強梁、去暴亂、當以此四者。因物之性、令其自戮、不假刑爲大以除物也。故曰微明也」とあり、同じく第三十六章注に、「唯因物之性、不假形以理物」とあり、第四十一章注に、「大夷之道、因物之性、不執平以割物」とある。

(七)「不以形制物也」は、物の形に依拠して物を制御しないこと。たとえば王弼『老子指略』に、「凡物之所以存、乃反其形」とあるように、物の形は物の本質と隔たりがあり、形に依拠して物を制御するとその物は十全な活動を行えない。同様の表現は、第十七章注に、「居無爲之事、行不言之教、不以形立物」とあり、第三十六章注に、「唯因物之性、不假形以理物」とある。

(八)「輔萬物之自然而不爲始」は、第六十四章に、「是以聖人欲不欲、不貴難得之貨、學不學、復衆人之所過、以輔萬物之自然而不敢爲」とあるのを踏まえる。また、「不爲始」と同文が、第十七章注に、「大人在上、居無爲之事、行不言之教、萬物作焉而不爲始」とある。

(九)「不尙賢能、則民不爭。不貴難得之貨、則民不爲盜。不見可

欲、則民心不亂」は、第三章に、「不尚賢、使民不爭。不貴難得之貨、使民不爲盗。不見可欲、使心不亂」とあるのを踏まえる。その王注には、「賢、猶能也。尙者、嘉之名也。貴者、隆之稱也。唯能是任、尙也曷爲。唯用是施、貴之何爲。尙賢顯名、榮過其任、爲而常校能相射。貴貨過用、貪者競趣、穿窬探篋、沒命而盜。故可欲不見、則心無所亂也」とある。

[現代語訳]

第二十七章

最も善い行き方は轍《わだち》の跡がなく[一]、最も善い言葉は傷がなく[二]、最も善い計算は算木を用いない[三]。最も善い戸締まりはかんぬきや鍵がなくても開けることができず、最も善い結び方は縄や紐《ひも》がなくても解くことができない[四]。こういう訳で聖人は常に善であって人々を救い、したがってどんな人も見捨てることがない[五]。常に善であって万物を救い、したがってどんな物も見捨てることがない。これを襲明〔重ねがさねの叡智〕という。そのため善人というのは、不善人の師であり[六]、不善人というのは、善人が資《たす》けるものなのである[七]。その師を貴ばず、その資《たす》けるものを愛さなければ、知識があっても大いに惑う[八]。これを要妙〔玄妙な真理〕という。

[王注]

[一]（「善行」は）あるがままに従って行き、何もなさず何も起こさない。そのため物が辿り着くことができているのに、轍《わだち》の跡がないのである。

[二]（「善言」は）その物の本性に従い、弁別や分析をしない。そのため傷はそれができるきっかけがないのである。

[三]（「善數」は）物の法則に従い、（算木などの）形あるものを頼りとしないのである。

[四]（「善閉」と「善結」は）物のあるがままに従い、何も加えず何も付け足さない。そのためかんぬきや鍵あるいは縄や紐を用いなくても、開くことや解くことができないのである。この（善行・善言・善數・善閉・善結の）五つは、すべて何もなさず何も行わず、その物の本性に従い、形によって物を制御しないことを言うのである。

[五]聖人は形や名を立てて物を取り締まることなく、進み方を定めて優れていない者を見捨てることなく、万物のあるがままの状態を助けるだけで（実際の）手助けを行わない。そのため「人を棄つる無し」というのである。（そもそも）優れた人材を尊重しなければ、民は争わない。珍しい財貨を重宝しなければ、民は盗みを行わない。必要なことを示さなければ、民の心は乱れない。常に民の心を欲望や惑いのない状態にさせれば、人々を見捨てることがないのである。

[六]善を取り上げて不善に対する師〔手本〕とする。そのため善人を（不善人の）師というのである。

[七]「資」は、取である。善人は善によって不善を整え、善によって不善を棄てることはしない。そのため不善人は、善人が取（って助け）るものなのである。

[八]その物についての知識があっても、自分のもつ知識に任せて、物（のあり方）に従わなければ、そのやり方には必ず過失がある。そのため「智ありと雖も大いに迷ふ」という。

【原文】

第二十八章

知其雄、守其雌、爲天下谿。爲天下谿、常德不離、復歸於嬰兒[一]。知其白、守其黑、爲天下式[二]。爲天下式、常德不忒[三]、復歸於無極[四]。知其榮、守其辱、爲天下谷。爲天下谷、常德乃足、復歸於樸[五]。樸散則爲器、聖人用之則爲官長[六]。故大制不割[七]。

[王注]

[一] 雄、先之屬。雌、後之屬也。知爲天下之先[1]（也）〔者〕、必後也。是以聖人後其身而身先也。谿不求物、而物自歸之。嬰兒不用智、而合自然之智。

[二] 式、模則也。

[三] 忒、差也。

[四] 不可窮也。

[五] 此三者、言常反終、後乃德全其所處也。下章云、反者、道之動也。功不可取、常處其母也。

[六] 樸、眞也。眞散則百行出、殊類生、若器也。聖人因其分散。故爲之立官長。以善爲師、不善爲資、移風易俗、復使歸於一也。

[七] 大制者、以天下之心爲心。故無割也。

〔校勘〕

1．道藏集注本により、「也」を「者」に改める。

《訓読》

第二十八章

其の雄を知りて、其の雌を守れば(一)、天下の谿《たに》と爲る(二)。天下の谿《たに》と爲れば、常徳(三)離れず、嬰兒(四)に復歸す[一]。其の白を知りて、其の黑を守れば(五)、天下の式《のり》と爲る(六)[二]。天下の式と爲れば、常徳 忒《たが》はず[三]、無極に復歸す[四]。其の榮を知りて、其の辱を守れば、天下の谷と爲る。天下の谷と爲れば、常徳 乃ち足りて、樸(七)に復歸す[五]。樸 散ずれば則ち器と爲り、聖人 之を用ひて則ち官長と爲す[六]。故に大制は割かず[七]。

[王注]

[一]「雄」は、先の屬なり。「雌」は、後の屬なり。天下の先と爲るを知る者は、必ず後《おく》るるなり(八)。是を以て聖人は其の身を後にして身は先んずるなり。谿は物を求めざるも、物は自づから之に歸す(九)。嬰兒は智を用ひざるも、自然の智に合す。

[二]「式」は、模則なり。

[三]「忒」は、差なり。

[四] 窮まる可からざるなり。

[五] 此の三者は、常に終に反りて(一〇)、後に乃ち德は其の處る所を全くするを言ふなり。下章に云ふ、「反なる者は、道の動なり」(一一)と。功は取る可からず(一二)、常に其の母(一三)に處るなり。

[六]「樸」は、眞なり。眞 散ずれば則ち百行 出で、殊類 生ずること、器の若きなり。聖人は其の分散に因る。故に之が爲に官長を立つ(一四)。善を以て師と爲し、不善を資と爲して(一五)、風を移し俗を易へ、復た一(一六)に歸せしむるなり。

[七]「大制」なる者は、天下の心を以て心と爲す(一七)。故に割くこと無きなり。

（補注）

（一）「知其雄、守其雌」に関連して、第六十一章には、「大國者下流、天下之交、天下之牝。牝常以靜勝牡、以靜爲下」とあり、牡（雄）に対する牝（雌）の優位が説かれる。その王注には、「以其靜、故能爲下也。牝、雌也。雄躁動貪欲、雌常以靜。故能勝雄也。以其靜復能爲下。故物歸之也」とある。なお、雌は、他にも第六章に、「谷神不死、是謂玄牝。玄牝之門、是謂天地根」と見え、第十章に、「天門開闔、能爲雌乎」と見える。

（二）「谿」は、谷。谷は、他にも第十五章に、「古之善爲士者、……曠兮其若谷」と見え、第四十一章に、「上德若谷」と見える。

（三）「常德」は、恒久不変の德。そのものとしての本来の德。第一章に、「道可道、非常道」とあるときの常道と同様の用い方。第一章の王注には、「可道之道、可名之名、指事造形、非其常也。故不可道、不可名也」とある。

（四）「嬰兒」は、赤子。人の本来的なすがたの喩え。他にも、第十章に、「專氣致柔、能嬰兒乎」と見え、第二十章に、「我獨怕兮其未兆、如嬰兒之未孩」と見え、第五十五章に、「含德之厚、比於赤子」と見える。王弼は、第四十九章注に、「皆使和而無欲、如嬰兒也」、第五十五章注に、「赤子、無求無欲、不犯衆物」とあるように、赤子について無求無欲という。

（五）「知其白、守其黑」について、第四十一章の「大白若辱」に対する王注に、「知其白、守其黑、大白然後乃得」とあるように、黑は、汚辱の意味。白は、それに対して潔白さを意味する。

（六）「爲天下式」と同文が、第二十二章に、「是以聖人抱一、爲天下式」とある。その王注には、「式、猶則之也」とある。

（七）「樸」は、山から伐り出したばかりの荒木。本来的な状態の喩え。他にも、第十五章に、「古之善爲士者、……敦兮其若樸」とあり、第十九章に、「見素抱樸」とあり、第三十二章に、「樸雖小、天下莫能臣也。侯王若能守之、萬物將自賓」とあり、第三十七章に、「化而欲作、吾將鎭之以無名之樸」とあり、第五十七章に、「我無欲而民自樸」とある。

（八）「聖人後其身而身先也」は、第七章に、「天長地久。天地所以能長且久者、以其不自生。故能長生。是以聖人後其身而身先、外其身而身存」とあるのを踏まえる。

（九）「谿不求物、而物自歸之」と同様の表現は、第三十二章の「譬道之在天下、猶川谷之與江海」に対する王注に、「川谷之與江海、非江海召之、不召不求而自歸者也。行道於天下者、不令而自均、不求而自得。故曰猶川谷之與江海也」とあり、第六十一章の「天下之牝」に対する王注に、「靜而不求、物自歸之也」とある。

（一〇）「反終」は、物が終わりの段階に反ること。同様の表現は、第一章の「常有欲、以觀其徼」に対する王注に、「徼、歸終也」とある。道は、第一章注に、「異名、所施不可同也。在首則謂之始、在終則謂之母」とあるように、物の始まりの段階と、終わりの段階にはたらいており、そのどちらにおいても十全な状態である。そのため、第十六章注に、「各反其所始也」とあるように、始まりに反ると言われる場合もあり、本章のように、終わりに反ると言われる場合もある。根源としての道に復帰するという点ではいずれも同様の意味である。

（一一）「反者、道之動」は、第四十章に、「反者、道之動。弱者、道之用」とあるのを引用する。その王注には、「高以下爲基、貴以賤

爲本、有以無爲用。此其反也、動皆之其所無、則物通矣。故曰反者、道之動也」とある。

（一二）「功不可取」と同文が、王弼『老子指略』に、「功不可取、美不可用。故必取其爲功之母而已矣」とあり、功績は取るべきではなく、よいものは用いるべきではなく、必ず成果の母を取るのであると述べられる。

（一三）「母」は、根源。第五十二章の「既知其母、復知其子、既知其子、復守其母、沒身不殆」に対する王注に、「母、本也、子、末也」とある。ここでは、王弼『老子指略』に、「功不可取、美不可用。故必取其爲功之母而已矣」とあるような、爲功之母、すなわち成果の根源を指す。なお、「爲功之母」という語は、第三十八章注にも、「苟得其爲功之母、則萬物作焉而不辭也、萬事存焉而不勞也」と見え、第三十九章注にも、「爲功之母不可舍也」と見える。

（一四）「聖人因其分散。故爲之立官長」に関連して、第三十二章の「始制有名。名亦既有、夫亦將知止」に対する王注には、「始制、謂樸散始爲官長之時也。始制、官長不可不立名分以定尊卑。故始制有名也。過此以往、將爭錐刀之末。故曰名亦既有、夫亦將知止也」とあり、百官の長について、樸が切り分けられて百官の長となったばかりの時は、百官の長は名や分を確立せずに尊卑を定めることはできないと述べられている。

（一五）「以善爲師、不善爲資」は、第二十七章に、「故善人者、不善人之師、不善人者、善人之資。不貴其師、不愛其資、雖智大迷。是謂要妙」とあるのを踏まえる。「故善人者、不善人之師」に対する王注には、「擧善以師不善。故謂之師矣」とあり、「不善人者、善人之資」に対する王注には、「資、取也。善人以善齊不善、不以善棄不善也。故不善人、善人之所取也。」とある。

（一六）「一」は、物の原初の状態であり、物の本質。第三十九章注に、「一、數之始而物之極也」とある。また、第十章注に、「一、人之眞也」とある。

（一七）「以天下之心爲心」は、第四十九章に、「聖人無常心、以百姓心爲心」とあるのを踏まえる。その王注には、「動常因也」とある。

［現代語訳］

第二十八章

（他の者よりも先に立つ）雄のあり方を知って、（他の者よりも後れる）雌のあり方を守れば、天下の谿《たに》となる。天下の谿となれば、恒久不変の徳が（その身から）離れず、赤子の状態に復帰する［一］。潔白なあり方を知って、汚辱を受けるあり方を守れば、天下の規範となる［二］。天下の規範となれば、恒久不変の徳に違わず［三］、行き詰まらない状態へと復帰する［四］。栄達するあり方を知って、恥辱を受けるあり方を守れば、天下の谷となる。天下の谷となれば、恒久不変の徳が十全に発揮され、樸の状態に復帰する［五］。樸が切り分けられると器となり、聖人はそれを用いて百官の長とする［六］。そのため大制［至上の支配］は切り分けないことなのである［七］。

［王注］

［一］「雄」は、先に立つ属類である。「雌」は、後れる属類である。天下の先頭に立つ方法を知っている者は、必ず（他者に）後れる。こういう訳で聖人は自分の身を後らすことによってかえってその身が先立つのである。谿は（みずから他の）物を求めない

が、物はおのずと谿に帰ってくる。嬰兒は知性をはたらかせないが、ありのままの知に合致している。

[二]「式」は、規範である。

[三]「忒」は、差である。

[四]（「無極に復歸す」は）行き詰まらないことである。

[五] ここまで述べた三つのことは、（物が）常にその終わりの段階に反ることで、その後にようやく德がその物にとって十全となることを言う。下章（第四十章）には、「反なる者は、道の動なり」という。功績は取るべきでなく、常に（成果の根源である）母にいるものなのである。

[六]「樸」は、眞（物の本来的な状態）である。眞が切り分けられることで樣々な行動が表れ、異なった種類が生まれることは、（樸を切り出した）器のようである。聖人はその切り分けられたものに依拠する。そのため（それらを）百官の長に立てるのである。（聖人は）善人を師とし、不善人を助け、風俗を移り変えて、また（それらを原初の状態である）一に復帰させる。

[七]「大制」とは、天下の心を（自身の）心とすることである。そのため切り分けることがないのである。

【原文】

第二十九章

將欲取天下而爲之、吾見其不得已。天下神器[一]、不可爲也。爲者敗之、執者失之[二]。故物、或行或隨、或歔或吹、或強或羸、或挫或隳。是以聖人去甚、去奢、去泰[三]。

[王注]

[一] 神、無形無方也。器、合成也。無形以合。故謂之神器也。

[二] 萬物以自然爲性。故可因而不可爲也、可通而不可執也。物有常性、而造爲之、故必敗也。物有往來、而執之、故必失矣。

[三] 凡此諸或、言物事逆順反覆、不施爲執割也。聖人達自然之至、暢萬物之情。故因而不爲、順而不施、除其所以迷、去其所以惑。故心不亂而物性自得之也。

《訓読》

第二十九章

將に天下を取らんと欲して之を爲すも、吾 其の得ざるを見るのみ。天下は神器なり[一]、爲す可からざるなり。爲す者は之を敗《そこな》ひ、執る者は之を失ふ(一)[二]。故《もと》より物は、或いは行き或いは隨ひ、或いは歔《あたた》かく或いは吹《さむ》く、或いは強く或いは羸《よわ》く、或いは挫き或いは隳《お》つ(二)。是を以て聖人は甚しきを去り、奢《す》ぎたるを去り、泰《おほ》いなるを去る[三]。

[王注]

[一] 「神」は、無形無方なり(三)。「器」は、合して成るなり。無形にして以て合す。故に之を神器と謂ふなり。

[二] 萬物は自然を以て性と爲す。故に因る可くして爲す可からざるなり、通ず可くして執る可からざるなり。物に常性有るも、之を造爲《な》す、故に必ず敗ふなり。物に往來有るも、之を執る、故に必ず失ふなり。

[三] 凡そ此の諸〻の「或」は、物事の逆順反覆、施爲執割せざるを言ふなり。聖人は自然の至に達し、萬物の情に暢ぶ。故に因りて爲さず(四)、順ひて施さず、其の迷ふ所以を除き、其の惑ふ所以を去る(五)。故に心は亂れずして物の性は自づから之を得るなり。

(補注)

(一)「爲者敗之、執者失之」と同文が、第六十四章に、「合抱之木、生於毫末、九層之臺、起於累土、千里之行、始於足下。爲者敗之、執者失之」とある。その王注には、「當以愼終除微、愼微除亂。而以施爲治之、形名執之、反生事原、巧辟滋作。故敗失也」とある。

(二)「或行或隨、或歔或吹、或強或羸、或挫或隳」は、万物の様々な状態を指す場合もある。王注に従えば、万物が良い状態と悪い状態を繰り返すこと。具体的な状態については王注で判断できないため、「或歔或吹」は、河上公注に、「歔、溫也。吹、寒也。有所溫必有所寒也」とあるのに従い、また、「或強或羸」は、河上公注に、「所強大、必有所羸弱也」とあるのに従い訳出した。

(三)「神、無形無方也」に関連して、『周易』繋辭上傳には、「故神无方、而易无體」とある。また、『周易』觀卦彖傳の「觀天之神道、而四時不忒。聖人以神道設教、而天下服矣」に対する王注に、「神則无形者也」とある。

（四）「因而不爲」と同文が、第十章注に、「雖、應而不唱、因而不爲」とある。

（五）「除其所以迷、去其所以惑」について、迷う原因・惑う原因とは、具体的には、誉れや出世あるいは栄華や利得のこと。第二十章注に、「衆人迷於美進、惑於榮利、欲進心競」とある。

［現代語訳］

第二十九章

天下を取ろうと考えてことさらに何かを行っても、わたしにはそれが上手くいかないことが分かっている。天下は神器であり［一］、人為を加えるべきではない。手を加える者はそれを損ない、掌握する者はそれを失うのである［二］。もとより物は、ある時には先行しある時には追従し、ある時には温かくある時には冷たく、ある時には強くある時には弱く、ある時には（相手を）打ち砕きある時には堕落する。こういう訳で聖人は極端なことをせず、過剰なことをせず、大げさなことをしないのである［三］。

［王注］

［一］「神」は、無形無方である。「器」は、合わさって完成するものである。（天下は）形がなく（万物が）合わさってできている。そのためそれを神器というのである。

［二］万物は自然〔あるがままの状態〕を性〔本来のあり方〕としている。そのため従うべきであって人為を加えるべきではないし、通達するべきであって掌握するべきではない。物には（そのもの本来の）恒常不変の性があるのに、ことさらな作為を加えると、それによって損なうのである。物には（そのもの本来の）運動があるのに、それを掌握すると、それによって失うのである。

［三］すべてこれら諸々の「或」は、物事が良い状態と悪い状態を繰り返しており、（それに）手を加えたり（それを）掌握したりしてはならないことを言う。聖人は自然の極致に達し、万物の情に通達している。そのため（聖人は万物に）従うだけで（自らは）手を加えず、順《したが》うだけで（自らは）行わず、（それによって）万物の迷う原因を取り除き、万物の惑う原因を取り去っている。これにより（万物の）心は乱れず物の性がおのずと得られるのである。

【原文】

第三十章

以道佐人主者、不以兵強天下[一]、其事好還[二]。師之所處、荊棘生焉、大軍之後、必有凶年[三]。善1（有）〔者〕果而已、不敢以取強[四]。果而勿矜、果而勿伐、果而勿驕[五]、果而不得已、果而勿強[六]。物壯則老。是謂不道。不道早已[七]。

[王注]

[一] 以道佐人主、尚不可以兵強於天下。況人主躬於道者乎。

[二] 爲2（始）〔治〕者務欲立功生事、而有道者務欲還反無爲。故云其事好還也。

[三] 言師凶害之物也。無有所濟、必有所傷、賊害人民、殘荒田畝。故曰荊棘生焉。

[四] 果、猶濟也。言善用師者、趣以濟難而已矣、不以兵力取強於天下也。

[五] 吾不以師道爲尚、不得已而用。何矜驕之有也。

[六] 言用兵雖趣功果濟難、然時故不得已、當復用者、但當以除暴亂、不遂用果以爲強也。

[七] 壯、武力暴興也、喩以兵強於天下者也。飄風不終朝、驟雨不終日。故暴興必不道、早已也。

〔校勘〕

1．道藏集注本により、「有」を「者」に改める。なお、馬王堆甲本・乙本も「者」に作る。

2．『經典釋文』・道藏集注本により、「始」を「治」に改める。

《訓讀》

第三十章

道を以て人主を佐《たす》くる者は、兵を以て天下に強ならず[一]、其の事は還るを好む[二]。師の處る所は、荊棘 生じ、大軍の後には、必ず凶年有ればなり[三]。善くする者は果《すく》ふのみ、敢て以て強を取らず[四]。果ひて矜《ほこ》ること勿《な》く、果ひて伐《ほこ》ること勿く、果ひて驕ること勿く[五]、果ひて已むを得ずとし、果ひて強なること勿し[六]。物は壯なれば則ち老ゆ。是れを不道と謂ふ。不道なれば早く已む（二）[七]。

[王注]

[一] 道を以て人主を佐くるものは、尚ほ兵を以て天下に強なる可からず。況んや人主の道を躬らする者をや。

[二] 治を爲す者は務めて功を立て事を生ぜんと欲するも、而も有道者は務めて無爲に還反せんと欲す（二）。故に「其の事は還るを好む」と云ふなり。

[三] 師 凶害の物なるを言ふなり。濟《すく》ふ所有る無く、必ず傷《そこな》ふ所有りて、人民を賊害し、田畝を殘荒す。故に「荊棘 生ず」と曰ふ。

[四] 「果」は、猶ほ濟のごときなり。言ふこころは善く師を用ふる者は、趣《すみ》やかにして以て難を濟ふのみ、兵力を以て天下に強なるを取らざるなり。

[五] 吾 師道を以て尚と爲さず、已むを得ずして用ふ。何ぞ矜驕すること之れ有らんや。

[六] 言ふこころは兵を用ふるには趣《すみ》やかに功ありて難を果濟すと

雖も、然れども時 故《もと》より已むを得ずして、當に復た用ふるべき者なれば、但だ當に以て暴亂を除くべく、果ふを用ひて以て強と爲るを遂げざるなり。

[七]「壯」は、武力 暴《には》かに興して、兵を以て天下に強なる者を喩ふるなり。飄風は朝を終へず、驟雨は日を終へず(三)。故に暴かに興すは必ず不道にして、早く已むなり。

(補注)

(一)「物壯則老。是謂不道。不道早已」と同文が、第五十五章に、「益生曰祥、心使氣曰強。物壯則老。謂之不道。不道早已」とある。

(二)「有道者務欲還反無爲」と同様の表現は、第四十八章の「爲學日益、爲道日損」に対する王注に、「務欲反虚無也」とある。

(三)「飄風不終朝、驟雨不終日」は、第二十三章に、「希言自然。故飄風不終朝、驟雨不終日」とあるのを踏まえる。

[現代語訳]

第三十章

道に基づいて君主を輔佐する者は、軍を用いて天下で強い立場になることなく[一]、政事は(無爲に)帰ろうとする[二]。(というのも)軍隊が駐屯した場所には、荊棘《いばら》が生え、大きな戦争の後は、必ず凶作となるからである[三]。うまく(軍隊を運用)する者は(患難を)救うだけで、あえて天下に対して強い立場であろうとしない[四]。(患難を)救っても誇ることなく、(患難を)救っても威張ることなく、(患難を)救っても驕ることなく[五]、(患難を)救っても(軍隊を運用をするのは)やむを得ないことであって、(患難を)救っても強い立場とならないのである[六]。(武力を急速に起こした者がやがて衰えていくように、すべての)物は威勢が良いと衰える。このことを不道〔道から外れている〕という。不道であれば早々に滅びるのである[七]。

[王注]

[一]道に基づいて君主を輔佐する者は、軍を用いて天下で強い立場になることがない。まして道を体現する君主についてはなおさら(強い立場にあることはないの)である。

[二]統治に勤しむ者は努力して成果を挙げ何かを起こそうとするが、有道者は努力して無爲に帰ろうとする。そのため「其の事は還るを好む」というのである。

[三]軍隊が害悪なものであることを言う。(軍隊は)救うものはなく、必ず傷つけるものがあり、人々を殺傷し、田畑を荒廃させる。そのため「荊棘 生ず」というのである。

[四]「果」は、済〔救う〕のようなものである。言いたいことはうまく軍隊を用いる者は、すみやかに患難を救うだけで、武力を用いて天下に対して強い立場であろうとはしないということである。

[五]わたしは軍隊を用いる方法を高尚なものとは考えておらず、仕方なく(軍隊を)用いている。(そうであれば)どうして軍隊を用いて救うことを誇ったり威張ったりするのだろうか。

[六]言いたいことは武力を用いる際はすみやかに功績を挙げて患難を救うものだが、しかし(それは)状況がそもそもやむを得ない場合であり、それでも(武力を)用いなければならないならば、暴乱を取り除くためだけにするべきで、救うことで強い立場にな

ってはならないということである。

［七］「壯」は、武力を急に起こし、軍を用いて天下で強い立場となる者を喩えている。（しかし）つむじ風は朝中吹くことがなく、にわか雨は一日中降ることがない。そのため（軍を）急に起こすことは必ず不道であり、早々に滅びるのである。

【原文】

第三十一章

夫佳兵者、不祥之器。物或惡之。故有道者不處。君子居則貴左、用兵則貴右。兵者、不祥之器、非君子之器。不得已而用之、恬淡爲上、勝而不美。而美之者、是樂殺人。夫樂殺人者、則不可以得志於天下矣。吉事尚左、凶事尚右、偏將軍居左、上將軍居右、言以喪禮處之。殺人之衆、以悲哀泣之、戰勝、以喪禮處之[一]。

[王注]

[一] 1〔疑此非老子之作也。〕

[校勘]

1．道藏集注本により、「疑此非老子之作也」を補う。なお、道藏集解董本には、「王弼云、此章疑非老子之所作」とある。また、北宋の晁説之の跋にも、「弼知「佳兵者、不祥之器」至於「戰勝、以喪禮處之」、非老子之言」とあり、晁説之が見た版本にもこの言があったことが確認できる。

《訓読》

第三十一章

夫れ佳兵なる者は、不祥の器なり。物は或《つね》に之を惡む。故に有道者は處らず(一)。君子は居れば則ち左を貴び、兵を用ふれば則ち右を貴ぶ。兵なる者は、不祥の器にして、君子の器に非ざればなり。已むを得ずして之を用ふれば、恬淡を上と爲し、勝ちて美とせざれ。而るに之を美とする者は、是れ人を殺すを樂しむなり。夫れ人を殺すを樂しむ者は、則ち以て志を天下に得可からず。吉事には左を尚び、凶事には右を尚びて(二)、偏將軍 左に居り、上將軍 右に居るは(三)、喪禮を以て之に處るを言ふなり。人を殺すこと衆《おほ》ければ、悲哀を以て之に泣《のぞ》み、戰ひて勝てば、喪禮を以て之に處る[一]。

[王注]

[一] 疑ふらくは此れ老子の作に非ざるなり。

(補注)

(一)「物或惡之。故有道者不處」と同文が、第二十四章に、「其在道也、曰餘食贅行。物或惡之、故有道者不處」とある。

(二)「吉事尚左、凶事尚右」について、吉事は、冠婚の儀禮のこと。凶事は、葬祭の儀禮のこと。

(三)「偏將軍居左、上將軍居右」について、偏將軍は、全軍に対する一軍の将。上將軍は、全軍の総大将。

[現代語訳]

第三十一章

そもそも立派な軍は、不吉な道具である。人々は常にこれを嫌っており、そのため有道者は（軍を用いる立場に）いない。君子は平時には左を尊ぶが、軍を用いる時には右を尊ぶ。軍は、不吉な道具であって、君子の道具ではないからである。やむを得ず軍を用いる場合は、無欲恬淡であることを最上と考え、勝利しても（それを）良いことだとしてはならない。そうであるのにそれを良いことだと考える者がいれば、それは人を殺すことを楽しんでいる。そもそも人を殺すことを楽しむ者は、(自分の)志を天下に実現することなどできない。(冠婚などの)吉事には左を尊び、(葬祭などの)凶事には右を尊ぶものであるが、(戦場において一軍の将である)偏將軍が左におり、(総大将である)上將軍が右にいるのは、葬祭の禮式に基づいて配置されているということである。人を殺すことが多ければ、悲哀をもって戦後の処理に臨み、戦って勝った場合も、葬祭の禮式に則って行うのである[一]。

[王注]

[一] おそらく本章は老子の作ではない。

【原文】

第三十二章

道常無名。[1]〔樸雖小〕、天下莫能臣也。侯王若能守之、萬物將自賓[一]。天地相合以降甘露、民莫之令而自均[二]。始制有名。名亦既有、夫亦將知止。知止所以不殆[三]。譬道之在天下、猶川谷之與江海[四]。

[王注]

[一] 道、無形不繫、常不可名、以無名爲常。故曰道常無名也。樸之爲物、以無爲心也、亦無名。故將得道、莫若守樸。夫智者、可以能臣也。勇者、可以武使也。巧者、可以事役也。力者、可以重任也。樸之爲物、[2]〈憒〉〔隤〕然不偏、近於無有。故曰莫能臣也。抱樸無爲、不以物累其眞、不以欲害其神。則物自賓而道自得也。

[二] 言天地相合、則甘露不求而自降、我守其眞性無爲、則民不令而自均也。

[三] 始制、謂樸散始爲官長之時也。始制、官長不可不立名分以定尊卑。故始制有名也。過此以往、將爭錐刀之末。故曰名亦既有、夫亦將知止也。遂任名以號物、則失治之母也。故知止所以不殆也。

[四] 川谷之[3]〈以求江〉與〔江〕海、非江海召之、不召不求而自歸者[4]〈世〉〔也〕。行道於天下者、不令而自均、不求而自得。故曰猶川谷之與江海也。

〔校勘〕

1. 道藏集注本・孫鑛本・道德玄書本・享保本・明和本・武英殿本・二十二子本・古逸叢書本により、「樸雖小」を補う。
2. 『經典釋文』により、「憒」を「隤」に改める。
3. 陶鴻慶・樓宇烈・波多野太郎に従い、「以求江與海」を「與江海」に改める。
4. 陶鴻慶・樓宇烈に従い、「世」を「也」に改める。

《訓読》

第三十二章

道の常は無名なり(一)。樸は小なりと雖も、天下 能く臣とする莫きなり。侯王 若し能く之を守れば、萬物は將に自づから賓《したが》はんとす(二)[一]。天地は相 合して以て甘露(三)を降し、民は之に令する莫くして自づから均し[二]。始めて制するに名有り。名も亦た既に有れば、夫れ亦た將に止まるを知らんとす。止まるを知るは殆ふからざる所以なり(四)[三]。道の天下に在《お》けるを譬ふれば、猶ほ川谷の江海に與《お》けるがごとし[四]。

[王注]

[一]「道」は、形無く繫《か》からず(五)、常に名づく可からず、無名を以て常と爲す(六)。故に「道の常は無名なり」と曰ふなり。「樸」の物爲《た》る、無を以て心と爲すなり(七)、亦た無名なり。故に將に道を得んとすれば、樸を守るに若くは莫し。夫れ智者は、能を以て臣とす可きなり。勇者は、武を以て使とす可きなり。巧者は、事を以て役とす可きなり。力者は、重を以て任とす可きなり。樸の物爲る、隤然(八)として偏ならず、無有に近し(九)。故に「能く臣とする莫し」と曰ふなり。樸を抱き爲すこと無ければ、物を以て其の眞を累《わづら》はさず、欲を以て其の神(一一)を害《そこな》はず。さすれば則ち物は自づから賓ひて道は自づから得らるるなり。

(一〇)

[二] 言ふこころは天地相合すれば、則ち甘露は求めずして自づから降り、我其の眞性を守りて無爲たれば、則ち民は令せずして自づから均しきなり。

[三]「始めて制す」は、樸散じて始めて官長と爲るの時を謂ふなり。（一二）始めて制するに、官長は名分（一三）を立てずして以て尊卑を定む可からず。故に始めて制するに名有るなり。此を過ぎて以往は、將に錐刀の末を爭はんとす。（一四）故に「名も亦た既に有れば、夫れ亦た將に止まるを知らんとす」（一五）と曰ふなり。遂に名に任せて以て物を號すれば、則ち治の母を失ふなり。故に止まるを知るは殆ふからざる所以なり。

[四] 川谷の江海に與《お》けるは、江海の之を召《まね》くに非ず、召かず求めずして自づから歸する者なり。（一六）道を天下に行ふ者も、令せずして自づから均しくし、求めずして自づから得たり。故に「猶ほ川谷の江海に與けるがごとし」と曰ふなり。

（補注）

（一）「道常無名」には、「道は常に無名なり」「道の常は無名なり」という二通りの訓み方が考えられるが、王注に、「以無名爲常」とあること、および第十六章注に、「窮極虚無、得道之常、則乃至於不窮極也」、第五十二章注に、「道之常也」とあるように、王弼が「道之常」という語を用いることから、王弼の場合は後者がふさわしい。

（二）「樸雖小、天下莫能臣也。侯王若能守之、萬物將自賓」について、樸は、山から伐り出したばかりの荒木。本来的な状態の喩え。これに関連して、第三十七章に、「侯王若能守之、萬物將自化。化而欲作、吾將鎭之以無名之樸」とあり、侯王がもし道を守ることができれば、万物はひとりでに変化する。変化しているのにさらに恣意的に成長しようとすれば、わたしはそれを抑えるために無名の樸を用いると述べられる。その王注には、「化而欲作、作欲成也。吾將鎭之以無名之樸、不爲主也」とある。

（三）「甘露」は、甘いつゆ。甘露が降るのは天下太平の瑞祥とされた。

（四）「知止所以不殆」と同文が、第四十四章に、「知足不辱、知止不殆、可以長久」とある。

（五）「不繫」は、他のものと関係を結んでいないこと。それが独立したものであることをいう。「無形不繫」と同文が、第二十一章の「道之爲物、惟怳惟惚」に対する王注に、「怳惚、無形不繫之歎」とある。また、同じく第二十一章注に、「以無形始物、不繫成物」とあり、形をもたないものが物を開始し、他のものと関係を結ばないものが物を完成させると述べられる。

（六）「以無名爲常」について、常は、恒久不変なるもの。王弼は、そのものとしての本来的なあり方を恒久不変なるものと考える。道が無名を常としていることは、第一章注にも、「可道之道、可名之名、指事造形、非其常也」として、言葉として言い表せる道はその常ではないと述べられる。

（七）「以無爲心」と同文が、第三十八章注に、「是以天地雖廣、以無爲心、聖王雖大、以虚爲主」とある。

（八）「隤然」は、柔弱なさま。『周易』繫辭下傳には、「夫坤、隤然示人簡矣」とあり、その韓康伯注に、「隤、柔貌也」とある。

（九）「近於無有」に関連して、第一章注には、「玄者、冥也。默然無有也」とあり、玄について無有と述べられる。

（一〇）「眞」は、物の本質。第三章の補注を参照。

(一一)「神」は、予測できない妙用。物の本来的なはたらきを意味する。第十章の補注を参照。

(一二)「謂樸散始爲官長之時也」は、第二十八章に、「樸散則爲器、聖人用之則爲官長」とあるのを踏まえる。その王注には、「樸、眞也。眞散則百行出、殊類生、若器也。聖人因其分散。故爲之立官長。以善爲師、不善爲資、移風易俗、復使歸於一也」とあり、眞が切り分けられるとさまざまな状態になり、聖人はその切り分けられたものに依拠すると述べられる。

(一三)「名分」は、名とそれに伴うそのものとしてのもちまえ。王弼『老子指略』には、「凡名生於形、未有形生於名者也。故有此名必有此形、有此形必有其分」とあり、特定の名があれば必ず特定の形があり、特定の形があれば必ず特定の分があると述べられており、名と分が不可分であることが確認できる。

(一四)「錐刀之末」は、錐刀(先の尖った小刀)のはし。転じて、些細な物事の喩え。『春秋左氏傳』昭公 傳六年に、「民知爭端矣、將棄禮而徵於書、錐刀之末、將盡爭之」とあり、その杜預注に、「錐刀之末、喩小事」とある。

(一五)「母」は、根源。第五十二章の「既知其母、復知其子、既知其子、復守其母、沒身不殆」に対する王注に、「母、本也。子、末也」とある。

(一六)「不召不求而自歸者也」に関連して、第六十六章には、「江海所以能爲百谷王者、以其善下之」とあり、大河や大海があらゆる谷川の王となれる理由は、それがよく低い位置にあるためだと述べられる。同様の議論は、第六十一章の「大國者下流」に対する王注にも、「江海居大而處下、則百川流之。大國居大而處下、則天下流之。故曰大國者下流也」とある。また、「不召不求而自歸者也」と同様の表現は、第二十八章注に、「谿不求物、而物自歸之」とあり、第六十一章の「天下之牝」に対する王注に、「靜而不求、物自歸之也」とある。

[現代語訳]

第三十二章

道の常〔恒久不変なる本来のあり方〕は無名である。樸は卑小なものだが、天下には(それを)臣下とできるものがいない。侯王がもし樸(の状態)を守れるならば、万物はおのずと従おうとする[一]。(そうなれば)天地は和合して甘露を降らし、民は命令を下さずともおのずと治まるのである[二]。(そもそも樸が)切り分けられたばかりの時に(万物に)名が発生する。(しかし万物が)名をもった後は、(些細なことで争う前に)止まることを知る必要がある。止まることを知ることが危機を招かない方法なのである[三]。道と天下の関係を喩えるならば、小川や渓流と大河や大海の関係のようである[四]。

[王注]

[一]「道」は、形をもたず(他のものと)関係を結ばないため、常に名づけることができず、無名をその恒久不変の(本来的な)あり方としている。そのため「道の常は無名なり」という。「樸」というものは、無を核心としており、これもまた無名である。そのため道を得ようとするならば、樸(の状態)を守るのに勝ることはない。そもそも智をもつ者は、その能力を取り立てることで臣下とすることができる。勇敢な者は、その武力を取り立てることで使うことができる。技術をもつ者は、その職能を取り立てる

ことで働かせることができる。力のある者は、重いもの（を持ち上げられること）を取り立てることで職につけることができる。（しかし）樸というものは、柔弱でありまっさらで、何もないというのに近い。そのため「能く臣とする莫し」というのである。樸を抱き何事もなさなければ、（他の）物によってその眞〔本質〕を汚さず、欲望によってその神〔本来のはたらき〕を損なわない。そうであるから物がおのずと従い道がおのずと得られるのである。

［二］言いたいことは天地が和合すれば、甘露は求めなくてもおのずと降り、わたしがその本来のあり方を守って無爲であれば、民は命令を下さずともおのずと治まるということである。

［三］「始めて制す」は、樸が切り分けられて百官の長となったばかりの時をいう。（樸が切り分けられて百官の長と）なったばかりの時は、百官の長は（万物それぞれの）名や分を確立せずに尊卑を定めることはできない。そのため（樸が切り分けられて百官の長と）なったばかりの時には（万物に）名があるのである。（しかし）それを経過した後は、（本質から遠ざかり）些細なところを争うことになる。そのため「名も亦た既に有れば、夫れ亦た將に止まるを知らんとす」という。そのまま名に任せて物を（固定的に）命名すれば、統治のおおもとを失うのである。それゆえに（それ以前の段階で）止まることを知ることが危機を招かない方法なのである。

［四］小川や渓流と大河や大海の関係というのは、大河や大海が小川や渓流を呼び寄せている訳ではなく、招かず求めずにおのずと（小川や渓流が大河や大海に）帰着している。道を天下に行き渡らせる者も、命令を下すことなくおのずと治め、求めることなくおのずと（道を）得ている。そのため「猶ほ川谷の江海に與けるがごとし」というのである。

【原文】

第三十三章

知人者智、自知者明［一］。勝人者有力、自勝者強［二］。知足者富［三］、強行者有志［四］。不失其所者久［五］、死而不亡者壽［六］。

［王注］

［一］知人者、智而已矣。未若自知者超智之上也。

［二］勝人者、有力而已矣。未若自勝者、無物以損其力。用其智於人、未若用其智於己也。用其力於人、未若用其力於己也。明用於己、則物無避焉、力用於己、則物無改焉。

［三］知足[1]［者］、自不失。故富也。

［四］勤能行之、其志必獲。故曰強行者有志矣。

［五］以明自察、量力而行、不失其所、必獲久長矣。

［六］雖死而以爲生之道不亡、乃得全其壽。身沒而道猶存、況身存而道不卒乎。

［校勘］

1．道藏集注本により、「者」を補う。

《訓読》

第三十三章

人を知る者は智なり、自ら知る者は明なり(一)［一］。人に勝つ者は力有り、自ら勝つ者は強し［二］。足るを知る者は富み［三］、強めて行ふ者は志有り［四］。其の所を失はざる者は久しく［五］、死して亡《ほろ》びざる者は壽《いのちなが》し［六］。

［王注］

［一］人を知る者は、智なるのみ。未だ自ら知る者の智の上に超ゆるに若かざるなり。

［二］人に勝つ者は、力有るのみ。未だ自ら勝つ者の、物として以て其の力を損なふ無きに若かず。其の智を人に用ふるは、未だ其の智を己に用ふるに若かざるなり。其の力を人に用ふるは、未だ其の力を己に用ふるに若かざるなり。明を己に用ふれば、則ち物 避くる無く、力を己に用ふれば、則ち物 改むる無きなり。

［三］足るを知る者は、自づから失はず。故に富むなり。

［四］勤めて能く之を行へば、其の志 必ず獲たり。故に「強めて行ふ者は志有り」と曰ふ。

［五］明を以て自ら察し、力を量りて行ひ、其の所を失はざれば、必ず久長を獲たり。

［六］死すと雖も生を爲すの道の亡びざるを以て、乃ち其の壽を全くするを得たり。身は沒するも道は猶ほ存す、況んや身 存して道の卒《をは》らざるをや。

(補注)

(一)「明」は、通常の知性を越えた叡智。

［現代語訳］

第三十三章

他人を知る者は智者であるが、自分を知る者は明者である［一］。他人に勝つ者は力があるが、自分に勝つ者は（本当に）強い［二］。満ち足りることを知る者は富み[三]、励んで行う者は志が遂げられる[四]。ふさわしい居場所を失わない者は長続きし[五]、死んでも（生きる道が）滅ばない者は（肉体が滅んでも道が存在するので）長寿である[六]。

[王注]

[一] 他人を知る者は、智というだけである。自分を知る者が智を超えていることには及ばない。

[二] 他人に勝つ者は、力があるだけである。自分に勝つ者が、他にその力を損なえるものがいないのには及ばない。その智を他人に用いるのは、その智を自分に用いることに及ばない。その力を他人に用いるのは、その力を自分に用いることには及ばない。明を自分に用いれば、（すべての）物は（その人を）避けることがなく、力を自分に用いれば、（すべての）物は（その人を）変えることがないのである。

[三] 満ち足りることを知る者は、おのずと失うこともない。そのため富むのである。

[四] 励んで行うことができれば、その志は必ず遂げられる。そのため「強めて行ふ者は志有り」というのである。

[五] 明を用いて自分について考え、力を見定めて行い、ふさわしい居場所を失わなければ、必ず長続きする。

[六] 死んだとしても生きる道が滅びていないことによって、その寿命を全うすることができる。肉体が滅んだとしても道は存在するのだから、肉体が存在して道が終わらないならなおさらである。

【原文】

第三十四章

大道汎兮、其可左右[一]。萬物恃之而生而不辭、功成不名有、衣養萬物而不爲主。常無欲、可名於小[二]。萬物歸焉而不爲主、可名爲大[三]。以其終不自爲大、故能成其大[四]。

［王注］

[一] 言道汎濫無所不適、可左右上下。周旋而用、則無所不至也。

[二] 萬物皆由道而生、既生而不知[1]（由所）〔所由〕。故天下常無欲之時、萬物各得[2]〔其〕所、若道無施於物。故名於小矣。

[三] 萬物皆歸之以生、而力使不知其所由。此不爲小、故復可名於大矣。

[四] 爲大於其細、圖難於其易。

〔校勘〕

1．道藏集注本・孫鑛本・道德玄書本・享保本・明和本・武英殿本・二十二子本・古逸叢書本により、「由所」を「所由」に改める。

2．道德玄書本・永樂大典本・武英殿本・二十二子本・古逸叢書本により、「其」を補う。

《訓讀》

第三十四章

大道は汎として、其れ左右す可し[一]。萬物は之を恃みて生ずるも辭せられず（一）、功 成るも名有せず、萬物を衣養するも主と爲らず。常に無欲には、小と名づく可し[二]。萬物 焉に歸するも主と爲らざるは、名づけて大と爲す可し[三]。其の終に自ら大を爲さざるを以て、故に能く其の大を成す（二）[四]。

［王注］

[一] 言ふこころは道は汎濫して適かざる所無く、左右上下す可し。周旋して用ふれば、則ち至らざる所無きなり（三）。

[二] 萬物は皆 道に由りて生ずるも（四）、既に生じて由る所を知らず（五）。故に天下 常に無欲の時は、萬物 各〻其の所（六）を得て、道の物に施す無きが若し。故に小と名づく。

[三] 萬物は皆 之に歸して以て生ずるも、力《つと》めて其の由る所を知らざらしむ。此れ小と爲さず、故に復た（七）大と名づく可し。

[四] 大を其の細に爲し、難を其の易に圖る。

（補注）

（一）「萬物恃之而生而不辭」と同様の表現は、第二章に、「是以聖人處無爲之事、行不言之教。萬物作焉而不辭、生而不有、爲而不恃、功成而弗居」とある。

（二）「故能成其大」と同文が、第六十三章に、「圖難於其易、爲大於其細。天下難事必作於易、天下大事必作於細。是以聖人終不爲大、故能成其大」とある。

（三）「無所不至」と同文が、第二十五章の「周行而不殆、可以爲天下母」に対する王注に、「周行無所不至而免殆、能全大形也。故可以爲天下母也」とあり、同じく第二十五章の「大曰逝」に対する王注に、「逝、行也。不守一大體而已、周行無所不至。故曰逝也」とある。

(四)「萬物皆由道而生」に関連して、第五十一章注には、「物、生而後畜、畜而後形、形而後成。何由而生。道也」とある。

(五)「既生而不知所由」に関連して、第一章注に、「以始以成、而不知其所以」とあり、第二十一章注に、「萬物以始以成、而不知其所以然」とあり、万物が開始し完成しても、なぜそのように開始し完成することになったのかという原因を知らないと述べられる。

(六)「天下常無欲之時、萬物各得其所」について、王弼は、物は無欲の状態が本来的な状態であり、そうした状態こそが十全であると考える。このことは、たとえば第二十章注に、「下篇云、爲學者日益、爲道者日損。然則學求益所能、而進其智者也。若將無欲而足、何求於益。不知而中、何求於進」とある。なお、「常無欲」と同文が、第一章に、「故常無欲、以觀其妙」とあり、その王注に、「妙者、微之極也。萬物始於微而後成、始於無而後生。故常無欲空虛、可以觀其始物之妙」とある。

(七)「爲大於其細、圖難於其易」は、第六十三章に、「圖難於其易、爲大於其細」とあるのを踏まえる。

[現代語訳]

第三十四章

大道はたゆたって、左にも右にも行くことができる[一]。万物は大道を頼って生じるが感謝されず、功績が果たされても名をもたず、万物を養育しても主とならない。(天下が)常に無欲の時は、小と名づけることができる[二]。(一方で)万物がそれに依拠しているのに主とならないことは、名づけて大とすることができる[三]。道は最後まで大事をなさないことによって、その大事を成し遂げるのである[四]。

[王注]

[一] 言いたいことは道はたゆたって行かないところがなく、左にも右にも上にも下にも行ける。あまねく巡ってはたらき、届かないところがないのである。

[二] 万物はみな道に基づいて生ずるが、生じた後は何に基づいたかを知らない。そのため天下が常に無欲の時は、万物はそれぞれふさわしいところを得て、道が物に何も施していないかのようなのである。そのため小と名づける。

[三] 万物はみな道に依拠して生じるが、(道は)つとめてその基づくところを理解させない。このことは小とは言えないので、また大と名づけることができる。

[四] (道は)大事なことを些細なうちに処理し、難しいことを簡単なうちに対処する。

【原文】

第三十五章

執大象、天下往〔一〕。往而不害、安・平・大〔二〕。樂與餌、過客止、道之出口、淡乎其無味。視之不足見、聽之不足聞。用之不足既〔三〕。

〔王注〕

〔一〕大象、天象之母也。[1]〔不炎〕不寒、不溫不涼。故能包統萬物、無所犯傷。主若執之、則天下往也。

〔二〕無形無識、不[2]〔徧〕〔偏〕不彰。故萬物得往而不害妨也。

〔三〕言道之深大。人聞道之言、乃更不如樂與餌應時感悅人心也。樂與餌則能令過客止、而道之出言淡然無味。視之不足見、則不足以悅其目。聽之不足聞、則不足以娛其耳。若無所中然、乃用之不可窮極也。

〔校勘〕

1．陶鴻慶・樓宇烈・邊家珍・東條一堂・波多野太郎に従い、「不炎」を補う。

2．道藏集注本・武英殿本・二十二子本・古逸叢書本により、「徧」を「偏」に改める。

《訓読》

第三十五章

大象(一)を執れば、天下 往く〔一〕。往きて害あらず、安・平・大(二)なり〔二〕。樂と餌とには、過客 止まるも、道の口に出づるは、淡乎として其れ味無し。之を視れども見るに足らず、之を聽けども聞くに足らず(三)。之を用ふれば既《つ》くすに足らず〔三〕。

〔王注〕

〔一〕「大象」は、天象の母なり(四)。炎ならず寒ならず(五)、溫ならず涼ならず(六)。故に能く萬物を包統し(七)、犯傷する所無し。主 若し之を執れば、則ち天下 往くなり。

〔二〕形無く識無く、偏ならず彰ならず(八)。故に萬物は往くを得て害妨せられざるなり。

〔三〕道の深大(九)なるを言ふなり。人 道の言を聞くも、乃ち更に樂と餌との時に應じて人心を感悅するに如かざるなり。樂と餌とは則ち能く過客をして止めしむるも、而れども道の言に出づるは淡然として味無し。之を視れども見るに足らざれば、則ち以て其の目を悅ばすに足らず。之を聽けども聞くに足らざれば、則ち以て其の耳を娛しますに足らず。中つる所無きが若く然れば、乃ち之を用ふれども窮極す可からざるなり(一〇)。

（補注）

（一）「大象」は、この上なく大きく、形をもたない象。道を指す。大象という語は、第四十一章に、「大象無形」とある。その王注には、「有形則有分。有分者、不溫則涼、不炎則寒。故象而形者、非大象」とあって、形があれば分があり、分があるものは、温かくなければ涼しく、熱くなければ冷たい。そのため象で形を有するものは大象ではない、と述べられる。

（二）「大」は、安泰。太に通じる。なお、「太」や「泰」に作る版本もある。

（三）「視之不足見、聽之不足聞」と同様の表現は、第十四章に、「視之不見、名曰夷。聽之不聞、名曰希。搏之不得、名曰微」とある。

（四）「天象之母」について、「天象」は、天体。日月星辰の運行をいう。「母」は、根源。第五十二章の「既知其母、復知其子、既知其子、復守其母、沒身不殆」に対する王注に、「母、本也。子、末也」とある。

（五）「不炎不寒」と同文が、王弼『老子指略』に、「五物之母、不炎不寒、不柔不剛」とある。

（六）「不溫不涼」と同文が、第五十五章の「知常曰明」に対する王注に、「不皦不昧、不溫不涼、此常也」とあり、王弼『老子指略』に、「無形無名者、萬物之宗也。不溫不涼、不宮不商」とある。

（七）「包統萬物」と同様の表現は、第十六章注に、「唯此復、乃能包通萬物、無所不容」とあり、同じく第十六章の「知常容」に対する王注に、「無所不包通也」とあり、王弼『老子指略』に、「能爲品物之宗主、苞通天地、靡使不經也」とある。

（八）「不偏不彰」と同文が、第十六章注に、「常之爲物、不偏不彰、無皦昧之狀、溫涼之象」とある。

（九）道が深と言われることについて、王弼『老子指略』には、「深也者、取乎探賾而不可究也」とあり、奥深くそれを探っても究め尽くせないことより意味を取っていると述べられる。また、道が大と言われることについて、王弼『老子指略』には、「大也者、取乎彌綸而不可極也」とあり、万物をあまねく包んで極まらないことより意味を取っていると述べられる。

（一〇）「用之不可窮極也」に関連して、第四十五章に、「大盈若沖、其用不窮」とある。また、「不可窮極」と同文が、第四十章の「弱者、道之用」に対する王注に、「柔弱同通、不可窮極」とある。

［現代語訳］

第三十五章

大象を執れば、天下が（順調に）運行する［一］。運行は妨げられず、安らかで平和で安泰である［二］。音楽や食事には、旅人も足を止めるが、道について語ってもあっさりとしていて味わいがない。それを視ても見ることができず、それを聴いても聞くことができないのである。（しかしそうであるから）それを用いても尽き果てることがない［三］。

［王注］

［一］「大象」は、（日月星辰の運行といった）天体の母である。熱くもなく冷たくもなく、温かくもなく涼しくもない。そのため万物を包み込み、損なったり傷つけたりすることなくできる。主宰者がもしこれを執れば、天下が（順調に）運行するのである。

［二］（「大象」は）形がなく目印がなく、偏りがなく定かでない。そのため万物は（順調に）運行できて妨げられないのである。

［三］道が深遠でかつ果てしないものであることを言う。人が道についての言葉を聞いても、音楽や食事がすぐに人の心を悦ばせることにまったく及ばない。音楽や食事は旅人の足を止めさせるが、道についての言葉はあっさりとしていて味わいがないのである。それを視ても見ることができなければ、その目を悦ばすには足りない。それを聴いても聞くことができなければ、その耳を楽しま

せるには足りない。把握できるところがないようであれば、それを用いても窮まることがないのである。

【原文】

第三十六章

將欲歙之、必固張之。將欲弱之、必固強之。將欲廢之、必固興之。將欲奪之、必固與之。是謂微明［一］。柔弱勝剛強。魚不可脱於淵、國之利器不可以示人［二］。

［王注］

［一］將欲除強梁、去暴亂、當以此四者。因物之性、令其自戮、不假刑爲大以除[1]（將）物也。故曰微明也。足其張、令之足、而又求其張、則衆所歙也。[2]（與）其張之不足、而改其求張者、愈益而己反危。

［二］利器、利國之器也。唯因物之性、不假形以理物。器不可覩、而物各得其所、則國之利器也。示人者、任刑也。[3]〔任〕刑以利國、則失矣。魚脱於淵、則必[4]（見）失矣。利國器、而立刑以示人、亦必失也。

〔校勘〕

1．宇佐美灊水・屋代輪池・石田東陵・波多野太郎に従い、「將」を省く。

2．宇佐美灊水・屋代輪池・大槻如電本・波多野太郎に従い、「與」を省く。

3．波多野太郎に従い、「任」を補う。

4．波多野太郎に従い、「見」を省く。

《訓読》

第三十六章

將に之を歙《ちぢ》めんと欲すれば、必ず固く之を張《しばら》る。將に之を弱めんと欲すれば、必ず固く之を強くす。將に之を廢せんと欲すれば、必ず固く之を興す。將に之を奪はんと欲すれば、必ず固く之に與ふ。是れを微明と謂ふ［一］。柔弱は剛強に勝(二)つ。魚は淵より脱す可からず、國の利器(一)は以て人に示す可からず［二］。

［王注］

［一］將に強梁(三)を除き、暴亂を去らんと欲すれば、當に此の四者を以てすべし。物の性に因(四)り、其れをして自ら戮《ころ》さしめ、刑に假《よ》らずして大いに以て物を除するを爲すなり。故に「微明」と曰ふなり。其の張るを足さんとするに、之をして足らしむるも、而も又其の張るを求むれば、則ち衆の歙《ちぢ》むる所なり。其の張るの足らずして、改むるに其の張るを求むる者は、愈〻益して己は反りて危ふし。

［二］「利器」は、國を利するの器なり。唯だ物の性に因るのみ、形に假りて以て物を理《をさ》めず(五)。器は覩る可からざるも、而も物 各〻其の所を得れば、則ち國の利器なり。「人に示す」者《とは》、刑に任すなり。刑に任せて以て國を利すれば、則ち失ふ。魚 淵より脱すれば、則ち必ず失ふ。國を利するの器なれども、刑を立てて以て人に示せば、亦た必ず失ふなり。

（補注）

（一）「柔弱勝剛強」に関連して、第七十六章には、「人之生也柔弱、其死也堅強。萬物草木之生也柔脆、其死也枯槁。故堅強者死之徒、柔弱者生之徒。是以兵強則不勝」とあり、第七十八章には、「天下莫柔弱於水。而攻堅強者、莫之能勝。以其無以易之」とあり、堅強に対する柔弱の優位が説かれる。

(二)「利器」は、王注に従えば、国に利得をもたらす器、具体的には微明〔微かで妙なる叡智〕をいう。本章と同文が、『莊子』胠篋篇にも、「故曰、魚不可脱於淵、國之利器不可以示人。彼聖人者、天下之利器也、非所以明天下也。故絶聖棄知、大盜乃止。擿玉毀珠、小盜不起。焚符破璽、而民朴鄙。掊斗折衡、而民不爭。殫殘天下之聖法、而民始可與論議」と見え、そこでは利器は聖人の叡智を指す。

(三)「強梁」は、力で押し通す剛強な者。「強梁」という語は、第四十二章に、「故物、或損之而益、或益之而損。人之所教、我亦教之。強梁者不得其死、吾將以爲教父」とある。

(四)「因」は、対象に因循すること、従うこと。「因物之性」と同文が、第二十七章注に、「此五者、皆言不造不施、因物之性、不以形制物也」とあり、第四十一章注に、「大夷之道、因物之性、不執平以割物」とある。第二十七章注には、他にも「順物之性」、「因物之數」、「因物自然」といった類似の表現が見える。

(五)「不假形以理物」は、物の形に依拠して物を治めないこと。たとえば王弼『老子指略』に、「凡物之所以存、乃反其形」とあるように、物の形は物の本質と隔たりがある。同様の表現は、第十七章注に、「居無爲之事、行不言之教、不以形立物」とあり、第二十七章注に、「此五者、皆言不造不施、因物之性、不以形制物也」とある。

［現代語訳］

第三十六章

あるものを縮めようと思えば、必ずしばらくそれを張っておく。あるものを弱めようと思えば、必ずしばらくそれを強くしておく。あるものを取り除こうと思えば、必ずしばらくそれを栄えさせておく。あるものを奪おうと思えば、必ずしばらくそれに与えておく。このことを微明〔微かで妙なる叡智〕という〔一〕。柔弱は剛強に勝つのである。(ただし)魚が水淵から抜け出してはならないように、国に利得をもたらす器は人々に示してはならない〔二〕。

［王注］

〔一〕力で押し通す者を排除し、暴乱を取り去ろうとすれば、この四つの方法を用いるべきである。(この四つの方法は)物の本性に従って、それ自身に自滅させ、刑を用いずとも大いに物を排除する。そのため「微明」という。あるものを十分に張ろうとする際に、十分にさせたのにもかかわらず、さらにまた張るのを求めれば、(そうした行き過ぎた張りは)人々に縮められる。張りが足りていない時に、改めようとそれを張ろうとする者は、ますます過剰になって自分自身はかえって危うくなるのである。

〔二〕「利器」は、国に利得をもたらす器である。(そもそも)ただ物の本性に従うだけで(なければならず)、形に依拠して物を治めてはならない。器(としての外観)は見ることができないが、物がそれぞれそのあるべきところを得ていれば、国に利得をもたらす器なのである。「人に示す」とは、(目に見える形である)刑に任せることである。刑に任せて国に利得をもたらせば、(利器としての効能を)失う。(これは)魚が水の淵から抜け出せば、必ず死亡する(のと同じである)。国に利得をもたらす器であっても、刑を立てて人々に示せば、同様に必ず（利器としての効能を）失うのである。

【原文】

第三十七章

道常無爲[一]、[1]而無不爲[二]。侯王若能守之、萬物將自化。化而欲作、吾將鎭之以無名之樸[三]。無名之樸、夫亦將無欲[四]。不欲以靜、天下將自定。

[王注]

[一] 順自然也。

[二] 萬物無不由[2]（爲）〔之〕、以治以成[3]（之）也。

[三] 化而欲作、作欲成也。吾將鎭之[4]〔以〕無名之樸、不爲主也。

[四] 無欲競也。

〔校勘〕

1．「而無不爲」という句は、馬王堆甲本・乙本に見えない。また、王弼においても、第十章の「明白四達、能無爲乎」に対する王注に、「言至明四達、無迷無惑、能無以爲乎。則物化矣。所謂道常無爲、侯王若能守、則萬物自化」と引かれており、「而無不爲」がない。このため、王弼が用いたテキストにも「而無不爲」という句がなかった可能性があり、王注についても後世の増補である可能性がある。

2．波多野太郎に従い、「爲」を「之」に改める。

3．波多野太郎に従い、「之」を省く。

4．宇佐美灊水・東條一堂・波多野太郎に従い、「以」を補う。

《訓読》

第三十七章

道の常は無爲にして[一](一)、而も爲さざるは無し[二]。侯王 若し能く之を守れば、萬物 將に自づから化せんとす。(二)化して而も作《おこ》らんと欲すれば、吾 將に之を鎭むるに無名の樸(三)を以てせんとす[三]。無名の樸は、夫れ亦た將に無欲ならんとす[四]。欲せずして以て靜なれば、天下 將に自づから定まらんとす。

[王注]

[一] 自然に順ふなり。(四)

[二] 萬物は之に由らざるは無く、(五)以て治まり以て成るなり。(六)

[三] 「化して而も作《おこ》らんと欲す」は、作りて成さんと欲するなり。「吾 將に之を鎭むるに無名の樸を以てせんとす」は、主と爲らざるなり。(七)

[四] 競はんと欲する無きなり。

（補注）

(一) 「道常無爲」には、「道は常に無爲なり」「道の常は無爲なり」という二通りの訓み方が考えられるが、第三十二章の「道の常は無名なり」に合わせ、ここでも後者を取る。「道の常は無名なり」と訓む理由については第三十二章の補注を参看。

(二) 「道常無爲、而無不爲。侯王若能守之、萬物將自化。化而欲作、吾將鎭之以無名之樸」に関連して、第三十二章には、「道常無名。樸雖小、天下莫能臣也。侯王若能守之、萬物將自賓」とあり、道の常が無爲であること、及び侯王がもし樸の状態を守れるならば、万物はおのずと従おうとすることが述べられる。

(三) 「樸」は、山から伐り出したばかりの荒木。本来的な状態の喩え。
（四）「順自然」と同文が、第二十五章注に、「道順自然、天故資焉」とあり、第二十七章の「善行無轍迹」に対する王注に、「順自然而行、不造不始。故物得至、而無轍迹也」とあり、第六十五章注に、「愚、謂無知守眞、順自然也」とある。
（五）「萬物無不由之」に関連して、第十四章注に、「欲言無邪、而物由以成」とあり、第二十一章注に、「自古及今、無不由此而成」とあり、第二十五章注に、「混然不可得而知、而萬物由之以成」とある。
（六）「以治以成也」と類似の表現は、第一章注に、「言道以無形無名始成萬物。以始以成、而不知其所以、玄之又玄也」とあり、第二十一章注に、「以無形始物、不繫成物。萬物以始以成、而不知其所以然」とある。
（七）「不爲主」と同文が、第三十四章に、「萬物恃之而生而不辭、功成不名有、衣養萬物而不爲主」とある。

［現代語訳］

第三十七章

道の常〔恒久不変なる本来のあり方〕は無爲であり［一］、それでいて成し遂げないことがない［二］。侯王がもしそれを守ることができれば、万物はひとりでに変化する。変化しているのにさらに恣意的に成長しようとすれば、わたしはそれを抑えるために無名の樸を用いる［三］。無名の樸はまた（万物を）無欲にしていく［四］。（万物が）何も求めず静かであれば、天下はひとりでに安定するのである。

［王注］

［一］（道は）あるがままに従っている。

［二］万物はそれに基づかないことがなく、それによって治まり完成する。

［三］「化して而も作《おこ》らんと欲す」は、（変化しているのにさらに本性を超えて恣意的に）成長して成し遂げようとすることである。「吾 将に之を鎭むるに無名の樸を以てせんとす」は、主とならないことである。

［四］（無名の樸を用いれば）競争しようとすることがなくなる。

【原文】

老子道德經下篇

第三十八章

上德不德、是以有德。下德不失德、是以無德。上德無爲而無以爲、下德爲之而有以爲。上仁爲之而無以爲、上義爲之而有以爲、上禮爲之而莫之應、則攘臂而扔之。故失道而後德、失德而後仁、失仁而後義、失義而後禮。夫禮者、忠信之薄而亂之首。前識者、道之華而愚之始。是以大丈夫處其厚、不居其薄、處其實、不居其華。故去彼取此［一］。

［王注］

［一］德者、得也。常得而無喪、利而無害。故以德爲名焉。何以得德。由乎道也。何以盡德。以無爲用。以無爲用、則莫不載也。故物、無焉則無物不經、有焉則不足以免其生。

是以天地雖廣、以無爲心、聖王雖大、以虛爲主。故曰以復而視、則天地之心見、至日而思之、則先王之[1]（至）〔主〕覩也。故滅其私而無其身、則四海莫不瞻、遠近莫不至。殊其己而有其心、則一體不能自全、肌骨不能相容。

是以上德之人、唯道是用、不德其德、無執無用。故能有德而無不爲。不求而得、不爲而成。故雖有德而無德名也。下德求而得之、爲而成之。則立善以治物。故德名有焉。求而得之、必有失焉、爲而成之、必有敗焉。善名生、則有不善應焉。故下德爲之而有以爲也。無以爲者、無所偏爲也。凡不能無爲而爲之者、皆下德也。仁義禮節是也。

將明德之上下、輒擧下德以對上德。至於無以爲、極下德[2]（下）之量。上仁是也。足及於無以爲而猶爲之焉。爲之而無以爲、故有爲爲之患矣。本在無爲、母在無名、棄本捨母而適其子、功雖大焉、必有不濟、名雖美焉、僞亦必生。

不能不爲而成、不興而治、則乃爲之。故有弘普博施仁愛之者。而愛之無所偏私。故上仁爲之而無以爲也。愛不能兼、則有抑抗正[3]（眞）〔直〕而義理之者。忿枉祐直、助彼攻此、物事而有以心爲矣。故上義爲之而有以爲也。直不能篤、則有游飾修文禮敬之者。尙好修敬、校責往來、則不對之間忿怒生焉。故上禮爲之而莫之應、則攘臂而扔之。

夫大之極也、其唯道乎。自此已往、豈足尊哉。故雖德盛業大、富[4]（而）有萬物、猶各得其德、而未能自周也。故天不能爲載、地不能爲覆、人不能爲贍。萬物雖貴、以無爲用、不能捨無以爲體也。不能捨無以爲體、則失其爲大矣。所謂失道而後德也。以無爲用、[5]〔則〕德其母。故能已不勞焉而物無不理。下此已往、則失用之母。不能無爲、而貴博施。不能博施、而貴正直。不能正直、而貴飾敬。所謂失德而後仁、失仁而後義、失義而後禮也。

夫禮[6]（也）〔之〕所始、首於忠信不篤、通簡不[7]（陽）〔暢〕、責備於表、機微爭制。夫仁義發於內、爲之猶僞。況務外飾而可久乎。故夫禮者、忠信之薄而亂之首也。

前識者、前人而識也、卽下德之倫也。竭其聰明以爲前識、役其智力以營庶事、雖[8]（德）〔得〕其情、姦巧彌密、雖豐其譽、愈喪篤實。勞而事昏、務而治薉、雖竭聖智、而民愈害。舍己任物、則無爲而泰、[9]守夫素樸、則不（順典）〔割而〕制。[10]（聽）〔耽〕彼所獲、棄此所守、[11]〔故前〕識〔者〕、道之華而愚之首。故苟得其爲功之母、則萬物作焉而不辭也、萬事存焉而不勞也。用不以形、御不以名、故仁義可顯、禮敬可彰也。

夫載之以大道、鎭之以無名、則物無所尙、志無所營。各任其貞、事用其誠、則仁德厚焉、行義正焉、禮敬淸焉。棄其所載、舍其所生、用其成形、役其聰明、仁[12](則)〔其〕[13](誠)〔僞〕焉、義其競焉、禮其爭焉。故仁德之厚、非用仁之所能也。行義之正、非用義之所成也。禮敬之淸、非用禮之所濟也。載之以道、統之以母。故顯之而無所尙、彰之而無所競。

用夫無名、故名以篤焉、用夫無形、故形以成焉。守母以存其子、崇本以擧其末、則形名俱有、而邪不生、大美配天、而華不作。故母不可遠、本不可失。仁義、母之所生、非可以爲母。形器、匠之所成、非可以爲匠也。捨其母而用其子、棄其本而適其末、名則有所分、形則有所止。雖極其大、必有不周、雖盛其美、必有憂患。功在爲之、豈足處也。

〔校勘〕

1. 道藏集注本により、「至」を「主」に改める。
2. 道藏集注本により、「下」を省く。
3. 道藏集注本により、「眞」を「直」に改める。
4. 道藏集注本により、「而」を省く。
5. 道藏集注本により、「則」を補う。
6. 服部南郭・波多野太郎に従い、「也」を「之」に改める。
7. 道藏集注本により、「陽」を「暢」に改める。
8. 道藏集注本により、「德」を「得」に改める。
9. 服部南郭に従い、「順典」を「割而」に改める。なお、東條一堂・波多野太郎は、「守夫」を「守失」に作るべきだとする。
10. 『經典釋文』により、「聽」を「耽」に改める。
11. 樓宇烈・東條一堂に従い、「識」を「故前識者」に改める。
12. 桃井白鹿・波多野太郎に従い、「則」を「其」に改める。
13. 服部南郭・宇佐美灊水・屋代輪池・大槻如電本・冢田大峰本・東條一堂に従い、「誠」を「僞」に改める。

《訓読》

老子道德經下篇

第三十八章(一)

上德は德とせず、是を以て德有り。下德は德を失はず、是を以て德無し。上德は無爲にして以て爲す無く、下德は之を爲して以て爲す有り。上仁は之を爲して以て爲す無く、上義は之を爲して以て爲す有り、上禮は之を爲して之に應ずる莫ければ、則ち臂《うで》を攘《はら》ひて之に扔《つ》く。故《もと》より道を失ひて而る後に德あり、德を失ひて而る後に仁あり、仁を失ひて而る後に義あり、義を失ひて而る後に禮あり。夫れ禮なる者は、忠信の薄きにして亂の首《はじめ》なり。前識なる者は、道の華にして愚の始めなり。是を以て大丈夫は其の厚きに處りて、其の薄きに居らず、其の實に處りて、其の華に居らず。故より彼を去りて此を取る(二)[二]。

[王注]

[一]「德」なる者は、得なり(三)。常に得て喪《うしな》ふ無く、利して害《そこな》ふ無し。故に德を以て名と爲す。何を以て德を得ん。道に由るなり。何を以て德を盡くさん。無を以て用と爲す。無を以て用と爲せば、則ち載せざるは莫きなり(四)。故に物は、焉《これ》を無とすれば則ち物として經《よ》らざるは莫く、焉を有とすれば則ち以て其の生を免るる

に足らず。

是を以て天地は廣しと雖も、無を以て心と爲し(五)、聖王は大なりと雖も、虚を以て主と爲す。故に復を以てして視れば、則ち天地の心 見え、至日にして之を思へば、則ち先王の主 覩ゆと曰ふなり。(六)故に其の私を滅して(七)其の身を無とすれば、則ち四海も瞻ざるは莫く、遠近も至らざるは莫し。其の己を殊にして其の心を有とすれば、則ち一體も自づから全くする能はず、肌骨も相 容るる能はず。

是を以て上徳の人は、唯だ道のみ是れ用ひ(八)、其の徳を徳とせず、執る無く用ふる無し。故に能く徳有りて爲さざる無し。求めずして得(九)、爲さずして成る(一〇)。故に徳有りと雖も而れども徳の名無きなり。下徳は求めて之を得、爲して之を成す。さすれば則ち善を立てて(一一)以て物を治む。故に徳の名は焉有り。求めて之を得れば、必ず失ふ有り、爲して之を成せば、必ず敗《そこな》ふ有り(一二)。善の名生ずれば、則ち不善有りて焉に應ず(一三)。故に下徳は之を爲して以て爲す有り。以て爲す無き者《とは》、偏りて爲す所無きなり。凡そ無爲たる能はずして之を爲す者は、皆 下徳なり。仁義禮節は是れなり。

將に徳の上下を明らかにせんとすれば、輒ち下徳を擧げて以て上徳に對す。以て爲す無きに至るは、下徳の量を極む。上仁は是れなり。以て爲す無きに及ぶに足るも猶ほ之を爲す。之を爲して以て爲す無し、故に爲すを爲すの患有り。本は無爲に在り、母は無名に在るに(一四)、本を棄て母を捨てて其の子に適へば(一五)、功は大なりと雖も、必ず濟《な》らざる有り、名は美なりと雖も、僞も亦た必ず生ず。

爲さずして成り、興らずして治むる能はざれば、則乃《すなは》ち之を爲す。故に弘普博施(一六)にして仁もて之を愛する者有り。而るに之を愛するに偏りて私する所無し。故に上仁は之を爲して以て爲す無きなり。愛も兼ぬる能はざれば、則ち抑抗正直にして義もて之を理《をさ》むる者有り。枉を忿《いか》り直を祐《たす》け、彼を助け此を攻《をさ》め、物事にして心を以て爲す有り。故に上義は之を爲して以て爲す有るなり。直も篤きこと能はざれば、則ち游飾修文にして禮もて之を敬ふ者有り。修敬を尙好し、往來を校責すれば(一七)、則ち不對の間に忿怒 生ず。故に上禮は之を爲して之に應ずる莫ければ、則ち臂を攘ひて之に扔く(一八)。

夫れ大の極は、其れ唯だ道のみか(一九)。此より已往は、豈に尊ぶに足らんや。故《もと》より徳は盛んに業は大に、萬物を富有すと雖も(二〇)、猶ほ各々其の徳を得て、未だ自ら周《あまね》きこと能はざるなり。故に天は載を爲す能はず(二一)、地は覆を爲す能はず、人は贍を爲す能はず(二二)。萬物は貴なりと雖も(二三)、無を以て用と爲し、無を捨てて以て體を爲す能はざるなり。無を捨てて以て體を爲す能はざれば、則ち其の大爲《た》るを失ふ。所謂る道を失ひて而る後に徳あるなり。

無を以て用と爲せば、則ち其の母を徳《え》たり(二四)。故に能く己は勞せずして物は理まらざる無し(二五)。此を下りて已往は、則ち用の母を失ふ。無爲たる能はずして、博施を貴ぶ。博施たる能はずして、正直を貴ぶ。正直たる能はずして、飾敬を貴ぶ。所謂る徳を失ひて而る後に仁あり、仁を失ひて而る後に義あり、義を失ひて而る後に禮あるなり。

夫れ禮の始まる所は、忠信の篤ならず、通簡の暢びざるに、表を備責し、機微にも制を爭ふに首《はじま》る。夫れ仁義は內に發するも、之を爲すだに猶ほ僞なり(二六)。況んや外飾に努めて久しくす可けんや。故に夫れ禮なる者は、忠信の薄きにして亂の首なり。

前識なる者は、人に前《さき》んじて識るなり、卽ち下德の倫なり。其の聰明を竭くして以て前識を爲し、其の智力を役して以て庶事を營めば、其の情を得たりと雖も、姦巧は彌〻密にして、其の譽を豐かにすと雖も、愈〻篤實を喪ふ。勞して事は昏く、務めて治は薉《みだ》れ、聖智を竭くすと雖も、而れども民は愈〻害はる。[二七]己を舍て物に任すれば[二八]、則ち無爲にして泰く、夫の素樸を守れば[二九]、則ち割かずして制す[三〇]。彼の獲る所に耽り、此の守る所を棄つ、故に前識なる者は、道の華にして愚の首なり。故に苟《も》し其の功を爲す[三一]の母を得れば、則ち萬物は作《おこ》るも辭せざるなり[三二]、萬事は存するも勞せざるなり。用ふるに形を以てせず、御するに名を以てせず[三三]、故に仁義は顯らかなる可く、禮敬は彰はる可きなり。

夫れ之を載するに大道[三四]を以てし、之を鎭むるに無名を以てすれば[三五]、則ち物は尙ぶ所無く、志は營む所無し[三六]。各〻其の貞に任じ、事には其の誠を用ふれば、則ち仁德は厚く、行義は正しく、禮敬は淸し。其の載する所を棄て、其の生ずる所を舍てて、其の成形を用ひ、其の聰明を役すれば、仁は其れ僞、義は其れ競、禮は其れ爭なり。故に仁德の厚きは、仁を用ふるの能くする所に非ざるなり。行義の正しきは、義を用ふるの成す所に非ざるなり。禮敬の淸きは、禮を用ふるの濟す所に非ざるなり。之を載するに道を以てし、之を統ぶるに母を以てす。故に之を顯らかにして尙《たふと》ぶ所無く、之を彰はして競ふ所無し。

夫の無名を用ふ、故に名は以て篤なり、夫の無形を用ふ、故に形は以て成る[三七]。母を守りて以て其の子を存し[三八]、本を崇びて以て其の末を擧ぐれば[三九]、則ち形名は俱に有りて、邪は生ぜず、大美は天に配して、華は作らず。故に母は遠ざく可からず、本は失ふ可からず。仁義は、母の生ずる所にして、以て母と爲す可きに非ず。形器は、匠の成す所にして、以て匠と爲す可きに非ざるなり[四〇]。其の母を捨てて其の子を用ひ、其の本を棄てて其の末に適へば、名は則ち分かるる所有り、形は則ち止まる所有り。其の大を極むと雖も、必ず周からざる有り、其の美を盛んにすと雖も、必ず憂患有り。功は之を爲すに在れば、豈に處るに足らんや[四一]。

(補注)

(一) 第三十八章の王弼注は、本文の途中にそれぞれの注釈が施されるのではなく、本文の最後に本文全体に対する注釈が一つだけつけられる。同様の形式は、第四章及び第六章にも見えるが、どちらも第三十八章注ほどの長さは無く、第三十八章注はそれだけで独立した一つの論文のようになっている。本訳注では、便宜的に段落分けを行った。

(二) 「去彼取此」と同文が、第十二章に、「是以聖人爲腹不爲目。故去彼取此」とあり、第七十二章に、「是以聖人自知、不自見。自愛、不自貴。故去彼取此」とある。

(三) 「德者、得也」に関連して、第五十一章注にも、「道者、物之所由也。德者、物之所得也。由之乃得」とあり、德は道に基づいて得るものであることが述べられる。

(四) 「何以盡德。以無爲用。以無爲用、則莫不載也」は、第十一章に、「故有之以爲利、無之以爲用」とあるのを踏まえる。その王注には、「木・埴・壁所以成三者、而皆以無爲用也。言無者、有之所以爲利、皆賴無以爲用也」とある。「以無爲用」という表現は、第一章注にも、「凡有之爲利、必以無爲用」とあり、第四十章注にも、「高以下爲基、貴以賤爲本、有以無爲用。此其反也」とある。

（五）「心」は、ここでは根本。「以無爲心」と同文は、第三十二章注に、「樸之爲物、以無爲心也、亦無名」とある。

（六）「故曰以復而視、則天地之心見、至日而思之、則先王之主覩也」は、『周易』復卦彖傳および象傳を踏まえ、運動や循環の極致点において天地・先王の根本（心・主）が理解されることを言う。「復」は、（根源への）復帰。ここでは、とくに復帰して動きが休止した地点を言う。「至日」は、陰が極まる冬至および陽が極まる夏至。天地・先王の根本は、本章や次の『周易』にもあるように虚無あるいは寂然至无である。『周易』復卦彖傳には、「復其見天地之心乎」とあり、『周易』復卦象傳に、「先王以至日閉關」とある。『周易』復卦彖傳の王注には、「復者、反本之謂也。天地以本爲心者也。凡動息則靜、靜非對動者也。語息則默、默非對語者也。然則天地雖大、富有萬物、雷動風行、運化萬變、寂然至无是其本矣。故動息地中、乃天地之心見也。若其以有爲心、則異類未獲具存矣」とあり、復は本に反《かえ》るの意味で、天地は本を心としている。天地は偉大で、万物をすべて包含し、雷が動き風がめぐり、運化万変するが、寂然として至無なのがその本である。そのため動きが地中で休止すると、天地の心が見える、と述べられる。『周易』復卦象傳の王注には、「方、事也。冬至、陰之復也。夏至、陽之復也。故爲復、則至於寂然大靜。先王則天地而行者也。動復則靜、行復則止、事復則无事也」とあり、冬至は陰の復《かえ》るところで、夏至は陽の復《かえ》るところである。そのためその日に復《かえ》れば寂然大静（ひっそりと静か）に至る。先王は天地に則って行動するのである、と述べられる。

（七）「滅其私」に関連して、第七章に、「非以其無私邪。故能成其私」とあり、聖人の身が優先されて保たれているのは無私であるためと述べられる。その王注には、「無私者、無爲於身也。身先身存、故曰能成其私也」とある。

（八）「上徳之人、唯道是用」に関連して、第二十一章に、「孔徳之容、惟道是從」とあり、空虚な徳をもつもののありようは、ただ道に従っていると述べられる。その王注には、「孔、空也。唯以空爲德、然後乃能動作從道」とある。

（九）「不求而得」と同様の表現は、第二十八章注に、「谿不求物、而物自歸之」とあり、第三十二章の「譬道之在天下、猶川谷之與江海」に対する王注に、「川谷之與江海、非江海召之、不召不求而自歸者也。行道於天下者、不令而自均、不求而自得。故曰猶川谷之與江海也」とあり、第六十一章の「天下之牝」に対する王注に、「靜而不求、物自歸之也」とある。

（一〇）「不爲而成」と同文が、第四十七章に、「是以聖人不行而知、不見而名、不爲而成」とある。その王注には、「明物之性、因之而已。故雖不爲、而使之成矣」とある。

（一一）「立善」と同文が、第十七章の「太上、下知有之。其次、親而譽之」に対する王注に、「不能以無爲居事、不言爲教、立善行施、使下得親而譽之也」とあり、第五十八章注に、「立善以和萬物、則便復有妖之患也」とある。

（一二）「爲而成之、必有敗焉」に関連して、第二十九章には、「爲者敗之、執者失之」とある。その王注には、「萬物以自然爲性。故可因而不可爲也、可通而不可執也。物有常性、而造爲之、故必敗也。物有往來、而執之、故必失矣」とある。

（一三）「善名生、則有不善應焉」に関連して、第二章に、「天下皆知美之爲美、斯惡已。皆知善之爲善、斯不善已」とあり、その王注に、「美惡猶喜怒也、善不善猶是非也。喜怒同根、是非同門。故不可得偏擧也」とある。王弼は、善不善などの相対的な概念は本源を同じくしており、互いに相手に依存して生じるため、一方だけが生じることはないと考える。

(一四)「本在無爲、母在無名」について、「本」・「母」は、いずれも根源のこと。第五十二章の「既知其母、復知其子、既知其子、復守其母、沒身不殆」に対する王注に、「母、本也。子、末也。得本以知末、不舍本以逐末也」とある。王弼が無爲無名なるものを根源と考えることは、道について、第一章注に、「道以無形無名始成萬物」と述べ、第二十三章注に、「道以無形無爲成濟萬物」と述べることからも確認できる。

(一五)「棄本捨母而適其子」に関連して、第五十七章の「法令滋彰、盜賊多有」に対する王注には、「立正欲以息邪、而奇兵用。多忌諱欲以耻貧、而民彌貧。利器欲以強國者也、而國愈昏。皆舍本以治末。故以致此也」とあり、正道を立てることで邪事を取り除こうとすること、禁令を多くすることで貧窮を恥とさせること、便利な物で国を強くしようとすることが、すべて本を捨てて末を治めることと述べられる。

(一六)「宏普博施」は、すべてに博く施すこと。同様の表現は、『周易』屯卦九五爻辭の王注に、「不能恢弘博施、无物不與、拯濟微滯、亨于群小」とある。

(一七)「往來」は、ここでは自分が受けたものを相手にも返すこと。『禮記』曲禮篇上に、「禮尚往來。往而不來、非禮也。來而不往、亦非禮也。人有禮則安、無禮則危」とある。

(一八)王弼は、本章第三十八章の本文について、上徳と下徳を分けたうえで、上仁・上義・上禮についてはすべて下徳と考える。このことは王注において、上徳は無爲であるが、下徳である上仁・上義・上禮はすべて爲之、すなわち有爲であり、下徳のうちに上仁・上義・上禮が順に位置づくと説明される。

上徳	下徳		
	上仁	上義	上禮
無爲	爲之	爲之	爲之
無以爲	無以爲	有以爲	莫之應、則攘臂而扔之

(一九)「夫大之極也、其唯道乎」に関連して、第二十五章には、「故道大、天大、地大、王亦大。域中有四大、而王居其一焉。人法地、地法天、天法道、道法自然」として、道・天・地・人(王)が大であり、人は地に則り、地は天に則り、天は道に則ると述べられる。なお、王弼『老子指略』には、「大也者、取乎彌綸而不可極也」とあり、大という呼称は、万物をあまねく包んで極まらないという性質に対して言われたものと述べられる。

(二〇)「徳盛業大、富有萬物」は、『周易』繫辭上傳に、「顯諸仁、藏諸用、鼓萬物而不與聖人同憂、盛徳大業、至矣哉。富有之謂大業、日新之謂盛徳」とあるのを踏まえる。万物を包含することを大業といい、万物を日々に生成変化させて窮まらないことを盛徳という。なお、「盛徳大業、至矣哉」についての韓康伯注には、「夫物之所以通、事之所以理、莫不由乎道也。聖人、功用之母、體同乎道、盛徳大業、所以能至」とあり、「富有之謂大業」

についての韓康伯注には、「廣大悉備、故曰富有」とある。また、「富有萬物」と同文は、『周易』復卦彖傳の王注にも、「然則天地雖大、富有萬物、雷動風行、運化萬變、寂然至无是其本矣」とある。

(二一)「天不能爲載、地不能爲覆」に関連して、第四章注に、「地守其形、德不能過其載。天慊其象、德不能過其覆」として、地の德はそれが載せるものであるということを超えられず、天の德はそれが覆うものであるということを超えられないとあり、そこでも天について「覆」と言われ、地について「載」と言われる。

(二二)「人不能爲贍」に関連して、第四章注に、「故人雖知萬物治也、治而不似二儀之道、則不能贍也」として、人は万物の統治を知っていても、治める際に天地の道を用いなければ、十分なものとはなりえないとあり、そこでも人について「贍」と言われている。

(二三)「萬物雖貴」に関連して、第二十五章注に、「天地之性人爲貴」とある。

(二四)「德」は、ここでは得。なお、古屋昔陽・大槻如電本・樓宇烈は、「得」に作るべきだとする。

(二五)「故能已不勞焉而物無不理」に関連して、第六章の「用之不勤」に対する王注には、「無物不成而不勞也。故曰用而不勤也」とあり、谷神は物でそれに依拠して成り立たないものがないが疲弊しないと述べられる。

(二六)「夫仁義發於内、爲之猶僞」に関連して、王弼『老子指略』に、「絶仁非欲不仁也、爲仁則僞成也」とあり、仁を断つのは不仁であろうとするためではなく、仁を行うと僞となるためとある。

(二七)「雖竭聖智、而民愈害」に関連して、第十九章に、「絶聖棄智、民利百倍」とあり、聖を絶ち智を棄てれば、民の利得は百倍にもなると述べられる。その王注には、「聖・智、才之善也」とある。

(二八)「舍己任物」と同様の表現は、第五章注に、「棄己任物、則莫不理」とある。

(二九)「守夫素樸」について、「素」は、着色されていない白繒《しろぎぬ》。「樸」は、山から伐り出したばかりの荒木。いずれも手の加わっていない本来的なままなものの喩え。『老子』本文では、「樸」の用例は多いが「素」についての用例は少なく、第十九章に、「見素抱樸、少私寡欲」とあるのみである。また、王弼『老子指略』には、「素樸可抱、而聖智可棄」とあり、素樸は守るべきであり、聖智は棄てるべきであると述べられる。

(三〇)「不割而制」に関連して、第二十八章に、「大制不割」とあり、最上の支配は切り分けないことであると述べられる。その王注には、「大制者、以天下之心爲心。故無割也」とある。また、第五十八章に、「聖人方而不割」とあり、その王注には、「以方導物、令去其邪、不以方割物。所謂大方無隅」とある。

(三一)「爲功之母」は、成果の根源となるところ。具体的には道を指す。第五十一章注に、「凡物之所以生、功之所以成、皆有所由。有所由焉、則莫不由乎道也」とあり、王弼『老子指略』に、「夫物之所以生、功之所以成、必生乎無形、由乎無名」とある。なお、「爲功之母」という語は、第三十九章注にも、「爲功之母不可舍也」と見え、王弼『老子指略』にも、「功不可取、美不可用。故必取其爲功之母而已矣」と見える。

（三二）「萬物作焉而不辭也」は、第二章に、「聖人處無爲之事、行不言之教。萬物作焉而不辭、生而不有、爲而不恃、功成而弗居」とあるのを踏まえる。

（三三）「用不以形、御不以名」に関連して、第二十七章注には、「聖人不立形名以檢於物」とあり、聖人は形や名を立てて物を取り締まらないと述べられる。

（三四）「大道」という語は、第十八章に、「大道廢、有仁義」と見え、第三十四章に、「大道汎兮、其可左右」と見え、第五十三章に、「使我介然有知、行於大道、唯施是畏。大道甚夷、而民好徑」と見える。

（三五）「鎭之以無名」と同様の表現は、第三十七章に、「侯王若能守之、萬物將自化。化而欲作、吾將鎭之以無名之樸」とある。その王注には、「化而欲作、作欲成也。吾將鎭之以無名之樸、不爲主也」とあり、わたしはそれを鎭めるのに無名の樸を用いて主とならないと述べられる。

（三六）「志無所營」に関連して、第三章には、「是以聖人之治、虛其心、實其腹、弱其志、強其骨。常使民無知無欲、使夫知者不敢爲也」とあり、聖人の統治は人々の志を弱めると述べられる。その王注には、「骨無知以幹、志生事以亂」とある。

（三七）「用夫無名、故名以篤焉、用夫無形、故形以成焉」に関連して、第一章注に、「道以無形無名始成萬物」とあり、第十四章注に、「無形無名者、萬物之宗也」とあり、王弼『老子指略』に、「夫物之所以生、功之所以成、必生乎無形、由乎無名。無形無名者、萬物之宗也」とある。

（三八）「守母以存其子」に関連して、第五十二章には、「既知其母、復知其子、既知其子、復守其母、沒身不殆」とあり、子を知っても母を守り続ければ身を終えるまで危險がないと述べられる。その王注には、「母、本也。子、末也。得本以知末、不舍本以逐末也」とある。

（三九）「崇本以擧其末」と同様の表現は、第五十七章の「故聖人云、我無爲而民自化、我好靜而民自正、我無事而民自富、我無欲而民自樸」に對する王注に、「此四者、崇本以息末也」とあり、第五十八章の「是以聖人方而不割、廉而不劌、直而不肆、光而不燿」に對する王注に、「此皆崇本以息末、不攻而使復之也」とあり、王弼『老子指略』に、「老子之書、其幾乎可一言而蔽之。噫、崇本息末而已矣」とあり、同じく王弼『老子指略』に、「故見素樸以絕聖智、寡私欲以棄巧利、皆崇本以息末之謂也」とある。

（四〇）「形器、匠之所成、非可以爲匠也」について、後に西晉の裴頠は、「崇有論」を著し、「匠非器也。而制器必須於匠。然不可以制器以非器、謂匠非有也」（『晉書』卷三十五 裴頠傳）として、匠は器ではないが、器を作る時には匠が必要で、しかし器を作るのが器でないものであるからといって、匠を有ではないとすることはできないと述べ、王弼と同樣の喩えを用いて、根源を無形無名と考える王弼の議論を批判する。

（四一）「功在爲之、豈足處也」は、成果の根源のところに留まるべきで、成果そのものに留まってはならないことを言う。前文の「故に苟しくも其の功を爲すの母を得れば、則ち萬物は作るも辭せざるなり、萬事は存するも勞せざるなり」と一連の内容。同樣の議論は、王弼『老子指略』に、「功不可取、美不可用。故必取其爲功之母而已矣」とある。

[現代語訳]

老子道徳經下篇

第三十八章

上徳（の人）は徳を徳として立てることがなく、そのことによって徳がある。下徳（の人）は徳を失うまいとして、そのことによって徳がない。上徳（の人）は無爲であってことさらな営為がなく、下徳（の人）は有爲であってことさらな営為がある。（その下徳のうちで）上仁（の人）は有爲であってことさらな営為がなく、上義（の人）は有爲であってことさらな営為があり、上禮（の人）は有爲であって禮に対応していなければ、腕まくりをして攻撃する。もとより道が失われた次の段階に徳が出現し、徳が失われた次の段階に仁が出現し、仁が失われた次の段階に義が出現し、義が失われた次の段階に禮が出現するのである。そもそも禮とは、忠信が薄くなった（ことによってもたらされた）もので混乱の始まりである。物事を予見する知識というのは、道の表層であって愚劣の始まりである。そういう訳で立派な人はその重厚なところにいて、その浅薄なところにはおらず、その実質のところにいて、その表層のところにはいない。もとよりあちらを捨ててこちらを取るのである[一]。

[王注]

[一]「徳」とは、得である。常に得ていて失うことがなく、利得を与えて損失がない。そのため徳という名なのである。どのようにして徳を得るのか。（それは）道に基づくのである。どのようにして徳を尽くすのか。（それは）無をはたらきとするのである。無をはたらきとするのであれば、何事も対応していないものがない。したがって物は、それを無としているのであれば（他の）物が依拠しないことがなく、それを有としているのであればそれ自体のあり方から免れるには足りていない。

こういう訳で天地は広漠であるといっても、無を心《しん》としており、聖王は偉大であるといっても、虚を主《しゅ》としている。ここから（『周易』復卦彖傳・象傳には）復帰して視れば、天地の心が見え、（冬至・夏至という）至日になってそれを考えれば、先王の主が見えると言われるのである。したがって自己を取り払ってその身を無とするのであれば、世界中のどこであっても眺められないことがなく、近くも遠くも到達しないところがない。（しかし逆に）そうした（本来的な）自己のあり方を誤ってその心《こころ》を有とするのであれば、一つの体《からだ》であっても十全にすることはできず、肌と骨であっても互いに受け入れることができない。

こういう訳で上徳の人は、ただ道をはたらかせるだけで、自身の徳を徳として立てることなく、（それを）執ることも用いることもない。それゆえに徳をもちすべてを成し遂げられるのである。（ただ一方で）求めることなく得て、行なうことなく果たしている。それゆえに徳をもつとはいっても徳の名が無いのである。（逆に）下徳（の人）は求めてそれを得て、行なってそれを果たしている。そうであれば善い方法を立てて物事を処理しているということである。それゆえ徳の名が有るのである。（しかしながら）求めてそれを得ると、必ず失うところがあり、行なってそれを果たすと、必ず損なうところがある。善の名が生じると、不善もそれに呼応（して発生）するのである。したがって下徳（の人）は有爲であってことさらな営為がある。（上徳の人のように）ことさらな営為がないというのは、（特定の方向に）偏って行なうことがないことである。（逆に）無爲であることができずに何かを行う者は、どれも下徳である。仁義禮節がこれに当たる。

（そして）徳の上下を明らかにしようとする際には、下徳を取り上げて上徳に対置する。ことさらな営為がないことにまでに至るのは、下徳において水準を極めるものである。上仁がこれに当たる。（しかしながら上仁の人は）ことさらな営為がないことに到達するのに十分であるのに依然として有爲である。有爲でありながらことさらな営為がないのであって、それゆえに有爲であることの弊害はある。（そもそも）本は無爲にあり、母は無名にあるのに、（このように）本を棄て母を捨ててその子に適《かな》うのであれば、功績が偉大なものであったとしても、必ず成し遂げていないところがあり、名が優れたものであったとしても、偽もまた必ず生じているのである。

行なわずに果たし、着手せずに治めることができなければ、そのことによって何かを行なうことになる。したがってすべてに博く施して仁によって万物を愛おしむ者（である上仁の人）が出現する。しかしながら（この人は）万物を愛おしむ際に偏って愛おしむということはない。そのため上仁（の人）は有爲であるがことさらな営為がないのである。愛おしむことを兼ね備えられなければ、進退が正直で義によって万物を秩序づける者（である上義の人）が出現する。（この人は）曲がっていることに憤り正しいことを励まし、あちらを助けこちらを制して、どのようなことであっても心を用いて成し遂げる。したがって上義（の人）は有爲であってことさらな営為があるのである。正直さについても誠実であることができなければ、游藝や服飾に典法を定めて禮によって万物を敬う者（である上禮の人）が出現する。（この人は）修養と恭敬を貴び好んで、報答の次第を推し量るので、たちまちにして怒りが生ずることになる。したがって上禮（の人）は有爲であり禮に対応していなければ、腕まくりをして攻撃するのである。

そもそも大の究極であるのは、道でしかあるまい。それより以下のものは、どうして尊ぶに足りようか。もとより（道の）徳は盛んで業は大いなるもので、万物をすべて包含しているが、それぞれ（の物）は固有の徳を得ていて、それ自体が際限なくあることはできない。そのため天は載せることはできず、地は覆うことができず、人は充足することができないのである。万物は重要なものであるとはいっても、無をはたらきとしており、無を捨ててそのものとして成り立つことはできない。無を捨ててそのものとして成り立つことができないならば、大であることを失っている。これがいわゆる（『老子』本文の）道が失われた次の段階に徳が出現するということである。

（しかしそれでもなお）無をはたらきとしていれば、その母なるところを得て（徳を有して）いる。そのため自身が取り掛からなくとも物が治まらないことがない。それ以下のものになると、はたらきの母を失っている。（つまり）無爲であることができず、博く施すことを重視する。（そしてまた）博く施すことができず、正直《せいちょく》であることを重視する。（そしてまた）正直であることができず、外飾や恭敬を重視する。これがいわゆる（『老子』本文の）徳が失われた次の段階に仁が出現し、仁が失われた次の段階に義が出現し、義が失われた次の段階に禮が出現するということである。

そもそも禮の始まりは、忠信が尽くされず、道理が通じなくなったことで、表面ばかりを批判して、些細なことに形式を争うことから起こる。そもそも仁義は（心の）内側から発するものであるのに、それを行なうことでさえ偽となるのである。まして外面を飾ることに努めていて久しくすることができようか。それゆえに（『老子』本文にあるように）禮というのは、忠信が薄くなった（ことによってもたらされた）もので混乱の始まりなのである。

前識とは、人に先駆けて理解することであり、下徳のなかまである。その聡明さを尽くすことであらかじめ理解し、その知力を働かせることで様々な事を処理すれば、物事の内実を理解しても、賢《さか》しらさがますます増していき、栄誉を博しても、ますます篤実さを失っていく。苦労しても事態は昏迷し、努力しても統治が乱れ、聖智を尽くしているにも拘わらず、民はますます損なわれるのである。（これに対し）自己を捨てて物に任せれば、何もせずに泰平となり、素樸（の状態）を守れば、切り分けずに制御される。（そうであるのに）あちらで獲たものに耽り、こちらで守っていたものを棄てるので、（『老子』本文にあるように）物事を予見する知識というのは、道の表層であって愚劣の始まりなのである。したがってもし成果の母なるところを得るのであれば、万物が成長しても感謝されず、万事が存立しても疲弊しない。運用するのに形を用いず、統御するのに名を用いないので、仁義が顕われることができ、禮敬が明らかになることができるのである。

そもそも万物に対応するのに大道を用いて、万物を安定させるのに無名を用いるのであれば、物は貴ぶところがなく、志は作用するところがない。それぞれがそれ自身の貞正に任せ、事にあたってはそれ自身の誠実さを用いれば、仁徳は厚く、行義は正しく、禮敬は清いのである。（逆に）その対応する（おおもとの）ところを棄て、その生じる（おおもとの）ところを捨てて、すでに形になったところを用い、聡明さを働かせるのであれば、仁は偽《にせ》ものとなり、義は競うものとなり、禮は争うものとなる。したがって仁徳が厚いのは、仁を用いることがそれを可能にしたのではない。行義が正しいのは、義を用いることがそれを成り立たせたのではない。禮敬が清いのは、禮を用いることがそれをやり遂げたのではない。万物に対応するには道を用い、万物を統括するには母を用いるのである。それによってそれを顕わしても貴ぶところがなく、それを明らかにしても競い合うところがない。

あの無名なるものをはたらかせることで、それゆえに名は篤実となるし、あの無形なるものをはたらかせることで、それゆえに形は完成する。母を守ったうえでその子を存立させ、本を尊んだうえでその末を取り上げれば、形と名はともに保たれ、邪《よこしま》なものが発生することなく、大美であることは天にも匹敵して、うわべだけのものが起こることはない。したがって母は遠ざけるべきではなく、本は失うべきではないのである。仁義は、母の生んだものであるが、それを母とすることはできない。（たとえるなら）形器は、工匠が完成したものであるが、それを工匠とすることはできないのである。（そうであるから）その母を捨ててその子をはたらかせ、その本を棄ててその末に適うと、名に分節されたところができ、形に限界となるところができる。（そうであれば）その大を極めようとしても、必ず及んでいないところがあり、その美を盛んにしようとしても、必ず憂患がある。成果というのは何かを行ったところに出てきたものであるから、どうして（成果に）留まることに足りようか。

【原文】

第三十九章

昔之得一者[一]、天得一以清、地得一以寧、神得一以靈、谷得一以盈、萬物得一以生、侯王得一以爲天下貞。其致之[二]。天無以清將恐裂[三]。地無以寧將恐發。神無以靈將恐歇。谷無以盈將恐竭。萬物無以生將恐滅。侯王無以貴高將恐蹶。故貴以賤爲本、高以下爲基。是以侯王自稱孤・寡・不穀。此非以賤爲本耶、非乎。故致數譽無譽。不欲琭琭如玉、珞珞如石[四]。

[王注]

[一] 昔、始也。一、數之始而物之極也。各是一物之1(生)所以爲主也。物皆各得此一以成、既成而舍以居成。居成則失其母。故皆裂・發・歇・竭・滅・蹶也。

[二] 各以其一、致此清・寧・靈・盈・生・貞。

[三] 用一以致清耳、非用清以清也。守一則清不失、用清則恐裂也。故爲功之母不可舍也。是以皆無用其功。恐喪其本也。

[四] 清不能爲清、盈不能爲盈、皆有其母、以存其形。故清不足貴、盈不足多。貴在其母而母無貴形。貴乃以賤爲本、高乃以下爲基。故致數譽乃無譽也。玉・石、琭琭珞珞、體盡於形。故不欲也。

〔校勘〕

1.『世説新語』言語篇の劉孝標注に引用される王注に、「一者、數之始而物之極也。各是一物所以爲主也。各以其一、致此清・寧・貞」とあるのに従い、「生」を省く。

《訓読》

第三十九章

昔《はじめ》の一(一)を得たる者[一]、天は一を得て以て清み、地は一を得て以て寧《やす》く、神(二)は一を得て以て靈あり、谷は一を得て以て盈ち、萬物は一を得て以て生じ、侯王は一を得て以て天下の貞と爲る。其れ之を致す[二]。天は以て清むこと無くんば將た恐らくは裂けん[三]。地は以て寧きこと無くんば將た恐らくは發《うご》かん。神は以て靈なること無くんば將た恐らくは歇《や》まん。谷は以て盈つること無くんば將た恐らくは竭《つ》きん。萬物は以て生ずること無くんば將た恐らくは滅《ほろ》びん。侯王 以て貴高なること無くんば將た恐らくは蹶《たふ》れん。故に貴は賤を以て本と爲し、高は下を以て基と爲す。是を以て侯王は自ら孤・寡・不穀と稱す(三)。此れ賤を以て本と爲すに非ざるか、非か。故に數譽を致さるるは譽無し。琭琭たる玉の如き、珞珞たる石の如きを欲せず[四]。

[王注]

[一]「昔」は、始なり(四)。「一」は、數の始めにして物の極なり(五)。各〻是れ一は物の主と爲る所以なり。物は皆 各〻此の一を得て以て成るも、既に成りて舍てて以て成に居る。成に居れば則ち其の母を失ふ(六)。故に皆 裂・發・歇・竭・滅・蹶なり。

[二] 各〻其の一を以て、此の清・寧・靈・盈・生・貞を致す。

[三] 一を用ひて以て清を致すのみ、清を用ひて以て清なるに非ざるなり。一を守れば則ち清は失はれず、清を用ふれば則ち恐らくは裂けん。故に功を爲すの母は舍つ可からざるなり(七)。是を以て皆 其の功を用ふる無し。恐らくは其の本を喪はん。

[四] 清は清を爲す能はず、盈は盈を爲す能はず、皆 其の母有り

て、以て其の形を存す。故に清は貴とするに足らず、盈は多とするに足らず。貴は其の母に在るも母に貴の形無し。貴は乃ち賤を以て本と爲し、高は乃ち下を以て基と爲す。故に數譽を致さるるは乃ち譽無きなり。玉・石は、琭琭珞珞たるも、體は形に盡く。故に欲せざるなり。

(補注)

(一)「一」は、ここでは道のこと。

(二)「神」は、予測できない妙用。物の本来的なはたらき。

(三)「是以侯王自稱孤・寡・不穀」について、「孤」は、みなしご。『禮記』王制篇に、「少而無父者謂之孤」とある。「寡」は、徳の少ない者。「不穀」は、よからぬ者。『禮記』曲禮篇下の「於內自稱曰不穀」に対する鄭玄注に、「與民言之謙稱。穀、善也」とある。王侯が孤・寡・不穀と自称することは、第四十二章にも、「人之所惡、唯孤・寡・不穀、而王侯以爲稱」とある。

(四)「昔、始也」について、ここで「始」と解釈されるのは、王弼が本章の「一」を万物の始原としての「一」と解釈したためである。万物の始原としての「一（道）」は、たとえば第二十一章の「以閱衆甫」に対する王注に、「衆甫、物之始也。以無名閱萬物始也」とある。こうした解釈は、たとえば河上公注に、「昔、往也」として、古にあった「一」とする解釈とは異なったものである。なお、そうした始原としての「一」は、本章の王注で「爲功之母」とも言い換えられるように、万物を完成させる根源でもある。このことは、第五十二章に、「天下有始、以爲天下母」とあり、その王注に、「善始之、則善養畜之矣。故天下有始、則可以爲天下母矣」と述べられている。

(五)「物之極」という語は、他にも第十章注に、「玄、物之極也」と見え、第十六章注に、「言致虛物之極篤、守靜物之眞正也」と見える。

(六)「居成則失其母」について、「母」は、根源。第五十二章の「既知其母、復知其子、既知其子、復守其母、沒身不殆」に対する王注に、「母、本也。子、末也」とある。母を離れたところに居続けると母を失うことに関連して、第三十八章注には、「本在無爲、母在無名、棄本捨母而適其子、功雖大焉、必有不濟、名雖美焉、僞亦必生」と述べられる。

(七)「爲功之母」という語は、第三十八章注にも、「故苟得其爲功之母、則萬物作焉而不辭也、萬事存焉而不勞也」と見え、王弼『老子指略』にも、「功不可取、美不可用。故必取其爲功之母而已矣」と見える。

[現代語訳]

第三十九章

始原の一を得るものについて言えば[一]、天が一を得ることによって清み、地が一を得ることによって安定し、神が一を得ることによって霊妙となり、谷が一を得ることによって盈《み》ち、万物が一を得ることによって生じ、侯王が一を得ることによって天下の貞正となっている。一がこれらのことをそうさせるのである[二]。天は一を得て清むのでなければ恐らく裂けてしまう[三]。地は一を得て安定するのでなければ恐らく崩れてしまう。神は一を得て霊妙となるのでなければ恐らく止まってしまう。谷は一を得て盈ちるのでなければ恐らく涸れてしまう。萬物は一を得て生じるのでなければ恐らく滅びてしまう。侯王は一を得て高貴になるのでなければ恐らく倒れてしまう。したがって貴は賤を根本とし、高は下を基底とするのである。（そして）このことによって侯王は孤［みなしご］・寡［徳の少ない者］・不穀［よからぬ者］と自称するのである。これこそ賤を根本としていることではなかろうか。したがって数多の名誉を与えられるものには名誉がない。（侯王は）うるわしい玉のようであることも、些末な石のようであることも（そのいずれも）求めないのである［四］。

［王注］

［一］「昔」は、始である。「一」は、数の始まりであり物の究極である。それぞれの一がその物の主をなす根源である。物はみなそれぞれがこの一を得ることによって完成するが、完成すると（一を）捨てて完成したところに居続ける。完成したところに居続けると母を失う。そのためすべて（天は）裂け・（地は）崩れ・（神は）止まり・（谷は）涸れ・（万物は）滅び・（侯王は）倒れるのである。

［二］それぞれがその一に基づいて、これらの（天が）清むこと・（地が）安定すること・（神が）霊妙であること・（谷が）盈ちること・（万物が）生じること・（侯王が）貞正であることを発揮する。

［三］（天は）一をはたらかせることによって清むことを発揮するのであって、清（それ自体）をはたらかせることによって清むのではない。一を守るならば清むことは失われず、清をはたらかせるのであれば恐らく裂けてしまう。そのため（そうした）はたらきの母は捨て去ってはならないのである。こういう訳で（天・地・神・谷・万物・侯王は）すべてそのはたらき（それ自体）を用いることがない。（そうしたならば）その根本を失うことになるのである。

［四］清（それ自体）は清をはたらかせることができず、盈（それ自体）は盈をはたらかせることができず、すべてその母があることによって、その（あるべき）形が存在する。したがって清は貴とするには足らず、盈は多とするには足りない。（そうであれば）貴はその母に存在するはずだが（当の）母なるところには貴という形がない。貴は賤を根本としており、高は下を基底とするのである。（そして）それゆえに数多の名誉を与えられるものには名誉が無いのである。玉・石は、（それぞれ）うるわしかったり些末であったりするが、その本質は形に尽くされている。そのため（侯王はそのいずれも）求めないのである。

【原文】

第四十章

反者、道之動[一]。弱者、道之用[二]。天下萬物生於有、有生於無[三]。

[王注]

[一] 高以下爲基、貴以賤爲本、有以無爲用。此其反也、動皆[1](知)〔之〕其所無、則物通矣。故曰反者、道之動也。

[二] 柔弱同通、不可窮極。

[三] 天下之物、皆以有爲生、有之所始、以無爲本。將欲全有、必反於無也。

〔校勘〕

1．道藏集注本により、「知」を「之」に改める。

《訓読》

第四十章

反なる者は、道の動なり[一]。弱なる者は、道の用なり[二]。天下萬物は有に生じ、有は無に生ず[三]。

[王注]

[一] 高は下を以て基と爲し、貴は賤を以て本と爲し(一)、有は無を以て用と爲す(二)。此れ其の反なるや(三)、動は皆 其の無とする所に之《ゆ》けば、則ち物は通ず。故に「反なる者は、道の動なり」と曰ふなり。

[二] 柔弱は同《とも》に通じ、窮極す可からず(四)。

[三] 天下の物は、皆 有を以て生と爲し、有の始まる所は、無を以て本と爲す(五)。將に有を全くせんと欲すれば、必ず無に反るなり(六)。

(補注)

(一)「高以下爲基、貴以賤爲本」は、第三十九章に、「故貴以賤爲本、高以下爲基」とあるのを踏まえる。

(二)「有以無爲用」は、有がその機能を十全に発揮する場合は必ず無をはたらきとしていることを言う。第十一章に、「故有之以爲利、無之以爲用」とあるのを踏まえており、その王注には、「木・埴・壁所以成三者、而皆以無爲用也。言無者、有之所以爲利、皆頼無以爲用也」とある。また、同様の表現は、第一章注に、「凡有之爲利、必以無爲用」とあり、第三十八章注に、「何以盡德。以無爲用。以無爲用、則莫不載也」とあり、同じく第三十八章注に、「萬物雖貴、以無爲用、不能捨無以爲體也。不能捨無以爲體、則失其爲大矣。所謂失道而後德也。以無爲用、則德其母」とある。

(三)「此其反也」について、この王注だけを見れば、上の文を受けて、「此れ其の反なり」とし、「これがそれぞれの反〔対するもの〕である」、すなわち下が高に対するもの、賤が貴に対するもの、無が有に対するものであることについて反というと解する方が自然である。ただ、反が道の動きとされるものであること、および後の王注の「將欲全有、必反於無也」の解釈が成り立ちづらいことから、本訳注では、「此れ其の反なるや」と訓み、反についても根源への復帰の意味で解した。

(四)「不可窮極」と同文が、第三十五章注に、「若無所中然、乃用之不可窮極也」とある。また、同様の表現は、第四十三章注に、「無有不可窮、至柔不可折」とある。

（五）「天下之物、皆以有爲生、有之所始、以無爲本」について、この箇所は本文から意図的に意味がずらされた注釈が施されている。すなわち、本文をそのまま解釈した場合、「万物は有から生まれ、有は無から生まれる」として、無→有→万物という万物生成論になるが、王注では、「天下の物は、すべて有を生とし、有が開始するところは、無を根本とする」として、有において存在し活動する万物が無を根本とする、という意味の注釈となっている。具体的には、「万物は有から生まれる」という本文については、本文で動詞であった「生」字を名詞として用いることで「万物は有において存在活動している」という意味に変換し、「有は無から生まれる」という本文については、「生じる」を「始まる所は、無を以て本と爲す」と言い換えることで「有が開始するところは無を根本とする」という意味に変換しており、本文の意味を変更するために強引な操作が加えられている。こうした操作が行われるのは、王弼が『老子』の道が本来有していた、万物を生じる起源としての性格を脱色しようとしたためと考えられ、他にも第四十二章に、「道生一、一生二、二生三、三生萬物」とある本文は、言語と対象を巡る議論として解釈し直されている。また、王弼は『老子』注全体を通して、「道は萬物を生ず（道生萬物）」、「萬物は道より生ず（萬物生於道）」というような表現をしておらず、本文にそうした表現があっても注釈では回避している。堀池信夫『漢魏思想史研究』（明治書院、一九八八年）、楼宇烈『王弼集校釋』前言（一九八九年、中華書局）、伊藤涼「王弼における「物」と「道」――『老子』に対する注釈態度に触れて――」（『東洋の思想と宗教』三七、二〇二〇年）を参照。

（六）「將欲全有、必反於無也」について、物が十全な活動を行う際にその無とするところへと復帰することに関連して、第十六章に、「夫物芸芸、各復歸其根」とあり、第二十八章に、「知其雄、守其雌、爲天下谿。爲天下谿、常德不離、復歸於嬰兒。知其白、守其黑、爲天下式。爲天下式、常德不忒、復歸於無極。知其榮、守其辱、爲天下谷。爲天下谷、常德乃足、復歸於樸」とある。第二十八章の王注には、「此三者、言常反終、後乃德全其所處也」とある。

［現代語訳］

第四十章

反〔根源への復帰〕は、道の動きである［一］。弱〔柔弱であること〕は、道のはたらきである［二］。天下万物は有において活動し、有は無を根源に始まる［三］。

［王注］

［一］高は下を基底とし、貴は賤を根本とし、有は無をはたらきとする。反というのは、動きがすべてその無とするところに向かうことで、それによって物は通達する。そのため「反なる者は、道の動なり」というのである。

［二］柔弱は共に通達し、窮まることがない。

［三］天下の物は、すべて有として活動を行い、有が始まるところは、無を根本とする。（そのため、あるものが）有を十全にしようとすると、必ず無に立ち返るのである。

【原文】

第四十一章

上士聞道、勤而行之[一]。中士聞道、若存若亡。下士聞道、大笑之。不笑不足以爲道。故建言有之[二]。明道若昧[三]、進道若退[四]、夷道若纇[五]。上德若谷[六]、1（太）〔大〕白若辱[七]、廣德若不足[八]、建德若偸[九]、質眞若渝[一〇]。大方無隅[一一]、大器晩成[一二]、大音希聲[一三]、大象無形[一四]。道隱無名。夫唯道善貸且成[一五]。

〔王注〕

[一] 有志也。
[二] 建、猶立也。
[三] 光而不耀。
[四] 後其身而身先、外其身而身存。
[五] 纇、埳也。大夷之道、因物之性、不執平以割物。其平不見、乃更反若纇埳也。
[六] 不德其德、無所懷也。
[七] 知其白、守其黑、大白然後乃得。
[八] 廣德不盈、廓然無形、不可滿也。
[九] 偸、匹也。建德者、因物自然、不立不施。故若偸匹。
[一〇] 質眞者、不矜其眞。故若渝。
[一一] 方而不割。故無隅也。
[一二] 大器、成天下不持2（全）〔分〕別。故必晩成也。
[一三] 聽之不聞、名曰希。不可得聞之音也。有聲則有分、有分則不宮而商矣。分則不能統衆。故有聲者非大音也。
[一四] 有形則有分。有分者、不溫則3（炎）〔涼〕、不炎則寒。故象而形者、非大象。
[一五] 凡此諸4（善）〔大〕、皆是道之所成也。在象則爲大象、而大象無形。在音則爲大音、而大音希聲。物以之成、而不見其5（成）形。故隱而無名也。貸之非唯供其乏而已、一貸之則足以永終其德。故曰善貸也。成之不加機匠之裁、無物而不濟其形。故曰善成。

〔校勘〕

1．武英殿本・二十二子本・古逸叢書本により、「太」を「大」に改める。
2．陶鴻慶・波多野太郎に従い、「全」を「分」に改める。
3．樓宇烈・東條一堂・波多野太郎に従い、「炎」を「涼」に改める。なお、『文選』巻二十　顏延之「應詔讌曲水作詩」の李善注にも、「王弼曰、有形則亦有分。有分者、不溫則涼。故象者形者非大象也」とあり、「涼」に作る。
4．東條一堂・波多野太郎に従い、「善」を「大」に改める。
5．道藏集注本により、「成」を欠く。

《訓読》

第四十一章

上士は道を聞けば、勤めて之を行ふ[一]。中士は道を聞けば、存するが若く亡《な》きが若し。下士は道を聞けば、大いに之を笑ふ。笑はざれば以て道と爲すに足らず。故に建言に之れ有り[二]。明道は昧《くら》きが若く[三]、進道は退くが若く[四]、夷道は纇の若し[五]。上德は谷の若く[六]、大白は辱《けが》れたるが若く[七]、廣德は足らざるが若く[八]、建德は偸《たぐ》ひの若く[九]、質眞は渝《か》はるが若し[一〇]。大方は隅無く[一一]、大器は晩《おそ》く成し[一二]、大音は希聲[一三]、大象は無形なり[一四]。道は隱れて無名なり。夫れ唯だ道は善く貸《たす》け且つ成す[一五]。

[王注]

[一] 志有ればなり(一)。

[二] 「建」は、猶ほ立のごときなり。

[三] 光あるも耀かず(二)。

[四] 其の身を後にして身は先んじ、其の身を外にして身は存す(三)。

[五] 「纇」は、坰(四)なり。大夷の道は、物の性に因り(五)、平を執りて以て物を割かず。其の平は見えずして、乃ち更に反りて纇坰の若きなり。

[六] 其の德を德とせず(六)、懷《いだ》く所無きなり。

[七] 其の白を知りて、其の黑を守れば(七)、大白は然る後に乃ち得らる。

[八] 廣德は盈たず、廓然にして無形(八)、滿つ可からざるなり。

[九] 「偸」は、匹なり。建德なる者は、物の自然に因りて、立てず施さず(九)。故に偸匹の若し。

[一〇] 質眞なる者は、其の眞を矜らず。故に渝の若し。

[一一] 方なるも割かず(一〇)。故に隅無きなり。

[一二] 大器は、天下を成すに分別を持《たの》まず。故に必ず晩成するなり。

[一三] 之を聽けども聞こえず、名づけて「希」と曰ふ(一一)。之を聞くを得可からざるの音なり。聲有れば則ち分有り、分有れば則ち宮ならずして商なり(一二)。分あれば則ち衆を統ぶる能はず。故に聲有る者は大音に非ざるなり(一三)。

[一四] 形有れば則ち分有り。分有る者は、溫ならざれば則ち涼ならず(一四)、炎ならざれば則ち寒なり。故に象にして形ある者は、大象に非ず(一五)。

[一五] 凡そ此の諸〻の「大」は、皆 是れ道の成す所なり。象に在りては則ち大象と爲るも、而も大象は無形なり。音に在りては則ち大音と爲るも、而も大音は希聲なり。物は之を以て成るも、而も其の形を見ず(一六)。故に隱れて無名なり。之を貸《たす》くるには唯だ其の乏に供するのみに非ず、一たび之を貸くれば則ち以て永く其の德を終ふるに足る。故に「善く貸く」と曰ふなり。之を成すに機匠の裁を加へざるも(一七)、物として其の形を濟《な》さざるは無し。故に「善く成す」と曰ふ。

(補注)

(一) 「有志也」は、第三十三章に、「強行者有志」とあるのを踏まえる。その王注には、「勤能行之、其志必獲。故曰強行者有志矣」とある。

(二) 「光而不耀」は、第五十八章に、「是以聖人方而不割、廉而不劌、直而不肆、光而不燿」とあるのを踏まえる。その王注には、「以光鑑其所以迷、不以光照求其隱慝也。所謂明道若昧也」とある。

(三) 「後其身而身先、外其身而身存」は、第七章に、「是以聖人後其身而身先、外其身而身存」とあるのを踏まえる。

(四) 「坰」は、樓宇烈によれば、深窪(深いくぼみ)。

(五) 「因」は、対象に因循すること、従うこと。「因物之性」と同文が、第二十七章注に、「此五者、皆言不造不施、因物之性、不以形制物也」とあり、第三十六章注に、「將欲除強梁、去暴亂、當以此四者。因物之性、令其自戮、不假刑爲大以除物也。故曰微明也」とあり、同じく第三十六章注に、「唯因物之性、不假形以理物」とある。

(六)「不德其德」は、第三十八章に、「上德不德、是以有德」とあるのを踏まえる。その王注には、「是以上德之人、唯道是用、不德其德、無執無用。故能有德而無不爲」とある。

(七)「知其白、守其黑」は、第二十八章に、「知其白、守其黑、爲天下式」とあるのを踏まえる。

(八)「廓然無形」と同様の表現は、第二十章の「我獨怕兮其未兆、如嬰兒之未孩」に対する王注に、「言我廓然、無形之可名、無兆之可擧、如嬰兒之未能孩也」とある。

(九)「因物自然、不立不施」と同様の表現は、第二十七章の「善閉無關楗而不可開、善結無繩約而不可解」に対する王注に、「因物自然、不設不施。故不用關楗・繩約、而不可開解也。此五者、皆言不造不施、因物之性、不以形制物也」とある。また、「不立不施」に関連して、第十七章の「其次、親而譽之」に対する王注に、「不能以無爲居事、不言爲教、立善行施、使下得親而譽之也」とあり、無爲や不言と対になるものとして「立善行施」が説かれている。

(一〇)「方而不割」は、第五十八章に、「是以聖人方而不割、廉而不劌、直而不肆、光而不燿」とあるのを踏まえる。その王注には、「以方導物、令去其邪、不以方割物。所謂大方無隅」とある。

(一一)「聽之不聞、名曰希」は、第十四章に、「視之不見、名曰夷。聽之不聞、名曰希。搏之不得、名曰微」とあるのを踏まえる。

(一二)「有分則不宮而商矣」に関連する表現は、王弼『老子指略』に、「無形無名者、萬物之宗也。不溫不涼、不宮不商。……若溫也則不能涼矣、宮也則不能商矣」とある。

(一三)「有聲者非大音也」と同様の表現は、王弼『老子指略』に、「形必有所分、聲必有所屬。故象而形者、非大象也。音而聲者、非大音也」とある。

(一四)「不溫則涼」に関連する表現は、王弼『老子指略』に、「無形無名者、萬物之宗也。不溫不涼、不宮不商。……若溫也則不能涼矣、宮也則不能商矣」とある。

(一五)「象而形者、非大象」と同文が、王弼『老子指略』に、「形必有所分、聲必有所屬。故象而形者、非大象也。音而聲者、非大音也」とある。

(一六)「物以之成、而不見其成形」と同様の表現は、第十四章注に、「欲言無邪、而物由以成。欲言有邪、而不見其形」とあり、第二十一章注に、「深遠不可得而見、然而萬物由之」とある。また、第二十五章注に、「混然不可得而知、而萬物由之以成」とある。

(一七)「機匠之裁」は、工匠の仕立て。優れた技術だが作為的に手を加えていることをいう。

[現代語訳]

第四十一章

上等の士は道を聞くと、努力してこれを行う[一]。中等の士は道を聞くと、有るのか無いのかよく分からない。下等の士は道を聞くと、おおいにこれを嘲笑する。(そもそも下等の士に)笑われるのでなければ道とするには足りない。そのため格言には次のようなものがある[二]。(真に)明るい道は暗いようであり[三]、(真に)進む道は退くようであり[四]、(真に)平らな道は窪んでいるようである

〔五〕。最上の徳は谷のようであり〔六〕、偉大な潔白さは汚辱のようであり〔七〕、広闊な徳は足りないようであり〔八〕、確固たる徳は（抜きんでずに）つれあいのようであり〔九〕、素朴で純真なものは変化しているようである〔一〇〕。この上ない方正さには角《かど》がなく〔一一〕、この上なく大きな器（の持ち主）は（統治の）完成に時間がかかり〔一二〕、この上なく大きな音は聲《おと》がなく〔一三〕、この上なく大きな象は形がない〔一四〕。道は隠れていて無名なのである。（しかし）ただ道だけが（万物を）よく助けかつ完成させている〔一五〕。

〔王注〕

〔一〕（努力してそれを行うのは）志があるからである。

〔二〕「建」は、立のようなものである。

〔三〕（真に明るい道は）光があるが照らしつけていない。

〔四〕自分の身を後らすことによってかえってその身が先立ち、自分の身をおろそかにすることによってかえってその身が保たれるのである。

〔五〕「纇」は、㘭〔くぼみ〕である。真に平らな道は、物の性に従い、平らかなるもの（である道）を用いて物を切り分けない。その平らかなるものは（人々には）見えず、むしろかえってくぼんでいるかのようなのである。

〔六〕（最上の徳は）自身の徳を徳として立てることなく、何ももっていない。

〔七〕潔白なあり方を知って、汚辱を受けるあり方を守れば、偉大な潔白さはその後に得られる。

〔八〕広闊な徳は盈《み》たされることがなく、空しく形がないので、満たすことができない。

〔九〕「偸」は、匹である。確固たる徳を持った人は、物のあるがままに従って、（何かを）打ち立てたり施したりしない。そのため（対等の）つれあいであるかのようなのである。

〔一〇〕素朴で純真である人は、その純真さを誇らない。そのため変化しているかのようなのである。

〔一一〕（この上ない方正さは）方正であるが（物を分別して）切り分けない。そのため角《かど》がないのである。

〔一二〕（この上なく大きな器の持ち主は）天下を治める際に分別をすることがない。そのため必ず（統治の）完成には時間がかかるのである。

〔一三〕聴いても聞こえない、（このことを）名づけて「希〔音が無く何も聞こえない〕」という。（大音は）聞くことのできない音である。聲《おと》があると分〔他者との区別〕があり、分があるならば宮聲でないと商聲（というように別々の聲《おと》）となる。（したがって）分があるとすべて（の聲《おと》）を統括することができないのである。そのため聲《おと》を有するものは大音ではない。

〔一四〕形があれば分がある。分があると、温かければ涼しくなく、熱ければ冷たくない（というように別々の形）となる。そのため象で形を有するものは、大象ではない。

〔一五〕すべてこれら諸々の「大〔この上ないあり方〕」というのは、みな道が実現させているものである。（道は）象という観点からみれば大象ということになるが、大象には形がない。音という観点からみれば大音ということになるが、大音には聲《おと》がない。万物はこれに基づいて完成するが、その形を見ることはない。そのため（道は）隠れていて無名なのである。（道が）万物を助ける際はただその窮乏するところ（を補うよう）に与えるだけでなく、ひとたび助け始めれば（物は）最後までその徳を全うすることができる。そのため「善く貸《たす》く」というのである。（また道が）万物を完成させるのに工匠の技術を用いることはないが、万物としてその形を完成させないものはない。そのため「善く成す」というのである。

【原文】

第四十二章

道生一、一生二、二生三、三生萬物。萬物負陰而抱陽、沖氣以爲和。人之所惡、唯孤・寡・不穀、而王[1]〔公〕〔侯〕以爲稱。故物、或損之而益、或益之而損[一]。人之所教、我亦教之[二]。強梁者不得其死、吾將以爲教父[三]。

［王注］

[一] 萬物萬形、其歸一也。何由致一、由於無也。由無乃一、一可謂無。已謂之一、豈得無言乎。有言有一、非二如何。有一有二、遂生乎三。從無之有、數盡乎斯。過此以往、非道之流。故萬物之生、吾知其主。雖有萬形、沖氣一焉。百姓有心、異國殊風。而得一者、王侯主焉。以一爲主、一何可舍。愈多愈遠、損則近之。損之至盡、乃得其極。既謂之一、猶乃至三。況本不一、而道可近乎。損之而益、豈虛言也。

[二] 我之[2]〔教人〕、非強使從之也。而用夫自然、擧其至理。順之必吉、違之必凶。故人相教、違之必自取其凶也。亦如我之教人、勿違之也。

[三] 強梁則必不得其死。人相教爲強梁、則必如我之教人不當爲強梁也。擧其強梁不得其死以教耶。若云順吾教之必吉也。故得其違教之徒、適可以爲教父也。

［校勘］

1．馬敍倫・東條一堂・波多野太郎に従い、「公」を「侯」に改める。

2．陶鴻慶・樓宇烈に従い、「教人」を補う。

《訓読》

第四十二章

道は一を生じ、一は二を生じ、二は三を生じ、三は萬物を生ず。萬物は陰を負ひて陽を抱くも、沖氣(一)以て和を爲す。人の惡《にく》む所は、唯だ孤・寡・不穀なるも、王侯は以て稱と爲す(二)。故《もと》より物は、或《つね》に之を損すれば而《すなは》ち益し、或に之を益せば而ち損す[一]。人の教ふる所は、我も亦た之を教ふ[二]。強梁(三)なる者は其の死を得ず、吾 將に以て教への父と爲す[三]。

［王注］

[一] 萬物萬形、其の歸は一なり(四)。何に由りて一に致る、無に由ればなり(五)。無に由りて乃ち一なれば、一は無と謂ふ可し。已に之を一と謂へば、豈に言無きを得んや。言有り一有れば、二に非ずして如何。一有り二有れば、遂て三を生ず。無より有に之《ゆ》き、數は斯に盡く。此を過ぎて以往は、道の流に非ず(六)。故に萬物の生は、吾其の主を知る(七)。萬形有りと雖も、沖氣は焉を一にす。百姓は心有りて、國を異にし風を殊にす。而れども一を得る者なれば、王侯たりて焉に主たり(八)。一を以て主と爲れば、一は何ぞ舍つ可けんや(九)。愈〻多ければ愈〻遠く、損すれば則ち之に近し。之を損して盡くるに至れば、乃ち其の極を得たり。既に之を一と謂ふすら、猶ほ乃ち三に至る。況んや本 一ならずして、道の近づく可けんをや。之を損すれば而ち益すとは、豈に虛言ならんや。

[二] 我の人に教ふるは、強ひて之に從はしむるに非ざるなり。而して夫の自然を用ひ(一〇)、其の至理を擧ぐ(一一)。之に順へば必ず吉、之に違

へば必ず凶なり。故に人の相 教ふるは、之に違へば必ず自づから其の凶を取るなり。亦た我の人に教ふるが如きも、之に違ふ勿きなり。

[三] 強梁なれば則ち必ず其の死を得ず。人の相 教ふるに強梁爲《た》れば、則ち必ず我の人に教ふるが如きは當に強梁爲《た》るべからず。其の強梁たるものは其の死を得ざるを擧げて以て教へんか。吾の之に教ふるに順へば必ず吉と云ふが若きなり。故に其の違教の徒を得るは、適《まさ》に以て教への父と爲す可きなり。

(補注)

(一)「沖氣」は、空虚な氣、道を指す。第四章には、「道沖而用之或不盈」とある。

(二)「人之所惡、唯孤・寡・不穀、而王侯以爲稱」について、孤は、みなしご。寡は、徳の少ない者。不穀は、よからぬ者。王侯が孤・寡・不穀と自称することは、第三十九章にも、「是以侯王自稱孤・寡・不穀」とある。

(三)「強梁」は、力で押し通すこと。

(四)「萬物萬形、其歸一也」について、万物の根源は、同じであるため、その復帰するところも同じである。第十六章に、「夫物芸芸、各復歸其根」とあり、第四十七章注に、「事有宗而物有主。途雖殊而其歸同也、慮雖百而其致一也」とある。

(五)「何由致一、由於無也」について、万物は根源である道（無）に基づくことで十全なあり方を得ることができ、そのように十全なあり方を得た状態が道（無）へと復帰した状態である。第四十章注に、「天下之物、皆以有爲生、有之所始、以無爲本。將欲全有、必反於無也」とある。

(六)「已謂之一、豈得無言乎。……過此以往、非道之流」は、『莊子』齊物論篇に基づく。なお、本文の「道は一を生じ、一は二を生じ、二は三を生じ、三は萬物を生ず」という文章は、万物生成論として理解することが可能だが、王弼は言語と対象を巡る議論として解釈している。第四十章の補注も参照。『莊子』齊物論篇との具体的な比較については〔参校〕に掲げた。

(七)「萬物之生、吾知其主」について、万物は道に基づいて活動しており、ここではそれが主と表現されている。同様の表現は、第三十九章に、「昔之得一者、……萬物得一以生」とあり、その王注には、「昔、始也。一、數之始而物之極也。各是一物之所以爲主也」とある。

(八)「而得一者、王侯主焉」に関連して、第三十九章に、「侯王得一以爲天下貞」とある。

(九)「以一爲主、一何可舍」に関連して、第三十九章注では、一（道）を得ることで清むという機能を発揮する天について、「用一以致清耳、非用清以清也。守一則清不失、用清則恐裂也。故爲功之母不可舍也」として、天は一をはたらかせることによって清むことを発揮するのであって、清それ自体をはたらかせることによって清むのではない。一を守るならば清むことは失われず、清をはたらかせるのであれば恐らく裂けてしまう。そのためそうしたはたらきの母は捨て去ってはならない、と述べられる。なお、同じく第三十九章注には、「一、數之始而物之極也。各是一物之所以爲主也。物皆各得此一以成、既成而舍以居成。居成則失其母」とあり、物はみなそれぞれが一を得ることによって完成するが、完成するとそれを捨てて完成したところに居続ける。完成したところに居続けると母を失う、と述べられる。

（一〇）「用夫自然」と同様の表現は、第五章注に、「天地任自然、無爲無造」とあり、第二十七章注に、「順自然而行、不造不始」とあり、同じく第二十七章注に、「因物自然、不設不施」とあり、第四十一章注に、「建德者、因物自然、不立不施」とあり、第四十五章注に、「大巧因自然以成器、不造爲異端」とあり、第五十六章の「知者不言」に対する王注に、「因自然也」とある。

（一一）「至理」は、万物に通貫した原理。理は、王弼『周易略例』明象に、「物無妄然、必由其理。統之有宗、會之有元、故繁而不亂、衆而不惑」とあるように、その物をその物として存在せしめる原理であり、『周易』乾卦文言傳に、「夫識物之動、則其所以然之理、皆可知也」とあるように、理を知ることによって物のあり方を理解することができる。「至理」というのは、そうした物それぞれの理を統括する最上の理であり、普遍的な理。第四十七章注には、「道有大常、理有大致」として、すべての理が行き着くところがあると言われる。「至理」という語は、他にも王弼『老子指略』に、「而擧夫歸致以明至理」と見える。

［現代語訳］

第四十二章

道は（万物がそれに基づき一つのところに帰着するので）一となり、一は（一と言表したからには、もとの一とそれを表した言葉で）二となり、二は（一、二ときたのでそのまま）三となり、三（より以降）は（数の法則性がなくなり）万物となる。万物は（それぞれ）陰（の氣）を背負い陽（の氣）を抱きかかえるが、空虚な氣が（それらの）調和をなしている。人々が嫌がることは、ただ孤［みなしご］・寡［徳の少ない者］・不穀［よからぬ者］だけであるが、王侯はかえって（これらのことを）自称する（ことで人々の主となっている）。もとより物事は、いつでも損なうと益し、いつでも益すと損なうのである［一］。人々が教え合うことは、わたしもまたそのことを教える［二］。（自分の意見を）押し通す者は必ずふさわしい死を得られないので、（そうした人がいれば）わたしはその人を教えの父とするのである［三］。

［王注］

［一］万物万形は、その復帰するところが一つである。何に基づいて一つのところに帰着するのか、それは無に基づくのである。無に基づくことで（帰着するところが）一なのであれば、一は無ということができる。（しかし）すでに無を一と言ったならば、どうして言がないとできようか。言があり（もとの）一があるのだから、二でなければ何であろう。一があり二があれば、そのまま三も生まれる。（そして、このように）無から（始まって）有へと進行してきたが、数の法則性はここで尽きる。これ以降（の展開）は道からの流れではないのである。そのため万物が存在し活動することについて、わたしはその主を理解している。多様な形があっても、空虚な氣（である道）がそれらを（同じ根源へと復帰させて）一にしているのである。人々には心があり、国を違え風俗を異にしている。しかし（根源である）一を得る者であれば、王侯であってそうした人々の主となる。一（を得ること）によって主となったのであるから、一はどうして捨てることができようか。（数を）多くしていくと（根源である道から）遠のいていき、（数を）損なっていくと（根源である道に）近づく。数を損なって尽き果てるまでに至ると、その究極のところ（である

道）を得ることができるのである。（しかし）それを一と言うことでさえ、三になってしまう。ましてその始まりのところが一でなかったら、道に近づくことなどできようか。（本文に物事は）損なうと益すとあるのは、どうして戯《ざ》れ言であろうか。

〔二〕わたしが人に教える際には、強制的に従わせるのではない。あるがままを用いて、その至理〔すべての物に通貫する原理〕を指し示すのである。（至理というのは誰であっても）それに順うと必ず吉であり、それに違うと必ず凶である。そのため人々が互いに教え合っていることは、それに違うと必ずおのずとその凶を選び取ることになる。同様にわたしが人に教える際にも、これに違ってはいけないのである。

〔三〕（自分の意見を）押し通すと必ずふさわしい死を得られない。（そのため）人々が互いに教え合う時に（自分の意見を）押し通していても、わたしが人に教える際には必ず（自分の意見を）押し通すべきではない。（そうではなく自分の意見を）押し通す者がふさわしい死を得られないことを取り上げることで教えるべきではないだろうか。（これは結局のところ）わたしが人々に教えることに従えば必ず吉であると述べるようなものである。このようにして（自分と）違うことを教える者がいれば、（その人を）教えの父とみなせるのである。

〔参校〕

○『荘子』齊物論篇との比較

「已謂之一、豈得無言乎。……過此以往、非道之流」について、王弼は『荘子』齊物論篇に基づき、本文を言語と対象を巡る議論として解釈する。

・『老子』王弼注

萬物萬形、其歸一也。何由致一、由於無也。由無乃一、一可謂無。已謂之一、豈得無言乎。有言有一、非二如何。有一有二、遂生乎三。從無之有、數盡乎斯。過此以往、非道之流。

・『荘子』齊物論篇

天地與我並生、而萬物與我爲一。既已爲一矣。且得有言乎。既已謂之一矣。且得無言乎。一與言爲二、二與一爲三。自此以往、巧曆不能得、而況其凡乎。故自無適有以至於三、而況自有適有乎。無適焉、因是已。

本文をそのまま解釈した場合、「道が一を生み、一が二を生み、二が三を生み、三が万物を生む」として、道から万物に至る連鎖的な生成をとく箇所と見ることができ、たとえば、『老子』河上公注は、本文の「道生一」に対して「道使所生者一也」と注し、「一生二」について「生陰與陽也」と注し、「二生三」について「陰陽生和・清・濁三氣、分爲天・地・人也」と注し、「三生萬物」について「天地人共生萬物也。天施、地化、人長、養之也」と注する。しかし、王弼は『老子』注全体を通じて、『老子』の道が本来有する、万物を生じる起源としての性格を取り除いており、本章についても『荘子』齊物論篇の議論を借りて道が万物を生じるという解釈を回避する。王弼が道の万物を生じる起源としての性格を取り除くことは、第四十章の「天下萬物生於有、有生於無」に対して、「天下之物、皆以有爲生、有之所始、以無爲本。將欲全有、必反於無也」と注すること、およびその補注を参照。なお、「一」から「三」までの論理の展開は、「一可謂無」の「謂」を「言う」と解釈するか、「認識する」と解釈するかで二通りの解釈ができる。本訳注では「言う」の意味で解釈したが、「認識する」の意味で解釈した場合の訳も次に掲げておく。「無に基づいて（帰着するところが）一なのであるから、一は無と認めることができる。（しかし）すでにそれを一と認識していれば、どうして（それに対応する）言がないとできようか。言があり（認識した）一があるのだから、二でなければ何であろう。（そして、認識する以前の）一があり（さらに如上の）二があるのだから、（合わせて）三となる。」このように「認識する」の意味で解釈する場合、「一」と「二」が別のものとなり、それらを合わせて「三」となるという点は具合が良い。

【原文】

第四十三章

天下之至柔馳騁天下之至堅[一]、無有入無間。吾是以知無爲之有益[二]。不言之教・無爲之益、天下希及之。

[王注]

[一] 氣無所不入、水無所不[1]（出於）經。

[二] 虚無・柔弱、無所不通。無有不可窮、至柔不可折。以此推之、故知無爲之有益也。

〔校勘〕

1．道藏集注本により、「出於」を省く。

《訓読》

第四十三章

天下の至柔は天下の至堅に馳騁し[一]、無有（一）は無間に入る。吾 是を以て無爲の益有るを知る[二]。不言の教《をしへ》・無爲の益は、天下 之に及ぶもの希なり。

[王注]

[一] 氣は入らざる所無く、水は經《よ》らざる所無し。

[二] 虚無・柔弱は、通ぜざる所無し（二）。無有は窮む可からず（三）、至柔は折る可からず。此れを以て之を推す、故に無爲の益有るを知るなり。

（補注）

（一）「無有」は、何も無いこと。無と同義。王注では、第一章注に、「玄者、冥也。默然無有也」と見え、第三十二章注に、「樸之爲物、隤然不偏、近於無有」と見え、第五十五章注に、「心宜無有」と見える。

（二）「無所不通」と同文が、第十四章注に、「無狀無象、無聲無響。故能無所不通、無所不往」とある。

（三）「不可窮」と同文が、第二十八章の「復歸於無極」に対する王注に、「不可窮也」とある。また、同様の表現は、第四十章注に、「柔弱同通、不可窮極」とある。

[現代語訳]

第四十三章

天下で最も柔らかいものは天下で最も堅いものにも行き渡り[一]、無有は隙間のないところにも入り込む。わたしはこれによって無爲の有益さを知るのである[二]。不言の教えや無爲の有益さは天下でこれに匹敵するものがない。

[王注]

[一] 氣は入り込まないところがなく、水は通過しないところがない。

[二] 虚無や柔弱は、通達しないところがない。（そして）無有は窮まることなく、至柔は折られることがない。このことから、無爲の有益さを知るのである。

【原文】

第四十四章

名與身孰親[一]。身與貨孰多[二]。得與亡孰病[三]。是故甚愛必大費、多藏必厚亡[四]。知足不辱、知止不殆、可以長久。

[王注]

[一] 尚名好高、其身必疏。

[二] 貪貨無厭、其身必少。

[三] 得多利而亡其身。何者、爲病也。

[四] 甚愛、不與物通、多藏、不與物散。求之者多、攻之者衆、爲物所病。故大費、厚亡也。

《訓読》

第四十四章

名と身とは孰れか親しき[一]。身と貨とは孰れか多なる[二]。得と亡とは孰れか病《うら》まる[三]。是の故に甚だ愛《をし》めば必ず大いに費《そこな》ひ、多く藏すれば必ず厚く亡《うしな》ふ[四]。足るを知れば辱しめられず、止まるを知れば殆ふからず、以て長久なる可し。

[王注]

[一] 名を尚び高きを好めば、其の身は必ず疏《しりぞ》く。

[二] 貨を貪り厭《あ》くこと無ければ(一)、其の身は必ず少なり。

[三] 多利を得て其の身を亡ぼす。何者《なんとなれば》、病まるればなり。

[四] 甚だ愛《をし》めば、物と通ぜず、多く藏すれば、物と散ぜず。之を求むる者《こと》多く、之を攻《をさ》むる者《こと》衆ければ、物の病む所と爲る。故に大いに費ひ、厚く亡ふなり。

(補注)

(一)「貪貨無厭」と同様の表現は、第四十六章注に、「貪欲無厭、不修其內、各求於外」とある。

[現代語訳]

第四十四章

名声と身体とはどちらが切実であろうか[一]。身体と財貨とはどちらが大切であろうか[二]。(名声や財貨を)得ることと失うこととはどちらが恨まれるであろうか[三]。このため(名声に)ひどく執着すれば必ず大きく損ない、(財貨を)多く貯め込めば必ずたくさん失うことになる[四]。(逆に)満ち足りることを知れば辱めを受けることなく、とどまることを知れば危険に陥ることなく、それによって永く保たれるのである。

[王注]

[一] 名声を重視し(位が)高いことを好めば、その身体は必ずおろそかになる。

[二] 財貨を貪り満足することがなければ、その身体は必ず軽視される。

[三] 多くの利得を得るとその身体を滅ぼす。なぜなら、(多くの利得を得ると)恨まれるからである。

[四] (名声に)ひどく執着すれば、人に譲らず、(財貨を)多く貯め込めば、人に散じない。名声を求めることが多く、財貨を収

めることが多ければ、人に恨まれる。そのため（名声を）大いに損ない、（財貨を）たくさん失うのである。

【原文】

第四十五章

大成若缺、其用不弊［一］。大盈若沖、其用不窮［二］。大直若屈［三］、大巧若拙［四］、大辯若訥［五］。躁勝寒、靜勝熱。清靜爲天下正［六］。

［王注］

［一］隨物而成、不爲一象。故若缺也。

［二］大盈充足、隨物而與、無所愛矜。故若沖也。

［三］隨物而直、直[1]（下）〔不〕在一。故若屈也。

［四］大巧因自然以成器、不造爲異端。故若拙也。

［五］大辯因物而言、己無所造。故若訥也。

［六］躁罷然後勝寒、靜無爲以勝熱。以此推之、則清靜爲天下正也。靜則全物之眞、躁則犯物之性。故惟清靜、乃得如上諸大也。

〔校勘〕
1．道藏集注本・武英殿本・二十二子本・古逸叢書本により、「下」を「不」に改める。

《訓読》

第四十五章

大成は缺けたるが若きも、其の用は弊《つか》れず（一）［一］。大盈は沖《むな》しきが若きも、其の用は窮まらず（二）［二］。大直は屈するが若く［三］、大巧は拙なるが若く［四］、大辯は訥なるが若し［五］。躁は寒に勝ち、靜は熱に勝つ。清靜なれば天下の正（三）と爲る［六］。

［王注］

［一］物に隨ひて成り、一象を爲さず。故に缺けたるが若きなり。

［二］大盈は充足するも、物に隨ひて與へ、愛矜する所無し。故に沖しきが若きなり。

［三］物に隨ひて直なれば、直は一に在らず。故に屈するが若きなり。

［四］大巧は自然に因りて（四）以て器を成し、異端を造爲せず。故に拙なるが若きなり。

［五］大辯は物に因りて言ひ、己は造す所無し。故に訥なるが若きなり。

［六］躁は罷みて然る後に寒に勝ち（五）、靜は無爲にして以て熱に勝つ。此を以て之を推せば、則ち清靜なれば天下の正と爲るなり。靜は則ち物の眞を全くし、躁は則ち物の性を犯す。故に惟だ清靜なるのみにして、乃ち如上の諸大を得るなり。


（補注）
（一）「其用不弊」と同様の表現は、第二十五章に、「周行而不殆、可以爲天下母」とある。その王注には、「周行無所不至而免殆、能全大形也。故可以爲天下母也」とある。
（二）「其用不窮」と同様の表現は、第三十五章に、「用之不可既」とある。その王注には、「若無所中然、乃用之不可窮極也」とある。
（三）「正」は、ここでは主の意味。金谷治『老子』（講談社、一九九七年）は、「清らかで静かなるものこそが世界の主となるのだ」と訳す。

（四）「因自然」と同文が、第五十六章の「知者不言」に対する王注に、「因自然也」とある。「因」は、対象に因循すること、従うこと。第二十七章の補注を参照。

（五）「躁罷然後勝寒」について、「躁勝寒、靜勝熱」という本文は、「動き回れば寒さがしのげ、じっとしていれば暑さをしのげる」と解釈できるが、王弼は、「慌ただしさが止んだその後に寒さに勝つ」として、靜の優位を崩さない解釈を行っている。靜の優位を説く箇所として、たとえば第二十六章には、「重爲輕根、靜爲躁君」とある。その王注には、「凡物、輕不能載重、小不能鎭大。不行者使行、不動者制動。是以重必爲輕根、靜必爲躁君也」とある。また、『周易』復卦彖傳の王注には、「凡動息則靜、靜非對動者也」とあり、動が止めば靜であるが、靜は動と対をなすものではないとして、動に対する靜の優位が説かれる。

［現代語訳］

第四十五章

この上ない完成は欠けているようであるが、そのはたらきが弱まることはない[一]。この上ない盈満は何もないかのようであるが、そのはたらきが窮まることはない[二]。この上ない真っ直ぐさは曲がっているようであり[三]、この上ない技術は拙いようであり[四]、この上ない弁論は口下手のようである[五]。慌ただしさは（それが止んだ後に）寒さに勝ち、静かさは（無爲であることによって）熱さに勝つ。清静こそが天下の正《おさ》なのである[六]。

［王注］

[一]（この上ない完成はそれぞれの）物（のあり方）に応じて完成し、ある象《かたち》をもつことがない。そのため欠けているようなのである。

[二]この上ない盈満は満ち足りているが、（それぞれの）物（の必要）に応じて与え、出し惜しみするところがない。そのため何もないかのようなのである。

[三]（この上ない真っ直ぐさはそれぞれの）物（のあり方）に応じて真っ直ぐなので、真っ直ぐさは一様ではない。そのため曲がっているようなのである。

[四]この上ない技術は（それぞれの物の）あるがままに従って器を完成させ、不必要なところを作ることがない。そのため拙いようなのである。

[五]この上ない弁論は物〔相手〕に従って言い、自分からそれ以上のことを言わない。そのため口下手のようなのである。

[六]慌ただしさは（慌ただしさが）止んだその後に寒さに勝ち、静かさは無爲であることによって熱さに勝つ。このことから推論すれば、清静こそが天下の正《おさ》なのである。静かさは物の本質を十全にし、慌ただしさは物の本性を損なう。そのためただ清静であることだけが、上で言っていたような諸々の大〔この上ないあり方〕を得るのである。

【原文】

第四十六章

天下有道、卻走馬以糞[一]。天下無道、戎馬生於郊[二]。禍莫大於不知足、咎莫大於欲得。故知足之足、常足矣。

[王注]

[一] 天下有道、知足知止、無求於外、各修其内而已。故卻走馬以治田糞也。

[二] 貪欲無厭、不修其内、各求於外。故戎馬生於郊也。

《訓読》

第四十六章

天下に道有れば、走馬(一)を卻《しりぞ》けて以て糞す[一]。天下に道無ければ、戎馬 郊に生ず[二]。禍は足るを知らざるより大なるは莫く、咎は得んと欲するより大なるは莫し。故に足るを知るの足るは、常に足る。

[王注]

[一] 天下に道有れば、足るを知り止まるを知り(二)、外に求むる無く、各〻其の内を修むるのみ。故に走馬を卻けて以て田糞を治むるなり。

[二] 欲を貪り厭《あ》くこと無く(三)、其の内を修めず、各〻外に求む。故に戎馬 郊に生ずるなり。

(補注)

(一)「走馬」は、軍令用の早馬。

(二)「知足知止」は、第四十四章に、「知足不辱、知止不殆、可以長久」とあるのを踏まえる。

(三)「動常因也」と同様の表現は、第四十四章注に、「貪貨無厭、其身必少」とある。

[現代語訳]

第四十六章

天下に道があれば、軍令の早馬を払い下げて農耕に従事する[一]。天下に道がなければ、軍馬が城外に出現する[二]。満ち足りることを知らないことよりも大きな災いはなく、何かを得ようと求めることより大きな咎《とが》はない。そのため満ち足りることを知った上で足りていれば、常に足りるのである。

[王注]

[一] 天下に道があれば、満ち足りることを知りとどまることを知り、外側に求めることはなく、それぞれがその内側を修めるばかりである。そのため軍令の早馬を払い下げて農耕を治めるのである。

[二] (天下に道がなければ) 私欲を貪り満足することなく、内側を修めず、それぞれが外側に求めていく。そのため軍馬が城外に出現するのである。

【原文】

第四十七章

不出戸知天下、不闚牖見天道［一］。其出彌遠、其知彌少［二］。是以聖人不行而知、不見而名［三］、不爲而成［四］。

［王注］

［一］事有宗而物有主。途雖殊而1（同）〔其〕歸〔同〕也、慮雖百而其致一也。道有大常、理有大致。執古之道可以御今、雖處於今可以知古始。故不出戸闚牖而可知也。

［二］無在於一、而求之於衆也。道視之不可見、聽之不可聞、搏之不可得。如其知之、不須出戸。若其不知、出愈遠愈迷也。

［三］得物之致。故雖不行、而慮可知也。識物之宗。故雖不見、而是非之理可得而2（名）〔明〕也。

［四］明物之性、因之而已。故雖不爲、而使之成矣。

〔校勘〕

1．道藏集注本により、「同歸」を「其歸同」に改める。

2．邊家珍に従い、「名」を「明」に改める。

《訓読》

第四十七章

戸を出でざるも天下を知り、牖《よう》を闚《うかが》はざるも天道を見る［一］。其の出づること彌〻遠ければ、其の知ること彌〻少なし［二］。是を以て聖人は行かずして知り、見ずして名づけ［三］、爲さずして成す［四］。

［王注］

［一］事に宗有りて物に主有り(一)。途は殊なりと雖も而れども其の歸は同じきなり、慮は百なりと雖も而れども其の致は一なり(二)。道に大常有り(三)、理に大致有り(四)。古の道を執りて以て今を御す可く、今に處ると雖も以て古始を知る可し(五)。故に戸を出で牖を闚はざるも知る可きなり。

［二］無は一に在るも、之を衆に求むるなり(六)。道は之を視れども見る可からず、之を聽けども聞く可からず、之を搏《う》てども得可からず(七)。如し其れ之を知れば、戸を出づるを須《ま》たず。若し其れ知らざれば、出づること愈〻遠く愈〻迷ふなり。

［三］物の致を得たり。故に行かずと雖も、慮は知る可きなり。物の宗を識る。故に見ずと雖も、是非の理は得て明らかにす可きなり。

［四］物の性を明らかにするは、之に因るのみ(八)。故に爲さずと雖も、之をして成さしむ。

（補注）

（一）「事有宗而物有主」と同様の表現は、第四十九章注に、「物有其宗、事有其主」とある。また、類似の表現は、第七十章に、「言有宗、事有君」とある。

（二）「途雖殊而其歸同也、慮雖百而其致一也」は、『周易』繋辭下傳に、「子曰、天下何思何慮。天下同歸而殊塗、一致而百慮、天下何思何慮」とあるのを踏まえる。

（三）「道有大常」は、道に恒久不変の本来的なところがあり、それがすべてのおもとであることをいう。これに関連して、第一章の「道可道、非常道」に対する王注には、「可道之道、可名之名、指事造形、非其常也。故不可道、不可名也」とあり、言葉として言い表せる道は、特定の物事を指し形を持ったものであるから、常ではないと述べられる。また、「道之常」という語が、第十六章注に、「窮極虚無、得道之常、則乃至於不窮極也」と見え、第五十二章の「無遺身殃。是謂習常」に対する王注に、「道之常也」と見える。

（四）「理有大致」について、「理」は、王弼『周易略例』明象に、「物無妄然、必由其理。統之有宗、會之有元、故繁而不亂、衆而不惑」とあるように、その物をその物として存在せしめる原理。物それぞれの理には行き着くところがあり、そうした理を統括する最上の理は、第四十二章注に、「而用夫自然、擧其至理」、王弼『老子指略』に、「而擧夫歸致以明至理」とあるように、至理と言われる。

（五）「執古之道可以御今、雖處於今可以知古始」は、第十四章に、「執古之道、以御今之有。能知古始」とあるのを踏まえる。また、第十四章の王注には、「無形無名者、萬物之宗也。雖今古不同、時移俗易、故莫不由乎此以成其治者也。故可執古之道以御今之有。上古雖遠、其道存焉。故雖在今可以知古始也」とある。

（六）「無在於一、而求之於衆也」に関連して、第四十二章注には、「萬物萬形、其歸一也。何由致一、由於無也。由無乃一、一可謂無。……愈多愈遠、損則近之。損之至盡、乃得其極」とあり、万物の多様な形も、その復帰するところは一つである。何に基づいて一つのところに帰着するのか、それは無に基づくのである。……数を多くしていくと遠のいていき、数を損なっていくと近づく。数を損なって尽き果てるまでに至ると、その究極のところ（である無）を得ることができる、と述べられる。

（七）「道視之不可見、聽之不可聞、摶之不可得」は、第十四章に、「視之不見、名曰夷。聽之不聞、名曰希。摶之不得、名曰微」とあるのを踏まえる。

（八）「明物之性、因之而已」に関連して、第二十九章注に、「萬物以自然爲性。故可因而不可爲也、可通而不可執也」とある。

［現代語訳］

第四十七章

戸を出なくとも天下を知ることができ、窓から（外を）覗かなくとも天道を理解することができる［一］。（逆に）戸を出て行くことが遠ければ遠いほど、知りうることはますます少なくなる［二］。こういう訳で聖人は行かなくとも（あらゆる思慮を）理解し、見なくとも（是非の基準を示して）名づけられ［三］、手を加えなくとも（それ自身に成し遂げさせて）完成するのである［四］。

［王注］

［一］事には宗《おおもと》があり物には主がある。方途は異なっていてもその帰着するところは同じであり、思慮が多様であってもその到達するところは一つである。道には（それらのもととなる）恒久不変の本来的なところがあり、理には（それらが行き着く）極致がある。古の道を取って今（の事柄）を統御し、今にあっても古の始原を知ることができる。そのため戸を出たり窓から（外を）覗いたりせずとも知ることができるのである。

［二］（「其の出づること彌〻遠し」とは、根源である）無が一なるところにあるにもかかわらず、それを衆《おお》い方に求めることである。道はそれを視ようとしても見ることができず、それを聴こうとし

ても聞くことができず、それを捕らえようとしても手に入らない。このことを理解していると、戸を出るということはない。（逆に）理解していないと、戸を出ることはますます遠くますます迷うのである。

［三］（聖人は）物の極致を得ている。そのため行かなくとも、（あらゆる）思慮が理解できる。（また、聖人は）物の主を理解している。そのため見なくとも、それが是であるのか非であるのかという基準を明らかにすることができる。

［四］物の本性を明らかにするためには、ただその物に従うだけである。そのため手を加えなくとも、それ自身に成し遂げさせることができるのである。

【原文】

第四十八章

爲學日益[一]、爲道日損[二]。損之又損、以至於無爲。無爲而無不爲[三]。取天下、常以無事[四]。及其有事[五]、不足以取天下[六]。

[王注]

[一] 務欲進其所能、益其所習。
[二] 務欲反虚無也。
[三] 有爲則有所失。故無爲乃無所不爲也。
[四] 動常因也。
[五] 自己造也。
[六] 失統本也。

《訓読》

第四十八章

學を爲せば日ゝに益し[一]、道を爲せば日ゝに損す[二]。之を損し又損して、以て無爲に至る。無爲にして爲さざる無し[三]。天下を取るは、常に無事を以てす(一)[四]。其の有事に及びては[五]、以て天下を取るに足らず[六]。

[王注]

[一] 務めて其の能くする所を進め、其の習ふ所を益さんと欲す。
[二] 務めて虚無に反らんと欲するなり(二)。
[三] 有爲なれば則ち失ふ所有り。故に無爲にして乃ち爲さざる所無きなり。
[四] 動は常に因るなり(三)。
[五] 己より造《な》すなり。
[六] 統本を失ふなり。

(補注)

(一)「取天下、常以無事」と同様の表現は、第五十七章に、「以正治國、以奇用兵。以無事、取天下」とある。その王注には、「以道治國則國平、以正治國則奇兵起也。以無事、則能取天下也。上章云、其取天下者、常以無事。及其有事、又不足以取天下也」とある。

(二)「務欲反虚無也」と同様の表現は、第三十章注に、「有道者務欲還反無爲」とあり、第四十章注に、「將欲全有、必反於無也」とある。

(三)「動常因也」と同文が、第四十九章の「聖人無常心、以百姓心爲心」に対する王注に、「動常因也」とある。

[現代語訳]

第四十八章

学問を修めれば日に日に（学識を）増やし[一]、道を修めれば日に日に（学識を）損なう[二]。（学識を）損ないさらに損なうと、無爲に到達する。無爲になるとそこで為し遂げないことがなくなる[三]。天下を取るには、常に何事もなさないことが必要である[四]。何かをなすことになると[五]、天下を取ることができない[六]。

[王注]

［一］（「學を爲せば日〻に益す」は）努力してその優れたところを高め、習熟したところを増やそうとすることである。

［二］（「道を爲せば日〻に損す」は）努力して虚無に立ち戻ろうとすることである。

［三］有爲であると失うものがある。そのため無爲であることでようやく為し遂げないことがなくなるのである。

［四］（「常に無事を以てす」は）その活動がすべて（万物に）従うということである。

［五］（「其の有事に及ぶ」は）自分から行動することである。

［六］（有爲であると統治の）おおもとを失うのである。

【原文】

第四十九章

聖人無常心、以百姓心爲心〔一〕。善者、吾善之、不善者、吾亦善之〔二〕。德善〔三〕。信者、吾信之、不信者、吾亦信之。德信。聖人在天下歙歙、爲天下渾其心。百姓皆注其耳目焉〔四〕、聖人皆孩之〔五〕。

〔王注〕

〔一〕動常因也。

〔二〕各因其用、則善不失也。

〔三〕無棄人也。

〔四〕各用聰明。

〔五〕皆使和而無欲、如嬰兒也。夫天地設位、聖人成能、人謀鬼謀、百姓與能者、能者與之、資者取之。能大則大、資貴則貴。

物有其宗、事有其主。如此、則可冕旒充目而不懼於欺、黈纊塞耳而無戚於慢。又何爲勞一身之聰明、以察百姓之情哉。夫以明察物、物亦競以其明應之。以不信察物、物亦競以不信應之。夫天下之心不必同、其所應不敢異、則莫肯用其情矣。甚矣、害之大也。莫大於用其明矣。

夫在智則人與之訟、在力則人與之爭。智不出於人、而立乎訟地則窮矣。力不出於人、而立乎爭地則危矣。未[1]〔有使人無智力、〕有能使人無用、其智力乎己者也。如此、則己以一敵人、而人以千萬敵己也。

若乃多其法網、煩其刑罰、塞其徑路、攻其幽宅、則萬物失其自然、百姓喪其手足、鳥亂於上、魚亂於下。是以聖人之於天下歙歙焉、心無所主也。爲天下渾心焉、意無所適莫也。無所察焉、百姓何避。無所求焉、百姓何應。無避無應、則莫不用其情矣。人無爲舍其所能、而爲其所不能、舍其所長、而爲其所短。如此、則言者言其所知、行者行其所能。百姓各皆注其耳目焉、吾皆孩之而已。

〔校勘〕

1．波多野太郎に従い、「有使人無智力」を補う。なお、道藏集注本は、「有使人無用智、未」に作る。

《訓讀》

第四十九章

聖人は常心無く、百姓の心を以て心と爲す〔一〕。善なる者は、吾 之を善とし、不善なる者も、吾 亦た之を善とす〔二〕。德の善なればなり〔三〕。信なる者は、吾 之を信とし、不信なる者も、吾 亦た之を信とす。德の信なればなり。聖人の天下に在《お》けるや歙歙として、天下の爲に其の心を渾にす。百姓 皆 其の耳目を注げば〔四〕、聖人は皆之を孩にす〔五〕。

〔王注〕

〔一〕動は常に因るなり(一)。

〔二〕各〻其の用に因れば、則ち善は失はざるなり。

〔三〕人を棄つる無きなり(二)。

〔四〕各〻聰明を用ふ。

〔五〕皆 和して無欲ならしめ、嬰兒の如くするなり(三)。夫れ「天地は位を設け、聖人は能を成し、人謀鬼謀なれば、百姓は能を與《あづか》る」(四)者《とは》、能ある者は之を與り、資ある者は之を取るなり。能 大なれば則ち大、資 貴なれば則ち貴なり。

物に其の宗有り、事に其の主有り。(五)此の如くんば、則ち冕旒もて目を充《ふさ》ぐも欺を懼れず、黈纊もて耳を塞ぐも慢を戚《おそ》るる無かる可し。(六)又 何爲れぞ一身の聰明を勞して、以て百姓の情を察せんや。夫れ明を以て物を察すれば、物も亦た競ひて其の明を以て之に應ず。不信を以て物を察すれば、物も亦た競ひて不信を以て之に應ず。夫れ天下の心 必ずしも同じからざるも、其の應ずる所敢て異ならざれば、則ち肯て其の情を用ふるは莫し。甚しきかな、害の大なるや。其の明を用ふるより大なるは莫し。

夫れ智に在りては則ち人は之と訟ひ、力に在りては則ち人は之と爭ふ。智は人より出でざるも、訟地に立てば則ち窮まる。力は人より出でざるも、爭地に立てば則ち危ふし。未だ能く人をして智力を無くさしむるもの有らざるも、其の智力を己に用ふること無からしむる者有るなり。(七)此の如くんば、則ち己は一を以て人に敵して、人は千萬を以て己に敵するなり。

若《も》乃し其の法網を多くし、其の刑罰を煩はして、其の徑路を塞ぎ、其の幽宅を攻むれば、則ち萬物は其の自然を失ひ、百姓は其の手足を喪ひ、鳥は上に亂れ、魚は下に亂る。(八)是を以て聖人の天下に於けるや歙歙焉として、心は主とする所無きなり。天下の爲に心を渾とすれば、意は適莫する所無きなり。(九)

察する所無ければ、百姓は何ぞ避けん。求むる所無ければ、百姓は何ぞ應ぜん。避くる無く應ずる無ければ、則ち其の情を用ひざるは莫し。人は其の能くする所を舍てて、其の能くせざる所を爲し、其の長ずる所を舍てて、其の短ずる所を爲すを爲すこと無し。此の如くんば、則ち言ふ者は其の知る所を言ひ、行ふ者は其の能くする所を行ふ。百姓 各〻皆 其の耳目を注げば、吾は皆之を孩にするのみ。

(補注)

(一)「動常因也」と同文が、第四十八章の「取天下、常以無事」に対する王注に、「動常因也」とある。

(二)「無棄人也」は、第二十七章に、「是以聖人常善救人、故無棄人」とあるのを踏まえる。その王注には、「聖人不立形名以檢於物、不造進向以殊棄不肖、輔萬物之自然而不爲始。故曰無棄人也。不尚賢能、則民不爭。不貴難得之貨、則民不爲盜。不見可欲、則民心不亂。常使民心無欲無惑、則無棄人矣」とある。

(三)「嬰兒」は、赤子。人の本来的なすがた。「嬰兒」という語は、第十章に、「專氣致柔、能嬰兒乎」と見え、第二十章に、「我獨怕兮其未兆、如嬰児之未孩」と見え、第二十八章に、「常德不離、復歸於嬰兒」と見える。

(四)「天地設位、聖人成能、人謀鬼謀、百姓與能」は、『周易』繫辭下傳に、「天地設位、聖人成能、人謀鬼謀、百姓與能」とあるのに基づく。「天地設位、聖人成能」についての韓康伯注に、「聖人乘天地之正、萬物各成其能」とあり、「人謀鬼謀、百姓與能」についての韓康伯注に、「人謀、況議於衆以定失得也。鬼謀、況寄卜筮以考吉凶也。不役思慮、而失得自明。不勞探射、而吉凶自著。類萬物之情、通幽深之故、故百姓與能、樂推而不厭也」とある。

(五)「物有其宗、事有其主」と同様の表現は、第四十七章注に、「事有宗而物有主」とある。また、類似の表現は、第七十章に、「言有宗、事有君」とある。

（六）「冕旒」は、君主の冠の前後に垂れ下がる玉飾り。「黈纊」は、君主の冠の横にかかる耳に当てる黄色の真綿。「可冕旒充目而不懼於欺、黈纊塞耳而無戚於慢」と同様の表現は、『大戴禮記』子張問入官に、「故古者冕而前旒、所以蔽明也。統紘塞耳、所以弇聰也」とある。また、たとえば第三十九章に、「侯王得一以爲天下貞」とあるように、統治者は物事の根源を得る存在である。

（七）「夫在智則人與之訟、在力則人與之爭。智不出於人、而立乎訟地則窮矣、力不出於人、而立乎爭地則危矣。未有使人無智力、有能使人無用其智力乎己者也」は、『淮南子』詮言訓に、「在智則人與之訟、在力則人與之爭。未有使人無智者、有使人不能用其智於己者也。未有使人無力者、有使人不能施其力於己者也。此兩者、常在久見」とあるのを踏まえる。なお、『淮南子』詮言訓の「在」字は、王念孫『讀書雜誌』が「任」に作るべきと指摘しており、それを踏まえ易順鼎・陶鴻慶・樓宇烈はこの箇所の王注でも「在」字を「任」に作るべきとする。本現代語訳も王念孫の指摘を参考にした。

（八）「若乃多其法網……鳥亂於上、魚亂於下」に関連して、『莊子』胠篋篇に、「上誠好知而無道、則天下大亂矣。何以知其然邪。夫弓弩・畢弋・機變之知多、則鳥亂於上矣。鉤餌・罔罟・罾笱之知多、則魚亂於水矣」とある。

（九）「意無所適莫也」は、『論語』里仁篇に、「子曰、君子之於天下也、無適也、無莫也、義之與比」とあるのを踏まえる。「適」・「莫」は、皇侃『論語義疏』・邢昺『論語注疏』に、「適、厚也。莫、薄也」とあるのに従い、「厚い」・「薄い」の意味で訳した。

［現代語訳］

第四十九章

聖人には一定不変の心はなく、人々の心を（自身の）心とする［一］。善とされる者については、わたしはこれを善とするし、善とさない者についても、わたしはこれを善とする［二］。これは（聖人の）徳が（常に）善だからである［三］。信とされる者については、わたしはこれを信とするし、信とされない者についても、わたしはこれを信とする。これは（聖人の）徳が（常に）信だからである。聖人が天下に臨むあり方は何者にも囚われることなく、天下のためにその心を渾沌にする。人々がみな目を向け耳をそばだてていれば［四］、聖人は（無爲によって）すべてそれらを赤子のようにするのである［五］。

［王注］

［一］（聖人の）活動はすべて（人々に）従う。

［二］（万物）それぞれのはたらきに従えば、善が失われない。

［三］（聖人は）どんな人も見捨てることがない。

［四］（人々は）それぞれの聡明さをはたらかせる。

［五］（聖人は万物）すべてを調和して無欲にさせ、赤子のようにする。そもそも（『周易』繫辭下傳に）「天地が（万物の）位置を配備し、聖人が（万物の）能力を完成し、（聖人が）衆人に謀ったように失得を定め鬼神に謀ったように吉凶を現わすことで、人々が能力を与る」というのは、（本来的に）能力のある者がその能力を与り、（本来的に）資質のある者がその資質を得るということである。（万物は本来的な）能力が大きければ大きくなり、（本来的な）資質が立派であれば立派になるのである。

（そもそも）物にはその宗《おおもと》があり、事にはその主がある。そうであるから、（君主は）冠冕の旒《たまだれ》によって目をおおっても欺瞞を懼れず、黄色の真綿によって耳を塞いでも侮慢を畏れることがない。それなのにどうして個人の聡明さを費やして、人々の情を察することがあろうか。そもそも（君主が）明断さを用いて物を察すれば、物の方もまた競ってその明断さを用いて応じる。疑いをもって物を察すれば、物の方もまた競って疑いをもって応じる。そもそも天下の心は必ずしも同じではないのに、その（個々の物が）応じるところをまったく異ならないようにさせたならば、（万物が）進んでその情をはたらかせることがなくなるのである。なんと甚しいことであろうか、その害の大きさは。（君主が）その明断さをはたらかせることよりも（害の）大きいものなどないのである。

そもそも智にたよると人は口論し、力にたよると人は争う。（そして）智がその人から出ていなくても、口論が起こってしまえば（その人も）窮することになり、力がその人から出ていなくても、争いが起こってしまえば（その人も）危難に陥る。（どうすればそのように危難に陥らないのか。世の中には）他人の智や力をはたらかせないようにさせられる者はいないが、他人の智や力を自分に向かわせようにすることのできる者はいる。そのような人であれば、自分（の方）は一（の力）だけで他人に相対し、他人（の方）は千万（の力）によって自分に相対することになるのである。

もし法網を多くし、刑罰を煩雑にして、人々の通り道を塞ぎ、人々の帰る場所を攻めたならば、（それに応じて）万物はそのあるがままの状態を失い、人々はその手足を喪い、鳥は上で乱れ、魚は下で乱れる。こういう訳で聖人が天下に臨むあり方は何者にも囚われることなく、心に主とするところがない。天下のために心を渾然としており、意には厚いところも薄いところもないのである。

（そもそも君主が）察することがなければ、人々はどうして避けることがあろうか。求めることがなければ、人々はどうして応じることがあろうか。避けることがなく応じることがなければ、（人々は）その情をはたらかせないことがない。人々がそのできることを捨てて、そのできないことを行い、その得意なことを捨てて、その不得意なことを行なうということがないのである。このようであれば、（何かを）言う者は理解していることを言い、（何かを）行う者はそのできることを行う。人々がそれぞれみな目を向け耳をそばだてているならば、わたしはすべてそれらを赤子のようにするだけなのである。

【原文】

第五十章

出生入死[一]。生之徒十有三、死之徒十有三。人之生動之死地、十有三。夫何故。以其生生之厚。蓋聞、善攝生者、陸行不遇兕虎、入軍不被甲兵。兕無所投其角、虎無所措其爪、兵無所容其刃。夫何故。以其無死地[二]。

[王注]

[一] 出生地、入死地。

[二] 十有三、猶云十分有三分。取其生道、全生之極、十分有三耳。取死之道、全死之極、[1]（十分亦）〔亦十分〕有三耳。而民生生之厚、更之無生之地焉。善攝生者、無以[2]（主）〔生〕生爲生。故無死地也。器之害者、莫甚乎[3]（戈兵）〔兵戈〕、獸之害者、莫甚乎兕虎。而令兵戈無所容其鋒刃、虎兕無所措其爪角、斯誠不以欲累其身者也。何死地之有乎。夫蚖蟺以淵爲淺、而鑿穴其中、鷹鸇以山爲卑、而增巢其上、矰繳不能及、網罟不能到。可謂處於無死地矣。然而卒以甘餌、乃入於無生之地。豈非生生之厚乎。故物、苟不以求離其本、不以欲渝其眞、雖入軍而不害、陸行而不可犯也。赤子之可則而貴、信矣。

〔校勘〕

1．武英殿本・二十二子本・古逸叢書本により、「十分亦」を「亦十分」に改める。

2．武英殿本・二十二子本・古逸叢書本により、「主」を「生」に改める。

3．古逸叢書本により、「戈兵」を「兵戈」に改める。

《訓読》

第五十章

生を出でて死に入る[一]。生の徒は十に三有り、死の徒は十に三有り。人の生にして動きて死地に之《ゆ》くも、十に三有り。夫れ何の故ぞ。其の生生の厚きを以てなり。蓋し聞く、「善く生を攝する者は、陸に行くも兕虎《じこ》に遇はず、軍に入るも甲兵を被《き》ず。兕 其の角を投ずる所無く、虎 其の爪を措く所無く、兵 其の刃を容るる所無きなり」と。夫れ何の故ぞ。其の死地無きを以てなり[二]。

[王注]

[一] 生地を出でて、死地に入る。

[二] 「十に三有り」は、猶ほ十分に三分有りと云ふがごとし。其の生道を取りて、生の極を全くするは、十分に三有るのみ。死の道を取りて、死の極を全くするも、亦た十分に三有るのみ。而して民の生生の厚きは、更に無生の地に之《ゆ》く。善く生を攝する者は、生を以て生と爲す無し。故に死地無きなり。器の害ある者は、兵戈より甚だしきは莫く、獸の害ある者は、兕虎より甚だしきは莫し。而して兵戈をして其の鋒刃を容るる所無く、虎兕をして其の爪角を措《お》く所無からしむれば、斯れ誠に欲を以て其の身を累《わづら》はさざる者なり。何の死地か之れ有らん。夫れ蚖蟺《げんせん》(一)は淵を以て淺と爲して、穴を其の中に鑿《うが》ち、鷹鸇《ようせん》(二)は山を以て卑と爲して、巢を其の上に增せば、矰繳《そうしやく》(三)も及ぶ能はず、網罟《もうこ》も到る能はず。死地無きに處ると謂ふ可し。然《しか》而れども卒に甘餌を

以てして、乃ち無生の地に入る。豈に生生の厚きに非ざるか。故に物は、苟しくも求を以て其の本を離れず、欲を以て其の眞を渝へざれば(四)、軍に入ると雖も而れども害せられず、陸に行くも而れども犯す可からざるなり。赤子の則りて貴ぶ可きは、信なるかな(五)。

(補注)

(一)「蚖蟺」について、「蚖」は、イモリ。『設文解字』巻十三上 虫部に、「蚖、榮蚖、蛇東、以注鳴者」とあり、朱駿聲『說文通訓定聲』乾部第十四 元韻に、「今蘇俗謂之四脚蛇者是也、形似壁虎而大」とある。「蟺」は、ミミズ。『玉篇』巻二十五 虫部に、「蟺、蚯蚓也」とある。

(二)「鶚」は、はやぶさ。『設文解字』巻四上 鳥部に、「鶚、鷐風也」とある。

(三)「矰繳」は、いぐるみ。飛んでいる鳥を捕らえるために工夫された矢。「矰繳」という語は、『周易』遯卦上九の「肥遯、无不利」に対する王注にも、「最處外極、无應於內、超然絕志、心无疑顧。憂患不能累、矰繳不能及、是以肥遯、无不利也」と見える。

(四)「不以欲渝其眞」について、「眞」は、事物の本質であり、あるがままで本来的なもの。「不以欲渝其眞」に関連して、第四章注に、「銳挫而無損、紛解而不勞、和光而不汙其體、同塵而不渝其眞」とあり、第五十五章注に、「言含德之厚者、無物可以損其德、渝其眞」とある。

(五)「赤子之可則而貴、信矣」は、第五十五章に、「含德之厚、比於赤子。蜂蠆爬蛇不螫、猛獸不據、攫鳥不搏」とあるのを踏まえる。その王注には、「赤子、無求無欲、不犯衆物。故毒蟲之物無犯於人也。含德之厚者、不犯於物。故無物以損其全也」とある。

〔現代語訳〕

第五十章

(世の中にはわざわざ)生地《せいち》を出て死地に入るものがいる〔一〕。(人間はそもそも)長生の者が十分の三であり、夭折する者が十分の三である。(そして)生であるのに(わざわざ)動いて死に向かう者も、十分の三なのである。これはどういうことなのか。彼らは生に執着することが甚だしいのである。聞くところによれば、「うまく生を治める者は、陸地を進んでも犀や虎に遭遇せず、軍隊に入っても武装することがない。(そのため)犀はその角を突き立てるところがなく、虎はその爪を打ちかけるところがなく、敵兵はその鋒先を振るうところがない」という。これはどういうことなのか。このような人には死地がないのである〔二〕。

〔王注〕

〔一〕(生を出でて死に入るは)生地《せいち》を出て死地に入るということである。

〔二〕「十に三有り」は、十分の三というようなものである。その生の道を取り、生の極致を全うする者は、十分の三だけである。死の道を取り、死の極致を全うする者も、十分の三だけである。そして(残りの)生に執着することが甚だしい人々は、かえって生の無いところへ向かっている。(逆に)うまく生を治める者は、生を生と考えない。そのため死地がないのである。道具で害をなすものは、武器より甚大なものはなく、猛獣で害をなすものは、犀や虎より甚大なものはない。そうであれば武器にその鋒先を振るうところをなくさせ、虎や犀にその爪や角を打ちかけるところをなくさせられれば、これこそが誠に欲望によって自身を損なわない者なのである。（その人に）いったいどんな死地があるのだろうか。そもそもイモリやミミズは淵を浅いと考えて、（さらに）穴をその中に掘り、鷹《たか》や隼《はやぶさ》は山を低いと考えて、（さらに）巣をその上に増しているので、いぐるみも及ばず、あみも届かない。（それらは）死地のないところに居るということができよう。しかしながら結局のところ甘い餌に誘われ、生のないところへと入っていく。（このことが）どうして生に執着することが甚だしいことでないのだろうか。そのため物は、もし欲求によってその本〔根本〕を離れず、欲望によってその眞〔本質〕を変えないのであれば、軍隊に入っても傷つけられず、陸地を進んでいっても襲われないのである。赤子が依拠して貴ぶこと（である無求無欲）は、なんと偽りのないものであろうか。

【原文】

第五十一章

道生之、徳畜之、物形之、勢成之[一]。是以萬物莫不尊道而貴徳[二]。道之尊、徳之貴、夫莫之命、而常自然[三]。故道生之、徳畜之。長之、育之、亭之、毒之、養之、覆之[四]。生而不有、爲而不恃[五]、長而不宰。是謂玄徳[六]。

[王注]

[一] 物、生而後畜、畜而後形、形而後成。何由而生。道也。何得而畜。徳也。何由而形。物也。何使而成。勢也。唯因也、故能無物而不形。唯勢也、故能無物而不成。凡物之所以生、功之所以成、皆有所由。有所由焉、則莫不由乎道也。故推而極之、亦至道也。隨其所因、故各有稱焉。

[二] 道者、物之所由也。徳者、物之所得也。由之乃得。故[1](曰)不得不[2](失尊)〔尊。失〕之則害。[3]〔故〕不得不貴也。

[三] [4](命並作爵。)

[四] [5]〔亭、謂品其形。毒、〕謂成其[6](實)〔質〕。各得其庇蔭、不傷其體矣。

[五] 爲而不有。

[六] 有徳而不知其主也、出乎幽冥。故謂之玄徳也。

〔校勘〕

1. 陶鴻慶・樓宇烈・波多野太郎に従い、「曰」を省く。
2. 陶鴻慶・樓宇烈・邊家珍・波多野太郎に従い、「失尊」を「尊失」に改める。
3. 陶鴻慶・樓宇烈・波多野太郎に従い、「故」を補う。
4. 紀昀・易順鼎・樓宇烈・邊家珍・宇佐美灊水・古屋昔陽・波多野太郎に従い、「命並作爵」を省く。
5. 易順鼎・馬敍倫・樓宇烈・服部南郭・宇佐美灊水・屋代輪池・桃井白鹿・東條一堂・波多野太郎に従い、「亭、謂品其形。毒」を補う。なお、徐堅『初學記』巻九 帝王部の自注にも、「王弼注、亭、謂品其形。毒、謂成其質」とあり、『文選』巻五十四 劉峻「辯命論」の李善注にも、「王弼曰、亭、謂品其形。毒」がある。
6. 道藏集注本により、「實」を「質」に改める。

《訓読》

第五十一章

道は之を生じ、徳は之を畜《やしな》ひ、物は之に形《あらは》れ、勢(一)は之に成る[一]。是を以て萬物は道を尊びて徳を貴ばざるは莫し[二]。道の尊く、徳の貴きは、夫れ之に命ずる莫くして、常に自然なり[三]。故に道は之を生じ、徳は之を畜ふ。之を長じ、之を育し、之を亭《さだ》め、之を毒《な》し、之を養ひ、之を覆ふ[四]。生じて有せず、爲して恃《たも》たず[五]、長じて宰せず。是れを玄徳と謂ふ(二)[六]。

[王注]

[一] 物は、生じて而る後に畜ひ、畜ひて而る後に形れ、形れて而る後に成る(三)。何に由りて生ず。道なり(四)。何を得て畜ふ。徳なり。何に由りて形る。物なり。何を使ひて成る。勢なり。唯だ因るのみ、故に能く物として形れざるは無し(五)。唯だ勢なるのみ、故に能く物として成らざるは無し。凡そ物の生ずる所以、功の成る所以

は、(六)皆 由る所有り。由る所有れば、則ち道に由らざるは莫きなり。故に推して之を極むれば、亦た道に至るなり。其の因る所に隨ふ、故に各〻稱有り。(七)

[二]「道」なる者は、物の由る所なり。「德」なる者は、物の得る所なり。之に由りて乃ち得たり。(八)故に尊ばざるを得ず。之を失へば則ち害ふ。故に貴ばざるを得ざるなり。

[三] なし

[四]「亭」とは、其の形を品《さだ》むるを謂ふ。「毒」とは、其の質を成すを謂ふ。各〻其の庇蔭(九)を得て、其の體を傷はず。

[五] 爲して有《たも》たず。

[六] 德有るも其の主を知らず、幽冥より出づ。(一〇)故に之を玄德と謂ふなり。

(補注)

(一)「勢」は、物それ自体が有する自然の成り行き。物が変化していく原因となる作用。フランソワ・ジュリアン、中島隆博訳『勢 効力の歴史――中国文化横断――』(知泉書館、二〇〇四年)を参照。

(二)「生而不有、爲而不恃、長而不宰。是謂玄德」と同文が、第十章に、「生之、畜之、生而不有、爲而不恃、長而不宰。是謂玄德」とある。また、第二章に、「生而不有、爲而不恃」とある。

(三)「物、生而後畜、畜而後形、形而後成」について、この箇所からは王弼の想定する物が、「生」→「畜」→「形」→「成」という生成変化の過程を辿ることが窺える。なお、第一章注に、「萬物……、始於無而後生」とあるように、物が生じた後の段階は、すでに無ではなく有であり、生成変化はすべて有の領域で行われる。また、生成変化の過程のなかに「形」という過程があることから、王弼が、物に形づくられる以前の段階と、形づくられた以後の段階を想定していることが分かる。このことに関連して、第一章注には、「故未形無名之時、則爲萬物之始。及其有形有名之時、則長之、育之、亭之、毒之、爲其母也」として、「未形無名之時」、「有形有名之時」という二つの物の段階が見える。伊藤涼「王弼における「物」と「道」――『老子』に対する注釈態度に触れて――」(『東洋の思想と宗教』三七、二〇二〇年)を参照。

(四)「何由而生。道也」と同様の表現は、第三十四章注に、「萬物皆由道而生、既生而不知所由」とある。なお、本文に「道生之」とあるのに対し、「物、生而後畜、……」と注し、「何由而生。道也」と解釈するのは、王弼が、道が万物を生むとは考えないためである。第四十章・第四十二章の補注を参照。

(五)「唯因也、故能無物而不形」に関連して、第二十九章注には、「萬物以自然爲性。故可因而不可爲也、可通而不可執也」とあり、万物はあるがままの状態を性としているため、従うべきであって人為を加えるべきではないし、通達するべきであって掌握するべきではない、と述べられる。「因」は、対象に因循すること、従うこと。

(六)「物之所以生、功之所以成」と同文が、王弼『老子指略』に、「夫物之所以生、功之所以成、必生乎無形、由乎無名。無形無名者、萬物之宗也」とある。

(七)「有所由焉、則莫不由乎道也……隨其所因、故各有稱焉」について、王弼は、本文の道・德・物・勢が、すべて究極的には道に基づくが従うものに応じて様々な稱をもつと考える。「稱」は、対象について言える機能・特徴などに釣り合わせて言ったもの。第二十五章の補注を参照。

(八)「由之乃得」に関連する表現は、第三十八章注に、「德者、得也。……何以得德。由乎道也」とある。

(九)「庇蔭」という語は、第六十二章の「道者萬物之奧」に対する王注にも、「奧、猶曖也。可得庇蔭之辭」とある。

(一〇)「有德而不知其主也、出乎幽冥」と同様の表現は、第十章注に、「有德無主、非玄如何。凡言玄德、皆有德而不知其主、出乎幽冥」とある。

[現代語訳]

第五十一章

(物は)道に基づいて生まれ、徳を得て育ち、物に基づいて(形を)表し、勢を使って完成する[一]。こういう訳で万物は道を尊び徳を貴ばないことはない[二]。道の尊さ、徳の貴さは、誰かがそうさせたのではなく、いつもおのずとそうなっている[三]。そのため道は万物を生じ、徳は万物を育てるのである。(道は)万物を生長させ、養育し、規定し、完成し、養護し、庇護する[四]。(しかし道は、万物が)生じても私有せず、(万物が)行っても自分のものとせず[五]、(万物が)成長してもつかさどらない。これを玄徳というのである[六]。

[王注]

[一]物は、生まれた後に育ち、育った後に(その形として)表れ、表れた後に完成する。何に基づいて生まれるのか。それは道である。何を得て育つのか。それは徳である。何に基づいて表れるのか。それは物である。何を使って完成するのか。それは勢である。ただ(その物の本来のあり方に)従うだけで、物で(その形を)表さないものはない。ただ勢(という自然の成り行き)があるだけで、物で完成しないものはない。そもそも物が生まれるもとになるところ、功績が果たされるもとになるところは、すべて基づくところがある。基づくところがあれば、道に基づかないことはないのである。そのため極限まで推し進めれば、どれも道に至る。従うものに応じて、それぞれの(道・徳・物・勢といった)稱があるのである。

[二]「道」とは、物の基づくところである。「徳」とは、物の得るところである。(物は)道に基づくことで(徳を)得られる。そのため(道を)尊ばないことがないのである。(物は)徳を失うと損なう。そのため(徳を)貴ばないことがないのである。

[三]なし

[四]「亭」とは、その形を定めることをいう。「毒」とは、その内実を完成させることをいう。(物は)どれも道の庇護を受け、そのあり方を傷つけないのである。

[五](「爲して恃《たも》たず」は、万物が)行っても自分のものとしないことである。

[六]徳はあるがその大もとが分からず、幽冥なるところから(作用が)出ている。そのためそれを玄徳というのである。

【原文】

第五十二章

天下有始、以爲天下母[一]。既知其母、復知其子、既知其子、復守其母、沒[1]（其）〔身〕不殆[二]。塞其兌、閉其門[三]、終身不勤[四]。開其兌、濟其事、終身不救[五]。見小曰明、守柔曰強[六]。用其光[七]、復歸其明[八]、無遺身殃。是謂習常[九]。

〔王注〕

[一] 善始之、則善養畜之矣。故天下有始、則可以爲天下母矣。
[二] 母、本也。子、末也。得本以知末、不舍本以逐末也。
[三] 兌、事欲之所由生。門、事欲之所由從也。
[四] 無事永逸。故終身不勤也。
[五] 不閉其原、而濟其事。故雖終身不救。
[六] 爲治之功不在大、見大不明。見小乃明。守強不強。守柔乃強也。
[七] 顯道以去民迷。
[八] 不明察也。
[九] 道之常也。

〔校勘〕

1. 武英殿本・二十二子本・古逸叢書本により、「其」を「身」に改める。

《訓読》

第五十二章

天下に始め有れば、以て天下の母と爲る（一）[一]。既に其の母を知りて、復た其の子を知り、既に其の子を知りて、復た其の母を守れば、身を沒するまで殆ふからず（二）[二]。其の兌を塞ぎ、其の門を閉ざせば（三）[三]、身を終ふるまで勤《つか》れず[四]。其の兌を開き、其の事を濟《な》せば、身を終ふるまで救はれず[五]。小を見るを明と曰ひ、柔を守るを強と曰ふ[六]。其の光を用ひて[七]、其の明に復歸すれば[八]、身に殃《わざはひ》を遺《のこ》すこと無し。是れを習常と謂ふ[九]。

〔王注〕

[一] 善く之を始むれば（四）、則ち善く之を養畜す（五）。故に天下に始め有れば、則ち以て天下の母と爲る可し。
[二] 「母」は、本なり。「子」は、末なり（六）。本を得て以て末を知り、本を舍てて以て末を逐はざるなり。
[三] 「兌」は、事欲の由りて生ずる所なり。「門」は、事欲の由りて從ふ所なり。
[四] 事無ければ（七）永く逸す。故に身を終ふるまで勤れざるなり。
[五] 其の原を閉ざさずして、其の事を濟す。故に身を終ふと雖も救はれず。
[六] 治を爲すの功は大に在らざれば（八）、大を見るは明ならず。小を見るは乃ち明なり。強を守るは強ならず。柔を守るは乃ち強なり。
[七] 道を顯らかにして以て民の迷を去る。
[八] 明察せざるなり（九）。
[九] 道の常なり。

（補注）

(一)「天下有始、以爲天下母」について、「始」・「母」は、第一章に、「無名、天地之始、有名、萬物之母」とあるときの天地の始め・萬物の母と同じ。その王注には、「凡有皆始於無。故未形無名之時、則爲萬物之始。及其有形有名之時、則長之、育之、亭之、毒之、爲其母也。言道以無形無名始成萬物。以始以成、而不知其所以、玄之又玄也」とあり、本章と関連した内容が見える。

(二)「沒身不殆」と同文が、第十六章に、「容乃公。公乃王。王乃天。天乃道。道乃久、沒身不殆」とある。

(三)「塞其兌、閉其門」と同文が、第五十六章に、「塞其兌、閉其門、挫其鋭、解其紛、和其光、同其塵。是謂玄同」とある。

(四)「善始之」に関連して、第四十章注には、「天下之物、皆以有爲生、有之所始、以無爲本」とあり、有が始まるところは無を根本とすると述べられる。

(五)「善養畜之」に関連して、第五十一章には、「道生之、德畜之」とあり、その王注には、「何由而生。道也。何得而畜。德也」とある。なお、そこでは德を得て育つと述べられるが、同じく第五十一章注に、「道者、物之所由也。德者、物之所得也。由之乃得」、あるいは「有所由焉、則莫不由乎道也。故推而極之、亦至道也」とあるように、王弼は、德も道に基づくことでそれを得られるため、突き詰めると道が物を育てている、と理解する。

(六)「母、本也。子、末也」について、王弼は、母・子を本・末と理解する。母・子や本・末の議論は王弼の解釈のなかに多く見え、第三十八章注に、「守母以存其子、崇本以擧其末、則形名俱有、而邪不生、大美配天、而華不作。故母不可遠、本不可失。仁義、母之所生、非可以爲母、形器、匠之所成、非可以爲匠也。捨其母而用其子、棄其本而適其末、名則有所分、形則有所止」とある他、第二十章注・第三十二章注・第五十四章注・第五十七章注・第五十八章注・王弼『老子指略』などにも本・末の議論が見える。なお、本・末の概念は王弼以前にもあり、木の根元と枝葉という元来の意味から、『春秋左氏傳』莊公 傳六年ですでに、「夫能固位者、必度於本末、而後立衷焉。不知其本、不謀。知本之不枝、弗強。詩云、本枝百世」というように、物事の根本と末節の意味に転じて用いられている。また、王弼以前では、とくに政治に関する議論で用いられ、たとえば『淮南子』泰族訓に、「治之所以爲本者、仁義也。所以爲末者、法度也。凡人之所以事生者、本也。其所以事死者、末也。本末、一體也」とあるように、統治の根本と末節という意味で用いられることが多い。佛教が流入して以後は、佛典の訳語としても本・末が用いられ、別の意味も付与されていくが、この点については、河野訓「初期中国仏教に取り入れられた本・末について」(『東方学』八〇、一九九〇年)を参照。

(七)「無事」は、何事もなさないこと。第四十八章に、「取天下、常以無事」とあり、第五十七章に、「以無事、取天下」とある。

(八)「爲治之功不在大」は、統治が果たされる原因が権力や武力などの大きさにあるのではなく、それとは逆の本来的な状態を守ることにあることをいう。これに関連して、第三十二章には、「道常無名。樸雖小、天下莫能臣也。侯王若能守之、萬物將自賓」とあり、樸は小だが、天下にはそれを臣下とできるものがいない。侯王がもしそれを守れるならば、万物はおのずと従おうとする、と述べられる。

(九)「道之常」という語は、第十六章注に、「窮極虛無、得道之常、則乃至於不窮極也」とある。「常」は、永遠に変わらないこと、恒久不変。とくに王弼は、そのものとしての本来的なあり方を恒久不変なるものと考える。第一章の補注も参照。

[現代語訳]

第五十二章

天下には始め〔万物の存在の根源〕があり、（それは）天下の母〔万物の成長を支える根源〕にもなる[一]。その母を知ったうえで、その子を守り、その子を知ったうえで、その母を守れば、身を終えるまで危険がない[二]。その（欲望が生じるもととなる）穴を塞ぎ、その（欲望が従うもととなる）門を閉ざせば[三]、身を終えるまで疲弊しない[四]。（逆に）その（欲望が生じるもととなる）穴を開いたまま、物事を行えば、身を終えるまで救われない[五]。小をおもうことを明〔明知〕といい、柔を守ること強〔本当に強い状態〕という[六]。（道の）光を用いて[七]、明察しないことへと立ち戻れば[八]、身に災いを残すことがない。これを習常〔道の本質を修める〕という[九]。

[王注]

[一] 最もよく万物を始められるものであるならば、最もよく万物を養育することができる。そのため天下に始めがあれば、（それは）天下の母となれるのである。

[二]「母」は、本である。「子」は、末である。本を得たうえで末を知り、本を捨てて末（だけ）を逐わないのである。

[三]「兌」は、物の欲望が基づき生じるところである。「門」は、物の欲望が基づき従うところである。

[四] 何事もなければ永久に安寧である。そのため身を終えるまで疲弊しない。

[五]（「其の兌を開き、其の事を濟《な》す」は）その（欲望の）おおもとを閉じずに、物事を行うことである。そのため身を終えるまで救われることがない。

[六] 統治が果たされる原因は（権力や武力などの）大きさではないので、大をおもうことは明〔明知〕ではない。小をおもうことが明なのである。強い状態を守ることは強〔本当に強い状態〕ではない。柔を守ることが強なのである。

[七] 道を明らかにして人々の迷いを取り除くのである。

[八]（「其の明に復歸す」は）明察しないこと（に立ち戻ること）である。

[九]（「常」は）道の常〔恒久不変の本質〕である。

【原文】

第五十三章

使我介然有知、行於大道、唯施是畏［一］。大道甚夷、而民好徑［二］。朝甚除［三］、田甚蕪、倉甚虛［四］。服文綵、帶利劍、厭飲食、財貨有餘。是謂盜夸。非道也哉［五］。

［王注］

［一］言若使我可介然有知、行大道於天下、唯施爲之是畏也。

［二］言大道蕩然正平、而民猶尚舍之而不由、好從邪徑。況復施爲以塞大道之中乎。故曰大道甚夷、而民好徑。

［三］朝、宮室也。除、潔好也。

［四］朝甚除、則田甚蕪、倉甚虛。設一而衆害生也。

［五］凡物、不以其道得之、則皆邪也。邪則盜也。夸而不以其道得之、[1]〔盜夸也。貴而不以其道得之、〕竊位也。故舉非道以明非道則皆盜夸也。

〔校勘〕

1．道藏集注本により、「盜夸也。貴而不以其道得之」を補う。

《訓読》

第五十三章

我をして介然として知有りて、大道を行はしむれば、唯だ施を是れ畏れん［一］。大道は甚だ夷なるも、而れども民は徑を好む［二］。朝は甚だ除《きよ》きも［三］、田は甚だ蕪《あ》れ、倉は甚だ虛し［四］。文綵を服し、利劍を帶び、飲食に厭き、財貨 餘り有り。是れを盜夸と謂ふ。非道なるかな［五］。

［王注］

［一］言ふこころは若し我をして介然として知有りて、大道を天下に行ふ可からしむれば、唯だ之に施爲（一）するを是れ畏るるなり。

［二］言ふこころは大道は蕩然正平なるも、而れども民は猶尚《な》ほ之を舍てて由らず、邪徑に從ふことを好む。況んや復た施爲して以て大道の中を塞ぐをや。故に「大道は甚だ夷なるも、而れども民は徑を好む」と曰ふ。

［三］「朝」は、宮室なり。「除」は、潔好なり。

［四］朝は甚だ除《きよ》きも、則ち田は甚だ蕪れ、倉は甚だ虛し。一を設けて衆害 生ずるなり。

［五］凡そ物、其の道を以て之を得ざれば、則ち皆 邪なり。邪なれば則ち盜なり。夸あるも其の道を以て之を得ざれば、盜夸なり。貴なるも其の道を以て之を得ざれば、竊位なり。故に非道を擧げて以て非道は則ち皆 盜夸なるを明らかにするなり。

（補注）

（一）「施爲」は、作為を施すこと。「施爲」という語は、第二十九章注にも、「凡此諸或、言物事逆順反覆、不施爲執割也」とあり、第六十四章注にも、「以施爲治之、形名執之、反生事原、巧辟滋作」とある。

［現代語訳］

第五十三章

わたしに少しばかりの明知があり、大道を（天下に）行うことができるならば、ただ（人々に）作為を施すことを畏れるばかりである[一]。（そうでなくとも）大道はこの上なく平らかであるのに、人々は小道を好んでいる[二]。（そのため）宮殿は清く美しいが[三]、田畑は荒れ果て、倉庫はまったく空っぽなのである[四]。（しかし、そうした状況で人々は）綺麗な衣服を身に纏い、立派な剣を腰に帯び、飲食にも飽き足り、財貨は有り余らせている。このことを盗夸〔栄華を盗み取る〕という。なんと非道であろうか[五]。

〔王注〕

[一] 言いたいことはもしわたしに少しばかりの明知があり、大道を天下に行うことができるならば、ただ人々に作為を施すことを畏れるばかりということである。

[二] 言いたいことは大道はひたすらに平らかであるが、人々はそれを捨てて通らず、整わない小道に行くことを好んでいる。まして作為を加えて大道のなかを塞いでしまうことは言うまでもないということである。そのため「大道は甚だ夷なるも、而れども民は徑を好む」というのである。

[三] 「朝」は、宮殿である。「除」は、清く美しいことである。

[四] 宮殿は清く美しいが、田畑は荒れ果て、倉庫はまったく空っぽである。一つの宮殿を設けて、多くの損害を生じたのである。

[五] すべての物は、ふさわしい道によってそれを得なければ、すべて邪《よこしま》である。邪（なのにそれを得ているの）であればそれは盗んでいるということである。（見かけ上の）栄華があってもふさわしい道によってそれを得ていなければ、（それは）盗夸〔栄華を盗み取る〕である。（見かけ上で）貴くともふさわしい道によってそれを得ていなければ、（それは）竊位〔位を盗み取る〕である。そのため（本文では）非道（の例）を挙げて（それらの）非道がすべて盗夸であることを明らかにするのである。

【原文】

第五十四章

善建[1]〔者〕不拔［一］、善抱者不脱［二］、子孫以祭祀不輟［三］。修之於身、其德乃眞。修之於家、其德乃餘［四］。修之於鄉、其德乃長。修之於國、其德乃豐。修之於天下、其德乃普。故以身觀身、以家觀家、以鄉觀鄉、以國觀國［五］、以天下觀天下［六］。吾何以知天下然哉、以此［七］。

［王注］

［一］固其根、而後營其末。故不拔也。

［二］不貪於多、齊其所能。故不脱也。

［三］子孫傳此道、以祭祀則不輟也。

［四］以身及人也。修之身則眞、修之家則有餘。修之不廢、所施轉大。

［五］彼皆然也。

［六］以天下百姓心、觀天下之道也。天下之道、逆順吉凶、亦皆如人之道也。

［七］此、上之所云也。言吾何以得知天下乎。察己以知之、不求於外也。所謂不出戸以知天下者也。

〔校勘〕

1．武英殿本・二十二子本・古逸叢書本により、「者」を補う。

《訓読》

第五十四章

善く建つる者は拔けず［一］、善く抱く者は脱《お》ちず［二］、子孫 以て祭祀すれば輟《や》まず［三］。之を身に修むれば、其の德は乃ち眞なり(二)。之を家に修むれば、其の德は乃ち餘る［四］。之を鄉に修むれば、其の德は乃ち長ず。之を國に修むれば、其の德は乃ち豐かなり。之を天下に修むれば、其の德は乃ち普《あまね》し。故に身を以て身を觀、家を以て家を觀、鄉を以て鄉を觀、國を以て國を觀［五］、天下を以て天下を觀る［六］。吾 何を以て天下の然るを知るや、此を以てなり(三)［七］。

［王注］

［一］其の根を固くして、而る後に其の末を營む。故に拔けざるなり。

［二］多を貪らず、其の能くする所を齊しくす。故に脱ちざるなり。

［三］子孫 此の道を傳へて、以て祭祀すれば則ち輟まざるなり。

［四］身を以て人に及ぼすなり。之を身に修むれば則ち眞にして、之を家に修むれば則ち餘り有り。之を修むること廢せざれば、施す所も轉た大なり。

［五］彼は皆 然るなり。

［六］天下の百姓の心を以て、天下の道を觀るなり。天下の道、逆順吉凶なるも、亦た皆 人の道の如きなり。

［七］「此」は、上の云ふ所なり。言ふこころは吾 何を以て天下を知ることを得るや。己を察して以て之を知り、外に求めざるなり。所謂る戸を出でずして以て天下を知る者なり(四)。

（補注）

（一）「善建者」・「善抱者」は、道のこと。後文の王注にも、「子孫傳此道、以祭祀則不輟也」とある。

（二）「眞」は、事物の本質。ここでは、物がその本質を獲得した、十全な状態をいう。

（三）「吾何以知天下然哉、以此」と同様の表現は、第二十一章に、「吾何以知衆甫之狀哉、以此」とあり、第五十七章に、「吾何以知其然哉、以此」とある。

（四）「所謂不出戸以知天下者也」は、第四十七章に、「不出戸知天下、不闚牖見天道」とあるのを踏まえる。その王注には、「事有宗而物有主。途雖殊而其歸同也、慮雖百而其致一也。道有大常、理有大致。執古之道可以御今、雖處於今可以知古始。故不出戸闚牖而可知也」とある。

［現代語訳］

第五十四章

最もよく打ち立てられたもの（である道）は引き抜けず[一]、最もよく抱え込まれたもの（である道）は抜け落ちず[二]、子孫が（その道を）引き継いで祭祀を行えば途絶えない[三]。道を身に修めれば、身の徳は眞［十全な状態］となる。道を家に修めれば、家の徳は余りがある[四]。道を郷里に修めれば、郷里の徳は久しくなる。道を國に修めれば、國の徳は豊かになる。道を天下に修めれば、天下の徳はあまねく行き渡る。そのため（自分の）身によって身（がそのように道を修めて徳を眞としていること）を理解するし、家によって家（がそのように道を修めて徳に余りをもつこと）を理解するし、郷里によって郷里（がそのように道を修めて徳を久しくしていること）を理解するし、國によって國（がそのように道を修めて徳を豊かにしていること）を理解するし[五]、天下によって天下（がそのように道を修めて徳をあまねく行き渡らせていること）を理解する[六]。わたしがどうして天下がそのようになっているのかを知れるのかといえば、このようにして自分のことを理解しているからである[七]。

［王注］

[一]（「善く建つる者」は）根本を揺るぎないものにして、その後に末節のことを行う。そのため引き抜けないのである。

[二]（「善く抱く者」は）多くを貪らず、その抱え込むところには節度がある。そのため抜け落ちないのである。

[三] 子孫がこの道を引き継いで、祭祀を行えば途絶えないのである。

[四]（自分の）身（を修めること）によって他者にも（影響を）及ぼすのである。道を身に修めれば（徳は）眞となり、道を家に修めれば（徳は）余りがある。道を修めることを止めなければ、施すものもますます大きくなる。

[五]（身・家・郷里・國では）どれも（道を修めて）このようになっている。

[六] 天下の人々の心によって、天下の道を理解するのである。天下の道が順調であったりそうでなかったり吉であったり凶であったりするのは、どれもまた人の道のようである。

[七]「此」は、上で言ったことである。言いたいことはわたしがどうして天下のことを知り得るのか。それは自分のことを察して天下のことを知るためであり、外に求めてはいないということである。（これは）いわゆる（第四十七章の）戸を出ずに天下を知るというものである。

【原文】

第五十五章

含德之厚、比於赤子。蜂蠆虺蛇不螫、猛獸不據、攫鳥不搏[一]。骨弱筋柔而握固[二]。未知牝牡之合而全作[三]、精之至也。終日號而不嗄[四]、和之至也。知和曰常[五]、知常曰明[六]。益生曰祥[七]、心使氣曰強[八]。物壯則老。謂之不道。不道早已。

[王注]

[一] 赤子、無求無欲、不犯衆物。故毒蟲之物無犯[1]（之）〔於〕人也。含德之厚者、不犯於物。故無物以損其全也。

[二] 以柔弱之故、故握能周固。

[三] 作、長也。無物以損其身。故能全長也。言含德之厚者、無物可以損其德、渝其眞。柔弱不爭而不摧折、皆若此也。

[四] 無爭欲之心。故終日出聲而不嗄也。

[五] 物以和爲常。故知和則得常也。

[六] 不皦不昧、不溫不涼、此常也。無形不可得而見。[2]〔故曰知常〕曰明也。

[七] 生不可益。益之則夭也。

[八] 心宜無有。使氣則強。

〔校勘〕

1. 道藏集注本により、「之」を「於」に改める。
2. 樓宇烈・宇佐美灊水・古屋昔陽・東條一堂に従い、「故曰知常」を補う。

《訓読》

第五十五章

德を含むことの厚きものは、赤子（一）に比《なぞら》ふ。蜂蠆虺蛇も螫《さ》さず、猛獸も據《くみあ》はず、攫鳥も搏《つか》まず[一]。骨は弱く筋は柔らかなるも握ること固し[二]。未だ牝牡の合を知らずして作を全くするは[三]、精の至なればなり。終日 號《な》けども嗄《か》れざるは[四]、和の至なればなり。和を知るを常（二）と曰ひ[五]、常を知るを明と曰（三）ふ[六]。生を益すを祥と曰ひ[七]、心 氣を使ふを強と曰ふ[八]。物 壯なれば則ち老ゆ。之を不道と謂ふ。不道なれば早く已（四）む。

[王注]

[一] 赤子は、無求無欲にして、衆物を犯さず。故に毒蟲の物も人を犯す無きなり。德を含むことの厚き者は、物を犯さず。故に物として以て其の全を損なふ無きなり。

[二] 柔弱の故を以て、故に握ること能く周固たり。

[三] 「作」は、長なり。物として以て其の身を損なふ無（五）し。故に能く長を全くするなり。言ふこころは德を含むことの厚き者は、物として以て其の德を損なひ、其の眞を渝《か》ふ可き無（六）し。柔弱不爭にして摧折せられざるは、皆 此の若きなり。

[四] 爭欲の心無し。故に終日 聲を出すも嗄れざるなり。

[五] 物は和を以て常と爲す。故に和を知れば則ち常を得るなり。

[六] 不皦不昧、不溫不涼なるは、此れ常（七）なり。無形は得て見る可からず。故に「常を知るを明と曰ふ」と曰ふなり。

[七] 生は益す可からず。之を益せば則ち夭（八）なり。

[八] 心は宜しく無有なるべし（九）。氣を使へば則ち強（一〇）なり。

（補注）

（一）「赤子」は、他にも第十章に、「專氣致柔、能嬰兒乎」と見え、第二十章に、「我獨怕兮其未兆、如嬰兒之未孩」と見え、第二十八章に、「常德不離、復歸於嬰兒」と見える。

（二）「常」は、永遠に変わらないこと、恒久不変。とくに王弼は、そのものとしての本来的なあり方を恒久不変なるものと考える。第一章の補注も参照。

（三）「知常曰明」と同文が、「復命曰常、知常曰明」とある。明は、通常の知性を越える絶対的な叡智。第三十三章には、「知人者智、自知者明」とあり、その王注には、「知人者、智而已矣。未若自知者超智之上也」とある。第十章補注も参照。

（四）「物壯則老。謂之不道。不道早已」と同文が、第三十章に、「物壯則老。是謂不道。不道早已」とある。その王注には、「壯、武力暴興也、喩以兵強於天下者也。飄風不終朝、驟雨不終日。故暴興必不道、早已也」とある。

（五）「無物以損其身」と同様の表現は、第十三章の「愛以身爲天下、若可託天下」に対する王注に、「無物可以損其身。故曰愛也。如此乃可以寄天下也」とある。

（六）「渝其眞」に関連して、第四章注に、「鋭挫而無損、紛解而不勞、和光而不汙其體、同塵而不渝其眞」とあり、第五十章注に、「故物、苟不以求離其本、不以欲渝其眞、雖入軍而不害、陸行而不可犯也。赤子之可則而貴、信矣」とある。

（七）「不皦不昧、不溫不涼、此常也」と同様の表現は、第十六章の「知常曰明」に対する王注に、「常之爲物、不偏不彰、無皦昧之狀、溫涼之象。故曰知常曰明也」とあり、王弼『老子指略』に、「執古可以御今、證今可以知古始。此所謂常者也。無皦昧之狀、溫涼之象。故知常曰明也」とある。また、「不皦不昧」に関連して、第十四章に、「其上不皦、其下不昧、繩繩不可名、復歸於無物」とあり、「不溫不涼」に関連して、第三十五章の「大象」についての王注に、「不炎不寒、不溫不涼」とある。

（八）「生不可益。益之則夭也」に関連して、第五十章に、「人之生動之死地、十有三。夫何故。以其生生之厚」とあり、その王注に、「而民生生之厚、更之無生之地焉」とあって、生に執着することが甚だしい人は、かえって生の無いところへ向かうと述べられる。

（九）「心宜無有」に関連して、第十六章の「沒身不殆」に対する王注には、「無之爲物、水火不能害、金石不能殘。用之於心、則虎兕無所投其爪角、兵戈無所容其鋒刃。何危殆之有乎」とあり、無を心に用いれば、虎や犀もその爪や角を打ちかけるところがなく、武器もその刃を振るうところがなく、危険がない、と述べられる。

（一〇）「強」について、『老子』全体を通じて剛強であることは否定される。たとえば、第三十六章には、「柔弱勝剛強」とある。

［現代語訳］

第五十五章

徳を豊かに蓄える者は、赤子のようである。蜂や蠆《さそり》や蝮《まむし》のたぐいも刺さず、猛獣も襲いかからず、猛禽も摑みかからない〔一〕。骨格は弱く筋肉はしなやかで（手の）握りはしっかりとしている〔二〕。まだ男女の交わりを知らないのに十分に成長するのは〔三〕、精〔生命力〕が極まっているからである。一日中泣き叫んでも（声が）かれないのは〔四〕、和〔調和〕が極まっているからである。和を知ることを常〔恒久不変〕といい〔五〕、常を知ることを明〔明知〕という〔六〕。生に執着することを祥〔災い〕といい〔七〕、心が氣を用いることを強〔剛強〕という〔八〕。物は威勢が良いと衰える。このことを不道〔道から外れている〕という。不道であれば早々に滅びるのである。

〔王注〕

〔一〕赤子は、求めるものや欲するものがなく、すべての物を傷つけない。そのため有毒の生物も（この）人を傷つけることがない。徳を豊かに蓄える者は、物を傷つけない。そのため物でその人の完全性を損なうものがない。

〔二〕（赤子は）柔弱であるがゆえに、（手の）握りがしっかりとしている。

〔三〕「作」は、長である。物でその（徳を豊かに蓄える者の）身を損なうものはない。そのため十分に成長できるのである。言いたいことは徳を豊かに蓄える者は、物でその徳を損なったり、その眞〔本質〕を変えられるものがないということである。（徳を豊かに蓄える者が）柔弱で争わず折られないのは、すべてこのようなのである。

〔四〕（徳を豊かに蓄える者は）競おうとする心がない。そのため一日中声を出してもかれないのである。

〔五〕物は和を常〔恒久不変の本質〕としている。そのため和を知れば常を得られるのである。

〔六〕明るくもなく暗くもなく、温かくもなく涼しくもないものが、常である。（それは）形がなく見ることができない。そのため「常を知るを明と曰ふ」というのである。

〔七〕生を伸ばすことはできない。それを伸ばせば（かえって）夭折する。

〔八〕心は無有であるのがよい。氣を用いれば強になるのである。

【原文】

第五十六章

知者不言［一］、言者不知［二］。塞其兌、閉其門、挫其銳［三］、解其[1]（分）〔紛〕［四］、和其光［五］、同其塵［六］。是謂玄同。故不可得而親、不可得而疏［七］、不可得而利、不可得而害［八］、不可得而貴、不可得而賤［九］。故爲天下貴［一〇］。

［王注］
［一］因自然也。
［二］造事端也。
［三］含守質也。
［四］除爭原也。
［五］無所特顯、則物無偏爭也。
［六］無所特賤、則物無偏恥也。
［七］可得而親、則可得而疏也。
［八］可得而利、則可得而害也。
［九］可得而貴、則可得而賤也。
［一〇］無物可以加之也。

〔校勘〕
1．波多野太郎に従い、「分」を「紛」に改める。

《訓読》

第五十六章

知る者は言はず［一］、言ふ者は知らず［二］。其の兌を塞ぎ、其の門を閉ざし(一)、其の銳を挫き［三］、其の紛を解き［四］、其の光を和らげ［五］、其の塵を同じくす(二)［六］。是れを玄同と謂ふ。故に得て親しむ可からず、得て疏《うと》んず可からず［七］、得て利す可からず、得て害す可からず［八］、得て貴ぶ可からず、得て賤しむ可からず［九］。故に天下の貴と爲る(三)［一〇］。

［王注］
［一］自然に因るなり(四)。
［二］事端を造《な》すなり。
［三］質を含守するなり。
［四］爭原を除くなり。
［五］特に顯《あらは》す所無ければ、則ち物 偏りて爭ふ(五)無きなり。
［六］特に賤しくする所無ければ、則ち物 偏りて恥づる無きなり(六)。
［七］得て親しむ可ければ、則ち得て疏んず可きなり。
［八］得て利す可ければ、則ち得て害す可きなり。
［九］得て貴ぶ可ければ、則ち得て賤しむ可きなり。
［一〇］物として以て之に加ふる可き無きなり。

〔補注〕
（一）「塞其兌、閉其門」と同文が、第五十二章に、「塞其兌、閉其門、終身不勤」とある。その王注には、「兌、事欲之所由生。門、事欲之所由從也」とある。
（二）「挫其銳、解其紛、和其光、同其塵」と同文が、第四章に、「挫其銳、解其粉、和其光、同其塵。湛兮似或存」とある。その王注には、「銳挫而無損、紛解而不勞、和光而不汙其體、同塵而不渝其眞。不亦湛兮似或存乎」とある。

(三)「故爲天下貴」と同文が、第六十二章に、「古之所以貴此道者何。不曰以求得、有罪以免邪。故爲天下貴」とある。

(四)「因自然」と同文が、第四十五章の「大巧若拙」に対する王注に、「大巧因自然以成器、不造爲異端。故若拙也」とある。また、同様の表現は、第二十七章注に、「因物自然、不設不施」とあり、第四十一章注に、「建徳者、因物自然、不立不施」とある。

(五)「偏」は、本来的に価値の差がない物事に対して傾斜をつけること。たとえば、ことさらにあるものを賞賛すれば、価値の差がなかったところに傾斜がつき、善・不善といった相対的な概念が生まれるため、それに基づいた争いが起こる。これに関連して、第二章の「天下皆知美之爲美、斯惡已。皆知善之爲善、斯不善已。故有無相生、難易相成、長短相較、高下相傾、音聲相和、前後相隨」に対する王注には、「喜怒同根、是非同門。故不可得偏擧也。此六者、皆陳自然不可偏擧之明數也」とあり、本来的には善・不善といった相対的な概念はないことが述べられている。

(六)「無所特顯、則物無所偏爭也」に関連して、第三章には、「不尙賢、使民不爭」とあり、優れた人材を尊重しなければ、民に競わせることはない、と述べられる。

[現代語訳]

第五十六章

本当に理解する者は(あるがままに従うだけで)言葉に出さず[一]、言葉に出す者は(無用な争いを引き起こすだけで)実は理解していない[二]。(本当に理解する者は)万物の(欲望が生じるもととなる)穴を塞ぎ、万物の(欲望が従うもととなる)門を閉ざし、万物の鋭さを弱め[三]、万物の乱れを解き[四]、万物の光を和らげ[五]、万物の塵を同じくする[六]。このことを玄同〔玄妙な齊同〕という。そのため(万物はその人に)親しむこともできず、疎んじることもできず[七]、利益をもたらすこともできず、損害を与えることもできず[八]、尊重することもできず、侮蔑することもできない[九]。そのため天下で貴い存在となるのである[一〇]。

[王注]

[一](「知る者」は)あるがままに従うだけである。

[二](「言ふ者」は)無用な争いを引き起こす。

[三](「其の鋭を挫く」は)本質を包み守ることである。

[四](「其の紛を解く」は)争いのもとを取り除くことである。

[五]ことさらに賞賛するものがなければ、物が(本来的に差のないところに)傾斜をつけ(その価値に基づいて)争うことはない。

[六]ことさらに蔑視するものがなければ、物が(本来的に差のないところに)傾斜をつけ(その価値に基づいて)恥をかくことはない。

[七](あるものに)親しむことができれば、(当然)疎んじることもできる。

[八](あるものに)利益をもたらすことができれば、(当然)損害を与えることもできる。

[九](あるものを)尊重することができれば、(当然)侮蔑することもできる。

[一〇]物でそれよりも上にくるものはない。

【原文】

第五十七章

以正治國、以奇用兵。以無事、取天下〔一〕。吾何以知其然哉、以此。天下多忌諱、而民彌貧。民多利器、國家滋昏〔二〕。人多伎巧、奇物滋起〔三〕。法令滋彰、盗賊多有〔四〕。故聖人云、我無爲而民自化、我好靜而民自正、我無事而民自富、我無欲而民自樸〔五〕。

〔王注〕

〔一〕以道治國則國平、以正治國則奇[1]〔正〕〔兵〕起也。以無事、則能取天下也。上章云、其取天下者、常以無事。及其有事、又不足以取天下也。故以正治國、則不足以取天下、而以奇用兵也。夫以道治國、崇本以息末。以正治國、立辟以攻末。本不立而末淺、民無所及。故必至於[2]〔以〕奇用兵也。

〔二〕利器、凡所以利己之器也。民強則國家弱。

〔三〕民多智慧則巧僞生。巧僞生則邪事起。

〔四〕立正欲以息邪、而奇兵用。多忌諱欲以耻貧、而民彌貧。利器欲以強國者也、而國愈昏[3]〔多〕。皆舍本以治末。故以致此也。

〔五〕上之所欲、民從之速也。我之所欲、唯無欲。而民亦無欲而自樸也。此四者、崇本以息末也。

〔校勘〕

1. 道藏集注本により、「正」を「兵」に改める。
2. 樓宇烈・邊家珍・東條一堂に従い、「以」を補う。
3. 邊家珍・波多野太郎に従い、「多」を省く。

《訓読》

第五十七章

正を以て國を治むれば(一)、奇を以て兵を用ふ。無事を以てすれば、天下を取る〔一〕。吾は何を以て其の然るを知るや、此れを以てす(二)。天下に忌諱多ければ、民 彌〻貧し。民に利器多ければ、國家 滋〻昏し〔二〕。人に伎巧多ければ、奇物 滋〻起こる〔三〕。法令 滋〻彰はるれば、盗賊 多く有り〔四〕。故に聖人は、「我は無爲にして民は自づから化し、我は靜を好みて民は自づから正しく、我は無事にして民は自づから富み、我は無欲にして民は自づから樸なり(三)」と云ふ〔五〕。

〔王注〕

〔一〕道を以て國を治むれば則ち國は平らかなるも、正を以て國を治むれば則ち奇兵 起こるなり。無事を以てすれば、則ち能く天下を取るなり。上章に云ふ、「其れ天下を取る者は、常に無事を以てす。其の有事に及びては、又 以て天下を取るに足らざるなり」と(四)。故に正を以て國を治むれば、則ち以て天下を取るに足らずして、奇を以て兵を用ふるなり。夫れ道を以て國を治むるは、本を崇びて以て末を息《や》む(五)。正を以て國を治むるは、辟を立(六)てて以て末を攻《をさ》む。本は立たずして末は淺く、民に及ぶ所無し。故に必ず奇を以て兵を用ふるに至るなり。

〔二〕「利器」は、凡そ己を利する所以の器なり。民 強ければ則ち國家は弱し。

〔三〕民に智慧多ければ則ち巧僞 生ず。巧僞 生ずれば則ち邪事 起こる。

〔四〕正を立てて以て邪を息めんと欲するも、奇兵 用ひらる。忌諱多くして以て貧を耻づかしめんと欲するも、民は彌々貧し。利器は以て國を強くせんと欲する者なるも、國は愈々昏し。皆 本を舍てて以て末を治むるなり。故に以て此を致すなり。

[五] 上の欲する所は、民の從ふことの速やかなるなり。我の欲する所は、唯だ無欲のみ。而れども民も亦た無欲にして自づから樸なり。(七) 此の四者は、本を崇びて以て末を息むなり。

(補注)

(一)「以正治國」について、「正」は、国を支配するための正しいと思われている方法。具体的には、圧力や権勢に頼ることをいう。第十七章には、「太上、下知有之。其次、親而譽之。其次、畏之。其次、侮之」として、良い統治のあり方が順に説かれており、王弼は、無爲の統治、善を打ち立て施しを行う統治、圧力や権勢に頼る統治、智謀を用いる統治の順に良い統治と考えている。本章の「以正治國」は、三番目の統治に該当し、第十七章の「其次、侮之」に対する王注では、「不能法以正齊民、而以智治國、下知避之、其令不從。故曰侮之也」として、「以正齊民」という近い表現が見えている。

(二)「吾何以知其然哉、以此」と同様の表現は、第二十一章に、「吾何以知衆甫之狀哉、以此」とあり、第五十四章に、「吾何以知天下然哉、以此」とある。

(三)「樸」は、山から伐り出したばかりの荒木。本来的な状態の喩え。

(四)「上章云、其取天下者、常以無事。及其有事、又不足以取天下也」は、第四十八章に、「取天下、常以無事。及其有事、不足以取天下」とあるのを引用する。「取天下、常以無事」に対する王注には、「動常因也」とあり、「及其有事」に対する王注には、「自己造也」とあり、「不足以取天下」に対する王注には、「失統本也」とある。

(五)「崇本以息末」に関連して、第五十二章の「既知其母、復知其子、既知其子、復守其母、沒身不殆」に対する王注に、「母、本也。子、末也。得本以知末、不舍本以逐末也」とある。また、「崇本以息末」と同文が、第五十八章の「是以聖人方而不割、廉而不劌、直而不肆、光而不燿」に対する王注に、「此皆崇本以息末、不攻而使復之也」とあり、王弼『老子指略』に、「崇本以息末、守母以存子」とあり、同じく王弼『老子指略』に、「故見素樸以絶聖智、寡私欲以棄巧利、皆崇本以息末之謂也」とある。

(六)「辟」は、法。『說文解字』巻九上 辟部に、「辟、法也」とある。

(七)「我之所欲、唯無欲。而民亦無欲而自樸也」に関連して、第三章に、「不尚賢、使民不爭。不貴難得之貨、使民不爲盜。不見可欲、使心不亂」とあり、必要なことを示さなければ、民の心を惑わせることはないと述べられる。

[現代語訳]

第五十七章

(国を支配するための) 正しい (と思われている) 方法で国を治めると、(結果的に) 思いもよらない方法で軍を起こすことになる。何事もなさないことで、天下を取ることができるのである[一]。わたしがどうしてそうなることを知っているのかといえば、このことを知っているからである。天下にやってはならないことが多ければ、民はどんどん貧しくなる。民が便利な道具を多く使えば、国家はどんどん混乱する[二]。人が技術を多くもてば、異常な事態がますます起こる[三]。法令がますます整備されれば、盗賊が多く出現する[四]。そのため聖人は、「わたしが無為であると民はおのずと活動し、わたしが静かさを好むと民はおのずと正しく、わたしが何もしないと民はおのずと裕福になり、わたしが無欲であると民はおのずと純朴な状態となる」というのである[五]。

[王注]

[一] 道を用いて国を治めれば国は安定するが、（国を支配するための）正しい（と思われている）方法で国を治めようとすると、思いもよらない軍が必要になる。何事もなさないという方法を用いることで、天下を取ることができるのである。上章（第四十八章）には、「天下を取るには、常に何事もなさないことが必要である。何かをなすことになると、天下を取ることができない」とある。そのため（国を支配するための）正しい方法で国を治めようとすると、天下を取るには十分でなく、思いもよらない方法で軍を起こすことになる。そもそも道を用いて国を治めることは、根本を尊ぶことで末節を落ち着かせるというものである。（逆に、国を支配するための）正しい方法で国を治めることは、法を立てて末節を治めるというものである。（これでは）根本が立たず末節が浅くなり、民に（その統治が）行き届かない。そのため必ず思いもよらない方法で軍を起こす必要が出てくるのである。

[二]「利器」は、自分に利益をもたらすための道具である。民が強ければ国家は弱くなる。

[三] 民に智恵が多ければ賢しらな作為が生まれる。賢しらな作為があればよくない事が起こる。

[四]（国を支配するための）正しい方法を立てて末節のことを落ち着かせようとしても、思いもよらない軍が必要になる。やってはならないことを多くし貧しさを恥とさせようとしても、民はますます貧しくなる。便利な道具は国を強くするためのものだが、（それを用いると）国はますます混乱する。（これらは）すべて根本を捨てて末節を治めるものである。そのためこのような結果となる。

[五]（一般的な）為政者が求めることは、民が速やかに従うことである。わたしが求めることは、ただ（自分が）無欲であることだけである。しかし（わたしが無欲であることで）民も無欲となっておのずと純朴な状態となる。この（聖人のいう）四つのことは、根本を尊ぶことで末節を落ち着かせるものである。

【原文】

第五十八章

其政悶悶、其民淳淳〔一〕。其政察察、其民缺缺〔二〕。禍兮福之所倚、福兮禍之所伏。孰知其極。其無正〔三〕。正復爲奇〔四〕、善復爲妖〔五〕。人之迷、其日固久〔六〕。是以聖人方而不割〔七〕、廉而不劌〔八〕、直而不肆〔九〕、光而不燿〔一〇〕。

［王注］

［一］言善治政者、無形無名、無事無[1]（正可）〔可正〕擧。悶悶然、卒至於大治。故曰其政悶悶也。其民無所爭競、寬大淳淳。故曰其民淳淳也。

［二］立刑名、明賞罰、以檢姦僞。故曰[2]〔其政〕察察也。殊類分析、民懷爭競。故曰其民缺缺。

［三］言誰知善治之極乎。唯無可正擧、無可形名、悶悶然、而天下大化。是其極也。

［四］以正治國、則便復以奇用兵矣。故曰正復爲奇。

［五］立善以和萬物、則便復有妖之患也。

［六］言人之迷惑失道固久矣。不可便正善治以責。

［七］以方導物、[3]（舍）〔令〕去其邪、不以方割物。所謂大方無隅。

［八］廉、淸廉也。劌、傷也。以淸廉淸民、[4]（令去其邪）令去其汙、不以淸廉劌傷於物也。

［九］以直導物、令去其僻、而不以直激[5]（沸）〔拂〕於物也。所謂[6]〔大〕直若屈也。

［一〇］以光鑑其所以迷、不以光照求其隱匿也。所謂明道若昧也。此皆崇本以息末、不攻而使復之也。

〔校勘〕

1. 陶鴻慶・樓宇烈・古屋昔陽・大槻如電本・波多野太郎に従い、「正可」を「可正」に改める。
2. 樓宇烈・宇佐美灊水・古屋昔陽・東條一堂・波多野太郎に従い、「其政」を補う。
3. 『經典釋文』および陶鴻慶・樓宇烈・服部南郭・宇佐美灊水・古屋昔陽・屋代輪池・東條一堂・波多野太郎に従い、「舍」を「令」に改める。
4. 道藏集注本により、「令去其邪」を省く。
5. 『經典釋文』により、「沸」を「拂」に改める。
6. 道藏集注本・武英殿本・二十二子本・古逸叢書本により、「大」を補う。

《訓読》

第五十八章

其の政 悶悶(一)たれば、其の民 淳淳たり〔一〕。其の政 察察(二)たれば、其の民 缺缺たり〔二〕。禍は福の倚る所、福は禍の伏す所なり。孰れか其の極を知らん。其れ正無し〔三〕。正は復た奇と爲り〔四〕、善は復た妖と爲る〔五〕。人の迷ふや、其の日は固《もと》より久し〔六〕。是を以て聖人は方なるも割かず〔七〕、廉なるも劌《きず》つけず〔八〕、直なるも肆ならず〔九〕、光あるも燿《かがや》かず〔一〇〕。

［王注］

［一］言ふこころは善く治むるの政者《は》、形無く名無く(三)、事無く(四)正擧す可き無し。悶悶然として、卒に大治に至る。故に「其の政 悶悶

たり」と曰ふなり。其の民は爭競する所無く、寛大にして淳淳たり。(五)故に「其の民 淳淳たり」と曰ふなり。

[二] 刑名を立て、賞罰を明らかにして、以て姦僞を検《けみ》す。故に「其の政 察察たり」と曰ふなり。殊類 分析すれば、民は爭競を懐《おも》ふ。故に「其の民 缺缺たり」と曰ふ。

[三] 言ふこころは誰か善治の極を知らんや。唯だ正擧す可き無く、形名す可きなく、悶悶然たるのみにして、天下は大化す。是れ其の極なり。

[四] 正を以て國を治むれば、則ち便《ただ》ちに復た奇を以て兵を用ふ。(六)故に「正は復た奇と爲る」(七)と曰ふ。

[五] 善を立てて以て萬物を和せば、則ち便ちに復た妖の患有るなり。

[六] 言ふこころは人の迷ひ惑ひて道を失ふは固より久し。便ちに善治を正して以て責《もと》む可からず。

[七] 方を以て物を導き、其の邪を去らしむるも、方を以て物を割かず。所謂る大方は隅無し。(八)

[八]「廉」は、清廉なり。「劌」は、傷なり。清廉を以て民を清くし、其の汙を去らしむるも、清廉を以て物を劌傷せざるなり。

[九] 直を以て物を導き、其の僻を去らしむるも、直を以て物を激拂せざるなり。所謂る大直は屈の若きなり。(九)

[一〇] 光を以て其の迷ふ所以を鑑《て》らすも、光照を以て其の隱匿を求めざるなり。所謂る明道は昧の若きなり。(一〇)此れ皆 本を崇びて以て末を息み、(一一)攻《をさ》めずして之に復せしむるなり。

(補注)

(一)「悶悶」は、ぼんやりとしたさま。「悶悶」という語は、第二十章にも、「俗人察察、我獨悶悶」とある。

(二)「察察」は、明敏なさま。「察察」という語は、第二十章にも、「俗人察察、我獨悶悶」とある。

(三)「無形無名」に関連して、第二十七章注には、「聖人不立形名以檢於物、不造進向以殊棄不肖、輔萬物之自然而不爲始」とあり、聖人は形や名を立てて物を取り締まらないと述べられる。「無形無名」という語は、第一章注に、「道以無形無名始成萬物」とあり、第十四章注に、「無形無名者、萬物之宗也」とあるように、道の様相をいう語として王注によく見られる。

(四)「無事」は、何事もなさないこと。第四十八章に、「取天下、常以無事」とあり、第五十七章に、「以無事、取天下」とある。

(五)「其民無所爭競、寛大淳淳」に関連して、第三十七章には、「化而欲作、吾將鎭之以無名之樸。無名之樸、夫亦將無欲」とあり、その王注に、「無欲競也」とあって、万物が必要以上に成長しようとすれば、それを抑えるために無名の樸を用いる。無名の樸は万物を無欲にして競わせなくする、と述べられる。

(六)「以正治國、則便復以奇用兵矣」は、第五十七章に、「以正治國、以奇用兵」とあるのを踏まえる。その王注には、「以正治國、立辟以攻末。本不立而末淺、民無所及。故必至於以奇用兵也」とある。

(七)「立善」と同文が、第十七章の「太上、下知有之。其次、親而譽之」に対する王注に、「不能以無爲居事、不言爲教、立善行施、使下得親而譽之也」とあり、第三十八章注に、「下德求而得之、爲而成之。則立善以治物」とある。

(八)「所謂大方無隅」は、第四十一章に、「大方無隅、大器晩成、大音希聲、大象無形」とあるのを引用する。その王注には、「方而不割。故無隅也」とある。

（九）「所謂大直若屈也」は、第四十五章に、「大直若屈、大巧若拙、大辯若訥」とあるのを引用する。その王注には、「随物而直、直不在一。故若屈也」とある。

（一〇）「所謂明道若昧也」は、第四十一章に、「明道若昧、進道若退、夷道若纇」とあるのを引用する。その王注には、「光而不耀」とある。

（一一）「崇本以息末」に関連して、第五十二章の「既知其母、復知其子、既知其子、復守其母、沒身不殆」に対する王注に、「母、本也。子、末也。得本以知末、不舍本以逐末也」とある。また、「崇本以息末」と同文が、第五十七章の「故聖人云、我無爲而民自化、我好靜而民自正、我無事而民自富、我無欲而民自樸」に対する王注に、「上之所欲、民從之速也。我之所欲、唯無欲。而民亦無欲而自樸也。此四者、崇本以息末也」とあり、王弼『老子指略』に、「崇本以息末、守母以存子」とあり、同じく王弼『老子指略』に、「故見素樸以絕聖智、寡私欲以棄巧利、皆崇本以息末之謂也」とある。

[現代語訳]

第五十八章

政治がぼんやりとしていれば、民は純朴である[一]。政治がはっきりとしていれば、民は欠陥がある[二]。災いは福の身を寄せるところであり、福は災いの隠れるところである。（つまり災いか福かはとても分かりづらい。それでは）誰が（よい政治の）究極を知っているのか。（政治には）正しい方法というのはないのである[三]。（一般的な）正しい方法はまた（それを用いると）思いもよらない方法が必要になり[四]、善を立ててもまた悪いことを生じさせる[五]。人々が迷って（一般的な正しい方法を選び、道を失って）から、まことに久しい[六]。こういう訳で聖人は方正であっても切り分けず[七]、清廉であっても傷つけず[八]、正直《せいちょく》であってもほしいままでなく[九]、光があっても照らしつけないのである[一〇]。

[王注]

[一] 言いたいことは最もよく治まった政事は、形もなく名もなく、何事もなく正しい行動をすることもないということである。（その政事が）ぼんやりとしていることで、最終的には完全に治まった状態に至るのである。そのため「其の政 悶悶たり」という。その時の民は争うことなく、寛大で純朴である。そのため「其の民 淳淳たり」という。

[二] 刑名を立て、賞罰を明らかにして、不正を取り締まる。そのため「其の政 察察たり」という。物（の善し悪し）を分けて別にすると、民は競争しようと考える。そのため「其の民 缺缺たり」という。

[三] 言いたいことは誰がよい政治の究極を知っているのか。正しい行動もせず、形や名をもたず、ぼんやりとしているだけで、天下は大いに感化される。これがその究極であるということである。

[四]（国を支配するための）正しい（と思われている）方法で国を治めると、結果的にすぐに思いもよらない方法で軍を起こすことになる。そのため「正は復た奇と爲る」という。

[五] 善を立てて万物を調和させれば、結局すぐにまた悪いことが起きるという憂いがある。

[六] 言いたいことは人々が混乱して道を失ってからまことに久しいということである。(そもそも)すぐに最もよい政治(である無爲の政治)を正して(何かを)求めてはならないのである。

[七](聖人は)方正さによって物を導き、その邪《よこしま》さを取り除くが、方正さによって物を切り分けない。いわゆる(第四十一章の)この上ない方正さには角《かど》がないというものである。

[八]「廉」は、清廉である。「劌」は、傷である。(聖人は)清廉さによって民を清くし、その汚れを取り除くが、清廉さによって物を傷つけない。

[九](聖人は)正直さによって物を導き、その邪《よこしま》さを取り除くが、正直さによって物を激しく排斥しない。いわゆる(第四十五章の)この上ない真っ直ぐさは曲がっているようであるというものである。

[一〇](聖人は)光によって民の迷いのもとを照らすが、光の照らしによってその隠されたものを暴き出すことはしない。いわゆる(第四十一章の)明るい道は暗いようであるというものである。これら(四つのこと)はすべて根本を尊ぶことで末節を落ち着かせ、治めずに(民を)本来の状態に復帰させるものである。

【原文】

第五十九章

治人事天、莫若嗇［一］。夫唯嗇、是謂早服［二］。早服、謂之重積德［三］。重積德則無不克。無不克則莫知其極［四］。莫知其極、可以有國［五］。有國之母、可以長久［六］。是謂深根固柢。長生久視之道。

［王注］

［一］莫[1]（如）〔若〕、猶莫過也。嗇、農夫。農人之治田、務去其殊類、歸於齊一也。全其自然、不急其荒病、除其所以荒病。上承天命、下綏百姓、莫過於此。

［二］早服常也。

［三］唯重積德、不欲鋭速。然後乃能使早服其常。故曰早服、謂之重積德者也。

［四］道無窮也。

［五］以有窮而莅國、非能有國也。

［六］國之所以安、謂之母。重積德是。唯圖其根、然後營末、乃得其終也。

〔校勘〕

1．二十二子本・古逸叢書本により、「如」を「若」に改める。

《訓読》

第五十九章

人を治め天に事《つか》ふるは、嗇に若《し》くは莫し［一］。夫れ唯だ嗇、是を早く服すと謂ふ［二］。早く服す、之を重ねて德を積むと謂ふ［三］。重ねて德を積めば則ち克《よ》くせざる無し。克くせざる無ければ則ち其の極を知る莫し［四］。其の極を知る莫ければ、以て國を有《たも》つ可し［五］。國を有つの母は、以て長久なる可し［六］。是れを根を深くし柢を固くすと謂ふ。長生久視の道なり。

［王注］

［一］「若くは莫し」は、猶ほ過ぐるは莫しのごときなり。「嗇」は、農夫なり。農人の田を治むるには、務めて其の殊類を去りて、齊一に歸するなり。其の自然を全くし、其の荒病を急にせず、其の荒病の所以を除く。上は天命を承け、下は百姓を綏んずるは、此より過ぐるは莫し。

［二］早く常（一）に服するなり。

［三］唯だ重ねて德を積むのみにして、鋭速を欲せず。然る後に乃ち能く早く其の常に服せしむ。故に「早く服す、之を重ねて德を積むと謂ふ」と曰ふ者なり。

［四］道は窮まること無きなり。

［五］有窮を以て國に莅《のぞ》めば、能く國を有つに非ざるなり。

［六］國の安んずる所以、之を母と謂ふ。重ねて德を積むは是れなり。唯だ其の根を圖りて、然る後に末を營みて、乃ち其の終を得るなり。

〔補注〕

（一）「常」は、永遠に変わらないこと、恒久不変。とくに王弼は、そのものとしての本来的なあり方を恒久不変なるものと考える。第一章の補注も参照。

[現代語訳]

第五十九章

人を治め天に仕えるには、農夫に勝るものはない[一]。ただ農夫のようであること、これを早く（物の本来のところに）服するという[二]。早く（物の本来のところに）服すること、これを徳を積み重ねるという[三]。徳を積み重ねれば、成し遂げないことはない。成し遂げないことがなければ、（そのはたらきに）限界はない[四]。限界がなければ、国を保有することができる[五]。（つまり徳の積み重ねという）国の母を保ち続けることで、永遠となることができるのである[六]。これを根本を深く固めるという。これが永遠に生き続ける道なのである。

[王注]

[一]「若くは莫し」は、勝るものがないというようなものである。
「嗇」は、農夫である。農民が田畑を治める際は、異なる種類（の草）を取り除き、一つの種類になるように戻そうとする。そのあるがままの状態を十全にし、即座に荒れたり病気をもたないようにして、その荒れや病気の原因を取り去るのである。上は天命を受け、下は人々を安んじるには、これに勝るものはない。

[二]（「早く服す」は）はやく（そのものの本来のところである）常に服することである。

[三] ただ徳を積み重ねるだけで、（積み方が）鋭く速いことを望まない。そうした後にはやくそのものの常に服させることができるのである。そのため「早く服す、之を重ねて徳を積むと謂ふ」という。

[四] 道は窮まることがない。

[五]（そのはたらきに）限界があるのに国に君臨すれば、国を保つことができない。

[六] 国を安んずるもと、これを母という。徳を積み重ねることがこれである。ただその根本について深く考え、その後に末節のことを行うだけで、そのふさわしい終わり方を得られるのである。

【原文】

第六十章

治大國、若烹小鮮[一]。以道莅天下、其鬼不神[二]。非其鬼不神、其神不傷人[三]。非其神不傷人、聖人亦不傷人[四]。夫兩不相傷。故德交歸焉[五]。

[王注]

[一] 不擾也。躁則多害、靜則全眞。故其國彌大、而其主彌靜。然後乃能廣得衆心矣。

[二] 治大國、則若烹小鮮。以道莅天下、則其鬼不神也。

[三] 神不害自然也。物守自然、則神無所加。神無所加、則不知神之爲神也。

[四] 道洽、則神不傷人。神不傷人、則不知神之爲神。道洽、則聖人亦不傷人。聖人不傷人、則亦不知聖人之爲聖也。猶云非獨不知神之爲神、亦不知聖人之爲聖也。夫恃威網以使物者、治之衰也。使不知神聖之爲神聖、道之極也。

[五] 神不傷人、聖人亦不傷人。聖人不傷人、神亦不傷人。故曰兩不相傷也。神聖合道、交歸之也。

《訓読》

第六十章

大國を治むるは、小鮮を烹《に》るが若くす[一]。道を以て天下に莅《のぞ》めば、(一)其の鬼は神ならず(二)[二]。其の鬼の神ならざるに非ず、其の神 人を傷《そこな》はざるなり[三]。其の神の人を傷はざるのみに非ず、聖人も亦た人を傷はず[四]。夫れ兩つながら相 傷はず。故に徳は交〻焉に歸す[五]。

[王注]

[一] 擾《みだ》さざるなり。躁なれば則ち害多く、静なれば則ち眞を全くす。(三)故に其の國は彌〻大なるも、其の主は彌〻静かなり。然る後に乃ち能く廣く衆の心を得たり。

[二] 大國を治むるは、則ち小鮮を烹るが若くす。道を以て天下に莅めば、則ち其の鬼は神ならざるなり。

[三] 神は自然を害はざるなり。物 自然を守れば、則ち神の加ふる所無し。神 加ふる所無ければ、則ち神の神爲るを知らざるなり。

[四] 道 洽《あまね》ければ、則ち神は人を傷はず。神 人を傷はざれば、則ち神の神爲るを知らず。道 洽ければ、則ち聖人も亦た人を傷はず。聖人 人を傷はざれば、則ち亦た聖人の聖爲るを知らざるなり。(四)猶ほ獨り神の神爲るを知らざるのみに非ず、亦た聖人の聖爲るを知らざるを云ふなり。夫れ威網を恃みて以て物を使ふ者は、治の衰なり。神聖の神聖爲るを知らざらしむるは、道の極なり。

[五] 神 人を傷はざれば、聖人も亦た人を傷はず。聖人 人を傷はざれば、神も亦た人を傷はず。故に「兩つながら相 傷はず」と曰ふなり。神聖 道に合して、交〻之に歸するなり。(五)

(補注)

(一)「以道莅天下」について、本章の文脈上、かき乱さない統治と道を用いる統治は同質のものである。これに関連して、第五十七章の「以正治國、以奇用兵。以無事、取天下」に対する王注にも、「以道治國則國平、以正治國則奇兵起也。以無事、則能取天下也」として、道を用いて国を治めれば国が安定すると述べられ、それが何事もなさないことを方法とすることで天下を取ることができると言い換えられている。

（二）「其鬼不神」について、「鬼」は、鬼神。「神」は、鬼神の霊妙なはたらき。

（三）「躁則多害、靜則全眞」と同様の表現は、第四十五章注に、「靜則全物之眞、躁則犯物之性」とある。「眞」は、事物の本質。本来的な自然なるもの。第三章補注を参照。

（四）「不知聖人之爲聖也」に関連して、第十七章の「太上、下知有之。……功成事遂、百姓皆謂我自然」に対する王注には、「居無爲之事、行不言之教、不以形立物。故功成事遂、而百姓不知其所以然也」とあり、理想的な統治状態では大人が無爲の立場におり、不言の教えを行い、形を用いて物を定めないため、大人によって功績が果たされ物事が成し遂げられても、人々はその原因を知らないと述べられる。

（五）「歸」は、本来の十全な状態へと復帰すること。たとえば、第二十八章では、「復歸於嬰兒」、「復歸於無極」、「復歸於樸」と述べられる。

[現代語訳]

第六十章

大国を統治するには、小魚を煮るようにする[一]。（そのように）道を用いて天下に臨めば、鬼神はそのはたらきを発揮しない[二]。（これは）鬼神が（本当に）そのはたらきを発揮していないのではなく、そのはたらきが人（のあるがままの状態を）を傷つけない（ことでそのはたらきが理解されないという）ことである[三]。（しかもその場合）鬼神のはたらきが人（のあるがままの状態）を傷つけないだけでなく、聖人も同様に人（のあるがままの状態）を傷つけない[四]。そもそも（鬼神と聖人の）両者がともに（人のあるがままの状態を）傷つけないのである。それゆえに（鬼神と聖人の）徳はそれぞれ十全な状態へと復帰する[五]。

[王注]

[一]（「小鮮を烹るが若くす」とは）かき乱さないことである。慌ただしく動いていれば害が多く、静かであれば（物の）眞〔本質〕を十全にする。そのためその国がますます大きくなっても、その（国の）主君はますます静かとなる。その後にようやく広く人々の心を得られるのである。

[二] 大国を統治するのであれば、小魚を煮るようにする。道を用いて天下に臨めば、鬼神がそのはたらきを発揮しない。

[三] 神〔鬼神のはたらき〕はあるがままの状態を損なわない。物があるがままの状態を守っていれば、神が（その作用を及ぼして）つけ加えるところもない。神がつけ加えるところがなければ、神が神であることを理解されない。

[四] 道があまねく行き渡っていれば、神は人を傷つけない。神が人を傷つけていなければ、神が神であることを理解されない。（同じように）道があまねく行き渡っていれば、聖人もまた人を傷つけない。聖人が人を傷つけていなければ、これも同様に聖人が聖であることを理解されない。（本文は）ただ神が神であることを理解されないというだけではなく、（そうした状態であれば）同様に聖人が聖であることを理解されないことを言うのである。そ

もそも法令に頼って万物を使役することは、治の衰えである。（逆に）神や聖が神や聖であると理解させないことが、道の究極なのである。

［五］神が人を傷つけていなければ、聖人も同様に人を傷つけていない。聖人が人を傷つけていなければ、神も同様に人を傷つけていない。そのため「兩つながら相 傷はず」というのである。（この状態は）神と聖が道に合致し、それぞれが十全な状態へと復帰している。

【原文】

第六十一章

大國者下流[一]、天下之交[二]、天下之牝[三]。牝常以靜勝牡。以靜爲下[四]。故大國以下小國[五]、則取小國[六]。小國以下大國、則取大國[七]。故或下以取、或下而取[八]。大國不過欲兼畜人、小國不過欲入事人。夫兩者各得其所欲、大者宜爲下[九]。

[王注]

[一] 江海居大而處下、則百川流之。大國居大而處下、則天下流之。故曰大國[1]〔者〕下流也。
[二] 天下[2]〔之〕所歸會也。
[三] 靜而不求、物自歸之也。
[四] 以其靜、故能爲下也。牝、雌也。雄躁動貪欲、雌常以靜。故能勝雄也。以其靜復能爲下。故物歸之也。
[五] 大國以下、猶云以大國下小國。
[六] 小國則附之。
[七] 大國納之也。
[八] 言唯修卑下、然後乃各得其所。
[九] 小國修下、自全而已、不能令天下歸之。大國修下、則天下歸之。故曰各得其所欲、則大者宜爲下也。

〔校勘〕

1. 東條一堂・樓宇烈に従い、「者」を補う。
2. 道藏集注本により、「之」を補う。

《訓読》

第六十一章

大國なる者は下流なり[一]、天下の交なり[二]、天下の牝(一)なり[三]。牝は常に靜を以て牡に勝つ。靜を以て下と爲るなり[四]。故に大國 以て小國に下れば[五]、則ち小國を取る[六]。小國 以て大國に下れば、則ち大國に取らる(二)[七]。故に或いは下りて以て取り、或いは下りて而《もっ》て取らる[八]。大國は兼ねて人を畜《やしな》はんと欲するに過ぎず、小國は入りて人に事《つか》へんと欲するに過ぎず。夫れ兩者は各〻其の欲する所を得んとすれば、大なる者は宜しく下と爲るべし[九]。

[王注]

[一] 江海 大に居りて(三)下に處れば、則ち百川は之に流る(四)。大國 大に居りて下に處れば、則ち天下は之に流る。故に「大國なる者は下流なり」と曰ふなり。
[二] 天下の歸會(五)する所なり。
[三] 靜にして求めず、物 自づから之に歸するなり(六)。
[四] 其の靜を以て、故に能く下と爲るなり。「牝」は、雌なり。雄は躁動貪欲なるも、雌は常に靜を以てす。故に能く雄に勝つなり(七)。其の靜を以て復た能く下と爲る。故に物 之に歸するなり。
[五] 大國 以て下るは、猶ほ大國を以て小國に下ると云ふがごとし。
[六] 小國は則ち之に附く。
[七] 大國 之を納るるなり。
[八] 言ふこころは唯だ卑下なることを修めて、然る後に乃ち各〻其の所を得たり。

［九］小國は下なることを修むるも、自ら全くするのみ、天下をして之に歸せしむる能はず。大國は下なることを修むれば、則ち天下は之に歸す。故に各〻其の欲する所を得んとすれば、則ち「大なる者は宜しく下と爲るべし」と曰ふなり。

（補注）

（一）「牝」は、他にも第六章に、「谷神不死、是謂玄牝。玄牝之門、是謂天地根」と見え、第十章に、「天門開闔、能爲雌乎」と見える。第十章の王注には、「雌、應而不唱、因而不爲」とある。

（二）「取大國」は、王注に、「大國納之也」とあることから、大國が小國を受け入れるという意味になるように、「大國に取らる」と受け身で訓じた。なお、馬王堆甲本・乙本では、「故大國以下〔小〕國、則取小國。小國以下大國、則取於大國」として、下の句にのみ「於」字がある。

（三）「居大」と同様の表現は、第二十五章の「域中有四大、而王居其一焉」に対する王注に、「處人主之大也」とある。

（四）「江海居大而處下、則百川流之」に関連して、第三十二章の「譬道之在天下、猶川谷之與江海」に対する王注には、「川谷之與江海、非江海召之、不召不求而自歸者也。行道於天下者、不令而自均、不求而自得。故曰猶川谷之與江海也」とあり、小川や渓流と大河や大海の関係というのは、大河や大海が小川や渓流を呼び寄せている訳ではなく、招かず求めずにおのずと小川や渓流が大河や大海に帰着している、と述べられる。また、第六十六章には、「江海所以能爲百谷王者、以其善下之」とあり、大河や大海があらゆる谷川の王となれる理由は、それがよく低い位置にあるためと述べられる。

（五）「歸會」は、帰着し集まってくること。歸と會を併用する例として、皇侃『論語義疏』所引王弼『論語釋疑』里仁篇に、「夫事有歸、理有會」とある。

（六）「靜而不求、物自歸之也」と同様の表現は、第二十八章注に、「谿不求物、而物自歸之」とあり、第三十二章注に、「川谷之與江海、非江海召之、不召不求而自歸者也」とある。

（七）「躁」・「靜」について、第二十六章に、「重爲輕根、靜爲躁君」とあり、その王注に、「凡物、輕不能載重、小不能鎭大。不行者使行、不動者制動。是以重必爲輕根、靜必爲躁君也」とあって、靜が躁の君であること、および躁に対する靜の優位が説かれる。

［現代語訳］

第六十一章

大国は（河川の）下流（にある大河や大海のよう）であり［一］、天下の集まる場所であり［二］、天下の牝（のよう）である［三］。牝は常に静かなことで牡に勝つ。静かなことで下にいるのである［四］。そのため大国が小国にへりくだれば［五］、小国は（大国に）付き従う［六］。小国が大国にへりくだれば、（小国は）大国に受け入れられる［七］。そのため一方はへりくだることで付き従わせ、一方はへりくだることで受け入れられる［八］。大国は（小国を）併せて人々を養おうとしているに過ぎず、小国は（大国に）取り込まれてその国の君主に仕えようとしているに過ぎない。（そのため）そもそも両者が望みを遂げるためには、大国が低い立場となるのがよいのである［九］。

［王注］

［一］大河や大海は大きいうえに下にあるので、すべての河川はそこ

に流れ着く。大国は大きいうえに下にあるので、天下はそこに流れ着く。そのため「大國なる者は下流なり」というのである。

［二］（大國は）天下が帰集する場所である。

［三］（大國は）静かで求めないが、物はおのずとこれに帰服する。

［四］（牝は）静かなことによって、下にいることができる。「牝」は、雌である。雄は、騒がしく動き貪欲であるが、雌は常に静かである。そのため雄に勝つことができる。静かであるとまた下にいることができるのである。そのため物はおのずと帰服する。

［五］「大國 以て下る」は、大国でありながら小国にへりくだるというようなものである。

［六］（大国が小国にへりくだれば）小国は大国に付き従う。

［七］（小国が大国にへりくだれば）大国が小国を受け入れる。

［八］言いたいことは低い立場になることを修めるだけで、その後にはじめてそれぞれの（望む）ところを得られるということである。

［九］小国が低い立場になることを修めても、小国は（自国の安全を）全うするだけで、天下を帰服させることはできない。大国が低い立場になることを修めれば、天下はそれに帰服する。そのため「大なる者は宜しく下と爲るべし」というのである。

【原文】

第六十二章

道者萬物之奧[一]、善人之寶[二]、不善人之所保[三]。美言可以市、尊行可以加人[四]。人之不善、何棄之有[五]。故立天子、置三公[六]、雖有拱璧以先駟馬、不如坐進此道[七]。古之所以貴此道者何。不曰以求得、有罪以免耶。故爲天下貴[八]。

[王注]

[一] 奧、猶曖也。可得庇蔭之辭。

[二] 寶、以爲用也。

[三] 保、以全也。

[四] 言道無所不先、物無有貴於此也。雖有珍寶・璧馬、無以匹之。美言之、則可以奪衆貨之賈。故曰美言可以市也。尊行之、則千里之外應之。故曰可以加於人也。

[五] 不善當保道以免放。

[六] 言以尊行道也。

[七] 此道、上之所云也。言故立天子、置三公、尊其位、重其人、所以爲道也。物無有貴於此者。故雖有拱抱寶璧以先駟馬而進之、不如坐而進此道也。

[八] 以求則得求、以免則得免、無所[1](而)不施。故爲天下貴也。

[校勘]

1．服部南郭・宇佐美灊水・屋代輪池・波多野太郎に従い、「而」を省く。

《訓読》

第六十二章

道なる者は萬物の奧にして[一]、善人の寶[二]、不善人の保《たも》つ所なり[三]。美言すれば以て市《あきな》ふ可く、尊行すれば以て人に加ふる可し[四]。人の不善なるも、何ぞ棄つること之れ有らん(一)[五]。故《もと》より天子を立て、三公(二)を置くには[六]、璧を拱して(三)以て駟馬に先だたしむること有りと雖も、坐して此の道を進むるに如かず[七]。古の此の道を貴ぶ所以の者は何ぞや。「以て求むれば得て、罪有るも以て免る」と曰はずや。故に天下の貴と爲る(四)[八]。

[王注]

[一]「奧」は、猶ほ曖のごときなり。庇蔭(五)を得る可きの辭なり。

[二]「寶」は、以て用を爲すなり。

[三]「保」は、以て全くするなり。

[四] 言ふこころは道は先んぜざる所無く、物として此より貴きもの有る無きなり。珍寶・璧馬(六)有りと雖も、以て之に匹《なら》ぶ無し(七)。之を美言すれば、則ち以て衆貨の賈を奪ふ可し。故に「美言すれば以て市ふ可し」と曰ふなり。之を尊行すれば、則ち千里の外より之に應(八)ず。故に「以て人に加ふる可し」と曰ふなり。

[五] 不善も當に道を保ちて免放せらるべし。

[六] 尊ぶを以て道を行ふなを言ふなり。

[七] 此の道は、上の云ふ所なり。言ふこころは故より天子を立て、三公を置き、其の位を尊び、其の人を重んずるは、道の爲にする所以なり。物として此より貴き者有る無し。故に寶璧を拱抱して以て駟馬に先だたしめて之を進むること有りと雖も、坐して此の

道を進むるに如かざるなり。
[八] 以て求むれば則ち求むるを得、以て免れんとすれば則ち免るるを得、施さざる所無し。故に天下の貴と爲るなり。

(補注)

(一)「人之不善、何棄之有」に関連して、第二十七章には、「是以聖人常善救人、故無棄人」とあり、聖人はどんな人も見捨てることがないと述べられる。その王注には、「聖人不立形名以檢於物、不造進向以殊棄不肖、輔萬物之自然而不爲始。故曰無棄人也。不尙賢能、則民不爭。不貴難得之貨、則民不爲盜。不見可欲、則民心不亂。常使民心無欲無惑、則無棄人矣」とある。

(二)「三公」は、皇帝を輔佐する三つの最高官。『尙書』周官に、「立太師・太傅・太保、茲惟三公」とあるように、周においては太師・太傅・太保が三公であったとされる。なお、後漢や曹魏では、太尉・司徒・司空が三公となっている。

(三)「拱璧」は、王注に従えば、璧玉を抱えること。なお、『春秋左氏傳』襄公 傳二十八年に、「崔氏之臣曰、與我其拱璧、吾獻其柩」とあるように、拱璧と開かずに訓じて、一抱えほどもある大きな璧玉の意味に取ることも多い。

(四)「爲天下貴」と同文が、第五十六章に、「故不可得而親、不可得而疎、不可得而利、不可得而害、不可得而貴、不可得而賤。故爲天下貴」とある。その王注には、「無物可以加之也」とある。

(五)「庇蔭」という語は、第五十一章注にも、「各得其庇蔭、不傷其體矣」とある。

(六)「璧馬」は、璧玉と良馬。『春秋左氏傳』襄公 傳十九年に、「公賄荀偃束錦、加璧乘馬、先吳壽夢之鼎」とある。

(七)「無以匹之」に関連して、第二十五章の「獨立不改」に対する王注に、「無物之匹。故曰獨立也」とある。

(八)「千里之外應之」は、『周易』繫辭上傳に、「子曰、君子居其室、出其言善、則千里之外應之。況其邇者乎」とあるのを踏まえる。

[現代語訳]

第六十二章

道は万物を庇護するものであり[一]、善人の宝（として善人のはたらきとなるもの）であり[二]、不善人が保つもの（としてその人を十全にさせるもの）である[三]。（道を）称えれば、（最も高く）売ることができ、（道を）尊んで行動すれば、（道はそれに応じて）はたらきかける[四]。（道は）不善の人であっても、どうして見捨てることがあろうか[五]。もとより天子を立て、三公を置く場合には[六]、璧玉を抱えて四頭立ての馬車で（相応しい人を）迎えにいくことがあっても、座ったままその道を進めていくことには及ばない[七]。古《いにしえ》からこの道が貴ばれたのはなぜか。「（この道によって）求めれば得られ、（この道によって）罪があっても免れられる」というではないか。そのため（道は）天下で貴い存在なのである[八]。

[王注]

[一]「奧」は、曖のようなものである。庇護を得られるという辭《ことば》である。

[二]「寶」は、（善人の）はたらきとなるものである。

[三]「保」は、（不善人を）十全にさせる。

［四］言いたいことは道は（それ以上）先になるものがなく、（すべての）物の中でそれより貴いものはないということである。珍宝や璧馬であっても、それに並ぶことはない。道を称えれば、すべての商品の価格を奪い取れるほど（の高い価値）である。そのため「美言すれば以て市《あきな》ふ可し」という。道を尊んで行動すれば、千里の外からでも（道は）その行動に応じる。そのため「以て人に加ふる可し」という。

［五］不善（の人）も道を保って（その人として全うされて）いることで許されるのである。

［六］（「天子を立て、三公を置く」は天子や三公を）尊ぶことで道を行うことを言う。

［七］「此の道」は、上で言ったものである。言いたいことはもとより天子を立て、三公を置き、その位を尊び、その人を重んじるのは、道のためにすることである。物で道より貴いものはない。そのため璧玉を抱えて四頭立ての馬車で（相応しい人を）迎えにいき人材登用を進めることがあっても、座ったままその道を進めていくことに及ばないのである。

［八］（この道によって）求めれば求めるものが得られ、（この道によって罪を）免れようとすれば免れることができ、（道は）施さないところがない。そのため天下で貴い存在なのである。

【原文】

第六十三章

爲無爲、事無事、味無味[一]。大小多少、報怨以德[二]。圖難於其易、爲大於其細。天下難事必作於易、天下大事必作於細。是以聖人終不爲大、故能成其大。夫輕諾必寡信、多易必多難。是以聖人猶難之[三]。故終無難矣。

[王注]

[一] 以無爲爲居、以不言爲教、以恬淡爲味、治之極也。

[二] 小怨則不足以報、大怨則天下之所欲誅。順天下之所同者德也。

[三] 以聖人之才、猶尚難於細易。況非聖人之才而欲忽於此乎。故曰猶難之也。

《訓読》

第六十三章

無爲を爲とし、無事（一）を事とし、無味を味とす[一]。大小多少も、怨みに報ゆるに德を以てす[二]。難を其の易に圖り、大を其の細に爲す。天下の難事は必ず易より作《おこ》り、天下の大事は必ず細より作る。是を以て聖人は終に大を爲さず、故に能く其の大を成す（二）。夫れ輕諾すれば必ず信寡《すくな》く、易とすること多ければ必ず難きこと多し。是を以て聖人すら猶ほ之を難しとす（三）[三]。故に終に難きこと無し。

[王注]

[一] 無爲を以て居と爲し、不言を以て教へと爲し（四）、恬淡（五）を以て味と爲すは、治の極なり。

[二] 小怨は則ち以て報ゆるに足らず、大怨は則ち天下の誅せんと欲する所なり。天下の同じくする所に順ふ者は德なり。

[三] 聖人の才を以てすら、猶尚《な》ほ細易を難しとす。況んや聖人の才に非ずして此を忽《ゆるが》せにせんと欲するをや。故に「猶ほ之を難しとす」と曰ふなり。

（補注）

（一）「無事」は、何事もなさないこと。第四十八章に、「取天下、常以無事」とあり、第五十七章に、「以無事、取天下」とある。

（二）「故能成其大」と同文が、第三十四章に、「以其終不自爲大、故能成其大」とある。その王注には、「爲大於其細、圖難於其易」とあり、本章が引用される。

（三）「是以聖人猶難之」と同文が、第七十三章に、「天之所惡、孰知其故。是以聖人猶難之」とある。その王注には、「孰、誰也。言誰能知天意耶。其唯聖人。夫聖人之明、猶難於勇敢。況無聖人之明、而欲行之也。故曰猶難之也」とある。

（四）「以無爲爲居、以不言爲教」は、第二章に、「是以聖人處無爲之事、行不言之教」とあるのを踏まえる。

（五）「恬淡」は、あっさりとして無欲であること。「恬淡」という語は、第三十一章にも、「不得已而用之、恬淡爲上、勝而不美」とある。

[現代語訳]

第六十三章

（統治には）無爲をその行いとし、無事をその事とし、無味をその味とする[一]。大きい怨みであれ小さい怨みであれ、その怨みに報いるには德を用いる[二]。難しいことを簡単なうちに対処し、大事なことを些細なうちに処理する。（そもそも）天下の難事も必ず簡単なところから起こり、天下の大事も必ず些細なところから起こるものである。こういう訳で聖人は最後まで大事をなさず、それによって大事を成し遂げる。そもそも安請け合いすれば必ず信用が少なくなり、簡単だと思うことが多ければ必ず難しいことが多くなる。こういう訳で聖人でも些細なことや簡単なことを難しいことだと考えるのである[三]。それゆえに結局は難しいことがない。

[王注]

[一] 無爲を立場とし、不言を教えとし、恬淡［あっさりとしていること］を味とすることは、統治の究極である。

[二] 小さい怨みは（その怨みに）報いるのには足りず、大きい怨みは天下（の人々）が誅殺しようとするところである。天下と同じ意向に従うことが德なのである。

[三] 聖人の才があっても、些細なことや簡単なことを難しいと考える。まして聖人の才をもたずそれを軽視しようとするならばなおさらである。そのため「猶ほ之を難しとす」という。

【原文】

第六十四章

其安易持、其未兆易謀[一]、其脆易泮、其微易散[二]。爲之於未有[三]、治之於未亂[四]。合抱之木、生於毫末、九層之臺、起於累土、千里之行、始於足下。爲者敗之、執者失之[五]。是以聖人無爲、故無敗。無執、故無失。民之從事、常於幾成而敗之[六]。愼終如始、則無敗事。是以聖人欲不欲、不貴難得之貨[七]、學不學、復衆人之所過[八]、以輔萬物之自然而不敢爲。

[王注]

[一] 以其安不忘危、持之不忘亡、謀之無功之勢。故曰易也。

[二] 雖失無入有、以其微脆之故、未足以興大功。故易也。此四者、皆說愼終也。不可以無之故而不持、不可以微之故而弗散也。無而弗持則生有焉、微而不散則生大焉。故慮終之患如始之禍、則無敗事。

[三] 謂其安・未兆也。

[四] 謂微・脆也。

[五] 當以愼終除微、愼微除亂。而以施爲治之、形名執之、反生事原、巧辟滋作。故敗失也。

[六] 不愼終也。

[七] 好欲雖微、爭尙爲之興。難得之貨雖細、貪盜爲之起也。

[八] 不學而能者、自然也。喩於[1](不)學者、過也。故學不學、以復衆人之所過。

〔校勘〕

1．古逸叢書本により、「不」を省く。

《訓讀》

第六十四章

其の安きは持《たも》ち易く、其の未だ兆さざるは謀り易く[一]、其の脆《もろ》きは泮《わ》かち易く、其の微なるは散じ易し(一)[二]。之を未だ有ならざるに爲し[三]、之を未だ亂れざるに治む[四]。合抱の木も、毫末より生じ、九層の臺も、累土より起こり、千里の行も、足下より始まる。爲す者は之を敗《そこな》ひ、執る者は之を失ふ(二)[五]。是を以て聖人は爲すこと無し、故に敗ふこと無し。執ること無し、故に失ふこと無し。民の事に從ふや、常に幾《ほとん》ど成らんとするに於て之を敗ふ[六]。終はりを愼むこと始めの如くすれば、則ち敗事無し。是を以て聖人は欲せざるを欲とし、得難きの貨を貴ばず(三)[七]、學ばざるを學とし、衆人の過ぐる所を復し[八]、以て萬物の自然を輔けて敢へて爲さず。

[王注]

[一] 其の安きには危ふきを忘れず、之を持《たも》つには亡ふを忘れず(四)、之を無功の勢に謀るを以てす。故に「易し」と曰ふなり。

[二] 無を失ひて有に入ると雖も、其の微脆の故を以て、未だ以て大功を興すに足らず。故に易きなり。此の四者は、皆 終はりを愼むことを說くなり。無の故を以てして持たざる可からず、微の故を以てして散ぜざる可からざるなり。無にして持たざれば則ち有を生じ、微にして散ぜざれば則ち大を生ず。故に終の患を慮ること始の禍の如くすれば、則ち敗事無し。

[三] 其の安きこと・未だ兆さざることを謂ふなり。
[四] 微・脆を謂ふなり。
[五] 當に以て終はりを愼みて微かなるを除き、微を愼みて亂るるを除くべし。而るに施爲(五)を以て之を治め、形名もて之を執れば(六)、反りて事原を生じ、巧辟 滋〻作る。故に敗ひ失ふなり。
[六] 終はりを愼まざるなり。
[七] 好欲は微かなりと雖も、爭尙 之が爲に興る。得難きの貨は細なりと雖も、貪盜 之が爲に起こるなり。
[八] 學ばずして能くする者は、自然なり。學を喩《さと》る者は、過ぐるなり。故に學ばざるを學とし、以て衆人の過ぐる所を復す。

(補注)
(一)「其微易散」について、「微」は、かすかで見えないさま。王注に、「雖失無入有、以其微脆之故、未足以興大功」とあるように、とくに無を失って有に入ったばかりの状態をいう。「散」は、切り分けること、転じて手を加えること。第二十八章には、「樸散則爲器」とあり、樸に手を加えて器とすることが散と言われる。
(二)「爲者敗之、執者失之」と同文が、第二十九章に、「天下神器、不可爲也。爲者敗之、執者失之」とある。その王注には、「萬物以自然爲性。故可因而不可爲也、可通而不可執也。物有常性、而造爲之、故必敗也。物有往來、而執之、故必失矣」とある。
(三)「不貴難得之貨」と同文が、第三章に、「不尙賢、使民不爭。不貴難得之貨、使民不爲盜。不見可欲、使心不亂」とある。その王注には、「賢、猶能也。尙者、嘉之名也。貴者、隆之稱也。唯能是任、尙也曷爲。唯用是施、貴之何爲。尙賢顯名、榮過其任、爲而常校能相射。貴貨過用、貪者競趣、穿窬探篋、沒命而盜。故可欲不見、則心無所亂也」とある。
(四)「以其安不忘危、持之不忘亡」は、『周易』繫辭下傳に、「子曰、危者、安其位者也。亡者、保其存者也。亂者、有其治者也。是故、君子安而不忘危、存而不忘亡、治而不忘亂、是以身安而國家可保也」とあり、(常に)危ういと思っている人は、その位に安んずる。(常に)亡びることを考えている人は、その立場を保全する。こういう訳で君子は安定していても危うくなる可能性を忘れず、存立していても亡びる可能性を忘れず、そうであるからこそその身は安泰で国家は保たれる、とあるのを踏まえる。また、「以其安不忘危」と同様の表現は、第七十三章の「繟然而善謀」に対する王注に、「垂象而見吉凶、先事而設誡、安而不忘危、未兆而謀之。故曰繟然而善謀也」とある。
(五)「施爲」は、作為を施すこと。「施爲」という語は、第二十九章注にも、「凡此諸或、言物事逆順反覆、不施爲執割也」とあり、第五十三章注にも、「言若使我可介然有知、行大道於天下、唯施爲之是畏也」とある。
(六)「形名執之」は、物の形や名に依拠して物を掌握すること。たとえば王弼『老子指略』に、「凡物之所以存、乃反其形」とあるように、物の形は物の本質と隔たりがあり、形に依拠して物を制御するとその物は十全な活動を行えない。なお、形と名が並列されるのは、王弼が形と名を不可分なものと考えるためである。このことは、第二十五章の補注を参照。「形名執之」に関連して、第二十七章注には、「聖人不立形名以檢於物、不造進向以殊棄不肖、輔萬物之自然而不爲始」とある。

［現代語訳］

第六十四章

安定している状態は維持しやすく、まだ兆候が現れていない状態は対処しやすく［一］、脆い状態は分割しやすく、微《かす》かな状態は切り分けやすい［二］。まだ有（の状態）でない時に対処し［三］、まだ乱れていない時に治めるのである［四］。両腕で抱えるほどに幹の太い木も、細毛の先ほどの小さな芽から生まれ、九階建ての高台も、土の積み重ねからできあがり、千里の旅路も、一歩を踏み出すことから始まるものなのである。（しかし）手を加える者はそれを損ない、掌握する者はそれを失う［五］。こういう訳で聖人は何かをなすことなく、それゆえに損なわない。掌握することがなく、それゆえに失わない。（一方で）民が仕事を行う場合は、いつも間もなく完成するという段階で失敗する［六］。終わりの段階でも始めの段階のように慎重に行えば、失敗することはないのである。こういう訳で聖人は欲望をもたないことを欲望として、珍しい財貨を尊重せず［七］、学ばないことを学びとして、人々の行き過ぎたところを（本来の状態に）戻し［八］、万物のあるがままの状態を助けるだけで、無理に手を加えない。

［王注］

［一］安定している時にも危うくなる可能性を忘れず、存立している時にも亡びる可能性を忘れず、それを事が起こる以前の状態で対処する。そのため「(謀り）易し」というのである。

［二］無（の状態）を失い有（の状態）に入るとはいっても、それが（まだ有に入ったばかりの）微かで脆い状態であるため、（その段階ではまだ）大きなはたらきを発揮するには足りていない。そのため（分割したり切り分けたり）しやすいのである。（本文でここまで述べた）この四つのことは、すべて（物事の）終わりの段階で慎重にすることを説いている。無（の状態）であるからには維持できないということはなく、微（の状態）であるからには切り分けられないことはない。（逆に）無〔問題が無い状態〕で維持しなければ有〔実際の問題〕を生じ、微〔問題がまだ些細な状態〕で切り分けなければ大〔大きな問題〕を生じる。そのため終わりの段階に患難を憂うことが始めの段階に災禍（を憂うか）のようであれば、失敗することがないのである。

［三］（「未だ有ならざる」は）安定している状態とまだ兆候が現れていない状態をいう。

［四］（「未だ亂れざる」は）微かな状態と脆い状態をいう。

［五］（物事の）終わりの段階で慎重にして些細な問題を取り除き、微の段階で慎重にして乱れることを取り除くべきである。しかしながら作為をもってそれを治め、形や名によってそれを掌握すれば、かえって問題のきっかけを生み、人為的なものがますます起こる。そのため（手を加え掌握する者は）損ない失うのである。

［六］（民は物事の）終わりの段階に慎重にしない。

［七］物欲しさが微細であっても、争いはそれによって生じる。珍しい財貨が些細であっても、盗もうとする心はそれによって起こる。

［八］学ばずにできることは、あるがままのものである。学ぶことを知ることは、行き過ぎである。そのため（聖人は）学ばないことを学びとして、人々の行き過ぎたところを（本来の状態に）戻すのである。

【原文】

第六十五章

古之善爲道者、非以明民、將以愚之[一]。民之難治、以其智多[二]。故以智治國、國之賊[三]。不以智治國、國之福。知此兩者、亦稽式。常知稽式、是謂玄德。玄德深矣、遠矣[四]。與物反矣[五]。然後乃至大順。

〔王注〕

[一] 明、謂多[1]〔見〕〔智〕巧詐、蔽其樸也。愚、謂無知守眞、順自然也。

[二] 多智巧詐。故難治也。

[三] 智、猶治也。以智而治國、所以謂之賊者、故謂之智也。民之難治、以其多智也。當務塞兌閉門、令無知無欲。而以智術動民、邪心既動、復以巧術防民之僞、民知其[2]〔術防〕〔防術〕、隨而避之。思惟密巧、姦僞益滋。故曰以智治國、國之賊也。

[四] 稽、同也。今古之所同則、不可廢。能知稽式、是謂玄德。玄德深矣、遠矣。

[五] 反其眞也。

〔校勘〕

1．陶鴻慶・樓宇烈・波多野太郎に従い、「見」を「智」に改める。

2．陶鴻慶・樓宇烈・波多野太郎に従い、「術防」を「防術」に改める。

《訓読》

第六十五章

古の善く道を爲《をさ》むる者(一)は、以て民を明にするに非ず、將に以て之を愚にせんとす[一]。民の治め難きは、其の智多きを以てなり[二]。故に智を以て國を治むるは、國の賊なり(二)[三]。智を以て國を治めざるは、國の福なり。此の兩者を知るも、亦た稽式なり。常に稽式を知る、是れを玄德(三)と謂ふ。玄德は深きかな、遠きかな[四]。物と與に反《かへ》るなり[五]。然る後に乃ち大順に至る。

〔王注〕

[一] 「明」とは、智多く詐を巧みにして、其の樸(四)を蔽《おほ》ふを謂ふなり。「愚」とは、知無く眞を守りて(五)、自然に順(六)ふを謂ふなり。

[二] 智多ければ詐を巧みにす。故に治め難きなり。

[三] 「智」は、猶ほ治のごときなり。智を以てして國を治むる、之を賊と謂ふ所以の者は、故《もと》より之を智と謂へばなり(七)。民の治め難きは、其の智多きを以てなり。當に務めて兌を塞ぎ門を閉ざして(八)、無知無欲ならしむべし(九)。而《も》し智術を以て民を動かせば、邪心既に動き、復た巧術を以て民の僞を防げば、民は其の術を防ぐを知りて、隨ひて之を避く(一〇)。思惟 密巧にして、姦僞 益ゝ滋《しげ》し。故に「智を以て國を治むるは、國の賊」と曰ふなり。

[四] 「稽」は、同なり。今古の同則なる所は、廢す可からず。能く稽式を知る、是れを玄德と謂ふ。玄德は深きかな、遠きかな。

[五] 其の眞に反るなり。

〔補注〕

（一）「古之善爲道者」と同様の表現は、第十五章に「古之善爲士者、微妙玄通、深不可識」とある。
(二)「賊」は、損なうもの。『設文解字』巻十二下 戈部に、「賊、敗也」とあり、『淮南子』説林訓の高誘注に、「賊、敗也、害也」とある。
(三)「玄德」という語は、他にも第十章に、「生之、畜之、生而不有、爲而不恃、長而不宰。是謂玄德」と見え、第五十一章に、「生而不有、爲而不恃、長而不宰。是謂玄德」と見える。第十章の王注には、「有德無主、非玄而何。凡言玄德、皆有德而不知其主、出乎幽冥」とあり、第五十一章の王注には、「有德而不知其主也、出乎幽冥。故謂之玄德也」とある。
(四)「樸」は、山から伐り出したばかりの荒木。本来的な状態の喩え。
(五)「守眞」について、「眞」は、ここでは物の本来の状態。樸と同様。第二十八章注には、「樸、眞也」とある。「守眞」と同様の表現は、第三章の「常使民無知無欲」に対する王注に、「守其眞也」とある。
(六)「順自然」と同文が、第二十五章注に、「道順自然、天故資焉」とあり、第二十七章の「善行無轍迹」に対する王注に、「順自然而行、不造不始。故物得至、而無轍迹也」とあり、第三十七章の「道常無爲」に対する王注に、「順自然也」とある。
(七)「智、猶治也。以智而治國、所以謂之賊者、故謂之智也」について、この注は文意が通りづらい。波多野太郎は、「此注似有誤」といい、樓宇烈は、「此句注文多訛誤、不可讀」という。
(八)「塞兌閉門」は、第五十二章に、「塞其兌、閉其門、終身不勤」とあるのを踏まえる。その王注には、「兌、事欲之所由生。門、事欲之所由從也」とある。
(九)「令無知無欲」は、第三章に、「常使民無知無欲、使夫知者不敢爲也」とあるのを踏まえる。その王注には、「守其眞也」とある。
(一〇)「民知其防術、隨而避之」に関連して、第十七章注に、「不能法以正齊民、而以智治國、下知避之、其令不從」とあり、法を用い正しさによって民を整えることができず、智によって国を治めるならば、下の者はそれを避ける方法を考え、その命令は聞き入れられない、と述べられる。

［現代語訳］

第六十五章

古の善く道を修めた人は、民を聡明にするのではなく、愚かにしようとした[一]。民が治めにくいのは、民に智が多いからである[二]。そのため智によって国を治めることは、国の賊害なのである[三]。智によって国を治めないことは、国の幸福なのである。この二つのことを知ることも、また（統治の）変わることのない規範である。常に変わることのない規範を知る、このことを玄德という。玄德は深いことよ、遠いことよ[四]。物とともに（その眞〔本来の状態〕に）立ち返っていく[五]。そうした後にようやく大順〔この上ない随順〕に至るのである。

［王注］

[一]「明」とは、智を多くして巧みに欺き、その樸〔本来の状態〕を蔽《おお》い隠していることをいう。「愚」とは、無知の状態で眞〔本来の状態〕を守り、（そのものの）あるがままの状態に従ってい

ることをいう。

[二] 智が多ければ巧みに欺く。そのため治めにくい。

[三]「智」は、治のようなものである。智によって国を治めることについて、それを（国の）賊害であるというのは、もとよりそれを智というからである。民が治めにくいのは、民に智が多いからである。（そうであるから）努めて（欲望が生じるもととなる）穴を塞ぎ（欲望が従うもととなる）門を閉ざし、（民を）無知無欲にさせるべきである。もし智謀権術によって民を動かせば、（民の）邪《よこしま》な心が動きだし、（それに対処しようと）また巧みな術策によって民の行いを防げば、民もその術策を防ぐ方法を考え、（術策に）応じてそれを避ける。（このように民が）考えを巡らすことは抜け目なく精巧であり、邪な行いはますますはびこる。そのため「智を以て國を治むるは、國の賊」というのである。

[四]「稽」は、同である。今も古《いにしえ》も変わらない規範は、廃してはならない。変わることのない規範を知ることができる、これを玄徳という。玄徳は深く、遠いものである。

[五] その眞に立ち返るのである。

【原文】

第六十六章

江海所以能爲百谷王者、以其善下之。故能爲百谷王。是以聖人欲上民、必以言下之、欲先民、必以身後之。是以聖人處上而民不重、處前而民不害。是以天下樂推而不厭。以其不爭、故天下莫能與之爭。

[王注]

なし

《訓読》

第六十六章

江海の能く百谷の王と爲る所以の者は、其の善く之に下るを以てなり。[一] 故に能く百谷の王と爲る。是を以て聖人は民に上たらんと欲すれば、必ず言を以て之に下り、民に先んぜんと欲すれば、必ず身を以て之に後る。[二] 是を以て聖人 上に處るも民は重しとせず、前に處るも民は害とせず。是を以て天下は推すを樂しみて厭はず。其の爭はざるを以て、故に天下は能く之と爭ふ莫し。[三]

[王注]

なし

(補注)

(一)「江海所以能爲百谷王者、以其善下之」に関連して、第六十一章には、「大國者下流」とある。その王注には、「江海居大而處下、則百川流之。大國居大而處下、則天下流之。故曰大國者下流也」とあり、大河や大海は大きくあるものでしかも下にあるので、すべての河川はそこに流れ着く、と述べられる。また、第三十二章には、「譬道之在天下、猶川谷之與江海」とあり、その王注には、「川谷之與江海、非江海召之、不召不求而自歸者也。行道於天下者、不令而自均、不求而自得。故曰猶川谷之與江海也」とあって、小川や渓流と大河や大海の関係というのは、大河や大海が小川や渓流を呼び寄せている訳ではなく、招かず求めずにおのずと小川や渓流が大河や大海に帰着している、と述べられる。

(二)「欲先民、必以身後之」に関連して、第七章に、「是以聖人後其身而身先、外其身而身存」とある。

(三)「以其不爭、故天下莫能與之爭」と同様の表現は、第二十二章に、「夫唯不爭、故天下莫能與之爭」とある。

[現代語訳]

第六十六章

大河や大海があらゆる谷川の王となれる理由は、それがよく低い位置にあるためである。それゆえにあらゆる谷川の王となることができる。こういう訳で聖人は民の上に立つことを求めれば、必ず謙虚な言葉で相手にへりくだり、人々に先立つことを求めれば、必ず自分の身を他の人よりも後《おく》らせる。こういう訳で聖人が上にいても民は重荷に感じず、前にいても民は邪魔だと思わない。こういう訳で天下の人々は(聖人を)推戴することを喜んでいとわない。(聖人は)争うことがないので、天下に争うことのできるものがいないのである。

〔王注〕
なし

【原文】

第六十七章

天下皆謂我道大、似不肖。夫唯大、故似不肖。若肖、久矣其細也夫［一］。我有三寶、持而保之。一曰慈、二曰儉、三曰不敢爲天下先。慈、故能勇［二］。儉、故能廣［三］。不敢爲天下先、故能[1]〔爲〕成器長［四］。今舍慈且勇［五］、舍儉且廣、舍後且先、死矣。夫慈、以戰則勝［六］、以守則固。天將救之、以慈衞之。

［王注］

［一］久矣其細、猶曰其細久矣。肖則失其所以爲大矣。故[2]〔夫〕曰若肖、久矣其細也[3]〔夫〕。

［二］夫慈、以陳則勝、以守則固、故能勇也。

［三］節儉愛費、天下不匱。故能廣也。

［四］唯後外其身、爲物所歸。然後乃能立成器爲天下利、爲物之長也。

［五］且、猶取也。

［六］相慜而不避於難。故[4]〔正〕〔勝〕也。

〔校勘〕

1．馬敍倫・波多野太郎に従い、「爲」を補う。なお、馬王堆甲本・乙本にも「爲」がある。

2．武英殿本・二十二子本・古逸叢書本により、「夫」を省く。

3．武英殿本・二十二子本・古逸叢書本により、「夫」を補う。

4．武英殿本・二十二子本・古逸叢書本により、「正」を「勝」に改める。

《訓読》

第六十七章

天下は皆 我の道は大なるも、不肖に似たりと謂ふ。夫れ唯だ大なり、故に不肖に似たり。若し肖なれば、久しいかな其の細たること［一］。我に三寶有り、持して之を保つ。一に曰く慈、二に曰く儉、三に曰く敢て天下の先と爲らず。慈なり、故に能く勇なり［二］。儉なり、故に能く廣なり［三］。敢て天下の先と爲らず、故に能く成器の長と爲る［四］。今 慈を舍てて勇を且《と》らんとし、後を舍てて先を且らんとすれば、死せん。夫れ慈は、以て戰へば則ち勝ち［五］、儉を舍てて廣を且らんとし［六］、以て守れば則ち固し。天も將に之を救はんとして、慈を以て之を衞《まも》る。

［王注］

［一］「久しいかな其の細たること」は、猶ほ其の細たること久しと曰ふがごとし。肖なれば則ち其の大と爲る所以を失ふ。故に「若し肖なれば、久しいかな其の細たること」と曰ふ。

［二］夫れ慈は、以て陳ぬれば則ち勝ち、以て守れば則ち固し。故に能く勇なり。

［三］節儉して費を愛《を》しめば、天下は匱《とぼ》しからず。故に能く廣なり。

［四］唯だ其の身を後にし外にすれば(一)、物の歸する所と爲る(二)。然る後に乃ち能く成器を立てて天下の利を爲し(三)、物の長と爲るなり。

［五］「且」は、猶ほ取のごときなり。

［六］相 慜《あはれ》みて難を避けず。故に勝つなり。

（補注）

（一）「唯後外其身」は、第七章に、「是以聖人後其身而身先、外其身而身存」とあるのを踏まえる。

（二）「爲物所歸」と同様の表現は、第八十一章の「既以與人、己愈多」に対する王注に、「物所歸也」とある。また、第七章注には、「自生則與物爭、不自生則物歸也」とあり、自己をもって生きなければ他の物が帰服してくると述べられる。

（三）「然後乃能立成器爲天下利、爲物之長也」は、『周易』繫辭上傳に、「備物致用、立成器以爲天下利、莫大乎聖人」とあるのを踏まえる。

［現代語訳］

第六十七章

天下の人々はみなわたしの道は大きいが、愚かなようだという。そもそも大きいからこそ、愚かなようなのである。もし賢ければ、わたしの道はつまらないものとなって久しかっただろう［一］。わたしには三つの宝があり、それをしっかりと保持している。一つ目は慈（慈愛）、二つ目は倹（倹約）、三つ目は進んで天下の先頭に立とうとしないことである。慈があれば、それにより勇敢になれる［二］。倹があれば、それにより広くなる［三］。進んで天下の先頭に立とうとしなければ、それにより器量をもつ人々の長となれる［四］。もし慈を捨てて勇敢になろうとし［五］、倹を捨てて広くなろうとし、後《おく》れることを捨てて先頭に立とうとすれば、死ぬことになる。そもそも慈は、（慈を）もって戦えば勝ち［六］、（慈を）もって守れば堅固である。天も（その人を）救おうとして、慈をもって守護するのである。

［王注］

［一］「久しいかな其の細たること」は、わたしの道がつまらないものとなって久しいというようなものである。賢ければわたしの道が大きい理由がなくなる。そのため「若し肖なれば、久しいかな其の細たること」というのである。

［二］そもそも慈は、（慈を）もって布陣すれば勝ち、（慈を）もって守れば堅固である。そのため勇敢になれるのである。

［三］倹約して財貨をいとおしめば、天下は困窮することがない。そのため（わたしは）広くなるのである。

［四］ただその身を後らせおろそかにすることで、物が帰服してくる。そうした後にようやく器量をもつ人々を立てて天下に利を与え、万物の長となるのである。

［五］「且」は、取のようなものである。

［六］お互いに心配しあって困難に立ち向かう。そのため勝つのである。

【原文】

第六十八章

善爲士者不武[一]。善戰者不怒[二]。善勝敵者不與[三]。善用人者爲之下。是謂不爭之德、是謂用人之力[四]、是謂配天。古之極。

[王注]

[一] 士、卒之帥也。武、尚先陵人也。

[二] 後而不先、應而不唱。故不在怒。

[三] [1](不)與、爭也。

[四] 用人而不爲之下、則力不爲用也。

〔校勘〕

1．陶鴻慶・樓宇烈・邊家珍に從い、「不」を省く。

《訓讀》

第六十八章

善く士爲《た》る(一)者は武ならず[一]。善く戰ふ者は怒らず[二]。善く敵に勝つ者は與《あらそ》はず[三]。善く人を用ふる者は之が下と爲る。是を不爭の德と謂ひ、是を人の力を用ふると謂ひ[四]、是を天に配すと謂ふ。古の極なり。

[王注]

[一]「士」は、卒の帥なり。「武」は、先んずるを尚《たふと》びて人を陵ぐなり。

[二] 後にして先んぜず(二)、應じて唱へず(三)。故に怒に在らず。

[三]「與」は、爭なり。

[四] 人を用ひて之が下と爲らざれば、則ち力は用を爲さざるなり。

〔補注〕

（一）「善爲士者」という語は、第十五章にも、「古之善爲士者、微妙玄通、深不可識」とある。

（二）「後而不先」は、第七章に、「是以聖人後其身而身先、外其身而身存」とあるのを踏まえる。

（三）「應而不唱」と同文が、第十章注に、「雌、應而不唱、因而不爲」とある。「後而不先、應而不唱」と同様の表現は、『淮南子』詮言訓に、「聖人常後而不先、常應而不唱」とある。

〔現代語訳〕

第六十八章

優れた指揮官は猛々しくない[一]。戦上手な者は怒りに任せない[二]。うまく敵に勝つ者は、争わない[三]。うまく人を使う者は、下手に出る。これを争わない徳といい、これを人の力を使うといい[四]、これを天に並ぶという。古《いにしえ》からの究極（の道理）である。

[王注]

[一]「士」は、兵卒を率いる指揮官である。「武」は、先頭に立つことを重視して他の人をおしのけることである。

[二]（「善く戰ふ者」は、自分の身を）後《おく》らせて先頭に立たず、応じるだけで唱導しない。そのため怒る状態にならない。

[三]「與」は、争である。

［四］人を使う際にその人の下手に出なければ、（その人の）力は（十分に）発揮されないのである。

【原文】

第六十九章

用兵有言、吾不敢爲主而爲客。不敢進寸而退尺。是謂行無行[一]、攘無臂、[1]〔執無兵〕、扔無敵[二]。[2]〔執無兵〕禍莫大於輕敵、輕敵幾喪吾寶[三]。故抗兵相加、哀者勝矣[四]。

[王注]

[一] [3]〔彼遂不止。〕

[二] 行、謂行陳也。言以謙退哀慈、不敢爲物先、用戰猶行無行、攘無臂、執無兵、扔無敵也。言無有與之抗也。

[三] 言吾哀慈謙退、非欲以取強無敵於天下也、不得已而卒至於無敵。斯乃吾之所以爲大禍也。寶、三寶也。故曰幾亡吾寶。

[四] 抗、擧也。加、當也。哀者必相惜而不趣利避害。故必勝。

〔校勘〕

1．服部南郭・古屋昔陽・東條一堂・馬敍倫・大槻如電本・易順鼎・蔣錫昌・波多野太郎に従い、「禍莫大於輕敵」にある「執無兵」を「扔無敵」の上に校移する。なお、馬王堆甲本・乙本も、「執無兵」は「扔無敵」の上にある。

2．右に同じ。

3．波多野太郎に従い、「彼遂不止」を省く。河上公注の該当注には、「彼遂不止、爲天下賊、雖行誅之、不成行列也」とあり、波多野太郎は、河上公注の攙入と見る。

《訓読》

第六十九章

兵を用ふるに言有り、「吾 敢て主と爲らずして客と爲る。敢て寸を進まずして尺を退く」と。是れを行く無きを行き[一]、臂《うで》無きを攘《はら》ひ、兵無きを執り、敵無きを扔《つ》くと謂ふ[二]。禍は敵を輕んずるより大なるは莫く、敵を輕んずれば吾が寶を喪ふに幾《ちか》し[三]。故に兵を抗《あ》げて相 加《あ》つれば、哀者 勝つ[四]。

[王注]

[一] なし

[二] 「行」とは、行陳を謂ふなり。言ふこころは謙退哀慈を以て、敢て物の先と爲らざるは、（一）戰に用ふるに猶ほ行く無きを行き、臂無きを攘ひ、兵無きを執り、敵無きを扔くがごときなり。之と抗《あ》つる有ること無きを言ふなり。

[三] 言ふこころは吾 哀慈謙退なるは、以て強を取りて天下に敵無からんことを欲するに非ざるなり、已むを得ずして卒に敵無きに至る。斯れ乃ち吾の大禍と爲す所以なり。「寶」は、三寶なり。（二）故に「吾が寶を喪ふに幾し」と曰ふ。

[四] 「抗」は、擧なり。「加」は、當なり。哀者は必ず相 惜しみて利に趣《はし》らず害を避く。故に必ず勝つ。

〔補注〕

（一）「不敢爲物先」と同様の表現は、第六十七章に、「我有三寶、持而保之。一曰慈、二曰儉、三曰不敢爲天下先」とある。

（二）「三寶」は、慈愛、倹約、進んで天下の先頭に立とうとしないこと。第六十七章に、「我有三寶、持而保之。一曰慈、二曰儉、三曰不敢爲天下先」とある。

[現代語訳]

第六十九章

用兵について次のような言葉がある、「わたしは無理に主とな（って攻撃を仕掛け）るのではなく客とな（って応戦す）る。無理に一寸進むのではなく一尺退く」と。これを行くことのない行軍をし[一]、腕のない腕をまくり、無い武器を取り、いない敵を攻撃するという[二]。災いは敵をあなどることよりも大きいものはなく、敵をあなどることは（慈愛、倹約、進んで天下の先頭に立とうとしないという三つの）宝を失うことに近い[三]。そのため兵を挙げて戦争する時には、（戦うことを）哀しむ者が勝つのである[四]。

[王注]

[一] なし

[二]「行」は、行軍することをいう。言いたいことは謙遜して退く心や哀しみ慈しむ心をもち、進んで他のものよりも先に立たないことは、戦争をする際に行くことのない行軍をし、腕のない腕をまくり、無い武器を取り、いない敵を攻撃するというのようなものであるということである。敵と対峙することがないことを言う。

[三] 言いたいことはわたしが哀しみ慈しみ謙遜して退くのは、強い立場を目指して天下に敵がいなくなることを望んだものでなく、結局のところ敵がいない状態になるということである。これがわたしが（敵をあなどることを）災禍と考える理由である。「寶」は、（慈愛、倹約、進んで天下の先頭に立とうとしないという）三つの宝である。そのため「吾が寶を喪ふに幾し」という。

[四]「抗」は、挙である。「加」は、当である。哀しむ者は必ずお互いに心配しあって利に趣《はし》らず害を避ける。そのため必ず勝つのである。

【原文】

第七十章

吾言甚易知、甚易行、天下莫能知、莫能行[一]。言有宗、事有君[二]、夫唯無知。是以不我知[三]。知我者希、則我者貴[四]。是以聖人被褐懷玉[五]。

［王注］

[一] 可不出戸窺牖而知。故曰甚易知也。無爲而成。故曰甚易行也。[1]（或）〔惑〕於躁欲。故曰莫之能知也。迷於榮利。故曰莫之能行也。

[二] 宗、萬物之宗也。君、萬[2]（物）〔事〕之主也。

[三] 以其言有宗、事有君之故、故有知之人、不得不知之也。

[四] 唯深。故知之者希也。知我益希、我[3]（亦）〔益〕無匹。故曰知我者希、則我貴也。

[五] 被褐者、同其塵。懷玉者、寶其眞也。聖人之所以難知、以其同塵而不殊、懷玉而不渝。故難知而爲貴也。

〔校勘〕

1．道藏集注本・孫鑛本・道德玄書本・享保本・明和本・武英殿本・二十二子本・古逸叢書本により、「或」を「惑」に改める。

2．道藏集注本により、「物」を「事」に改める。

3．陶鴻慶・波多野太郎に従い、「亦」を「益」に改める。

《訓讀》

第七十章

吾が言は甚だ知り易く、甚だ行ひ易きも、天下は能く知る莫く、能く行ふ莫し[一]。言に宗有り、事に君有るも[二]、夫れ唯だ知ること無し。是を以て我を知らず[三]。我を知る者 希なれば、則ち我なる者は貴なり[四]。是を以て聖人は褐《き》を被て玉を懷く[五]。

［王注］

[一] 戸を出で牖《よう》を窺《うかが》はざるも知る可し（一）。故に「甚だ知り易し」と曰ふなり。爲すこと無くして成す（二）。故に「甚だ行ひ易し」と曰ふなり。躁欲に惑ふ（三）。故に「之を能く知る莫し」と曰ふ。榮利に迷ふ（四）。故に「之を能く行ふ莫し」と曰ふ。

[二] 「宗」は、萬物の宗なり。「君」は、萬事の主なり（五）。

[三] 其の言に宗有り、事に君有るの故を以て、故に知ること有るの人は、之を知らざるを得ざるなり。

[四] 唯だ深なるのみ（六）。故に之を知る者は希なり。我を知るもの益〻希なれば、我は益〻匹ぶ無し。故に「我を知る者 希なれば、則ち我なる者は貴なり」と曰ふなり。

[五] 「褐《き》を被る」者《とは》、其の塵に同じくす（七）。「玉を懷く」者《とは》、其の眞を寶とするなり（八）。聖人の知り難き所以は、其の塵に同じくして殊ならず、玉を懷きて渝《か》へざる（九）を以てなり。故に知り難くして貴と爲るなり。

〔補注〕

（一）「可不出戸窺牖而知」は、第四十七章に、「不出戸知天下、不闚牖見天道」とあるのを踏まえる。その王注には、「事有宗而物有主。途雖殊而其歸同也、慮雖百而其致一也。道有大常、理有大致。執古之道可以御今、雖處於今可以知古始。故不出戸闚牖而可知也」とある。
(二)「無爲而成」と同様の表現は、第四十七章に、「是以聖人不行而知、不見而名、不爲而成」とある。その王注には、「明物之性、因之而已。故雖不爲、而使之成矣」とある。
(三)「躁欲」という語は、第七十二章注にも、「離其清靜、行其躁欲、棄其謙後、任其威權、則物擾而民僻、威不能復制民」とある。
(四)「迷於榮利」と同様の表現は、第二十章注に、「衆人迷於美進、惑於榮利、欲進心競」とある。
(五)「宗、萬物之宗也。君、萬事之主也」に関連して、第四十七章注に、「事有宗而物有主」とあり、第四十九章注に、「物有其宗、事有其主」とある。また、「萬物之宗」という語は、第四章に、「道沖而用之或不盈。淵兮似萬物之宗」とある。
(六)「唯深」に関連して、第十五章には、「古之善爲士者、微妙玄通、深不可識」とあり、古の優れた指揮官はその奥深さが測り知れないと述べられる。また、『周易』繋辭上傳には、「夫易、聖人之所以極深而研幾也。唯深也、故能通天下之志。唯幾也、故能成天下之務」とある。
(七)「同其塵」は、第四章に、「挫其鋭、解其紛、和其光、同其塵。湛兮似或存」とあり、第五十六章に、「塞其兌、閉其門、挫其、解其紛、和其光、同其塵。是謂玄同」とあるのを踏まえる。
(八)「眞」は、事物の本質。第三章補注を参照。
(九)「不渝」と同様の表現は、第四章注に、「鋭挫而無損、紛解而不勞、和光而不汙其體、同塵而不渝其眞」とあり、第五十章注に、「故物、苟不以求離其本、不以欲渝其眞、雖入軍而不害、陸行而不可犯也」とあり、第五十五章注に、「言含德之厚者、無物可以損其德、渝其眞」とある。

[現代語訳]

第七十章

わたしの言葉は非常に理解しやすく、非常に実行しやすいものだが、天下(の人々)はそれを理解できず、実行できない[一]。言葉には宗《おおもと》になるものがあり、物事には主になるものがあるが[二]、そもそも(天下の人々は)そのことを知らない。そのためわたしのことを理解しないのである[三]。わたしを理解するものがほとんどいないため、わたしは貴い存在なのである[四]。そのため聖人は粗末な衣服を着て玉を懐く[五]。

[王注]

[一]戸を出たり窓から(外を)覗かずに知ることができる。そのため「甚だ知り易し」という。手を加えずに完成させる。そのため「甚だ行ひ易し」という。(天下の人々は)欲望に惑う。そのため「之を能く知る莫し」という。栄華や利得に迷う。そのため「之を能く行ふ莫し」という。
[二]「宗」は、万物の宗《おおもと》である。「君」は、万事の主である。
[三]言葉に宗《おおもと》になるものがあり、物事に主になるものがあるため、(そのことを)理解する人は、わたしを理解しないということはない。
[四](わたしは)ただ奥深いのである。そのためわたしのことを理解する者はほとんどいない。わたしを理解する者がいなくなればなるほど、わたしにますます匹敵するものがいなくなる。そのた

め「我を知る者 希なれば、則ち我は貴なり」という。

［五］「褐を被《き》る」とは、塵〔世俗〕に同化することである。「玉を懐く」とは、その眞〔本質〕を大事にすることである。聖人が理解しづらい理由は、塵に同化して異ならず、玉を懐いたまま（それを）変えないからである。そのため理解が難しく天下で貴い存在となるのである。

【原文】

第七十一章

知不知上。不知知病〔一〕。夫唯病病、是以不病。聖人不病、以其病病、是以不病〔二〕。

〔王注〕

〔一〕不知知之不足任、則病也。

〔二〕[1]〔病病者、知所以爲病。〕

〔校勘〕

1．道藏集注本により、「病病者、知所以爲病」を補う。

《訓読》

第七十一章

知らざるを知るは上なり。知を知らざるは病なり〔一〕。夫れ唯だ病を病とす、是を以て病あらず。聖人は病あらず、其の病を病とするを以て、是を以て病あらず〔二〕。

〔王注〕

〔一〕知の任ずるに足らざることを知らざるは、則ち病なり。

〔二〕病を病とする者は、病と爲る所以を知る。

〔現代語訳〕

第七十一章

知らないことを自覚するのは立派である。知というものを知らないのは欠陥である〔一〕。そもそも欠陥が欠陥であることを自覚することで、欠陥がなくなるのである。聖人には欠陥がないが、自分の欠陥を欠陥と分かっているから、欠陥がないのである〔二〕。

〔王注〕

〔一〕知が任せるのに十分なものではないことを知らないのは、欠陥である。

〔二〕欠陥を欠陥と分かっている者は、その欠陥の理由を知っているのである。

【原文】

第七十二章

民不畏威、則大威至。無狎其所居、無厭其所生[一]。夫唯不厭[二]、是以不厭[三]。是以聖人自知、不自見[四]。自愛、不自貴[五]。故去彼取此。

[王注]

[一] 清靜無爲、謂之居、謙後不盈、謂之生。[1](雖)〔離〕其清靜、行其躁欲、棄其謙後、任其威權、則物擾而民僻。威不能復制民、民不能堪其威、則上下大潰矣、天誅將至。故曰民不畏威、則大威至。無狎其所居、無厭其所生。言威力不可任也。

[二] 不自厭也。

[三] 不自厭、是以天下莫之厭。

[四] 不自見其所知、以耀光行威也。

[五] 自貴、則[2](物)〔將〕狎厭居生。

〔校勘〕

1．道藏集注本・孫鑛本・道德玄書本・享保本・明和本・武英殿本・二十二子本・古逸叢書本により、「雖」を「離」に改める。

2．陶鴻慶・樓宇烈・波多野太郎に従い、「物」を「將」に改める。

《訓読》

第七十二章

民 威を畏れざれば、則ち大威 至る。其の居る所に狎《な》るる無かれ、其の生くる所に厭《あ》くる無かれ[一]。夫れ唯だ厭かず[二]、是を以て厭きられず[三]。是を以て聖人 自ら知るも、自ら見《あらは》さず[四]。自ら愛するも、自ら貴とせず[五]。故《もと》より彼を去りて此を取る(一)。

[王注]

[一] 清靜(二)にして無爲(三)、之を居と謂ひ、謙後(四)にして不盈(五)、之を生と謂ふ。其の清靜を離れ、其の躁欲(六)を行ひ、其の謙後を棄て、其の威權(七)に任ずれば、則ち物 擾《みだ》れて民 僻なり。威 復た民を制する能はず、民も其の威に堪ふる能はざれば、則ち上下 大いに潰《つひ》え、天誅 將に至らんとす。故に「民 威を畏れざれば、則ち大威至る。其の居る所に狎るる無かれ、其の生くる所に厭くる無かれ」と曰ふ。威力の任ず可からざるを言ふなり。

[二] 自ら厭かざるなり。

[三] 自ら厭かず、是を以て天下は之に厭くこと莫し。

[四] 自ら其の知る所を見して、以て光を耀かし(八)威を行はざるなり。

[五] 自ら貴とすれば、則ち將に居生に狎れ厭かんとす。

(補注)

(一)「故去彼取此」と同文が、第十二章に、「是以聖人爲腹不爲目。故去彼取此」とあり、第三十八章に、「是以大丈夫處其厚、不居其薄、處其實、不居其華。故去彼取此」とある。

(二)「清靜」は、清く静かなこと。第四十五章に、「清靜爲天下正」とある。

(三)「無爲」は、何もなさないこと。たとえば第二章に、「是以聖人處無爲之事、行不言之教」とある。

(四)「謙後」は、へりくだってその身を後《おく》らせること。これに関連して、第七章に、「是以聖人後其身而身先、外其身而身存」とある。

（五）「不盈」は、そのはたらきが尽きないこと。これに関連して、第四章に、「道沖而用之或不盈」とある。

（六）「躁欲」という語は、第七十章の「吾言甚易知、甚易行、天下莫能知、莫能行」に対する王注にも、「惑於躁欲。故曰莫之能知也」とある。

（七）「威權」という語は、第十七章注にも、「不復能以恩仁令物、而賴威權也」とある。

（八）「耀光」は、才知を発揮すること。第五十八章に、「是以聖人方而不割、廉而不劌、直而不肆、光而不燿」とあるのを踏まえる。その王注には、「以光鑑其所以迷、不以光照求其隱匿也。所謂明道若昧也」とある。「耀光」と同様の表現は、第二十章の「俗人昭昭」に対する王注に、「耀其光也」とある。

［現代語訳］

第七十二章

民が（為政者の）威力を畏れなくなれば、より大きな脅威が襲ってくる。（そのため為政者は）自分の（清く静かで何もなさないという）あり方を軽んじてはならず、自分の（へりくだってその身を後《おく》らせはたらきが尽きないという）生き方に飽きてはならない[一]。そもそも（自分が）飽きなければ[二]、（天下の人々にも）飽きられないのである[三]。こういう訳で聖人は自分が知っていても（それを）自分では外には表さない[四]。自分が大切にしていても（それを）自分では貴ばない[五]。もとよりあちらを捨ててこちらを取るのである。

［王注］

[一] 清く静かで何もなさないこと、これを居といい、へりくだってその身を後《おく》らせ（はたらきが）尽きないこと、これを生という。清く静かな状態を離れて、欲望のままに行動し、へりくだってその身を後らせる状態を捨てて、威力や権勢に頼れば、物は乱れ民は邪《よこしま》になる。威力でふたたび民を統制することができなくなり、民も為政者の威力に耐えられなくなれば、上下（の関係性）が大きく崩れ、（それによって）天誅が下るのである。そのため「民威を畏れざれば、則ち大威至る。其の居る所に狎るる無かれ、其の生くる所に厭くる無かれ」という。威力や権勢に頼ってはならないことを言うのである。

[二] （「夫れ唯だ厭かず」は）自分が飽きないことである。

[三] 自分が飽きなければ、それによって天下の人々も飽きない。

[四] （聖人は）自分から知っていることを外に表して、才知を発揮し威力を出すことをしないのである。

[五] 自分が貴べば、（自分の）あり方を軽んじ生き方に飽きることになる。

【原文】

第七十三章

勇於敢則殺［一］、勇於不敢則活［二］。此兩者、或利或害［三］。天之所惡、孰知其故。是以聖人猶難之［四］。天之道、不争而善勝［五］、不言而善應［六］、不召而自來［七］、繟然而善謀［八］。天網恢恢、疏而不失。

［王注］

［一］必不得其死也。

［二］必齊命也。

［三］俱勇而所施者異、利害不同。故曰或利或害也。

［四］孰、誰也。言誰能知[1]天（下之所惡）意（故）耶。其唯聖人。夫聖人之明、猶難於勇敢。況無聖人之明、而欲行之也。故曰猶難之也。

［五］[2]（天雖）〔夫唯〕不争。故天下莫能與之争。

［六］順則吉、逆則凶。不言而善應也。

［七］處下則物自歸。

［八］垂象而見吉凶、先事而設[3]（誠）〔誡〕、安而不忘危、未[4]（召）〔兆〕而謀之。故曰繟然而善謀也。

〔校勘〕

1．易順鼎・陶鴻慶・樓宇烈・邊家珍に従い、「下之所惡」と「故」を省く。なお、『列子』力命篇の張湛注には、「王弼曰、孰、誰也。言誰能知天意耶。其唯聖人也」とある。

2．道藏集注本により、「天雖」を「夫唯」に改める。

3．道藏集注本により、「誠」を「誡」に改める。

4．道藏集注本により、「召」を「兆」に改める。

《訓読》

第七十三章

敢てするに勇なれば則ち殺され［一］、敢てせざるに勇なれば則ち活く［二］。此の兩者は、或いは利あり或いは害あり［三］。天の惡む所は、孰か其の故を知るか。是を以て聖人すら猶ほ之を難しとす［四］。天の道は、争はずして善く勝ち［五］、言はずして善く應じ［六］、召さずして自づから來り［七］、繟然として善く謀る［八］。天網は恢恢、疏にして失はず。

［王注］

［一］必ず其の死を得ざるなり。

［二］必ず命を齊《すく》ふなり。

［三］俱に勇なるも施す所の者 異なれば、利害は同じからず。故に「或いは利あり或いは害あり」と曰ふなり。

［四］「孰」は、誰なり。言ふこころは誰か能く天意を知るか。其れ唯だ聖人なり。夫れ聖人の明（一）すら、猶ほ敢てするに勇なるを難しとす。況んや聖人の明無くして、之を行はんと欲するをや。故に「猶ほ之を難しとす」と曰ふなり。

［五］夫れ唯だ争はず。故に天下は能く之と争ふ莫し（二）。

［六］順《したが》へば則ち吉、逆《さか》らへば則ち凶。言はずして善く應ずるなり。

［七］下に處れば則ち物 自づから歸す（三）。

［八］象を垂れて吉凶を見し（四）、事に先んじて誡を設け、安んずるも危ふきを忘れず（五）、未だ兆あらずして之を謀る（六）。故に「繟然として善

く謀る」と曰ふなり。

（補注）

（一）「明」は、通常の知性を越える絶対的な叡智。第三十三章には、「知人者智、自知者明」とあり、その王注には、「知人者、智而已矣。未若自知者超智之上也」とある。

（二）「夫唯不争。故天下莫能與之争」は、第二十二章に、「夫唯不争、故天下莫能與之争」とあるのを踏まえる。

（三）「處下則物自歸」に関連して、第六十一章注には、「江海居大而處下、則百川流之。大國居大而處下、則天下流之」とあり、大河や大海は大きいうえに下にあるので、すべての河川はそこに流れ着く。大国は大きいうえに下にあるので、天下はそこに流れ着く、と述べられる。「物自歸」と同様の表現は、第三十二章注に、「川谷之與江海、非江海召之、不召不求而自歸者也」とあり、第二十八章注に、「谿不求物、而物自歸之」とあり、第六十一章の「天下之牝」に対する王注に、「靜而不求、物自歸之也」とある。

（四）「垂象而見吉凶」は、『周易』繫辭上傳に、「天垂象、見吉凶、聖人象之」とあるのを踏まえる。

（五）「安而不忘危」は、『周易』繫辭下傳に、「子曰、危者、安其位者也。亡者、保其存者也。亂者、有其治者也。是故、君子安而不忘危、存而不忘亡、治而不忘亂、是以身安而國家可保也」とあるのを踏まえる。「安而不忘危」と同様の表現は、第六十四章の「其安易持、其未兆易謀」に対する王注に、「以其安不忘危、持之不忘亡、謀之無功之勢。故曰易也」とある。

（六）「未兆而謀之」は、第六十四章に、「其安易持、其未兆易謀」とあるのを踏まえる。

〔現代語訳〕

第七十三章

わざわざ行うということに勇気を振るえば殺され〔一〕、わざわざ行わないということに勇気を振るえば生きる〔二〕。この二つのことは、一方は利があり一方は害がある〔三〕。天の嫌うものについて、誰がその理由を知っているだろうか。（それは聖人だけである。しかし）聖人でもわざわざ行うということに勇気を振るうのは難しい〔四〕。天の道というのは、争わないでうまく勝ち〔五〕、何も言わずにうまく応じ〔六〕、招かずとも物がおのずとやってきて〔七〕、ゆったりとしていながらよく考えている〔八〕。天の網は広く大きく、その目は粗いが取りこぼすことがないのである。

〔王注〕

〔一〕（わざわざ行うということに勇気を振るえば）必ずふさわしい死が得られない。

〔二〕（わざわざ行わないということに勇気を振るえば）必ず生命を全うする。

〔三〕どちらも勇気を振るうことだが行う対象が違うので、利害は同じではない。そのため「或いは利あり或いは害あり」という。

〔四〕「孰」は、誰である。言いたいことは誰が天意を知ることができるのか。それはただ聖人だけであるということである。そもそも聖人の明知でも、わざわざ行うということに勇気を振るうのは難しい。まして聖人の明知がなくて、それをしようとすればどうだろうか。そのため「猶ほ之を難しとす」という。

［五］（天は）そもそも絶対に争わない。そのため天下に争うことのできるものがいない。

［六］（物事は）従えば吉であり、逆らえば凶である。（天は）何も言わずにうまく応じる。

［七］下にいれば物はおのずと帰服する。

［八］（天は）天象を降して吉凶を示し、事に先立って訓戒を打ち立てており、安定している時にも危うくなる可能性を忘れず、まだ兆候が現れていない時にも考えている。そのため「繟然として善く謀る」というのである。

【原文】

第七十四章

民不畏死、奈何以死懼之。若使民常畏死、而爲奇者吾得執而殺之、孰敢［一］。常有司殺者殺。夫[1]〔司殺者是〕〔代司殺者殺、是謂代〕大匠斲。夫代大匠斲者、希有不傷其手矣［二］。

〔王注〕

［一］詭異亂羣、謂之奇也。

［二］爲逆、順者之所惡忿也。不仁者、人之所疾也。故曰常有司殺也。

〔校勘〕

1．武英殿本・二十二子本・古逸叢書本により、「司殺者是」を「代司殺者殺、是謂代」に改める。

《訓読》

第七十四章

民 死を畏れざれば、奈何《いかん》ぞ死を以て之を懼れしめん。若使《も》し民 常に死を畏れ、而も奇を爲す者 吾 執《と》らへて之を殺すを得れば、孰か敢てせん［一］。常に殺を司る者有りて殺す。夫れ殺を司る者に代はりて殺す、是を大匠に代はりて斲《き》ると謂ふ。夫れ大匠に代はりて斲れば、其の手を傷つけざること有ること希《まれ》なり［二］。

〔王注〕

［一］詭異にして羣を亂す、之を奇と謂ふなり。

［二］逆を爲すは、順者の惡忿する所なり。仁ならざる者は、人の疾《にく》む所なり。故に「常に殺を司るもの有り」と曰ふなり。

〔現代語訳〕

第七十四章

民が死を畏れなければ、どうして死刑によって彼らを恐れさせることができようか。もし民が常に死を畏れ、さらに和を乱す者をわたしが捕らえて殺すのであれば、誰があえて（和を乱すことを）するだろうか［一］。（しかしその場合は）いつも殺すことを職掌とする者が殺す（必要がある）。殺すことを職掌とする者に代わって殺すことは、それを優れた大工に代わって（木を）斬るという。優れた大工に代わって（木を）斬れば、手を傷つけないことはめったにないのである［二］。

〔王注〕

［一］奇怪な行動をして群れを乱すこと、これを奇という。

［二］（通常と）反対のことをするのは、通常通りに行う者が憎み怒るところである。仁がないことは、人が憎むところである。そのため「常に殺を司るもの有り」という。

【原文】

第七十五章

民之饑、以其上食稅之多。是以饑。民之難治、以其上之有爲。是以難治。民之輕死、以其求生之厚。是以輕死。夫唯無以生爲者、是賢於貴生[一]。

[王注]

[一] 言民之所以僻、治之所以亂、皆由上、不由其下也。民從上也。

《訓読》

第七十五章

民の饑うるは、其の上の稅を食《は》むの多きを以てす。是を以て饑う。民の治め難きは、其の上の爲す有るを以てす。是を以て治め難し。民の死を輕んずるは、其の生を求むるの厚きを以てす。(一)是を以て死を輕んず。夫れ唯だ生を以て爲す無き者は、是れ生を貴ぶに賢《まさ》る[一]。

[王注]

[一] 言ふこころは民の僻する所以、治の亂るる所以は、皆 上に由り、其の下に由らざるなり。民は上に從ふなり。

（補注）

（一）「民之輕死、以其求生之厚」に関連して、第五十章に、「人之生動之死地、十有三。夫何故。以其生生之厚」とあり、生に執着することが甚だしく、生であるのにわざわざ動いて死に向かう者が十分の三いる、と述べられる。

[現代語訳]

第七十五章

民が飢えるのは、上にいる者が税を多く取り立てているからである。そのために飢える。民が治めづらいのは、上にいる者がことさらな作為を加えるからである。そのために治めづらい。民が死を軽んじるのは、生に執着することが甚だしいからである。そのために死を軽んじる。そもそも生に執着しない者は、生を大切にする者に勝るのである[一]。

[王注]

[一] 言いたいことは民が邪《よこしま》になる原因、統治が乱れる原因は、すべて上にいる者に由来し、下にいる者には由来しないということである。民は上に従うのである。

【原文】

第七十六章

人之生也柔弱、其死也堅強。萬物草木之生也柔脆、其死也枯槁。故堅強者死之徒、柔弱者生之徒。是以兵強則不勝[一]、木強則[1](共)〔折〕[二]。強大處下[三]、柔弱處上[四]。

〔王注〕

[一] 強兵以暴於天下者、物之所惡也。故必不得勝。
[二] 物所加也。
[三] 木之本也。
[四] 枝條是也。

〔校勘〕

1．易順鼎・蔣錫昌・邊家珍・波多野太郎に従い、「共」を「折」に改める。

《訓読》

第七十六章

人の生くるや柔弱にして、其の死するや堅強なり。萬物草木の生くるや柔脆にして、其の死するや枯槁す。故に堅強なる者は死の徒にして、柔弱なる者は生の徒なり。是を以て兵は強ければ則ち勝たず[一]、木は強ければ則ち折らる[二]。強大は下に處り[三]、柔弱は上に處る[四]。

〔王注〕

[一] 兵を強くして以て天下を暴《そこ》なふ者は、物の惡《にく》む所なり。故に必ず勝つを得ず。
[二] 物の加ふる所なり。
[三] 木の本なり。
[四] 枝條 是れなり。

〔現代語訳〕

第七十六章

人が生きている時は柔らかく弱いが、人が死ぬ時は固く強くなる。万物草木が生きている時は柔らかく脆いが、万物草木が死ぬ時は枯れてこわばる。そのため固く強いものは死のなかまであり、柔らかく弱いものは生のなかまである。こういう訳で軍が強ければ勝てず[一]、木が強ければ折られる[二]。（木は）強く大きい根元が下にあり[三]、弱く柔らかい細い枝が上にあるのである[四]。

〔王注〕

[一] 軍を強くして天下を荒廃させることは、人々が嫌うところである。そのため必ず勝つことができない。
[二] （木が強ければ）人々が手を加えることになる。
[三] （「下」は）木の根元である。
[四] （「上」は）細い枝がこれである。

【原文】

第七十七章

天之道、其猶張弓與。高者抑之、下者擧之、有餘者損之、不足者補之。天之道、損有餘而補不足。人之道則不然[一]。損不足以奉有餘。孰能有餘以奉天下。唯有道者。是以聖人爲而不恃、功成而不處、其不欲見賢[二]。

[王注]

[一] 與天地合德、乃能包之、如天之道。如人之量、則各有其身、不得相均。如唯無身無私乎。自然、然後乃能與天地合德。

[二] 言[1](唯)〔誰〕能處盈而全虚、損有以補無、和光同塵、蕩而均者。唯其道也。是以聖人不欲示其賢、以均天下。

[校勘]

1．陶鴻慶・樓宇烈・邊家珍・桃井白鹿・東條一堂・波多野太郎に従い、「唯」を「誰」に改める。

《訓読》

第七十七章

天の道は、其れ猶ほ弓を張るがごときか。高き者は之を抑へ、下き者は之を擧げ、餘り有る者は之を損なひ、足らざる者は之を補ふ。天の道は、餘り有るを損なひて足らざるを補ふ。人の道は則ち然らず[一]。足らざるを損なひて以て餘り有るに奉ず。孰か能く餘り有りて以て天下に奉ぜん。唯だ有道者のみ。是を以て聖人は爲すも恃《たの》まれず、功 成るも處らず(一)、其れ賢を見《しめ》すを欲せず[二]。

[王注]

[一] 天地と德を合して(二)、乃ち能く之を包めば、天の道の如し。人の量の如ければ、則ち各〻其の身有り、相 均しき(三)を得ず。惟だ無身無私(四)の如きか。自然にして、然る後に乃ち能く天地と德を合す。

[二] 言ふこころは誰か能く盈に處りて虚を全くし、有を損なひて以て無を補ひ、光を和して塵に同じくし(五)、蕩《たひ》らかにして均しき者ぞ。唯だ其の道なり。是を以て聖人は其の賢を示さんと欲せずして、以て天下を均しくす。

（補注）

（一）「是以聖人爲而不恃、功成而不處」と同様の表現は、第二章に、「是以聖人處無爲之事、行不言之教。萬物作焉而不辭、生而不有、爲而不恃、功成而弗居」とある。「爲而不恃」の王注には、「智慧自備。爲則僞也」とあり、「成而弗居」の王注には、「因物而用、功自彼成。故不居也」とある。

（二）「與天地合德」は、『周易』乾卦 文言傳に、「夫大人者、與天地合其德」とあるのを踏まえる。同様の表現は、第五章注に、「聖人與天地合其德、以百姓比芻狗也」とあり、第十六章注に、「與天合德、體道大通、則乃至於窮極虚無也」とある。

（三）「均」は、それぞれがそのところを得て治まること。第三十二章にも、「天地相合以降甘露、民莫之令而自均」とある。

（四）「無身無私」は、自分というものがないこと。無身無私に関連して、第十三章に、「及吾無身、吾有何患」とあり、その王注には、「歸之自然也」とある。

(五)「和光同塵」は、第四章に、「挫其鋭、解其紛、和其光、同其塵。湛兮似或存」とあり、第五十六章に、「塞其兌、閉其門、挫其、解其紛、和其光、同其塵。是謂玄同」とあるのを踏まえる。第四章の王注には、「鋭挫而無損、紛解而不勞、和光而不汙其體、同塵而不渝其眞。不亦湛兮似或存乎」とある。また、第五十六章の「和其光」に対する王注には、「無所特顯、則物無偏爭也」とあり、「同其塵」に対する王注には、「無所特賤、則物無偏恥也」とある。

[現代語訳]

第七十七章

天の道は、弓(に弦)を張るようなものであろうか。(弓に弦を張る時には)高い部分はそれを抑えつけ、低い部分はそれを引き上げ、余っているところはそれを減らし、足らないところはそれを補う。天の道は、余っているところを減らして足らないところを補っているのである。(これに対して)人の道はそうではない[一]。足りないところを(さらに)減らして余っているところに差し出している。いったい誰が有り余るほどもっていてそれを天下に差し出すことができるのか。それは有道者だけである。こういう訳で聖人は(物事が)成し遂げられても頼りとされず、成果をあげてもそこには居らず、賢であることを示そうとしない[二]。

[王注]

[一]天地と徳を一致させ、天下万物を包むことができれば、天の道のようである。(これに対して)人の器量ほどしかなければ、それぞれにその身があって、お互いだけで治まるということにならない。(天地と徳を一致させられるのは)ただ自分というものをもたないかのようにすることだけであろうか。あるがままであって、そうした後にようやく天地と徳を一致させられる。

[二]言いたいことは誰が満ち足りた状態にいて空っぽのものを充足させ、有を損なうことによって無を補い、(自身の)光を和らげて塵[世俗]と同化し、安定して治まっている者であれようか。(それは)有道者の道だけであるということである。こういう訳で聖人は賢であることを示そうとせずに、天下を治める。

【原文】

第七十八章

天下莫柔弱於水。而攻堅強者、莫之能勝。以其無以易之[一]。弱之勝強、柔之勝剛、天下莫不知、莫能行。是以聖人云、受國之垢、是謂社稷主。受國不祥、是爲天下王。正言若反。

[王注]

[一] 以、用也。其、謂水也。言用水之柔弱、無物可以易之也。

《訓読》

第七十八章

天下に水より柔弱なるは莫し。而も堅強を攻むる者、之に能く勝る莫し(一)。其れを以《もち》ふれば以て之に易ふる無し[一]。弱の強に勝ち、柔の剛に勝つは(二)、天下 知らざるは莫きも、能く行ふ莫し。是を以て聖人は云ふ、「國の垢を受くる、是を社稷(三)の主と謂ふ。國の不祥を受くる、是を天下の王と爲す」と。正言は反するが若し。

[王注]

[一]「以」は、用なり。「其」とは、水を謂ふなり。言ふこころは水の柔弱なるを用ふれば、物として以て之に易ふる可き無きなり。

（補注）

（一）「天下莫柔弱於水。而攻堅強者、莫之能勝」に関連して、第四十三章には、「天下之至柔馳騁天下之至堅」とあり、天下で最も柔らかいものは天下で最も堅いものにも行き渡ると述べられる。その王注には、「氣無所不入、水無所不經」とある。

（二）「弱之勝強、柔之勝剛」と同様の表現は、第三十六章に、「柔弱勝剛強」とある。

（三）「社稷」は、国家の祭儀及びそれを行う場所。転じて、国をいう。

[現代語訳]

第七十八章

天下に水よりも柔らかく弱いものはない。それでいて堅く強いものを攻めるには、これに勝るものがない。水の柔らかく弱いことは（他の物で）それに代わるものなどないのである[一]。弱いものが強いものに勝ち、柔らかいものが剛《かた》いものに勝つことは、天下の誰もが知っているが、しかし（それを）実行できる者はいない。こういう訳で聖人は、「国の汚辱を引き受けるもの、これを社稷の主といい、国の不幸を引き受けるもの、これを天下の王とする」という。正しい言葉というのは（常識とは）反しているかのようである。

[王注]

[一]「以」は、用である。「其」とは、水をいう。言いたいことは水が柔らかく弱いことについては、（他の）物でそれに代えられるものがないということである。

【原文】

第七十九章

和大怨、必有餘怨［一］。安可以爲善。是以聖人執左契［二］、而不責於人。有德司契［三］、無德司徹［四］。天道無親、常與善人。

［王注］

［一］不明理其契、以致大怨已至。而德以和之、其傷不復。故必有餘怨也。

［二］左契、防怨之所由生也。

［三］有德之人、念思其契、不令怨生而後責於人也。

［四］徹、司人之過也。

《訓読》

第七十九章

大怨を和するも、必ず餘怨有り［一］。安くんぞ以て善と爲す可けんや。是を以て聖人は左契を執りて［二］、人に責《もと》めず。德有るものは契を司り［三］、德無きものは徹を司る［四］。天道は親無く、常に善人に與《くみ》す。

［王注］

［一］其の契（一）を明理せずして、以て大怨の已に至るを致す。而して德以て之を和するも、其の傷 復せず。故に必ず餘怨有るなり。

［二］左契は、怨みの由りて生ずる所を防ぐなり。

［三］有德の人は、其の契を念思して、怨をして生ぜしめて而る後に人に責《もと》めざるなり。

［四］「徹」は、人の過《あやま》ちを司るなり。

（補注）

（一）「契」は、約束事を記した割符。『周易』訟卦 象傳の「天與水違行訟。君子以作事謀始」に対する王弼注には、「聽訟、吾猶人也。必也使無訟乎。无訟在於謀始、謀始在於作制。契之不明、訟之所以生也。物有其分、職不相濫、爭何由興。訟之所以起、契之過也。故有德司契、而不責於人」とあり、契が明らかでないことは、訴訟が起こる原因であるとして、本章の本文を最後に引用している。

［現代語訳］

第七十九章

大きな怨みを解きほぐしたとしても、必ず怨みは残る［一］。（そもそも大きな怨みをかっているのだから徳によりそれを解きほぐすことは）どうして善いことだとできようか。こういう訳で聖人は左契〔割符の左半分〕を持っても［二］、（怨みが生じてから）人に求めることはない。（そのため）徳のある人が契〔約束事〕を司り［三］、徳のない人が徹〔人の過ち〕を司るのである［四］。天道にはえこひいきがなく、いつも善人に味方する。

［王注］

［一］その契（の内容）を明らかにしないと、大きな怨みが起こることになる。（その場合は）徳によってそれを解きほぐしたとしても、その遺恨が元の状態に戻ることはない。そのため必ず怨みが

残るのである。

[二]「左契」は、（右契を渡すことで）怨みが生じる原因を防ぐものである。

[三] 徳のある人は、契（の内容）をよく考えるので、（人に）怨みを生じさせてからその後に人に求めることはない。

[四]「徹」は、人の過ちを司ることである。

【原文】

第八十章

小國寡民[一]。使有什伯之器而不用[二]、使民重死而不遠徙[三]。雖有舟輿、無所乘之、雖有甲兵、無所陳之。使人復結繩而用之、甘其食、美其服、安其居、樂其俗。鄰國相望、鷄犬之聲相聞、民至老死不相往來[四]。

[王注]

[一] 國既小民又寡、尙可使反古。況國大民衆乎。故擧小國而言也。

[二] 言使民雖有什伯之器、而無所用、當何患不足也。

[三] 使民不用、惟身是寶、不貪貨賂。故各安其居、重死而不遠徙也。

[四] 無所欲求。

《訓讀》

第八十章

小國寡民すら(一)[一]、什伯の器(二)有るも用ひざらしめ[二]、民をして死を重んじて遠く徙《うつ》らざらしむ[三]。舟輿有りと雖も、之に乘る所無く、甲兵有りと雖も、之を陳《つら》ぬる所無し。人をして復た繩を結びて(三)之を用ひ、其の食を甘《うま》しとし、其の服を美とし、其の居に安んじ、其の俗を樂しましむ。鄰國相望み、鷄犬の聲相聞こゆるも、民は老死に至るまで相往來せず[四]。

[王注]

[一] 國既に小さく民又た寡なきすら、尙ほ古に反らしむ可し。況んや國の大きく民の衆《おほ》きをや。故に小國を擧げて言ふなり。

[二] 言ふこころは民をして什伯の器有りと雖も、用ふる所無からしむれば、當に何ぞ足らざるを患へんや。

[三] 民をして用ひざらしむれば、惟だ身のみ是れ寶として、貨賂を貪らず。故に各〻其の居に安んじ、死を重んじて遠く徙らざるなり。

[四] 欲し求める所無し。

（補注）

（一）「小國寡民」という冒頭の句は、『老子』の理想社会を言う句と考えられることが多く、その場合、「國を小さくし民を寡なくす」と訓読することもある。しかし、王弼の解釈に従えば、「小國寡民すら」と下の句に続き、下の句と合わせて、国が小さく民が少ない場合でさえ、善い統治は行えるのであって、国が大きく民が多い場合は、なおさら善い統治が行える、という主旨になる。

（二）「什伯之器」は、兵器のこと（兪樾の説）。他にも、さまざまな器物と解する説（奚侗の説）や十夫百夫に長たる器量をもつ人物とする説（蘇轍の説）がある。

（三）「結繩」は、まだ文字がない時代に、繩の結び目によって意思伝達を図ったことをいう。事が大きければ大繩を結び、事が小さければ小繩を結んだという。『周易』繫辭下傳に、「上古結繩而治」とあり、『周易正義』の引く鄭玄注に、「事大、大結其繩、事小、小結其繩」とある。

[現代語訳]

第八十章

小さい国で少ない民であっても[一]、(民に)兵器を使わせないようにさせ[二]、民に死をはばからせて遠くに移住しないようにさせている[三]。(そうすれば民は)舟や車があっても、それに乗ることがなく、鎧や武器があっても、それを並べることがないのである。人々にまた(古《いにしえ》の時代のように)縄を結んでそれを意思を伝え合う手段とさせ、自分の食べるものがおいしい、自分の衣服が立派だ、自分の住むところが落ち着く、自分の習俗が楽しいと感じさせる。(そうすれば)隣の国がお互いに見え、鶏や犬の鳴き声がお互いに聞こえ(るほど近く)ても、民は老いて死ぬまで(他の国に)行き来することがないのである[四]。

[王注]

[一]国が小さく民が少ない場合でさえ、古(の理想的な統治状態)に反らせることができる。まして国が大きく民が多い場合はなおさらである。そのため(本章では)小国を取り上げて述べるのである。

[二]言いたいことは兵器があっても、民に使うところをなくさせれば、どうして(兵器が)足りないと憂うことがあろうかということである。

[三]民に(兵器を)使わせなければ、ただその身だけを大切にし、(他の)物に執着しない。そのためそれぞれがその居所に安んじ、死をはばかって遠くに移住しないのである。

[四](民は)欲し求めるものがないのである。

【原文】

第八十一章

信言不美[一]、美言不信[二]。善者不辯、辯者不善。知者不博[三]、博者不知。聖人不積[四]、既以爲人、己愈有[五]。既以與人、己愈多[六]。天之道、利而不害[七]、聖人之道、爲而不爭[八]。

[王注]

[一] 實在質也。
[二] 本在樸也。
[三] 極在一也。
[四] 無私自有、唯善是與、任物而已。
[五] 物所尊也。
[六] 物所歸也。
[七] 動常生成之也。
[八] 順天之利、不相傷也。

《訓読》

第八十一章

信言は美ならず[一]、美言は信ならず[二]。善者は辯ぜず、辯者は善ならず。知者は博からず[三]、博者は知らず。聖人は積まず[四]、既《ことごと》く以て人の爲にして、己 愈ゝ有り[五]。既く以て人に與へて、己 愈ゝ多し[六]。天の道は、利して害せず[七]、聖人の道は、爲して爭(一)はず[八]。

[王注]

[一] 實は質(二)に在るなり。
[二] 本は樸(三)に在るなり。
[三] 極は一に在るなり(四)。
[四] 自ら有《たも》つものを私すること無く、唯だ善のみ是れ與へ、物に任すのみ(五)。
[五] 物の尊ぶ所なり。
[六] 物の歸する所なり(六)。
[七] 動きて常に之を生成するなり。
[八] 天の利に順ひて、相 傷なはざるなり(七)。

(補注)

(一)「聖人之道、爲而不爭」に関連して、第二十二章には、「夫唯不爭、故天下莫能與之爭」とあり、聖人はそもそも絶対に争わないので、天下に争うことのできるものがいないと述べられる。同じく、第六十六章にも、「以其不爭、故天下莫能與之爭」とある。
(二)「質」は、質朴。根源的で飾られていないものをいう。
(三)「樸」は、山から伐り出したばかりの荒木。
(四)「極在一也」に関連して、第四十七章の「其出彌遠、其知彌少」に対する王注には、「無在於一、而求之於衆也」とあり、物事を理解するために、一から離れて衆《おお》い方に求めていくことが否定される。
(五)「任物而已」と同様の表現は、第五章注に、「棄己任物、則莫不理」とあり、第三十八章注に「舍己任物、則無爲而泰」とある。

（六）「物所歸也」と同様の表現は、第六十七章注に、「唯後外其身、爲物所歸」とある。また、第七章注には、「自生則與物爭、不自生則物歸也」とあり、自己をもって生きなければ他の物が帰服してくると述べられる。

（七）「不相傷也」と同文が、第六十章に、「非其神不傷人、聖人亦不傷人。夫兩不相傷。故德交歸焉」とある。

［現代語訳］

第八十一章

信実の言葉は美しくなく［一］、美しい言葉は信実ではない［二］。（本当の）善者は口達者でなく、口達者な者は（本当には）善ではない。（本当の）知者は博識でなく［三］、博識な者は（本当には）分かっていない。聖人は何もためこまず［四］、何もかも人のためにして、自分はますます充実する［五］。何もかも人に与えて、自分はますます多くなる［六］。天の道は、恩恵を与えて危害を加えず［七］、聖人の道は、行為しても争わない［八］。

［王注］

［一］（言葉の）本質は（飾られていない）質朴なところにある。

［二］（言葉の）根本は（飾られていない）純樸なところにある。

［三］（物事の）究極は一にある。

［四］（聖人は）自分のもっているものを私有することなく、ただ善を与えて、物に任せる。

［五］（他の）物に尊ばれるのである。

［六］（他の）物が帰服してくるのである。

［七］（天は）動いて常に万物を生成している。

［八］（聖人は）天の利に従い、（他の物と）お互い傷つけあうことがない。

【原文】

老子微旨例略

[1](天)〔夫〕物之所以生、功之所以成、必生乎無形、由乎無名。無形無名者、萬物之宗也。不溫不涼、不宮不商。聽之不可得而聞、視之不可得而彰、體之不可得而知、味之不可得而嘗。故其爲物也則混成、爲象也則無形、爲音也則希聲、爲味也則無呈。故能爲品物之宗主、苞通天地、靡使不經也。若溫也則不能涼矣、宮也則不能商矣。形必有所分、聲必有所屬。故象而形者、非大象也。音而聲者、非大音也。然則、四象不形、則大象無以暢。五音不聲、則大音無以至。四象形而物無所主焉、則大象暢矣。五音聲而心無所適焉、則大音至矣。故執大象則天下往、用大音則風俗移也。無形暢、天下雖往、往而不能釋也。希聲至、風俗雖移、移而不能辯也。是故天生五物、無物爲用、聖行五教、不言爲化。是以道可道、非常道。名可名、非常名也。五物之母、不炎不寒、不柔不剛。五教之母、不噭不味、不恩不傷。雖古今不同、時移俗易、此不變也。所謂自古及今、其名不去者也。天不以此、則物不生。治不以此、則功不成。故古今通、終始同。執古可以御今、證今可以知古始。此所謂常者也。無噭味之狀、溫涼之象。故知常曰明也。物生功成、莫不由乎此。故以閱衆甫也。

《校勘》

1.『雲笈七籤』により、「天」を「夫」に改める。

《訓読》

老子微旨例略(一)

夫れ物の生ずる所以、功の成る所以は、必ず無形に生じ、無名に由る(二)。無形無名なる者は、萬物の宗なり(三)。不溫不涼(四)、不宮不商(五)たり。之を聽けども得て聞く可からず、之を視れども得て彰らかにす可からず、之を體すれども得て知る可からず、之を味はへども得て嘗む可からず(六)。故に其の物爲《た》るや則ち混成(七)、象爲るや則ち無形(八)、音爲るや則ち希聲(九)、味爲るや則ち無呈(一〇)なり。故に能く品物(一一)の宗主と爲りて、天地を苞通し(一二)、經《よ》らざらしむるは靡《な》きなり。若し溫なれば則ち涼なること能はず、宮なれば則ち商なること能はず(一三)。形は必ず分かるる所有り(一四)、聲は必ず屬《つら》なる所有り(一五)。故に象にして形ある者は、大象に非ざるなり(一六)。音にして聲ある者は、大音に非ざるなり(一七)。然らば則ち、四象(一八)に形あらざれば、則ち大象は以て暢《の》ぶる無し。五音(一九)に聲あらざれば、則ち大音は以て至る無し。四象 形ありて物の主とする所無ければ、則ち大象暢ぶ。五音 聲ありて心の適く所無ければ、則ち大音 至る。故に大象を執れば則ち天下 往き(二〇)、大音を用ふれば則ち風俗 移るなり。無形暢ぶれば、天下 往くと雖も、往きて釋《と》く能はざるなり。希聲 至れば、風俗 移ると雖も、移りて辯ずる能はざるなり(二一)。是の故に天は五物(二二)を生ずるも、無物(二三)もて用を爲し、聖は五教(二四)を行ふも、不言もて化を爲す(二五)。是を以て道の道《い》ふ可きは、常道に非ず。名の名づく可きは、常名に非ざるなり(二六)。五物の母(二七)は、不炎不寒(二八)、不柔不剛なり。五教の母は、不噭不味(二九)、不恩不傷なり。古今は同じからず、時は移り俗は易はると雖(三〇)も、此れ變はらざるなり。所謂 古より今に及ぶまで、其の名去らざる者なり(三一)。天は此を以てせざれば、則ち物 生ぜず。治は此を以てせざれば、則ち功 成らず(三二)。故に古今 通じ、終始 同じきなり。

古を執りて以て今を御す可く、今を證して以て古始を知る可し(三三)。此れ所謂(三四)常なる者なり。皦昧の狀、溫涼の象無し。故に常を知るを明と曰ふなり(三五)。物の生じ功の成るは、此に由らざるは莫し。故に以て衆甫を閲《す》ぶるなり(三六)。

(補注)

(一)『老子微旨例略』は、王弼がまとめたと考えられる『老子』の大要を示した書。底本とした『正統道藏』では、『老子微旨例略』だが、『雲笈七籤』では、『老君指歸略例』という題で著録される。また、『三國志』巻二十八 鍾會傳の裴松之注に引かれる何劭の『王弼傳』には、「弼注老子、爲之指略、致有理統、著道略論」とあり、『道略論』という名が見える。また、陸德明『經典釋文』巻一には、「王弼注二卷」の下注に、「又作老子指略一卷」とあり、『老子指略』という名が見える。この他にも、たとえば『舊唐書』巻四十七 經籍志下には、作者不明の『老子指例略』二巻が見え、『新唐書』巻五十九 藝文志三には、王弼の著作として『老子指例略』二巻が見え、『宋史』巻二百五 藝文志四には、王弼『老子』注の下に、『道德略歸』一巻が見え、また、作者不明の『老子指例略』が見える。以上のようにその呼称は様々であるが、王維誠「魏王弼撰〈老子指略〉佚文之發現」(『國學季刊』第七巻第三期、一九五一年)、および樓宇烈『王弼集校釋』(一九八九年、中華書局)が、『老子指略』という呼称を用いるのに倣い、本訳注では『老子指略』という呼称で統一した。

(二)「夫物之所以生、功之所以成、必生乎無形、由乎無名」と同様の表現は、第五十一章注に、「凡物之所以生、功之所以成、皆有所由。有所由焉、則莫不由乎道也」とある。

(三)「無形無名者、萬物之宗也」について、「萬物之宗」という語は、第四章に、「道沖而用之或不盈。淵兮似萬物之宗」とある。また、同文が、第十四章の「執古之道、以御今之有、能知古始。是謂道紀」に対する王注に、「無形無名者、萬物之宗也」とある。なお、無形無名が万物の根源であることは、第一章注に、「道以無形無名始成萬物」とあり、第三十八章注に、「用夫無名、故名以篤焉、用夫無形、故形以成焉」とある他、『老子』王弼注に多くの言及がある。

(四)「不溫不涼」と同様の表現は、第三十五章の「執大象、天下往」に対する王注に、「大象、天象之母也。不炎不寒、不溫不涼」とある。また、第五十五章の「知常曰明」に対する王注に、「不皦不昧、不溫不涼、此常也」とある。

(五)「不宮不商」について、宮・商は、中国の基本音階である宮・商・角・徵・羽という五聲(五音)のうちの二つ。宮はド、商はソに当たる。「不宮不商」とは、すなわち音声をもたないことを言う。

(六)「聽之不可得而聞、視之不可得而彰、體之不可得而知、味之不可得而嘗」に関連して、第十四章に、「視之不見、名曰夷。聽之不聞、名曰希。搏之不得、名曰微」とあり、それについて見ることもできず、聞くこともできず、触ることもできないと述べられる。また、第三十五章に、「道之出口、淡乎其無味。視之不足見、聽之不足聞」とあり、道は味がなく、見ることもできず、聞くこともできないと述べられる。

(七)「混成」は、混然としていること。第二十五章に「有物混成、先天地生」とある。その王注には、「混然不可得而知、而萬物由之以成。故曰混成也」とあり、「混成」について、混然としていて理解することができず、しかし万物がそれに基づいて完成するものと述べられる。

(八)「無形」は、形がないこと。「無形」に関連して、第四十一章に、「大象無形」とあり、その王注には、「有形則有分。有分者、不溫則涼、不炎則寒。故象而形者、非大象」とあって、形があれば分があり、象で形を有するものは大象ではないと述べられる。

(九)「希聲」は、音がないこと。「希聲」に関連して、第四十一章に、「大音希聲」とあり、その王注には、「聽之不聞、名曰希。不可得聞之音也。有聲則有分、有分則不宮而商矣。分則不能統衆。故有聲者非大音也」とあって、それを聞いても聴こえないことを希といい、音があれば分があり、分があるとすべての音を持ち合わせることができないため、音を有するものは大音ではないと述べられる。

(一〇)「無呈」は、味がないこと。呈は、見《あらわ》れるの意味で、ここでは味が表れるということ。『列子』天瑞篇に、「味之所味者嘗矣、而味味者未嘗呈」として、味が味として知覚されるのは嘗《あじわ》うことによるが、味を味とさせているのはまだ一度も味に出たことがないものであるとある。

(一一)「品物」は、万物。「品物」という語は、『周易』乾卦彖傳に、「大哉乾元。萬物資始、乃統天。雲行雨施、品物流形。大明終始、六位時成」とあり、『周易』坤卦彖傳に、「至哉坤元。萬物資生、乃順承天。坤厚載物、徳合无疆。含弘光大、品物咸亨」とある。

(一二)「苞通天地」と同様の表現は、第十六章注に、「唯此復、乃能包通萬物、無所不容」とあり、同じく第十六章の「知常容」に対する王注に、「無所不包通也」とあり、第三十五章の「執大象、天下往」に対する王注に、「大象、天象之母也。不炎不寒、不溫不涼。故能包統萬物、無所犯傷。主若執之、則天下往也」とある。

(一三)「若溫也則不能涼矣、宮也則不能商矣」と同様のことは、第四十一章の「大象無形」に対する王注に、「有形則有分。有分者、不溫則涼、不炎則寒。故象而形者、非大象」とあり、同じく第四十一章の「大音希聲」に対する王注に、「聽之不聞、名曰希。不可得聞之音也。有聲則有分、有分則不宮而商矣。分則不能統衆。故有聲者非大音也」とある。

(一四)「形必有所分」は、形が必ず他の形と区別されて成立しているということ。つまり、特定の形をもつのであれば、必ず他の形と分節されるため、普遍性を持ち得ないことを言う。このことに関連して、第四十一章の「大象無形」に対する王注には、「有形則有分。有分者、不溫則涼、不炎則寒。故象而形者、非大象」とある。

(一五)「音必有所屬」は、音というのは必ず他の音が想定されて成立しているということ。つまり、特定の音をもつのであれば、必ずそれ以外の音が想定されるため、普遍性を持ち得ないことを言う。このことに関連して、根源なるものが他のものと関係を結ばないことについて、第二十一章注に、「以無形始物、不繫成物」とあり、第三十二章注に、「道、無形不繫、常不可名」とある。

(一六)「大象」は、象を超絶する形をもたない象。第四十一章に、「大象無形」とある。その王注には、「有形則有分。有分者、不温則涼、不炎則寒。故象而形者、非大象」とあり、この箇所と同様の表現が見られる。

（一七）「大音」は、音を超絶する聲をもたない音。第四十一章に、「大音希聲」とある。その王注には、「有聲則有分、有分則不宮而商矣。分則不能統衆。故有聲者非大音也」とあり、この箇所と同様の表現が見られる。

（一八）「四象」は、ここでは具体的な事物のこと。「四象」という語は、『周易』繋辭上傳に、「是故、易有太極。是生兩儀。兩儀生四象、四象生八卦。八卦定吉凶、吉凶生大業」とある。

（一九）「五音」は、宮・商・角・徴・羽。ここでは具体的な音声のこと。

（二〇）「執大象則天下往」は、第三十五章に、「執大象、天下往」とあるのを踏まえる。その王注には、「大象、天象之母也。不炎不寒、不溫不涼。故能包統萬物、無所犯傷。主若執之、則天下往也」とある。

（二一）「無形暢、天下雖往、往而不能釋也。希聲至、風俗雖移、移而不能辯也」に関連して、第一章注に、「道以無形無名始成萬物。以始以成、而不知其所以」とあり、第二十一章注に、「萬物以始以成、而不知其所以然」とあり、道によって万物は開始し完成するが、万物はその原因を知らないと述べられる。

（二二）「五物」は、不詳。すべての物を指すか。樓宇烈は、金・木・水・火・土という。

（二三）「無物」という語は、第十四章に「其上不皦、其下不昧、繩繩不可名、復歸於無物。是謂無狀之狀、無物之象」と見える。

（二四）「五教」は、不詳。すべての教えを指すか。樓宇烈は、五倫の教といい、『孟子』滕文公上に、「使契爲司徒、教以人倫。父子有親、君臣有義、夫婦有別、長幼有序、朋友有信」とあるのを引く。

（二五）「不言爲化」は、第二章に、「聖人處無爲之事、行不言之教」とあるのを踏まえる。同様の表現は、第十七章注に、「以無爲居事、不言爲教」とあり、第二十三章注に、「從事於道者、以無爲爲居、不言爲教」とあり、第六十三章注に、「以無爲爲居、以不言爲教、以恬淡爲味、治之極也」とある。

（二六）「道可道、非常道。名可名、非常名也」は、第一章に、「道可道、非常道。名可名、非常名」とあるのを踏まえる。その王注には、「可道之道、可名之名、指事造形、非其常也。故不可道、不可名也」とある。

（二七）「母」は、根源。第五十二章の「既知其母、復知其子、既知其子、復守其母、沒身不殆」に対する王注に、「母、本也。子、末也」とある。

（二八）「不炎不寒」と同文が、第三十五章注に、「大象、天象之母也。不炎不寒、不溫不涼。故能包統萬物、無所犯傷。主若執之、則天下往也」とある。

（二九）「不皦不昧」に関連して、第十四章に、「其上不皦、其下不昧、繩繩不可名、復歸於無物」とある。また、同様の表現は、第十六章の「知常曰明」に対する王注に、「常之爲物、不偏不彰、無皦昧之狀、溫涼之象。故曰知常曰明也」とあり、第五十五章の「知常曰明」に対する王注に、「不皦不昧、不溫不涼、此常也。無形不可得而見。故曰知常曰明也」とある。

（三〇）「雖古今不同、時移俗易」と同文が、第十四章注に、「無形無名者、萬物之宗也。雖今古不同、時移俗易、故莫不由乎此以成其治者也」とある。

（三一）「所謂自古及今、其名不去者也」は、第二十一章に、「自古及今、其名不去、以閲衆甫」とあるのを踏まえる。その王注には、「至眞之極、不可得名。無名、則是其名也。自古及今、無不由此而成。故曰自古及今、其名不去也」とある。

（三二）「治不以此、則功不成」に関連して、第十四章注には、「無形無名者、萬物之宗也。雖今古不同、時移俗易、故莫不由乎此以成其治者也」とあり、いつの時代においても、無形無名なるものに基づいて統治が果たされなかったことはないと述べられる。

（三三）「執古可以御今、證今可以知古始」は、第十四章に、「執古之道、以御今之有、能知古始」とあるのを踏まえる。その王注には、「無形無名者、萬物之宗也。雖今古不同、時移俗易、故莫不由乎此以成其治者也。故可執古之道以御今之有。上古雖遠、其道存焉。故雖在今可以知古始也」とある。また、第四十七章注にも、「事有宗而物有主。途雖殊而其歸同也、慮雖百而其致一也。道有大常、理有大致。執古之道可以御今、雖處於今可以知古始」とある。

（三四）「常」は、永遠に変わらないもの。たとえば、第一章の「道可道、非常道。名可名、非常名」に対する王注には、「可道之道、可名之名、指事造形、非其常也」とあり、言葉として言い表せる道、呼び名として言い表せる名というのは、特定の物事を指し形を持ったものであるから、永遠に変わらないものではないと述べられる。

（三五）「知常曰明」は、第十六章に、「知常曰明。不知常、妄作凶」とあり、第五十五章に、「知和曰常、知常曰明」とあるのを踏まえる。第十六章注には、「常之爲物、不偏不彰、無皦昧之狀、溫涼之象。故曰知常曰明也」とあり、第五十五章注には、「不皦不昧、不溫不涼、此常也。無形不可得而見。故曰知常曰明也」とあり、常には皦昧の狀や溫涼の象がないという同様の説明がなされる。

（三六）「以閲衆甫」は、第二十一章に、「自古及今、其名不去、以閲衆甫」とあるのを踏まえる。第二十一章注には、「衆甫、物之始也。以無名閲萬物始也」とある。

［現代語訳］

老子微旨例略

そもそも物が発生するもとになるところ、功績が果たされるもとになるところは、必ず無形に生じ、無名に基づく。無形無名は、万物の根源である。（その根源なるものは）温かくもなく涼しくもなく、宮聲《きゅうせい》でもなく商聲《しょうせい》でもない。それを聴こうとしても聞くことができず、それを視ようとしても明らかにすることができず、それを手に入れようとしても理解することができず、それを味わおうとしても嘗《あじわ》うことができない。したがってその物は混成〔混然としている〕であり、その象は無形〔形がない〕であり、その音は希聲〔音がない〕であり、その味は無呈〔味がない〕なのである。だからこそ（その根源なるものは）万物の主宰者であり、天地をあまねく包んで通貫し、（万物に）依拠させないことがない。もし温かいものであったならば（それは同時に）涼しいものであることはかなわず、宮聲であったならば（それは同時に）商聲であることはかなわない。形（があるということ）は必ず（他のものと）分かれており、音（があるということ）は必ず（他のものと）連なるところがある。そのため象で形姿を有するものは、（その時点で普遍性を失っており）大象〔この上なく大きな象〕ではないのである。音で音声をともなうものは、（その時点で普遍性を失っており）大音［この上なく大きな音］ではないのである。そうであるから、（具体的な事物である）四象が形姿をもたなければ、大象が（万物すべてに）行き届くことはなかった。（具体的な音声である）五音が音声をもたなければ、大音が（万物すべてに）行き渡ることはなかった。四象が形姿をもち物がそれを主宰者としないので、大象は（万物すべてに）行き届くのである。五音が音声をもち心がそれに向かわないので、大音は（万物すべてに）行き渡るのである。そのため大象を執れば天下は運行し、大音を用いれば風俗は推移する。（ただし）無形が行き届くのであるから、天下が運行していても、その運行について理解することはできない。希聲が行き渡るのであるから、習俗が推移していても、その推移について判断することはできない。つまり天は五物を生み出すが、無物［物でないもの］によってはたらいており、聖人は五教を行うが、不言［言わないこと］によって教化を果たすのである。こういう訳で道で言葉として言い表せるものは、恒久不変の道ではない。名で呼び名として言い表せるものは、恒久不変の名ではない。五物の母は、熱くもなく冷たくもなく、柔弱でもなく剛強でもないのである。五教の母は、明るくもなく暗くもなく、施すこともなく損なうこともないのである。古《いにしえ》と今は同じではなく、時代は移ろい風俗は変わるといっても、これは変わることがない。いわゆる（『老子』第二十一章の）古から今に至るまで、その名が消失したことがないというものである。天がそれを用いなければ、物は生じない。統治がそれに基づかなければ、功績は果たされない。それゆえ古今は通じており、終始は同じなのである。古を取ることで今を統御することができ、今を検証して古の始原を知ることができるのである。これがいわゆる常［永遠に変わらないもの］というものである。（常には）明暗のかたちや、温涼のすがたがない。そのため（『老子』第十六章にあるように）常を知ることを明［究極の叡智］というのである。物が生じ功績が果たされるのは、これに基づかないことがない。そのため（『老子』第二十一章にあるように、無形無名が）衆甫［万物の始まり］を統御するのである。

【原文】

夫奔電之疾、猶不足以一時周、御風之行、猶不足以一息期。善速在不疾、善至在不行。故可道之盛、未足以官天地。有形之極、未足以府萬物。是故歎之者、不能盡乎斯[1]（羨）［美］、詠之者、不能暢乎斯弘。名之不能當、稱之不能既。名必有所分、稱必有所由。有分則有不兼、有由則有不盡。不兼則大殊其眞、不盡則不可以名。此可演而明也。夫道也者、取乎萬物之所由也。玄也者、取乎幽冥之所出也。深也者、取乎探賾而不可究也。大也者、取乎彌綸而不可極也。遠也者、取乎綿邈而不可及也。微也者、取乎幽微而不可覩也。然則道・玄・深・大・微・遠之言、各有其義、未盡其極者也。然彌綸無極、不可名細。微妙無形、不可名大。是以篇云、字之曰道、謂之曰玄、而不名也。然則、言之者失其常、名之者離其眞、爲之者敗其性、執之者失其原矣。是以聖人不以言爲主、則不違其常。不以名爲常、則不離其眞、不以爲爲事、則不敗其性、不以執爲制、則不失其原矣。然則、老子之文、欲辯而詰者、則失其旨也。欲名而責者、則違其義也。故其大歸也、論太始之原以明自然之性、演幽冥之極以定惑罔之迷。因而不爲、損而不施。崇本以息末、守母以存子。賤夫巧術、爲在未有。無責於人、必求諸己。此其大要也。

《校勘》

1.『雲笈七籤』により、「羨」を「美」に改める。

《訓読》

夫れ奔電（一）の疾《はや》きも、猶ほ一時を以て周《めぐ》るに足らざるがごとく、御風の行（二）も、猶ほ一息を以て期するに足らざるがごとし。善く速きは疾からざるに在り、善く至るは行かざるに在り（三）。故《もと》より道《い》ふ可き（四）の盛は、未だ以て天地を官するに足らず、形有るの極は、未だ以て萬物を府《おほ》ふに足らず（五）。是の故に之を歎《たた》へる者も、斯の美を盡くす能はず、之を詠ずる者も、斯の弘を暢ぶる能はず。名は之れ當《あ》つる能はず、稱は之れ既《つ》くす能はざるなり（六）。名は必ず分かるる所有り、稱は必ず由る所有り。分有れば則ち兼ねざる有り、由有れば則ち盡くさざる有り。兼ねざれば則ち大いに其の眞に殊なり、盡くさざれば則ち以て名づく可からず。此れ演《の》べて明らかにす可きなり。夫れ道なる者は、萬物の由る所に取るなり（七）。玄なる者は、幽冥の出づる所に取るなり（八）。深なる者は、探賾して究む可からざるに取るなり（九）。大なる者は、彌綸して極む可からざるに取るなり（一〇）。遠なる者は、綿邈として及ぶ可からざるに取るなり（一一）。微なる者は、幽微にして覩る可からざるに取るなり（一二）。然らば則ち道・玄・深・大・微・遠の言は、各〻其の義有るも、未だ其の極を盡くさざる者なり（一三）。然して彌綸無極なるは、細と名づく可からず。微妙無形なるは、大と名づく可からず。是を以て篇に、之を字《あざな》して道と曰ふ、之を謂ひて玄と曰ふと云ひて（一四）、名づけざるなり。然らば則ち、之を言ふ者は其の常（一五）を失ひ、之を名づくる者は其の眞を離れ、之を爲す者は其の性を敗《そこな》ひ、之を執る者は其の原を失ふ（一六）。是を以て聖人は言を以て主と爲さざれば、則ち其の常に違はず、名を以て常と爲さざれば、則ち其の眞を離れず、爲を以て事と爲さざれば、則ち其の性を敗はず、執を以て制と爲さざれば、則ち其の原を失はず。然らば則ち、老子の文、辯じて詰せんと欲する者は、則ち其の旨を失ふなり。名づけて責《もと》めんと欲する者は、則ち其の義に違ふなり。故《もと》より其の大歸なるや、太始（一七）の原を論じて以て自然の性を明らかにし、幽冥（一八）の極を演べて以て惑罔の迷を定む。因りて爲さず、損ひて施さず（一九）。本を崇びて以て末を息《や》み、母を守りて以て子を存す（二〇）。夫の巧術を賤しみ（二一）、爲すこと未だ有らざるに在り（二二）。人に責むる無く、必ず諸《これ》を己に求む（二三）。此れ其の大要なり。

(補注)

（一）「奔電」は、いなずま。たとえば、『楚辭』九思 怨上に、「奔電兮光晃、涼風兮愴悽」とある。

（二）「御風之行」は、風を操って進むこと。『莊子』逍遙遊に、「夫列子御風而行、冷然善也。旬有五日而後反」とあり、列子は風を操って進み、十五日経つと帰ってくると述べられる。なお、当該箇所の郭象注には、「苟有待焉、則雖御風之行、不能一時而周也」とあり、ほぼ同様の表現が見える。

（三）「善速在不疾、善至在不行」は、『周易』繫辭上傳に、「夫易、聖人之所以極深而研幾也。……唯神也、故不疾而速、不行而至」とあるのを踏まえる。

（四）「可道」は、言うことのできるもの、言葉として言い表せるもの。第一章に「道可道、非常道」とあるのを踏まえる。その王注には、「可道之道、可名之名、指事造形、非其常也。故不可道、不可名也」とある。

（五）「官天地」、「府萬物」という表現は、『莊子』德充符に、「夫保始之徵、不懼之實。勇士一人、雄入於九軍。將求名而能自要者、而猶若此。而況官天地、府萬物、直寓六骸、象耳目、一知之所知、而心未嘗死者乎」と見える。

（六）「名」・「稱」については、この箇所の他にも、『老子指略』の後半および第二十五章に言及がある。王弼の「名」・「稱」理解については、第二十五章の補注を參照。

（七）「道也者、取乎萬物之所由也」について、「道」という語は、たとえば第二十五章に、「吾不知其名、字之曰道、強爲之名曰大」とある。その王注には、「道取於無物而不由也」とあり、同樣の内容が述べられる。無形無名が万物の基づくところであることは、たとえば『老子指略』冒頭に、「夫物之所以生、功之所以成、必生乎無形、由乎無名。無形無名者、萬物之宗也」とあり、第五十一章注に、「凡物之所以生、功之所以成、皆有所由。有所由焉、則莫不由乎道也」とあるほか、『老子』王弼注に多くの言及がある。

（八）「玄也者、取乎幽冥之所出也」について、「玄」という語は、第一章に、「此兩者同出而異名。同謂之玄」とある。

（九）「深也者、取乎探賾而不可究也」について、「深」という語は、『老子』本文中には見えないが、王注では、第二十一章の「窈兮冥兮、其中有精」に対する王注に、「窈冥、深遠之歎」とあり、第三十五章の「道之出口、淡乎其無味。視之不足見、聽之不足聞、用之不可既」に対する王注に、「言道之深大」とある。「探賾」は、奥深いところを探ること。『周易』繫辭上傳に、「探賾索隱、鉤深致遠、以定天下之吉凶、成天下之亹亹者、莫大乎蓍龜」とあり、孔穎達疏には、「探、謂闚探求取。賾、謂幽深難見」とある。これに関連して、第十四章には、「視之不見、名曰夷。聽之不聞、名曰希。搏之不得、名曰微。此三者不可致詰」とあり、それが見ることも聞くことも捉えることもできず、究明することができないと述べられる。

（一〇）「大也者、取乎彌綸而不可極也」について、「大」という語は、第二十五章に、「吾不知其名、字之曰道、強爲之名曰大」とある。「彌綸」は、あまねく包むこと。『周易』繫辭上傳に、「易與天地準、故能彌綸天地之道」とある。これに関連して、第三十五章注には、「能包統萬物、無所犯傷」とあり、万物を包み込み、損なったり傷つけたりすることがないと述べられる。

（一一）「遠也者、取乎綿邈而不可及也」について、「遠」という語は、第二十五章に、「大曰逝、逝曰遠、遠曰反」とある。「綿邈」は、広大であること。『文選』巻五 左思 呉都賦に、「島嶼綿邈、洲渚憑隆。曠瞻迢遞、迥眺冥蒙」とあり、その劉逵注に、「綿邈、廣遠貌」とある。

（一二）「微也者、取乎幽微而不可覩也」について、「微」という語は、第十四章に、「視之不見、名曰夷。聽之不聞、名曰希。搏之不得、名曰微。此三者不可致詰。故混而爲一」とある。

（一三）「各有其義、未盡其極者也」に関連して、第二十五章の「吾不知其名、字之曰道、強爲之名曰大」に対する王注には、「吾所以字之曰道者、取其可言之稱最大也。責其字定之所由、則繫於大。夫有繫則必有分、有分則失其極矣。故曰強爲之名曰大」とあり、道というのは稱の最大のもので、その意味では大に関係があるが、そのように他のものと関係づくということは、必ずそのものとしての分限があり、分限があればその究極のところを失っていると説明される。

(一四)「是以篇云、字之曰道、謂之曰玄」は、第二十五章に、「吾不知其名、字之曰道、強爲之名曰大」とあり、第一章に、「此兩者同出而異名。同謂之玄」とあるのを踏まえる。第二十五章の王注には、「夫名以定形、字以稱可言。道取於無物而不由也。是混成之中、可言之稱最大也」とあり、第一章の王注には、「同名曰玄、而言謂之玄者、取於不可得而謂之然也」とある。

(一五)「常」は、恒久不変なるもの。王弼は、とくにそのものとしての本来的なあり方を恒久不変なるものと考える。たとえば、第十六章注には、「復命則得性命之常、故曰常也」とあり、第二十五章注には、「返化終始、不失其常。故曰不改也」とある。

(一六)「爲之者敗其性、執之者失其原矣」は、第二十九章に、「將欲取天下而爲之、吾見其不得已。天下神器、不可爲也。爲者敗之、執者失之」とあり、第六十四章に、「爲者敗之、執者失之。是以聖人無爲、故無敗。無執、故無失」とあるのを踏まえる。他にも同様のことを言ったものとして、第二十九章の王注には、「萬物以自然爲性。故可因而不可爲也、可通而不可執也。物有常性、而造爲之、故必敗也。物有往來、而執之、故必失矣」とあり、第六十四章の王注には、「當以愼終除微、愼微除亂。而以施爲治之、形名執之、反生事原、巧辟滋作。故敗失也」とある。

(一七)「太始」は、陰陽が分かれて形をもち始める状態。『易緯乾鑿度』上に、「有太易、有太初、有太始、有太素。太易者未見氣、太初者氣之始、太始者形之始、太素者質之始」とあり、『易緯乾鑿度』下および『列子』天瑞篇にも同文が見える。『列子』天瑞篇の張湛注には、「明物之自微至著、變化之相因襲也。易者、凝寂於太虛之域、將何所見耶。如易繫之太極、老子之渾成。陰陽未判、卽下句所謂渾淪。陰陽既判、則品物流形也。質、性也。既爲物矣、則方圓剛柔靜躁沈浮、各有其性」とあり、太易・太初・太始・太素は、万物の生成過程を述べたもので、太易は太虛の域にあって何も見えない状態、太初は陰陽がまだ分かれていない状態、太始は陰陽が分かれて形をもつ状態、太素はそれぞれの性をもつ状態と述べられる。

(一八)「幽冥」は、可感的に捉えられず理解できないところ。『淮南子』説山訓に、「視之無形、聽之無聲、謂之幽冥。幽冥者、所以喩道、而非道也」とある。

(一九)「因而不爲、損而不施」と同様の表現は、第二十九章注に、「聖人達自然之性、暢萬物之情。故因而不爲、順而不施、除其所以迷、去其所以惑。故心不亂而物性自得之也」とある。また、第十章注に、「雌、應而不唱、因而不爲」とある。

(二〇)「崇本以息末、守母以存子」について、「本」・「母」は、いずれも根源のこと。「末」・「子」は、いずれも根源に対する枝葉・表層のこと。第五十二章の「既知其母、復知其子、既知其子、復守其母、沒身不殆」に対する王注に、「母、本也。子、末也。得本以知末、不舍本以逐末也」とある。同様の表現は、第三十八章注に、「守母以存其子、崇本以擧其末、則形名俱有、而邪不生、大美配天、而華不作」とあり、第五十七章の「故聖人云、我無爲而民自化、我好靜而民自正、我無事而民自富、我無欲而民自樸」に対する王注に、「此四者、崇本以息末也」とあり、第五十八章の「是以聖人方而不割、廉而不劌、直而不肆、光而不燿」に対する王注に、「此皆崇本以息末、不攻而使復之也」とある。

(二一)「賤夫巧術」に関連して、第六十五章の「以智治國、國之賊」

に対する王注には、「而以智術動民、邪心既動、復以巧術防民之僞、民知其防術、随而避之」とあり、もし智謀権術によって民を動かせば、民の邪《よこしま》な心が動きだし、それに対処しようとまた巧みな術策によって民の行いを防げば、民もその術策を防ぐ方法を考え、術策に応じてそれを避けると述べられる。

(二二)「爲在未有」は、第六十四章に、「其安易持、其未兆易謀、其脆易泮、其微易散。爲之於未有、治之於未亂」とあるのを踏まえる。

(二三)「無責於人、必求諸己」に関連して、『論語』衞靈公篇には、「子曰、君子求諸己、小人求諸人」とあり、君子は自分に求め、小人は他人に求めると述べられる。

[現代語訳]

そもそも稲妻《いなずま》の速さであっても、一時《いっとき》で周行することはできず、風を操った進みであっても、一息で一巡りすることはできない。至上の速さは速くないことにあり、至上の前進は進まないことにあるのである。そもそも言葉にできる盛大なものは、(言葉にできる時点で)天地を主宰するには足りておらず、形をもつ究極のものは、(形をもつ時点で)万物を収めるには足りていない。(言葉にできず形をもたないものが、天地を主宰し万物を収めているのである。)したがってそれについて称えても、(それは言葉にできないので)その素晴らしさを言い尽くすことはできず、それについて詠じても、(それは形をもたないので)その広さを述べることはできない。(それについて)名では適切に表すことができず、稱では言い尽くすことができないのである。(そもそも)名には必ず(その名の指す範囲に)限定するところがあり、稱には必ず(その稱となる)根拠がある。限定したところがあれば兼ねていないところがあり、根拠があれば尽くしていないところがある。兼ねていなければ大きくその本質と異なり、尽くしていなければ名づけることができないのである。このことは実際に次のことから明らかにすることができる。そもそも道(という呼称)は、万物が基づくことより意味を取ったものである。玄(という呼称)は、幽冥から出てくることより意味を取ったものである。深(という呼称)は、奥深くそれを探っても究め尽くせないことより意味を取ったものである。大(という呼称)は、(万物を)あまねく包んで極まらないことより意味を取ったものである。遠(という呼称)は、広大で比肩するものがないことより意味を取ったものである。微(という呼称)は、幽玄微妙で見ることができないことより意味を取ったものである。そうであれば道・玄・深・大・微・遠という言葉は、それぞれその意味はあるが、その究極のところを尽くしていない。つまり(それが)あまねく包んで極まらないことについては、細と名づけられないのである。(それが)微《かす》かで形がないことについては、大と名づけられないのである。こういう訳で『老子』本文では、(第二十五章に)「之を字《あざな》して道と曰ふ」、(第一章に)「之を謂ひて玄と曰ふ」といって名づけない。そうであるからそれを言うことはその恒久不変のところを離れ、それを名づけることは真のすがたを離れ、それを行うことはその本来のあり方を損ない、それを掌握することはそのおおもとを失うのである。こういう訳で聖人は言葉を主としないので、その恒久不変のところに違わず、名を常《つね》なるものとしないので、その真のすがたを離れず、行うことを務めとしないので、その本来のあり方を損なわず、掌握することを職務としないので、そのおおもとを失わない。そうであるから、『老子』の文章は、言葉にして突き詰めようとすると、その本旨を失うことになるのである。名づけて理解しようとするど、その本義に違うことになるのである。もとより『老子』の教えの行き着く先は、太始の原《おおもと》を論じて自然の性を明らかにし、幽冥の極限を述べて人々の理解できないものを浮き彫りにさせる。（具体的には）因循して行わず、損なって施さないこと。本を尊んで末を落ち着かせ、母を守って子を存立させること。賢《さか》しらな作為をさげすみ、事が起こる前に対処すること。他人に求めることなく、必ず自分に求めること。これらが『老子』の大要なのである。

【原文】

而法者尙乎齊同、而刑以檢之。名者尙乎定眞、而言以正之。儒者尙乎全愛、而譽以進之。墨者尙乎儉嗇、而矯以立之。雜者尙乎衆美、而總以行之。夫[1]（形）〔刑〕以檢物、巧僞必生。名以定物、理恕必失。譽以進物、爭尙必起。矯以立物、乖違必作。雜以行物、穢亂必興。斯皆用其子而棄其母。物失所載、未足守也。然致同塗異、至合趣乖。而學者惑其所致、迷其所趣。觀其齊同、則謂之法。覩其定眞、則謂之名。察其純愛、則謂之儒。鑒其儉嗇、則謂之墨。見其不係、則謂之雜。隨其所鑒而正名焉、順其所好而執意焉。故使有紛紜憒錯之論、殊趣辯[2]（抍）〔析〕之爭、蓋由斯矣。又其爲文也、擧終以證始、[3]（不述）〔本〕始以盡終。開而弗達、導而弗[4]（率）〔牽〕。尋而後既其義、推而後盡其理。善發事始以首其論、明夫會歸以終其文。故使同趣而感發者、莫不美其興言之始、因而演焉。異旨而獨構者、莫不說其會歸之徵、以爲證焉。夫途雖殊、必同其歸。慮雖百、必均其致。而擧夫歸致以明至理。故使觸類而思者、莫不欣其思之所應、以爲得其義焉。

《校勘》

1．王維誠・樓宇烈に従い、「形」を「刑」に改める。
2．『雲笈七籤』により、「抍」を「析」に改める。
3．『雲笈七籤』により、「不述」を「始」に改める。
4．『雲笈七籤』により、「率」を「牽」に改める。

《訓読》

而るに法者は齊同を尙《たふと》びて、刑もて以て之を檢《けみ》す。名者は定眞を尙びて、言もて以て之を正す。儒者は全愛を尙びて、譽もて以て之を進む。墨者は儉嗇を尙びて、矯もて以て之を立つ。雜者は衆美を尙びて、總もて以て之を行《や》る。夫れ刑もて以て物を檢すれば、巧僞 必ず生ず。名もて以て物を定むれば、理恕 必ず失ふ。譽もて以て物を進むれば、爭尙 必ず起こる。（一）矯もて以て物を立つれば、乖違 必ず作《おこ》る。雜もて以て物を行へば、穢亂 必ず興る。斯れ皆 其の子を用ひて其の母を棄つるなり。（二）物は載せらるる所を失へば、（三）未だ守るに足らざるなり。然《しか》も致は同じきも塗は異なり、至は合するも趣は乖《はな》る。而して學ぶ者は其の致す所に惑ひ、其の趣く所に迷ふ。其の齊同を觀れば、則ち之を法と謂ふ。其の定眞を覩れば、則ち之を名と謂ふ。其の純愛を察すれば、則ち之を儒と謂ふ。其の儉嗇を鑒《かんが》みれば、則ち之を墨と謂ふ。其の不係を見れば、則ち之を雜と謂ふ。其の鑒みる所に隨ひて名を正し、其の好む所に順ひて意を執る。故《もと》より紛紜憒錯の論、殊趣辯析の爭ひ有らしむるは、蓋し斯に由る。又 其の文爲《た》るや、終を擧げて以て始を證し、始に本づきて以て終を盡くす。開きて達せず、導きて牽かず。(四)尋ねて而る後に其の義を既《つ》くし、推して而る後に其の理を盡くす。善く事の始を發《ひら》きて以て其の論を首《はじ》め、夫の會歸(五)を明らかにして以て其の文を終ふ。故に趣を同じくして感發する者をして、其の言を興すの始を美《よみ》し、因りて演べざる莫からしむ。旨を異にして獨構する者をして、其の會歸の徵を説《よろこ》び、以て證と爲さざる莫からしむ。夫れ途は殊なりと雖も、必ず其の歸を同じくす。慮は百なりと雖も、必ず其の致を均しくす。(六)而して夫の歸致を擧げて以て至理(七)を明らかにす。故に類に觸れて思ふ者(八)をして、其の思の應ずる所に欣《よろこ》びて、以て其の義を得たりと爲さざる莫からしむ。

(補注)

(一)「譽以進物、爭尙必起」に関連して、第三章の「不尙賢、使民不爭」に対する王注には、「尙賢顯名、榮過其任、爲而常校能相射」とあり、優秀な人材を尊重してその名を顕彰し、栄寵がその任務を越えていると、人々はことさらにいつも能力を競って比べ合うことになると述べられる。

(二)「斯皆用其子而棄其母」について、「母」は、根源のこと。子は、根源に対する枝葉・表層のこと。第五十二章の「既知其母、復知其子、既知其子、復守其母、沒身不殆」に対する王注に、「母、本也。子、末也。得本以知末、不舍本以逐末也」とある。同様の表現は、第三十八章注に、「本在無爲、母在無名、棄本捨母而適其子、功雖大焉、必有不濟、名雖美焉、僞亦必生」とあり、同じく第三十八章注に、「捨其母而用其子、棄其本而適其末、名則有所分、形則有所止」とある。

(三)「物失所載」と同様の表現は、第三十八章注に、「棄其所載、舍其所生、用其成形、役其聰明、仁其僞焉、義其競焉、禮其爭焉」とある。

(四)「開而弗達、導而弗牽」は、大意を示すだけですべてを説明せず、誘導するだけで理解を急がせないこと。『禮記』學記篇に、「故君子之敎喩也。道而弗牽、強而弗抑、開而弗達。道而弗牽則和、強而弗抑則易、開而弗達則思。和易以思、可謂善喩矣」とある。

(五)「會歸」は、物事が集まり帰するところ。王弼『論語釋疑』里仁篇(『論語義疏』所引)には、「夫事有歸、理有會。故得其歸、事雖殷大、可以一名擧、總其會、理雖博、可以至約窮也。譬猶以君御民、執一統衆之道也」とある。

(六)「夫途雖殊、必同其歸。慮雖百、必均其致」は、『周易』繫辭下傳に、「子曰、天下何思何慮。天下同歸而殊塗、一致而百慮、天下何思何慮」とあるのを踏まえる。

(七)「至理」は、すべての物に通貫した原理。「至理」という語は、第四十二章の「人之所教、我亦敎之」に対する王注に、「我之敎人、非強使從之也。而用夫自然、擧其至理。順之必吉、違之必凶。故人相敎、違之必自取其凶也。亦如我之敎人、勿違之也」とある。

(八)「觸類而思者」は、類似の物事に基づいて思索する者。「觸類」という語は、『周易』繫辭上傳に、「引而伸之、觸類而長之、天下之能事畢矣」とある。

[現代語訳]

しかしながら法家は公平であることを尊んで、刑罰によって物を取り締まる。名家は真実を確定することを尊んで、言葉によって物を正す。儒家はすべてを愛することを尊んで、栄誉によって物を進める。墨家は倹約することを尊んで、矯正によって物を立てる。雑家はあらゆる美点を尊んで、多くの方法によって物を前進させる。（しかし）そもそも（法家のように）刑罰によって物を取り締まれば、賢《さか》しらな行為が必ず生じるものである。（名家のように）言葉によって物を定めれば、理が必ず失われるものである。（儒家のように）栄誉によって物を進めれば、争いが必ず起こるものである。（墨家のように）矯正によって物を立てれば、相反するものが必ず表れるものである。（雑家のように）雑多なものによって物を前進させれば、混乱が必ず生じるものである。これらはすべてその子〔末節〕をはたらかせて母〔根本〕を棄てている。物はそれが依拠しているところを失えば、（その状態を）維持するのに十分ではないのである。それだけでなく（これらの諸家は）帰着するところが同じであるのにその方途が異なり、行き着く先が一致しているのに進み方が離れている。したがって学ぶ者はその行うところに惑い、その進み方に迷うのである。（すべて根本は同じであるが）物が公平であることを見れば、それを法という。真実を確定することを見れば、それを名という。純全な愛を見れば、それを儒という。倹約であることを見れば、それを墨という。縛られていないことを見れば、それを雑という。（これらは）その見たところに従って呼び名を正し、その好むところに沿って意味を決めている。もとより多種多様な議論、種々雑多な論争があるのは、このことによるのである。これに対して『老子』の文章というのは、（物事の）終わりを取り上げて（物事の）始まりを示し、（物事の）始まりに基づいて（物事の）終わりを審らかにする。（また）大意を示すだけですべてを説明せず、誘導するだけで理解を急がせない。（また）追究した後にその意味が分かり、思案した後にその道理が理解される。（また）よく物事の始まりを表してその議論を始め、物事の帰着点を明らかにしてその文章を終える。そのため向かう先が同じで感銘を受けた者には、その議論の始まりを称えさせ、（『老子』の文章に）従って述べさせないことがないのである。（逆に）本旨を異にして自身の見解を述べる者にも、その結論の一端（が自身の見解に適っていることを）を喜ばせ、（『老子』の文章を自身の見解の）根拠にさせないことがないのである。そもそも方途は異なっていても、必ずその帰着するところは同じである。思慮は様々であっても、必ずその行き着く先は等しい。そして（『老子』という書物は）その帰着するところを取り上げて最も根本的な道理を明らかにするのである。そのため同じような考えをもって思索する者に、その考えが一致していることを喜ばせ、納得させないことがないのである。

【原文】

凡物之所以存、乃反其形、功之所以尅、乃反其名。夫存者、不以存爲存、以其不忘亡也。安者、不以安爲安、以其不忘危也。故保其存者亡、不忘亡者存。安其位者危、不忘危者安。善力擧秋毫、善聽聞雷霆、此道之與形反也。安者實安、而曰非安之所安。存者實存、而曰非存之所存。侯王實尊、而曰非尊之所爲。天地實大、而曰非大之所能。聖功實存、而曰絶聖之所立。仁德實著、而曰棄仁之所存。故使見形而不及道者、莫不忿其言焉。夫欲定物之本者、則雖近而必自遠以證其始。欲明物之所由者、則雖顯而必自幽以敍其本。故取天地之外、以明形骸之內。明侯王孤・寡之義、而從道一以宣其始。故使察近而不及流統之原者、莫不誕其言以爲虛焉。是以云云者、各申其說、人美其亂。或迂其言、或譏其論、若曉而昧、若分而亂、斯之由矣。

《訓読》

凡そ物の存する所以は、乃ち其の形に反し、功の尅《よ》くする所以は、乃ち其の名に反す。(一)夫れ存する者、存するを以て存すると爲さざるは、其の亡《ほろ》ぶを忘れざるを以てなり。安んずる者、安んずるを以て安んずると爲さざるは、其の危ふきを忘れざるを以てなり。故に其の存するを保つ者は亡び、亡ぶを忘れざる者は存す。其の位に安んずる者は危ふく、危ふきを忘れざる者は安し。(二)善く力《つと》むるも秋毫を擧ぐるのみ、善く聽くも雷霆を聞くのみ、(三)此れ道は形と反すればなり。安んずる者は實に安んずるも、非安の安んずる所なりと曰ふ。存する者は實に存するも、非存の存する所なりと曰ふ。侯王は實に尊なるも、非尊の爲す所なりと曰ふ。天地は實に大なるも、非大の能くする所なりと曰ふ。聖功は實に存するも、絕聖の立つ所なりと曰ふ。(四)仁德は實に著はるるも、棄仁の存する所なりと曰ふ。(五)故に形を見て道に及ばざる者をして、其の言に忿《いか》らざらしむる莫し。夫の物の本を定めんと欲する者なれば、則ち近しと雖も而れども必ず遠きよりして以て其の始を證す。物の由る所を明らかにせんと欲する者なれば、則ち顯なりと雖も而れども必ず幽よりして以て其の本を敘ぶ。(六)故に天地の外を取りて、以て形骸の內を明らかにす。侯王の孤・寡の義を明らかにするは、而《すなは》ち道の一なるに從りて以て其の始を宣ぶ。(七)故に近きを察して流統の原に及ばざる者をして、其の言を誕《いつは》りて以て虛と爲さざらしむるは莫し。是を以て云云する者は、各〻其の說を申べ、人は其の亂るるを美《よみ》す。或いは其の言を迂《ま》げ、或いは其の論を譏り、若《ある》いは曉りて昧く、若いは分けて亂るるは、斯の由なり。

(補注)

(一)「凡物之所以存、乃反其形、功之所以尅、乃反其名」に関連して、『老子指略』の冒頭には、「夫物之所以生、功之所以成、必生乎無形、由乎無名。無形・無名者、萬物之宗也」とあり、物が発生するもとになるところ、功績が果たされるもとになるところは、必ず無形に生じ、無名に基づくと述べられる。

(二)「保其存者亡、不忘亡者存。安其位者危、不忘危者安」は、『周易』繫辭下傳に、「子曰、危者、安其位者也。亡者、保其存者也。亂者、有其治者也。是故、君子安而不忘危、存而不忘亡、治而不忘亂。是以身安而國家可保也。易曰、其亡其亡、繫于苞桑」とあり、危うい人は自身の地位を安定する人である。亡びる人は自身の存立を保全する人である。そのため君子は安定していても危うくなることを忘れず、存立していても亡びることを忘れない、と述べられるのを踏まえる。

(三)「善力擧秋毫、善聽聞雷霆」について、「秋毫」は、秋になって生え始めた獣の細い毛のことで、非常に些細なことの喩え。「雷霆」は、いかづちの轟音のことで、非常に大きな音の喩え。同様の表現は、『淮南子』俶眞訓に、「夫目察秋豪之末、耳不聞雷霆之音。耳調玉石之聲、目不見太山之高」とある。

(四)「絕聖」という語は、第十九章に、「絕聖棄智、民利百倍」と見える。

(五)「仁德實著、而曰棄仁之所存」に関連して、第三十八章注には、「故仁德之厚、非用仁之所能也」とあり、仁德が厚いのは、仁を用いることがそれを可能にしたのではないと述べられる。

（六）「夫欲定物之本者、則雖近而必自遠以證其始。夫欲明物之所由者、則雖顯而必自幽以敍其本」に関連して、『莊子』天道篇には、「古之語大道者、五變而形名可擧、九變而賞罰可言也。驟而語形名、不知其本也。驟而語賞罰、不知其始也」とあり、大道について語った古の人は、五段階目のこととして形名を取り上げ、九段階目のこととして賞罰を言った。それをいきなり形名から語るのは、物事の根本を知らず、それをいきなり賞罰から語るのは、物事の始まりを知らないと述べられる。

（七）「明侯王孤・寡之義、而從道一以宣其始」は、具体的には第三十九章の議論を指す。第三十九章には、「昔之得一者、……侯王得一以爲天下貞。……侯王無以貴高將恐蹶。故貴以賤爲本、高以下爲基。是以侯王自稱孤・寡・不穀」とあり、侯王が始原の一なるものを得て貴や高であり、貴や高の根本は賤や下であるため、侯王は自らを孤〔みなしご〕・寡〔徳の少ない者〕・不穀〔よからぬ者〕と自称すると述べられる。

〔現代語訳〕

物が存在するもとになるところは、その形に反しており、功績が果たされるもとになるところは、その名に反している。そもそも存在する者が、存在することを存在するとしないのは、亡《ほろ》ぶことを忘れていないからである。安定する者が、安定することを安定するとしないのは、危険になることを忘れていないからである。そのためその存在を保全しようとする者は亡び、亡びることを忘れない者が存在し続けるのである。位に安んじようとする者は危うく、危うさを忘れない者が安定するのである。（道について知ろうと）力を尽くしても獣のうぶ毛（のように些細なこと）を取り上げられるだけで、（道について）注意深く聴いてもいかずちの轟音（のように大きな音）を聞くだけなのは、道が形と反しているためである。安定している者は実際に安定していても、安定していないことが安定させているという。存在する者は実際に存在していても、存在していないことが存在させているという。侯王は実際に尊くても、尊くないものがそうさせているという。天地は実際に広大でも、広大でないものがそうさせているという。聖人の功績は実際にあっても、聖を絶つことによって立てられるという。仁徳は実際に表れても、仁を棄てることによって存在しているという。そのため形あるものばかりを見て道に及んでいない者には、『老子』の言葉によって怒らせないことがないのである。（しかしながら）物の根源を定めようとするならば、たとえ近くにそれがあっても遠いところからその始まりを論証する（必要がある）。物の基づくところを明らかにしようとするならば、たとえ表れていても隠れたところからその根本を述べる（必要がある）。そのため（『老子』は）天地の外を取り上げて、形あるものの内を明らかにするのである。（たとえば第三十九章のように）侯王が孤〔みなしご〕・寡〔徳の少ない者〕であることの意味を明らかにするには、道が一なるものであることによってその始まりを述べるのである。そのため近いところばかりを見てその流れの原《おおもと》に至らない者には、その言葉が偽りのもので間違っていると考えさせないことがない。こういう訳で（『老子』について）とやかく言う者はそれぞれが自身の説を述べて、人々もその乱れた議論を賞賛している。ある場合にはその言葉を曲解し、ある場合にはその議論を批判し、ある場合には明らかになったつもりで理解しておらず、ある場合には分析することで混乱させているが、（それらはすべて）こうした理由によるのである。

【原文】

名也者、定彼者也。稱也者、從謂者也。名生乎彼、稱出乎我。故涉之乎無物而不由、則稱之曰道。求之乎無妙而不出、則謂之曰玄。妙出乎玄、衆由乎道。故生之畜之、不壅不塞、通物之性、道之謂也。生而不有、爲而不恃、長而不宰、有德而無主、玄之德也。玄、謂之深者也。道、稱之大者也。名號生乎形狀、稱謂出乎涉求。名號不虛生、稱謂不虛出、故名號則大失其旨、稱謂則未盡其極。是以謂玄、則玄之又玄、稱道、則域中有四大也。

《訓読》

名なる者は、彼を定むる者なり。稱なる者は、謂に從ふ者なり。名は彼に生じ、稱は我より出づ。故に之を物として由らざる無きに涉せば、則ち之を稱して道と曰ふ。(一)之を妙(二)にして出でざる無きに求むれば、則ち之を謂ひて玄と曰ふ。妙は玄に出で、衆は道に由る。(三)故に之を生じ之を畜《やしな》ひ、(四)壅《ふさ》がず塞がず、物の性に通ずるは、道の謂なり。生じて有せず、爲して恃まれず、長じて宰せず、德有るも主無きは、玄の德なり。(五)玄は、謂の深なる者なり。道は、稱の大なる者なり。(六)名號は形狀に生じ、稱謂は涉求に出づ。名號は虛しく生せず、稱謂は虛しく出でざるも、故《もと》より名號たれば則ち大いに其の旨を失ひ、稱謂たれば則ち未だ其の極を盡くさず。是を以て玄を謂へば、則ち玄の又玄、(七)道を稱すれば、則ち域中に四大有るなり。(八)

(補注)

(一)「涉之乎無物而不由、則稱之曰道」に関連して、第二十五章注には、「道取於無物而不由也」とあり、『老子指略』の前半部分にも、「夫道也者、取乎萬物之所由也」とあり、道という呼称は、物でそれに基づかないものがないことから意味を取ったものであると述べられる。

(二)「妙」は、物が存在する発端のところ。第一章注に、「妙者、微之極也」とある。

(三)「妙出乎玄、衆由乎道」について、「妙」・「衆」は、第一章に、「玄之又玄、衆妙之門」とあるのに基づく。

(四)「生之畜之」と同文が、第十章に、「生之、畜之、生而不有、爲而不恃、長而不宰。是謂玄德」とある。「生之」に対する王注には、「不塞其原也」とあり、「畜之」に対する王注には、「不禁其性也」とある。

(五)「生而不有、爲而不恃、長而不宰、有德而無主、玄之德也」について、「生而不有、爲而不恃、長而不宰」と同文が、第十章に、「生而不有、爲而不恃、長而不宰。是謂玄德」とあり、第五十一章に、「生而不有、爲而不恃、長而不宰。是謂玄德」とある。また、第十章の王注に、「有德無主、非玄如何。凡言玄德、皆有德而不知其主、出乎幽冥」とあり、第五十一章の王注に、「有德而不知其主也、出乎幽冥。故謂之玄德也」とある。

(六)「道、稱之大者也」に関連して、第二十五章注には、「凡物有稱有名、則非其極也。言道則有所由、有所由然後謂之爲道。然則是道、稱中之大也、不若無稱之大也」とある。

(七)「謂玄、則玄之又玄」は、第一章に、「此兩者同出而異名。同謂之玄。玄之又玄、衆妙之門」とあるのを踏まえる。その王注に、「同名曰玄、而言謂之玄者、取於不可得而謂之然也。不可謂之然、則不可以定乎一玄。若定乎一玄而已制是名、則失之遠矣。故曰玄之又玄也」とあるように、王弼は、ある一つの玄というものに定めて名を与えると、その本質を失うことが甚大であるため、「玄之又玄（玄よりもさらに奥深いもの）」という表現がなされると説明する。

（八）「稱道、則域中有四大也」は、第二十五章に、「故道大、天大、地大、王亦大。域中有四大、而王居其一焉」とあるのを踏まえる。その王注に、「四大、道・天・地・王也。凡物有稱有名、則非其極也。言道則有所由、有所由然後謂之爲道。然則是道、稱中之大也、不若無稱之大也。無稱不可得而名。道・天・地・王皆在乎無稱之內。故曰域中有四大者也」とあるように、王弼は、物に稱や名があるとその究極のところは尽くせないが、無稱というのは名づけることもできないため、「域中有四大（稱することのできる領域の中に道・天・地・王という四つの大いなるものがある）」という表現がなされると説明する。

［現代語訳］

名というのは、相手〔対象〕を規定するものである。稱というのは、謂〔言い方〕に従ってつけられるものである。（そうであれば）名は（つけられる）相手に依拠して生じるもので、稱は（つける）自分に依拠して出るものである。そのため物で基づかないものがないという点に結びつければ、それを稱して道という。妙〔存在の発端〕がそこから出てこないことがないという点から尋ねれば、それを謂って玄という。（『老子』第一章には、「玄の又 玄は、衆妙の門なり」とあるが）妙は玄から出て、衆は道に基づくのである。そのため万物を生じ万物を養い、（その原《おおもと》を）遮らず塞がず、物の性に通貫するのは、道の謂である。（万物が）生じても（功績を）もたず、（万物が）定立しても頼みとされず、（万物が）成長しても支配せず、徳〔はたらき〕があってもその大もとが分からないのは、玄の徳である。（つまり）玄というのは、謂の深遠なものなのである。道というのは、稱の偉大なものなのである。（また）名や號は（相手の）形から生じ、稱や謂は（相手の性質に）結びつけることから出てくる。名や號は何もないところから生じることはなく、稱や謂は何もないところから出てくることはないが、もとより名や號であれば大きくその本旨を失い、稱や謂であればその究極のところを尽くせない。こういう訳で（『老子』本文では）玄について謂う場合には、（第一章のように）「玄の又 玄」（という表現）であるし、道について稱する場合は、（第二十五章のように）「域中に四大有り」（という表現）なのである。

【原文】

老子之書、其幾乎可一言而蔽之。噫、崇本息末而已矣。觀其所由、尋其所歸、言不遠宗、事不失主。文雖五千、貫之者一。義雖廣瞻、衆則同類。解其一言而蔽之、則無幽而不識。毎事各爲意、則雖辯而愈惑。嘗試論之曰、夫邪之興也、豈邪者之所爲乎。淫之所起也、豈淫者之所造乎。故閑邪在乎存誠、不在善察。息淫在乎去華、不在滋章。絕盜在乎去欲、不在嚴刑。止訟在乎不尚、不在善聽。故不攻其爲也、使其無心於爲也。不害其欲也、使其無心於欲也。謀之於未兆、爲之於未始、如斯而已矣。故竭聖智以治巧僞、未若見質素以靜民欲。興仁義以敦薄俗、未若抱樸以全篤實。多巧利以興事用、未若寡私欲以息華競。故絶司察、潛聰明、去勸進、翦華譽、棄巧用、賤寶貨、唯在使民愛欲不生、不在攻其爲邪也。故見素樸以絶聖智、寡私欲以棄巧利、皆崇本以息末之謂也。

《訓読》

老子の書は、其れ一言にして之を蔽《おほ》ふ可きに幾《ちか》し。(一) 噫、本を崇びて末を息《や》むのみ。(二) 其の由る所を觀、其の歸する所を尋ぬれば、言は宗に遠からず、事は主を失はず。文は五千と雖も、(三) 之を貫く者は一なり。(四) 義は廣贍と雖も、衆は則ち同類なり。其の一言にして之を蔽ふを解すれば、則ち幽にして識らざるは無し。事ごとに各〻意を爲せば、則ち辯ずと雖も而れども愈〻惑ふ。嘗試《こころ》みに之を論じて曰く、夫れ邪の興るや、豈に邪なる者の爲す所ならんや。淫の起こるや、豈に淫なる者の造す所ならんや。故《もと》より邪を閑《ふせ》ぐは誠を存するに在りて、(五) 善く察するに在らず。淫を息むは華を去るに在りて、(七) 滋〻章《あら》はすに在らず。(六) 盗を絶つは欲を去るに在りて、刑を嚴しくするに在らず。訟を止《と》むるは尚ばざるに在りて、(八) 善く聽くに在らず。故に其の爲を攻《をさ》めず、其の無心を爲に使ふなり。其の欲を害《そこな》はず、其の無心を欲に使ふなり。之を未兆に謀り、之を未始に爲すは、(九) 斯の如きのみ。故に聖智を竭くして以て巧僞を治むるは、未だ質素を見《あらは》して以て民欲を靜むるに若かず。仁義を興して以て薄俗を敦くするは、未だ樸を抱きて以て篤實を全くするに若かず。巧利多くして以て事用を興すは、未だ私欲を寡なくして以て華競を息むるに若かず。(一〇) 故に司察を絶ち、聰明を潛め、勸進を去り、華譽を翦《す》て、巧用を棄て、寶貨を賤しむは、唯だ民の愛欲をして生ぜざらしむるに在るのみ、其の邪を爲すを攻むるに在らざるなり。故に素樸を見して以て聖智を絶ち、私欲を寡なくして以て巧利を棄つるは、皆 本を崇びて以て末を息むの謂ひなり。

(補注)

(一)「其幾乎可一言而蔽之」は、『論語』爲政篇に、「子曰、詩三百、一言以蔽之、曰思無邪」とあるのを踏まえる。『論語集解』の包咸注は、「蔽、猶當也」とする。

(二)「崇本息末而已矣」について、「本」は、根源のこと。「末」は、根源に対する枝葉・表層のこと。第五十二章に、「既知其母、復知其子、既知其子、復守其母、沒身不殆」とあり、その王注には、「母、本也。子、末也。得本以知末、不舍本以逐末也」とある。

(三)「文雖五千」について、五千は『老子』本文の文字数を指す。『史記』卷六十三 老子韓非列傳に、「於是老子乃著書上下篇、言道德之意五千餘言而去、莫知其所終」とある。

(四)「貫之者一」は、『論語』里仁篇に、「子曰、參乎、吾道一以貫之哉」とあるのを踏まえる。この章に対する王弼の解釈は、王弼『論語釋疑』里仁篇（『論語義疏』所引）に、「貫、猶統也。夫事有歸、理有會。故得其歸、事雖殷大、可以一名擧、總其會、理雖博、可以至約窮也。譬猶以君御民、執一統衆之道也」とある。なお、『周易略例』明象にも、「故自統而尋之、物雖衆、則知可以執一御也、由本以觀之、義雖博、則知可以一名擧也」とあり、同様の内容が見える。

(五)「閑邪在乎存誠」は、『周易』乾卦文言傳に、「九二曰、見龍在

田、利見大人、何謂也。子曰、龍德而正中者也。庸言之信、庸行之謹。閑邪存其誠、善世而不伐、德博而化」とあるのを踏まえる。

（六）「不在滋章」に関連して、第五十七章には、「法令滋彰、盜賊多有」とあり、法令がますます整備されると盗賊が多く出現すると述べられる。その王注には、「立正欲以息邪、而奇兵用。多忌諱欲以耻貧、而民彌貧。利器欲以強國者也、而國愈昏。皆舍本以治末。故以致此也」とある。

（七）「絶盜在乎去欲」に関連して、第三章には、「不貴難得之貨、使民不爲盜」とあり、珍しい財貨を珍重しなければ民に盗みをさせることはないと述べられる。

（八）「止訟在乎不尙」は、第三章には、「不尙賢、使民不爭」とあり、賢人を尊重しなければ民に競わせることはないと述べられる。

（九）「謀之於未兆、爲之於未始」は、第六十四章に、「其安易持、其未兆易謀、其脆易泮、其微易散。爲之於未有、治之於未亂」とあるのを踏まえる。

（一〇）「竭聖智以治巧僞、……未若寡私欲以息華競」に関連して、第十九章には、「絶聖棄智、民利百倍。絶仁棄義、民復孝慈。絶巧棄利、盜賊無有。此三者、以爲文不足。故令有所屬。見素抱樸、少私寡欲」とあり、聖を絶ち智を棄てれば、民の利得は百倍にもなり、仁を絶ち義を棄てれば、民は孝慈のある状態へと立ち戻り、巧を絶ち利を棄てれば、盗賊が現われることはない。素をさらけ出し樸を抱き、私心を抑え欲望を少なくするのである、と述べられる。なお、「素」は、着色されていない白繒《しろぎぬ》のことで、手の加わっていない本来的なままのものの喩え。「樸」は、山から伐り出したばかりの荒木でこれも手の加わっていない本来的なままのものの喩え。

［現代語訳］

『老子』という書物は、ほとんど一言でその内容を言い表せる。それは、本〔根本〕を尊んで末〔末節〕を落ち着かせるというものである。その基づくところを見て、その行き着くところを尋ねれば、言葉は宗《おおもと》から遠くなく、物事は主を失わない。文は五千あまりの言葉を費やすが、それを貫くものは一つである。意味するところは広いが、すべて同じ類のことを言っている。一言でその内容を言い表せるということを理解すれば、奥深いことでも分からないことがないのである。（逆に）それぞれの内容を別々に考えると、明らかにしようとしてもますます惑うことになる。試みに論じてみれば、たとえば邪《よこしま》なことが起こった場合、それは邪なこと（それ自体）が起こしたことであろうか。乱れたことが起こった場合、それは乱れたこと（それ自体）が起こしたことであろうか。もとより邪なことを防ぐには誠を保つ必要があり、（邪なこと自体を）よく考察しても意味がない。乱れたことを鎮めるには虚飾を取り去る必要があり、（法令を）ますます整備しても意味がない。盗賊をなくすには（人々の）欲望を取り去る必要があり、刑罰を厳しくしても意味がない。争いをなくすには（賢人を）尊ばない必要があり、（訴えを）よく聴いても意味がない。そのため（人々の）行いを治めるのではなく、無心を行いに使うのである。（人々の）欲望を損なうのではなく、無心を欲望に使うのである。（『老子』第六十四章の）兆しが出る前に考え、始まる前に対処するというのは、このようなことである。そのため聖智を尽くして賢《さか》しらな作為を行うのは、質素〔本来のあり方〕をさらけ出して民の欲望を鎮めるのに及ばない。仁義を立ててうわべの習俗を厚くするのは、樸〔原初の状態〕を保持して篤実さを十全にするのに及ばない。技術や利得を多くして権力をほしいままに振るうのは、私心や欲望を少なくしてうわべの競争をなくすのに及ばない。そのため（『老子』が）取り締まることを止め、聡明さを潜ませ、前進することを取り去り、栄誉を捨て、技術を棄て、財貨を賤しむのは、何よりも民の愛欲を生じさせないことを目的としていて、民が邪なことを行うのを治めることを目的とするものではないのである。それゆえに私心や欲望を少なくして技術や利得を棄てるというのは、すべて本を尊んで末を落ち着かせることを言っている。

【原文】

夫素樸之道不著、而好欲之美不隱、雖極聖明以察之、竭智慮以攻之、巧愈思精、僞愈多變、攻之彌甚、避之彌勤。則乃智愚相欺、六親相疑、樸散眞離、事有其姦。蓋捨本而攻末、雖極聖智、愈致斯災。況術之下此者乎。夫鎭之以素樸、則無爲而自正。攻之以聖智、則民窮而巧殷。故素樸可抱、而聖智可棄。夫察司之簡、則避之亦簡。竭其聰明、則逃之亦察。簡則害樸寡、密則巧僞深矣。夫能爲至察探幽之術者、匪唯聖智哉。其爲害也、豈可記乎。故百倍之利未渠多也。夫不能辯名、則不可與言理。不能定名、則不可與論實也。凡[1]（民）〔名〕生於形、未有形生於[2]（民）〔名〕者也。故有此名必有此形、有此形必有其分。仁不得謂之聖、智不得謂之仁。則各有其實矣。夫察見至微者、明之極也。探射隱伏者、慮之極也。能盡極明、匪唯聖乎。能盡極慮、匪唯智乎。校實定名、以觀絕聖、可無惑矣。

《校勘》

1．王維誠・樓宇烈に従い、「民」を「名」に改める。
2．右に同じ。

《訓読》

夫れ素樸[一]の道は著はれずして、好欲の美は隱れざれば、聖明を極めて以て之を察し、智慮を竭くして以て之を攻《をさ》むと雖も、巧は愈ゝ精を思ひ、僞は愈ゝ變多く、之を攻むること彌ゝ甚しく、之を避くること彌ゝ勤《つか》る。則《すなは》ち智愚は相 欺き、六親[二]は相 疑ひ、樸は散じ眞は離れ、事は其の姦有り。蓋し本を捨てて末を攻むれば、聖智を極むと雖も、愈ゝ斯の災を致す。況んや術の此より下《おと》れる者をや。夫れ之を鎭むるに素樸を以てすれば[三]、則ち無爲にして自づから正さる[四]。之を攻むるに聖智を以てすれば、則ち民 窮まりて巧 殷《おほ》し。故に素樸は抱く可くして、聖智は棄つ可し。夫れ之を察司すること簡なれば、則ち之を避くるも亦た簡なり。其の聰明を竭くせば、則ち之を逃るるも亦た察なり。簡なれば則ち樸を害《そこな》ふこと寡《すくな》く、密なれば則ち巧僞 深し。夫れ能く至察探幽の術を爲す者は、唯だ聖智のみに匪《あら》ざるか。其の害爲《た》るや、豈に記す可けんや。故に百倍の利も未だ渠多とせざるなり[五]。夫れ名を辯ずる能はざれば、則ち與に理を言ふ可からず。名を定むる能はざれば、則ち與に實を論ず可からざるなり。凡そ名は形に生じ、未だ形の名に生ずる者有らざるなり。故に此の名有れば必ず此の形有り、此の形有れば必ず其の分[六]有り。仁は之を聖と謂ふを得ず、智は之を仁と謂ふを得ず。さすれば則ち各〻其の實有り。夫れ至微(七)を察見する者は、明の極なり。隱伏を探射する者は、慮の極なり。能く極明を盡くすは、唯だ聖のみに匪ざるか。能く極慮を盡くすは、唯だ智のみに匪ざるか。實を校《くら》べ名を定めて、以て聖を絶つを觀れば、惑ひ無かる可し。

（補注）

（一）「素樸」について、「素」は、着色されていない白縑《しろぎぬ》。「樸」は、山から伐り出したばかりの荒木。いずれも手の加わっていない本来的なままのものの喩え。

（二）「六親」は、父子・兄弟・夫婦。第十八章の「六親不和、有孝慈」に対する王注に、「六親、父子・兄弟・夫婦也」とある。

（三）「鎮之以素樸」に関連して、第三十七章に、「侯王若能守之、萬物將自化。化而欲作、吾將鎮之以無名之樸」とあり、物がすでに生成変化しているのにさらに何かを成し遂げようとしていれば、わたしはそれを鎮めるのに無名の樸を用いると述べられる。その王注には、「化而欲作、作欲成也。吾將鎮之以無名之樸、不爲主也」とある。

（四）「無爲而自正」と同様の表現が、第五十七章に、「故聖人云、我無爲而民自化、我好靜而民自正、我無事而民自富、我無欲而民自樸」とある。

（五）「百倍之利未渠多也」は、第十九章に、「絶聖棄智、民利百倍」とあるのを踏まえる。

（六）「分」は、ここではそのものとしてのもちまえ。「有此形必有其分」に関連して、第四十一章注には、「有聲則有分」や「有形則有分」とある。

（七）「至微」は、かすかで見えないところ。第六十四章の「其脆易泮、其微易散」に対する王注に、「雖失無入有、以其微脆之故、未足以興大功。故易也」とあるように、王弼は、とくに無を失って有に入ったばかりの状態に対して微という。

［現代語訳］

そもそも素樸〔本来的なままのあり方〕の道は表れておらず、好奇心や欲求の立派さは隠れていないため、聖明〔優れた知性〕を極めて物事を察し、智慮〔優れた思慮〕を尽くして物事を治めても、賢《さか》しらさはますます精密になり、作為はますます繁雑になり、それらを修めることはますます大変で、それらを避けることにはますます苦しむことになる。そうなれば智者も愚者も互いに嘘を付き合い、六親は互いに疑い合い、樸〔原初の状態〕は失われ眞〔本質〕は離れ、物事には邪《よこしま》なものが生じる。おもうに本〔根本〕を棄てて末〔末節〕を治めれば、聖智を極めても、ますますこうした災いが起こるのである。まして聖智よりも劣った方法ではどうなるのか。そもそも鎮めるのに素樸を用いれば、無爲であっても自ずと正される。治めるのに聖智を用いれば、民は追い詰められて賢しらさが多くなる。そのため素樸は抱くべきで、聖智は棄てるべきなのである。そもそも取り締まり方が簡略であれば、それを避けることも簡単である。その聰明さを尽くせば、それを逃れることもまた周到になる。簡略であれば樸を損なうことが少なく、綿密であれば賢しらな作為が深くなる。そもそも精妙巧緻な方法を取ることができるのは、聖智以外にあるのだろうか。そうした方法を取ることの損害については、記すこともできない。そのため（『老子』第十九章には、「聖を絶ち智を棄てれば、民の利得は百倍にもなる」とあるが）百倍の利得というのも多くはないのである。

（ところで『老子』第十九章には聖・智という語が見えるが）そもそも名を明らかにすることができなければ、理論を語り合うことができない。名を確定することができなければ、本質を論じ合うことができない。すべて名というのは形から生じたもので、形が名から生じるということはない。そのため特定の名があれば必ず特定の形があり、特定の形があれば必ず特定の分〔もちまえ〕がある。（たとえば）仁はそれを聖ということができず、智はそれを仁ということができない。そうであればそれぞれにその本質があるということである。そもそも（物事の発端である）微かなところをよく知ることは、明の究極である。隠れたものを探し求めることは、慮の究極である。究極の明を尽くせるのは、聖以外にあるのだろうか。究極の慮を尽くせるのは、智以外にあるのだろうか。（つまり『老子』第十九章の聖・智は、聖明・智慮の意味なのである。このように物事の）本質を比較して名を確定したうえで、（『老子』第十九章の）「聖を絶つ」ということを考えれば、惑うことがないのである。

【原文】

夫敦樸之德不著、而名行之美顯尚、則修其所尚而望其譽、修其所道而冀其利。望譽冀利以勤其行、名彌美而誠愈外、利彌重而心愈競。父子兄弟、懷情失直、孝不任誠、慈不任實、蓋顯名行之所招也。患俗薄而[1]（名興）〔興名〕行、崇仁義、愈致斯僞、況術之賤此者乎。故絕仁棄義、以復孝慈、未渠弘也。夫城高則衝生、利興則求深。苟存無欲、則雖賞而不竊。私欲苟行、則巧利愈昏。故絕巧棄利、代以寡欲、盜[2]（則）〔賊〕無有、未足美也。

《校勘》

1．樓宇烈・邊家珍に従い、「名興」を「興名」に改める。
2．王維誠・樓宇烈・邊家珍に従い、「則」を「賊」に改める。

《訓読》

夫れ敦樸の德は著はれずして、名行の美は顯尚せらるれば、則ち其の尚ぶ所を修めて其の譽を望み、其の道《い》ふ所を修めて其の利を冀《ねが》ふ。譽を望み利を冀ひて以て其の行を勤むれば、名は彌〻美となるも誠は愈〻外に、利は彌〻重となるも心は愈〻競ふ。父子兄弟、情に失直を懷き、孝は誠に任《た》へず、慈は實に任へざるは、蓋し名行を顯はすの招く所なり。俗薄を患ひて名行を興し、仁義を崇べば、愈〻斯の僞を致す。況んや術の此より賤しき者をや。故に仁を絶ち義を棄てて、以て孝慈に復す（一）は、未だ渠弘ならざるなり。夫れ城 高ければ則ち衝生じ、利 興れば則ち求 深し。苟《も》し無欲を存すれば、則ち賞すと雖も而れども竊《ぬす》まず（二）。私欲 苟し行はるれば、則ち巧利 愈〻昏し。故に巧（四）を絶ち利を棄て、代はるに寡欲（三）を以てすれば、盜賊 有ること無しは、未だ美とするに足らざるなり。

（補注）

（一）「絶仁棄義、以復孝慈」は、第十九章に、「絶仁棄義、民復孝慈」とあるのを踏まえる。
（二）「苟存無欲、則雖賞而不竊」は、『論語』顔淵篇に、「季康子患盜、問於孔子。孔子對曰、苟子之不欲、雖賞之不竊」とあるのを踏まえる。

（三）「寡欲」は、欲望が少ないこと。「寡欲」という語は、第十九章に、「見素抱樸、少私寡欲」とある。

（四）「絶巧棄利、代以寡欲、盗賊無有」は、第十九章に、「絶巧棄利、盗賊無有」とあるのを踏まえる。

〔現代語訳〕

そもそも質朴な徳は表れておらず、優れた行いの立派さは目に見えて尊ばれるため、（人々は）尊ばれるものを修めて栄誉を望み、評判になっているものを修めて利得を願う。栄誉を望み利得を願ってその行動に努力すれば、評判はますますよくなるが誠《まこと》はますます損なわれ、利得はますます多くなるが心にはますます競争心が生まれる。父子兄弟が、正直《せいちょく》さを失った情を懐いて、孝が誠〔本当のもの〕でなくなり、慈が實《まこと》〔真実のもの〕でなくなったのは、おもうに立派な行いが招いたことである。風俗の浮薄さを憂いて立派な行いを奨励し、仁義を尊べば、ますますこのように間違っていくのである。まして仁義よりも賤しい方法ではどうなるのか。そのため（『老子』第十九章のように）仁を絶ち義を棄てることで、孝慈のある状態へと立ち戻るというのは、言い過ぎではないのである。（また）そもそも城壁が高いと（それを）突き崩す必要があり、利益のあることが出てくると（それを）求める心が深くなる。（しかしそれでも）もし無欲を保っていれば、褒美を与えたとしても盗みを行わない。私心や欲望がはたらくことで、巧〔技術〕や利〔利益〕がますます混迷を深めるのである。そのため（『老子』第十九章のように）巧を絶ち利を棄て、代わりに寡欲を用いれば、盗賊が現われることはないというのは、実体が伴わない言葉ではないのである。

【原文】

夫聖・智、才之傑也。仁・義、行之大者也。巧・利、用之善也。本苟不存、而興此三美、害猶如之。況術之有利、斯以忽素樸乎。故古人有歎曰、甚矣、何物之難悟也。既知不聖爲不聖、未知聖之不聖也。既知不仁爲不仁、未知仁之爲不仁也。故絶聖而後聖功全、棄仁而後仁德厚。夫惡強非欲不強也、爲強則失強也。絶仁非欲不仁也、爲仁則僞成也。有其治而乃亂、保其安而乃危。後其身而身先、身先非先身之所能也。外其身而身存、身存非存身之所爲也。功不可取、美不可用。故必取其爲功之母而已矣。篇云、既知其子、而必復守其母。尋斯理也、何往而不暢哉。

《訓読》

夫れ聖・智は、才の傑なり。仁・義は、行の大なる者なり。巧・利は、用の善なり。（一）本苟《まこと》に存せずして、此の三美を興せば、害は猶ほ之の如し。況んや術の利有りて、斯を以て素樸を忽せにするをや。故に古人に歎ずる有りて曰く、（二）「甚しきかな、何物の悟り難きや。既に不聖の不聖爲《た》るを知るも、未だ聖の不聖爲るを知らざるなり。既に不仁の不仁爲るを知るも、未だ仁の不仁爲るを知らざるなり。故《もと》より聖を絶ちて而る後に聖功は全く、仁を棄てて而る後に仁德は厚し」と。夫れ強を惡むは不強を欲するに非ざるなり、強を爲せば則ち強を失へばなり。（三）仁を絶つは不仁を欲するに非ざるなり、仁を爲せば則ち僞成ればなり。其の治を有《たも》ちて乃ち亂れ、其の安きを保ちて乃ち危ふし。（四）其の身を後にして身は先んじ、身の先んずるは身を先んずるの能くする所に非ざるなり。其の身を外にして身は存し[五]、身の存するは身の爲す所を存するに非ざるなり。功は取る可からず[六]、美は用ふ可からず。故に必ず其の功を爲すの母を取るのみ[七]。篇に云ふ、「既に其の子を知りて、必ず復た其の母を守る」[八]と。斯の理を尋ぬるや、何ぞ往くとして暢《の》びざらんや。

（補注）

（一）「夫聖・智、才之傑也。仁・義、行之大者也。巧・利、用之善也」について、第十九章注には、「聖・智、才之善也。仁・義、行之善也。巧・利、用之善也」とあり、表現が異なる。

（二）「古人有歎曰」は、典拠不詳。

（三）「惡強非欲不強也、爲強則失強也」に関連して、第五十二章の「守柔曰強」に対する王注に、「守強不強。守柔乃強也」とあり、強を守ることは強ではなく、柔を守ることが強であると述べられる。

（四）「後其身而身先」と同文が、第七章に、「是以聖人後其身而身先、外其身而身存」とある。

（五）「外其身而身存」と同文が、第七章に、「是以聖人後其身而身先、外其身而身存」とある。

（六）「功不可取」と同文が、第二十八章注に、「功不可取、常處其母也」とある。

（七）「爲功之母」は、成果の根源となるところ。「爲功之母」という語は、第三十八章注に、「苟得其爲功之母、則萬物作焉而不辭也、萬事存焉而不勞也」と見え、第三十九章注に、「爲功之母不可舍也」と見える。

（八）「篇云、既知其子、而必復守其母」は、第五十二章に、「既知其母、復知其子、既知其子、復守其母、沒身不殆」とあるのを引用する。その王注には、「母、本也、子、末也。得本以知末、不舍本以逐末也」とある。

［現代語訳］

そもそも聖と智は、才能の傑出したものである。仁と義は、行いの大いなるものである。巧と利は、はたらきの優れたものである。本〔根本〕がない状態で、この三つの立派なものを奮わせれば、その損害は以上に述べたようである。ましてやり方に利益をもたらそうとして、素樸〔本来のあり方〕をゆるがせにしたらどうだろうか。そのため古《いにしえ》の人は悲嘆して次のように言った、「甚だしいことよ、どうしてこんなにも理解されないのか。（人々は）すでに不聖が不聖であることを知っているが、聖が不聖であることは知らない。すでに不仁が不仁であることを知っているが、仁が不仁であることは知らない。もとより聖を絶った後に、聖のはたらきは十全になり、仁を棄てた後に、仁の作用は厚くなるというのに」と。そもそも強を悪むのは不強を求めるからではなく、強を行うと強を失うからである。仁を絶つのは不仁を求めるからではなく、仁を行うと偽りのものとなるからである。治まっている状態を保つとそれにより乱れ、安定している状態を保つとそれにより危うくなる。その身を後らすことによってかえってその身が先立つのであり、その身が先立つのはその身を先にしようとしてなされるものではない。その身をおろそかにすることによってかえってその身が保たれるのであり、その身が保たれるのはその身を保とうとしてなされるものではない。功績は取るべきではなく、立派なものは用いるべきではない。そのため必ず成果の母を取るのである。『老子』（第五十二章）には、「すでに子を知っても、必ず母を守り続ける」とある。この道理を尋ねていけば、すべてに通じないことがあるのだろうか。

編者略歴

渡邉　義浩（わたなべ　よしひろ）1962年生。
早稲田大學文學學術院教授。

伊藤　涼（いとう　りょう）1993年生。
東京大學東洋文化研究所特任研究員。

全譯王弼註老子

二〇二四年九月六日

編者　渡邉義浩
　　　伊藤涼
題字　關俊史
發行者　三井久人
印刷　モリモト印刷株式會社

發行　汲古書院
〒101-0065 東京都千代田區西神田二―四―三
電話　〇三（三二六五）九七六四
FAX　〇三（三二二二）一八四五

ISBN 978-4-7629-6747-4 C 3010

KYUKO-SHOIN,CO.,LTD. TOKYO